U0945722

主　编：龙卫球

副主编：汪　洋　刘　冲

撰稿人：龙卫球　汪　洋　刘　冲　李贝妮　王文娜　杨　勇

金佳莉　陈禹璇　施宣宇　彭　怀　赖如一　易　聪

黄　帅　杨圣玥　李辰宇　张　正　刘　野

民法典权威解读丛书

丛书主编 龙卫球

中华人民共和国
民法典
·婚姻家庭编与继承编释义·

龙卫球 ◎ 主编

ZHONG HUA REN MIN GONG HE GUO
MIN FA DIAN
HUN YIN JIA TING BIAN YU JI CHENG BIAN SHI YI

中国法制出版社
CHINA LEGAL PUBLISHING HOUSE

总　序

《中华人民共和国民法典》（以下简称《民法典》）由第十三届全国人民代表大会第三次会议通过，标志着中华人民共和国第一部民法典终于浮出水面。《民法典》的出台意义重大，意味着我国民法通过改革开放近四十年的发展提升到一个法典化时期，而法典化以体系成熟、规范稳定为特点。《民法典》可谓凝聚了中华人民共和国成立以来几代人的立法智慧，是我国民法自晚清开始继受发展以来的一个重要里程碑，其立于历史的累积之上，同时具有鲜明的中国特色和临机发挥，可谓当代民法中继受和本土化发展融合极为突出的一个典范。

《民法典》既出，学理解释和司法解释大显身手的大好时机也就到来了。《民法典》立得好固然重要，但是从其终极意义来讲，或者从一部民法典的实施效果来讲，学理解释、司法解释发达不发达、完备不完备，往往更加重要。近期和今后一段时间之内，可以预计关于《民法典》的释义甚至评注乃至更加复杂的各类法律阐释类作品会大量出现，其意义都在于提供学理解释。我国民法学日趋繁荣已然可期。

本丛书起意于此，旨在以学理解释定位，立足法条释义，面向法律适用，力求通过简洁阐释的方法，依次揭示各法条的规范对象和问题，扼要说明其历史演化基础并加以变化对比，明晰其制定理由，剖析理论和立法政策争议，明确若干适用要点等，以及必要时加入典型案例分析，可谓竭力以自己所掌握的方法论为基础，重点在体系解释和目的解释的基础上，提出关于《民法典》逐条式的理解。编者期待，本丛书可以激扬新时代民法解释学的智慧火花，有助于《民法典》的有效实施和准确适用。

龙卫球

2020 年 6 月 5 日

前　言

我国《民法典》采取“七编制”的体例结构，依次分别为“总则编”“物权编”“合同编”“人格权编”“婚姻家庭编”“继承编”“侵权责任编”。其中第五编“婚姻家庭编”和第六编“继承编”主要是关于家庭生活的规定，与老百姓的日常生活息息相关，具有很强的伦理性和本土性的特点，基于此原因，本套释义将这两编合于一本出版。

“婚姻家庭编”规定于《民法典》第五编的位置，共5章、79条，其内容框架来源于对《婚姻法》《收养法》以及相关司法解释的吸收，并在此基础上结合当前社会发展的实际情况进行了适当的创新与变革。“继承编”位于《民法典》第六编的位置，其条文数量较之“婚姻家庭编”更少，共4章、45条，该编大部分法条是从《继承法》及其司法解释承袭或修订而来。虽然这两编从条文数量来看与其他编相比略显单薄，但这绝不意味着这两编在重要性上也是如此。我国自古以来就强调“家国同构”，将家庭视为社会治理的基本单元，“继承”则是家庭延续的基本方式。到了今天，家庭的和谐稳定无疑也是社会和谐稳定的基础。“婚姻家庭编”和“继承编”中的规范配置涉及三个层面，以家庭内部的权利义务关系（如法定继承制度）为主，同时兼及家庭与外部的权利义务关系（如夫妻共同债务制度）和国家对家庭关系的控制（如收养关系中民政部门的审查和评估），为公民在家庭关系中的身份财产权益提供了坚实的保障，促进了家庭成员之间的和睦团结和家庭生活的和谐稳定，从而为整个社会的良好治理提供了坚实的基础。

在“婚姻家庭编”的79个条文中，有8个法条为新增法条，且另有32个法条为实质性修订；而“继承编”的45个条文中，有7个新增法条，主要是涉及第四章新设的遗产管理人制度，另有16个法条进行了实质性修订。这两编与之前的单行法相比，其实质修改均超过了50%，由此可见，虽然“婚姻家庭编”和“继承编”并没有采取一种狂飙突进式的立法态度，而是对过往立法司法经验的吸收和总结，但同样进行了大量的制度创新，以回应当今社会发展的需求。

“婚姻家庭编”中新增“婚姻家庭受国家保护”这项条款，指向国家对婚姻家庭的保护义务，位于第一章“一般规定”中，作为整个婚姻家庭编立法司法的基本原则。在具体制度层面，将禁婚疾病从婚姻无效事由改为可撤销事由，更好地尊重和保护当事人的婚姻自主权；增加了日常家事代理的规定并明确了夫妻共同债务规则，保护配偶权益的同时为外部相对人的信赖利益提供了保障；增加了亲子关系异议的基本规则，填补了这一领域的立法空白；增加离婚冷静期制度，体现了婚姻私人属性之外社会属性的一面，从制度上减少冲动型的草率离婚，这对保障未成年子女的利益而言具有十分重要的意义；增加了离婚损害赔偿的兜底性条款，扩大了离婚损害赔偿请求的事由，提升了离婚损害赔偿制度的适用效度。

与1985年《继承法》颁布时相比，当今我国的经济、社会情况都发生了巨大变化，随着经济的发展，各种新型的财产关系、财产类型不断增多，城市化等因素的影响，也使得城市和农村的家庭结构悄然改变。对于这些变化，“继承编”亦通过一系列制度创新予以回应。首先，对遗产范围采取概括式规定，改变了现行《继承法》第3条采取“列举+概括”规定遗产范围的立法方式，与当今财产类型日益增加和财产形式不断丰富的社会现实相符合；其次，增加被继承人的兄弟姐妹的子女为代位继承的适格主体，扩大了法定继承人的范围，减少了遗产无人继承的情况，符合遗产流转规律的要求和我国继承传统；再次，增加打印遗嘱和录像遗嘱为法定遗嘱形式，同时废除公证遗嘱效力优先规则，使遗嘱形式规则更加灵活合理；最后，增加遗产管理人制度及相关规则，一方面更好地保证了继承人的继承权得以顺利实现，另一方面也加强了对遗产债权人的权益保障。

如果说对“总则编”“合同编”等分编来说，广泛吸收世界各立法例的先进立法经验为我所用的“拿来主义”有着极为重要的意义，那么“婚姻家庭编”和“继承编”无疑更多地体现了我国法治的本土资源和传统家庭伦理的强大生命力。对于家庭和继承领域，具有强大惯性的传统习俗和基于理性而制定的实定法共同发挥着作用，因此，为了使“婚姻家庭编”和“继承编”的规范可以真正有效地运行，有必要立足对我国家庭传统和司法实践的细致考察，在适用时作出符合社会实际情况的解释。正是基于这种考虑，我们撰写了这部释义，希望可以为“婚姻家庭编”和“继承编”的准确适用和发展贡献些微智慧。

编者期待，本书有助于《民法典》“婚姻家庭编”“继承编”的有效实施和准确适用。清华大学法学院博士生导师、副教授汪洋协助我为本书做出了编辑组织工作，邀请一批活跃于婚姻家庭法和继承法领域的优秀青年学者撰写释义。我作为主编，尽力保障全书写作，努力贯彻方法论上的一致性和整体水平上的均衡性，但因为组织撰写的时间略为匆忙，协调和校对不足在所难免，敬请见谅，欢迎指正。同时，感谢中国法制出版社和韩璐玮等编辑的高效而耐心的工作。

目　录

Contents

婚姻家庭编

第五章 收养

第一节 收养关系的成立

继承编

第一章 一般规定

第二章 法定继承

第三章 遗嘱继承和遗赠

第四章 遗产的处理

婚姻家庭编

第一章　一般规定

【导读】

本章重点规定了本编的调整对象和范围、婚姻家庭关系基本原则、禁止的婚姻家庭行为、婚姻家庭道德规范的倡导性规定、收养原则以及亲属、近亲属、家庭成员的概念性界定共六个规范事项。对其理解，总体上应当把握以下几个关键点：

第一，本章共 6 个条文，对于《婚姻法》和《收养法》第一章“总则”部分作出不同程度的改造。《婚姻法》第 1 章的 4 个条文得到保留，不过作出了相应修改。《收养法》第 1 章原有 3 个条文，其中立法宗旨条款（第 1 条）伴随着入典之后的体系协调原因被删除，第 3 条因为近年来我国人口形势的新变化而被删除，而第 2 条则被吸收转化为婚姻家庭编第 1044 条第 1 款。同时将原在《收养法》第二章“收养关系的成立”中的第 20 条规定提到本章作为第 1044 条第 2 款并作出相应修改。此外，增加了关于亲属、近亲属、家庭成员的概念性界定的规定（第 1045 条）。

第二，婚姻家庭编的立法，既要考虑融入民法典，与民法典总则编及各分编在体例结构上保持一致，也要坚持婚姻家庭编的身份属性与相对独立性。这一点在本章的集中体现便是婚姻家庭编基本原则与总则编基本原则的协调。总则编通过“提取公因式”规定了几大基本原则，基于入典之后的体系协调、避免重复规定的要求，本章第 1044 条在吸收《收养法》第 2 条关于收养关系基本原则的同时删除了“平等自愿原则”以及“不得违背社会公德原则”。但与此同时，因为婚姻家庭编所调整的基本对象是身份关系，相较于民法典其他各分编尤其是合同编、物权编等财产编，仍有较强的特殊性，诸如“伦理性”“团体性”“国家干预性”，故虽然民法典的基本原则对婚姻家庭编的基本价值理念进行了涵摄与抽象，但是婚姻家庭编中部分根据其特殊性质所蕴含的独特价值理念，由于不能上升为民法的基本原则，仍继续保留在本章第 1041 条、第 1044 条。

第三，本章第 1041 条至第 1044 条从不同侧面、在不同程度上强调了“什么是婚姻家庭关系的本质”“什么是收养关系的本质”此类问题。其中某些条款本身可能并不具有直接的裁判规范意义，但仍是作为婚姻家庭法内核的伦理秩序的外显，对于处理法律适用和法律续造问题至关重要。由于社会生活的变迁，加之我国婚姻家庭编对“宜粗不宜细”立法风格的延续，可以预见到的是未来仍将产生“旺盛的溢出婚姻家庭编的适用和法律续造的需求”。由此，本章将凸显其核心作用，因其可以作为司法实践的指导，也提供了法律适用和法律续造的界限所在。

第一千零四十条　【婚姻家庭编的调整对象和范围】本编调整因婚姻家庭产生的民事关系。

【释义】

本条规定了婚姻家庭编的调整对象和范围，即为“调整因婚姻家庭产生的民事关系”，俗称婚姻家庭关系。本条规范功能上具有独特性，性质上属于说明性条文，旨在做出适用区划。本条与民法典其他各分编保持了统一性，即都是在一开始做出关于自身调整对象和范围的规定。本条取代了 1980 年《婚姻法》（2001 年修改）的第 1 条规定“本法是婚姻家庭关系的基本准则”，虽然表述略有不同，但是含义其实并无什么差异。

关于本条规定，应当理解以下要点：

首先，本编的调整对象是婚姻家庭关系，在大陆法系民法典上通常称亲属关系或亲属身份关系，特指以亲属身份为基础的关系。我国自 1950 年颁布《婚姻法》以来，称为婚姻家庭关系；1980 年重新颁布《婚姻法》，仍然采取了这种表述。本次民法典编纂考虑到为了便于民众对法律的理解，保留我国的这种表述传统，将《婚姻法》改为“婚姻家庭编”，而没有称为亲属编，因此在调整对象也继续使用“因婚姻家庭产生的民事关系”的表述。本编除了吸纳 1981 年《婚姻法》，还将 1991 年《收养法》（2001 年修改）纳入进来，不仅包括一般意义的婚姻家庭关系，也包括收养法律关系，可见囊括了现代法上更加广义的婚姻家庭关系，既重视自然关系，也重视社会拟制关系。

其次，本编调整对象“因婚姻家庭产生的民事关系”具有特定内涵，不能泛泛理解为一般亲属关系。从事实上而言，亲属关系可以非常宽泛，但是一个国家法律通常只会确认一定范围的亲属相互之间具有权利义务关系。我国也不例外。

亲属关系是基于婚姻、血缘和法律拟制而形成的具有特定身份性的社会关系，根据发生的原因，可以分为婚姻、血亲和姻亲三类身份关系。亲属关系具有自然属性，同时又具有社会属性。一般认为，自然两性关系是亲属关系的基础和前提。人类进入文明社会以后，两性关系纳入婚姻关系加以规范，从而具有很强的伦理性和社会性。亲属关系，先是体现为婚姻关系，指因婚姻而产生的亲属关系，即男女因结婚而形成夫妻关系，其中男方称夫，女方称妻，也称为配偶关系，婚姻中的男女身份互为配偶。亲属关系，此后体现为因为婚姻，男女通过生育等形成和发展出的血亲关系。血亲关系，严格意义时指自然血亲关系，即出于同一祖先具有血缘联系的亲属关系，包括父母子女关系、祖父母孙子女关系、外祖父母外孙子女关系、兄弟姐妹关系等。血亲关系，广义上则还应包括通过社会拟制形成的血亲关系，即所谓拟制血亲关系。法律基于特定社会需要，在符合一定条件的前提下，将彼此本无自然血亲者拟制为具有某种血亲关系，赋予同等权利和义务。如继父母与受其抚养教育的继子女、养父母与养子女之间就被确认为具有拟制血亲关系。亲属关系，还包括姻亲关系，由于男女结婚而产生夫对妻的父母、亲兄弟姐妹以及妻对夫的父母、亲兄弟姐妹等的姻亲关系。早期社会注重家族关系，因此往往会在法律上确立广泛的亲属关系。近现代以来，随着个人本位的崛起，家族宗亲逐渐解体，社会关系越来越走向个人平等，法律对于亲属关系的调整也越来越限缩在一定范围。因此，所谓亲等制度非常重要，不同亲等之间彼此法律上的关联程度不同。根据我国现行法律规定，婚姻家庭关系实际限缩到较为狭小的亲属关系范畴，即所谓婚姻家庭成员之间的关系：除了夫妻，还有父母、子女、祖孙、亲兄弟姐妹等，它们属于法律上互有扶养权利义务的亲属；广义上还包括儿媳和公婆。其他亲属，例如叔侄、甥等，法律上并无扶养权利义务。此外，我国三代以内旁系血亲为禁婚亲属，负有相互间不得结婚的义务。

再次，本编的设置，意味着婚姻家庭法对民法的回归。婚姻家庭法私法化是近代民法以来的一种趋势。① 但我国长期以来对婚姻家庭法与民法的关系存在争议，1950 年颁布《婚姻法》以来，甚至存在将婚姻家庭法独立于民法之外的观念。现在，民法典通过设置婚姻家庭编，明确宣示了婚姻家庭法是民法不可分割的内容。但是这种设置，也带来了民法典总则和其他各分编与婚姻家庭编的适用关系的复杂性。这是因为，尽管本编属于民法典的一部分，鉴于婚姻家庭关系的伦理性具有相对独立性，本编很多规定无论在价值上还是规范要求上都存在明显的特殊性，这就使得相关体系关系较为复杂和微妙。其一，总则编与婚姻家庭编

---

① 近现代以来重要民法典都将婚姻家庭法律制度即所谓亲属制度纳入民法典中加以规范，不过规定体例有所不同。1804 年《法国民法典》将亲属法纳入民法典，作为第一编“人”的重要部分。1900 年《德国民法典》、1898 年《日本民法典》和我国 1930 年《中华民国民法典》等在分则中专设亲属编，放在债的关系编物权编之后继承编之前。1907 年《瑞士民法典》在第一编“人法”之后的第二编，即设置为“亲属法”编。不过，1923 年《苏俄民法典》将亲属法排除在民法典之外，单独制定了婚姻法。

适用关系存在复杂性。一方面，总则编的一般规定无论是基本原则规定还是其他一般性规定，居于统领各分编的地位，理论上对于婚姻家庭编应该具有可适用性。例如，离婚财产分割协议订立时存在欺诈、胁迫等情形时，可根据总则编第148~152条相关规定予以变更或撤销；债务人以离婚财产分割为名恶意逃避债务的，应适用总则编第154条等规定确认无效。[①] 另一方面，总则编规定对于婚姻家庭关系的适用，除了因婚姻家庭编存在特别规定而受到排除之外，还会经常因为婚姻家庭关系具有特殊伦理性质而被排除或限制。例如，总则关于民事法律行为的效力与瑕疵规定，就不完全适用于结婚行为。其二，民法典其他各分编和婚姻家庭编的关系也具有复杂性。例如，此前的合同编和人格权编对于婚姻家庭编的身份协议和身份权，明确规定可以参照适用合同编和人格权编的规定。这意味着，应特别考虑到婚姻家庭关系的身份属性，在解释上不能简单套用合同编和人格权的规定。[②] 所以，在实践中，离婚协议中的财产分割虽然可以参照适用合同编，但是其中子女抚养部分为了贯彻子女利益最大化，则又不能简单参照合同编；此外，婚姻家庭关系中的身份权也不能像人格权那样简单纳入侵权法的绝对权保护范围。

【相关案例1】

张某某与赵某婚约财产纠纷案[③]

本案是一起典型的婚约财产纠纷案件，涉及是否成立赠与合同问题，隐含婚姻家庭法和合同法的适用关系。原告与被告经人介绍认识，原告按照当地风俗习惯给予被告彩礼，但原告与被告之后未能登记结婚，被告也未将上述彩礼退还。为此，原告诉至法院。法院在审理过程中，被告当庭将首饰四件退还原告。关于此种情况如何处理?

山东省济宁市高新区人民法院一审认为，《最高人民法院关于适用〈中华人民共和国婚姻法〉若干问题的解释（二)》中作了明确规定，即双方未办理结婚

---

① 参见《最高人民法院关于适用〈中华人民共和国婚姻法〉若干问题的解释（二)》第8条、第9条。

② 《民法典》合同编第464条第2款："婚姻、收养、监护等有关身份关系的协议，适用有关该身份关系的法律规定；没有规定的，可以根据其性质参照适用本编规定。"人格权编第1001条："对自然人因婚姻家庭关系等产生的身份权利的保护，适用本法第一编、第五编和其他法律的相关规定；没有规定的，可以根据其性质参照适用本编人格权保护的有关规定。"

③ 参见最高法院公布婚姻家庭纠纷典型案例（山东），载最高人民法院网，http://www.court.gov.cn/zixun-xiangqing-16036.html，2020年8月25日访问。

登记手续的，法院应支持当事人要求返还彩礼的诉讼请求。彩礼虽具有赠与的外观，但法律后果与普通的赠与却大相径庭。被告关于原告给予其彩礼的行为为赠与行为的抗辩，法院不应支持。原、被告经人介绍相识，后双方未能登记结婚，原告给付被告的彩礼，被告应当予以退还。

【相关案例2】

周某珠与青岛威邦贸易有限公司、周某海案外人执行异议之诉案[①]

本案由执行异议引出离婚协议约定房产归属问题，涉及与物权法物权转让规范的适用关系问题。周某海、周某珠原系夫妻关系，双方于1991年9月27日登记结婚，于2015年7月18日协议离婚。双方签订《自愿离婚协议书》，约定涉案房产归周女士所有，但是双方未进行不动产物权的转让登记。该涉案房产由周某于2012年10月购买，虽然只登记在周某海一人名下，但是属于购买于周女士与周某海夫妻关系存续期间，在周女士、周某海未举证证明归个人所有的情况下，根据《婚姻法》第17条的规定应为夫妻共同财产。现在争论周某海个人债务的债权人是否可以根据《最高人民法院关于人民法院民事执行中查封、扣押、冻结财产的规定》第14条规定，将该房产作为“对被执行人与其他人共有的财产”，要求人民法院进行查封、扣押、冻结。

最高人民法院审查再审时认为，本案再审审查的核心问题是：周女士对于作为执行标的物的涉案房产，是否具有足以排除强制执行的民事权益，或者说，离婚协议约定原共有房产归配偶一方所有的，在未进行转让登记时是否产生物权的转让效力？最高人民法院审查裁定的结论是，依据《物权法》第9条第1款规定，除非法律另有规定，不动产物权的设立、变更、转让和消灭，经依法登记发生效力；未经登记，不发生效力。本案中，虽然周女士与周某海于2015年7月28日签订《自愿离婚协议书》，约定涉案房产归周女士所有，但是双方未进行不动产物权的转让登记，物权的转让不发生效力，涉案房产仍属于周女士与周某海夫妻共同所有。为此，本案涉案债务虽然属于周某海个人债务，但是涉案房产属于周女士与周某海夫妻共同所有，人民法院可以执行。因此，一审法院驳回周女士关于排除对涉案房产执行的诉讼请求并无不当，二审法院驳回上诉，维持原判的处理结果亦无不当，因此周女士的再审申请不符合《民事诉讼法》第200条规定的再审情形。

---

① 参见（2017）最高法民申3915号。

【关联法条】

《婚姻法》（1980 年）第 1 条，《民法典》第 11 条、第 464 条、第 1001 条

（撰稿人：龙卫球）

第一千零四十一条　【婚姻家庭编的基本原则】婚姻家庭受国家保护。

实行婚姻自由、一夫一妻、男女平等的婚姻制度。

保护妇女、未成年人、老年人、残疾人的合法权益。

【释义】

本条规定了婚姻家庭编的基本原则。婚姻家庭编在民法典的各分编中，具有特殊的伦理性，因此在价值上具有相对的独立性，体现为具有特殊价值要求，此即为该编的基本原则。这些基本原则和《民法典》总则的基本原则，表现为具体原则和一般原则的关系，在存在冲突时排除一般原则的适用。该条一共三款，确立了婚姻家庭受国家保护的原则，婚姻自由原则、一夫一妻原则、男女平等原则以及保护妇女、未成年人、老年人、残疾人的合法权益共五项原则，适用于婚姻家庭领域。该规定由 1980 年《婚姻法》（2001 年修改）的第 2 条脱胎而来，但是做出了一定的修改。[①] 本条与《婚姻法》第 2 条比较起来，做出了三处重要修改和发展：其一，增加了第 1 款，规定“婚姻家庭受国家保护”。其二，将原来规定中的“保护妇女、儿童和老人的合法权益”单独转为第 3 款，突出了这一原则的独立性和特殊性，同时添加“残疾人”予以补全。其三，删除了“实行计划生育”的原则要求，体现了最近以来我国人口生育政策的重大调整和变化。[②]

---

① 《婚姻法》第 2 条规定：“实行婚姻自由、一夫一妻、男女平等的婚姻制度。保护妇女、儿童和老人的合法权益。实行计划生育。”

② 计划生育是指有计划的生育子女的措施，主要内容及目的是倡晚婚、晚育和少生、优生，从而有计划地控制人口。我国政府 20 世纪 70 年代初以来，开始大力推行计划生育，1978 年以后成为基本国策。此后以宪法和法律形式把计划生育肯定下来。1982 年《宪法》第 25 条规定：“国家推行计划生育，使人口的增长同经济和社会发展计划相适应。”第 49 条第 2 款规定：“夫妻双方有实行计划生育的义务。”1980 年《婚姻法》也规定，夫妻双方有实行计划生育的义务。2001 年出台《人口与计划生育法》，通过专门立法推行计划生育。但 2011 年之后，有关方面就开始呼吁对计划生育政策做出及时的调整，以改进其与社会发展不完全适应的地方。2015 年 10 月，十八届五中全会决定，全面放开“二孩政策”。

关于本条规定，应作以下重点理解：

首先，关于第 1 款“婚姻家庭受国家保护”的理解。婚姻家庭受国家保护本为应有之义，但是过去婚姻法没有规定，使得这个问题容易受到忽略。现在婚姻家庭编开宗明义将“婚姻家庭受国家保护”确立为婚姻家庭编的基本原则，彰显了民法典对于婚姻家庭的重视。婚姻家庭编明确规定了婚姻家庭关系，划清了婚姻家庭关系上合法与违法，凡符合法律规定，即为合法，受法律保护，不符合法律规定即为违法，不受法律保护。这一原则的内涵包括两个方面：一方面，该原则规定设定了婚姻家庭具有受国家保护的法律地位。这种保护当然是一种法律保护，体现为民事主体的身份权或者说婚姻家庭权利应当受到国家法律的保护。另一方面，该原则规定也设定了国家具有保护婚姻家庭权利、维护婚姻家庭制度的义务和责任。“婚姻家庭受国家保护”原则体现在家庭成员范围的界定、禁止重婚、禁止有配偶者与他人同居、禁止家庭成员的虐待和遗弃、婚姻撤销权、离婚冷静期等具体制度中。必要时，还延伸到民法以外的其他法律保护制度设定上，例如，《刑法》的暴力干涉婚姻自由罪、重婚罪、破坏军婚罪等规定。

本原则的增设，既是对《宪法》第 49 条的落实，[①] 也是对现代社会发展对于婚姻家庭养老育幼等功能挑战的回应，表明我国民法典对于婚姻家庭价值的应有重视，婚姻家庭的意义并不因为今天社会主义市场经济和多元价值的兴盛而受到否定。我国历史上儒家文化观念上认为家国一体，有“齐家治国平天下”的说法，在家族宗法概念下特别重视家族和家庭秩序，甚至出现了只有家族、家庭而没有个人的悲剧。近现代以来，各国在个人主义滥觞下，发生了从“身份到契约”的社会运动，家族解体去魅，家庭功能也大为削弱，平等和自由等价值进入到婚姻家庭关系之中。我国也不例外，相关婚姻家庭观念和制度也出现了近现代蜕变。但是，不管如何，近现代民法从人的自然和社会基本需求和属性出发，认识到婚姻家庭仍然具有重要存在价值，因此理应在合理功能设计下在法律上予以维护。我国今天关于婚姻家庭的观点，一方面坚持婚姻家庭应当尊重平等自由等价值，另一方面认同家庭是社会基本细胞的观点，坚持也应在此意义上维护婚姻家庭的基本功能。

其次，关于第 2 款“实行婚姻自由、一夫一妻、男女平等的婚姻制度”的理解。该款规定了婚姻制度领域的三个基本原则，即婚姻自由原则、一夫一妻原则和男女平等原则。这三项原则专属于婚姻制度的原则，而不是泛泛的家庭制度的原则，体现了自近代以来的婚姻制度上的重大文明价值的进步和发展。

---

① 我国《宪法》第 49 条规定“禁止破坏婚姻自由”。

（1）婚姻自由原则。婚姻自由是指婚姻当事人享有按照法律的规定决定自己婚姻的自由。一方面，婚姻当事人在婚姻问题上享有充分自主权利，任何人不得强制或干涉他人的婚姻自由。我国人格权编明确将婚姻自主权规定为一种具体人格权。另一方面，婚姻自由和公民的其他任何权利一样，不是绝对自由，而是相对自由，因此行使婚姻自由权，必须在法律规定的范围内进行。婚姻自由体现为结婚自由和离婚自由两个方面，结婚自由是建立婚姻关系的自由，离婚自由是解除婚姻关系的自由。结婚自由和离婚自由是互相结合，缺一不可，只有同时确认和保障结婚自由和离婚自由，婚姻自由才能全面实现。结婚自由是实现婚姻自由的先决条件，离婚自由是结婚自由的必要补充，没有离婚自由就根本不可能有完全的结婚自由，离婚使不自由的婚姻得以解除，为缔结自由的婚姻创造条件。

结婚自由，是指婚姻当事人有依法缔结婚姻关系的自由。婚姻家庭编第 1046 条规定明确了结婚自由要求，“结婚应当男女双方完全自愿，禁止任何一方对另一方加以强迫，禁止任何组织或者个人加以干涉。”法律鼓励婚姻缔结以互爱为基础，但是从必要要件上说本质仍然在于自由。当事人自愿是实现结婚自由的前提，其是否结婚、与谁结婚，都由当事人自主决定，体现为双方意思表示一致，任何人无权干涉。因为坚持结婚自由，所以要禁止包办强迫或干涉他人婚姻的行为，也反对各种轻率行为。但结婚自由决不意味着当事人可以在婚姻问题上为所欲为，结婚双方必须符合关于结婚的法定条件和程序，不得违背相应的条件和程序。

离婚自由，是指婚姻关系中的男女享有按照法律规定解除婚姻关系的自由。婚姻家庭编第 1069 条特别规定了子女应当尊重父母的婚姻自主权，“子女应当尊重父母的婚姻权利，不得干涉父母离婚、再婚以及婚后的生活。子女对父母的赡养义务，不因父母的婚姻关系变化而终止。”也就是说，离不离婚，由婚姻当事人依法自主决定，任何人不得干涉。但是，离婚自由应当慎重对待，我国法律在保障离婚自由的同时，反对轻率离婚，体现为以夫妻感情破裂为条件，而且在法律程序上受到一定限制。这是因为，离婚在后果上不同于结婚。婚姻产生家庭关系，除了夫妻之间形成复杂的身份和财产关系，还因为生育带来父母子女关系等亲属关系，离婚意味着婚姻关系的解除，将会引发一系列的后果，不仅对当事人自身，对家庭、社会也都会造成一定影响，所以法律不允许滥用离婚自由。《民法典》婚姻家庭编在离婚自由的基础上规定了离婚的条件与程序，必须遵循。现实中，民政部门、人民法院对于离婚一般首先要调解，以减少轻率离婚现象。从规律上说，结婚自由是普遍行为，离婚自由是特殊行为。但不管如何，离婚是终结婚姻痛苦、获得重新机会的有效办法，绝对不能因为简单的家庭稳定和子女利益的原因就否定离婚自由，更不能把离婚斥责为婚姻当事人的悲剧或社会不幸，应当支持当事人解除因失去感情基础而名存实亡、无法共同生活的婚姻，如此也最终有利于维护当事人权利和社会利益。

（2）一夫一妻原则。所谓一夫一妻，亦称单偶制或双单式婚姻，是一男一女互为配偶的婚姻形式。我国从 1950 年《婚姻法》到 1980 年《婚姻法》再到现在的《民法典》婚姻家庭编，都明确规定一夫一妻原则。按照一夫一妻原则，婚姻应当实行一夫一妻制。该原则包含两层含义：其一，婚姻应当是男女的结合，同性间不能形成婚姻。其二，一个男人只能娶一个妻子，一个妇女也只能嫁一个丈夫。由此推论，禁止重婚以及其他破坏一夫一妻制度的行为。违反一夫一妻制的婚姻不予登记，重婚于法无效，并须追究犯罪者的刑事责任。与之相对是一夫多妻，一妻多夫。一夫一妻制是婚姻文明发展到特定阶段的产物，起源于西方社会在基督教影响下形成的一种婚姻思想。一般认为，1545 年至 1563 年，意大利特兰特开始推行一夫一妻制，此后成为西方国家婚姻制度的根本，目前也成为全世界婚姻制度的主流。但是，在一些非基督教国家里，一夫多妻制仍然存在。我国历史上虽然有一夫一妻制的观念，① 但是在长期的封建社会中，实际容纳了一夫一妻多妾制。我国在社会主义婚姻制度下，重视婚姻文明，彻底摒弃历史陋习，实行一夫一妻制。

（3）男女平等原则。指男女在婚姻家庭关系中具有平等的法律地位和权利义务，不因性别而异。我国无论 1950 年《婚姻法》、1980 年《婚姻法》还是现在的《民法典》婚姻家庭编，都确立该原则，并在各项具体制度、具体规定中都鲜明地体现着男女平等的立法精神。包括三个层次的含义：其一，男女在结婚和离婚问题上，双方的权利和义务是完全平等的。例如，结婚时，男女有同等的缔结婚姻的权利和结婚条件要求；离婚时，男女平等享有离婚请求权，分割共同财产的权利，对子女的抚养权、探视权，损害赔偿请求权，补偿请求权，经济帮助请求权以及平等承担对共同债务的清偿义务等。其二，男女在夫妻关系中地位平等，无论是人身方面还是财产方面，夫妻都享有平等的权利，承担平等的义务。例如结婚后，任何一方都可以成为对方的家庭成员，各自享有独立的姓名权、人身自由权，平等享有对夫妻共同财产的所有权，平等享有遗产法定继承权，平等享有或承担抚养和教育子女的权利义务，平等享有或承担互相扶养的权利义务。《妇女权益保障法》为保障妇女权益，实现男女平等提供了更为具体的法律保障。

---

① 《唐律疏议·户婚》明确记载，“依礼，日见于甲，月见于庚，象夫妇之义”，“一夫一妇，不刊之制”。

其三，广义上，也包括其他男女家庭成员在家庭中的地位平等。在婚姻家庭中，其他亲属关系如父母子女、祖孙关系、兄弟姐妹等关系中，不同性别的主体的权利和义务也是完全平等的。换言之，其他家庭亲属关系方面的一切涉法事项，均应按照男女平等的原则处理。例如，子女平等承担赡养父母的义务，平等享有继承父母遗产的权利。

再次，关于“保护妇女、未成年人、老年人、残疾人的合法权益”的理解。这是婚姻家庭编的特殊原则，对于婚姻家庭关系中的弱者应当予以特别保护的理念和要求，包括妇女、未成年人、老年人、残疾人等四类特殊主体。这项原则来自现代法，属于特殊原则，旨在矫正形式平等原则的缺陷。现代法在更加复杂的社会条件下，同时关注实质平等，以便对于民法上形式平等的不合理适用予以必要矫正，尤其要避免滥用平等关系损害弱者利益的不良后果，因此，明确赋予弱者特殊权益。我国也不例外，基于自身独特的社会公平理念甚至更加重视对于社会弱者的保护，通过一系列社会法确立对于弱者的特殊保障制度，包括确立弱者特殊合法法益。1992 年《妇女权益保障法》(2005 年修改）以专章规定妇女的婚姻家庭权益，对《婚姻法》作了重要的补充，确立保护妇女权益的传统。1991 年《未成年人保护法》(2006 年、2012 年修改)、1996 年《老年人权益保障法》(2009 年、2012 年修改)、1990 年《残疾人保障法》(2008 年、2018 年修改）等，也分别规定未成年人、老年人和残疾人的特殊权益。根据本项原则的要求，上述立法要求应当贯彻和体现到婚姻家庭关系之中，它们与婚姻家庭编形成了统一的适用关系。此外，婚姻家庭编还专门就婚姻家庭关系，为妇女、儿童、老人、残疾人的权益设定了许多特殊保护，规定了赡养扶助、抚养教育、保护对未成年子女、禁止家庭暴力、禁止家庭成员间的虐待和遗弃等规则。

【相关案例】

杨某与刘某某离婚纠纷案①

本案是涉及婚内财产协议效力的案件，男女婚前婚内签订一纸“保婚”文书，约定“谁提离婚，谁便净身出户”等，这些约定究竟有没有效力。部分条款涉及违反婚姻自由问题。原告杨某与被告刘某某经人介绍登记结婚，结婚时间较短且未生育子女。婚前，刘某某购买了商品房一套，别克凯越轿车一辆。婚后二

① 参见最高法院公布婚姻家庭纠纷典型案例（山东），载最高人民法院网，http：//www. court. gov. cn/zixun - xiangqing - 16036. html，2020 年 8 月 25 日访问。

人签订了一份“保婚”协议，约定上述房子和车辆为夫妻共同财产，并注明若杨某提出离婚，协议无效。协议签订一年后，双方因家务琐事经常发生矛盾，难以共同生活，杨某两次向法院起诉离婚，要求分割夫妻共同财产，刘某某表示同意离婚，但不同意分割财产，理由是“保婚协议”有约定。

滨州市滨城区人民法院经审理认为，原、被告双方夫妻感情确已破裂，准予双方离婚。对杨某、刘某某婚后共同财产，法院依法予以分割。但诉讼双方约定涉案房产、车辆为共同财产，系双方当事人真实意思表示，不违反法律规定，应予支持。根据婚姻法第十九条“夫妻双方可以约定婚姻关系存续期间所得财产以及婚前财产归各自所有、共同所有或部分各自所有、共同所有。约定应采用书面形式，没有约定或约定不明确的，适用本法第十七条、十八条的规定。夫妻对婚姻关系存续期间所得的财产以及婚前财产的约定，对双方具有约束力”。本案中的《协议书》由当事人双方签字认可，且有见证人签字，协议书签署后双方共同生活一年以上，在刘某某无相反证据证实杨某存在欺诈、胁迫的情形时，《协议书》内容应视为双方真实意思表示，不违反法律规定，法院应予支持。但法院也认为，对于《协议书》所附“一方提出离婚，协议无效”的约定，因限制他人离婚自由，违反法律规定和公序良俗而无效，其无效不影响协议书其他条款的效力。

【关联法条】

《宪法》第 49 条，《婚姻法》第 2 条，《民法典》第 1046 条、1069 条

（撰稿人：龙卫球）

第一千零四十二条　【婚姻家庭的禁止性规定】禁止包办、买卖婚姻和其他干涉婚姻自由的行为。禁止借婚姻索取财物。

禁止重婚。禁止有配偶者与他人同居。

禁止家庭暴力。禁止家庭成员间的虐待和遗弃。

【释义】

本条规定了婚姻家庭的禁止行为。本条规定与上一条在设定基础上具有一致性，这些禁止行为从反面体现了婚姻家庭基本原则的要求，因此可以看成是婚姻

家庭编基本原则的特殊内容。本条规定与 1980 年《婚姻法》第 3 条规定文字表述一致，但是却将原来的一款区分为 3 款，分别为：第 1 款“禁止包办、买卖婚姻和其他干涉婚姻自由的行为。禁止借婚姻索取财物”；第 2 款“禁止重婚。禁止有配偶者与他人同居”；以及第 3 款“禁止家庭暴力。禁止家庭成员间的虐待和遗弃”。区分为三款显然更加科学，使得各自的原则基础和含义指向更加清晰。对于本条规定，重点理解以下：

首先，关于第 1 款“禁止包办、买卖婚姻和其他干涉婚姻自由的行为。禁止借婚姻索取财物”的理解。本款规定对应的前条婚姻自由原则特别是结婚自由原则的要求。基于婚姻自由，应当禁止任何人干涉婚姻自由，其中既包括禁止任何人的干涉，如来自婚姻一方或者第三人特别是婚姻当事人的父母和近亲属的干涉，也包括禁止任何的干涉行为。本款规定即从禁止干涉行为的角度加以规定，列举了包办、买卖和其他干涉行为。（1）禁止包办婚姻。包办婚姻是指第三人违反婚姻自主的原则，以自己意志强迫他人婚姻的违法行为。我国历史上长期盛行的封建婚姻制度的特点，就是由父母包办子女婚姻，所谓“父母之命，媒妁之言”。新中国成立以来，我国实行社会主义婚姻制度，在实行婚姻自由的基础上一个重点就是坚决禁止包办婚姻。（2）禁止买卖婚姻。买卖婚姻是指以获得金钱或财物为目的强迫他人婚姻的违法行为。买卖婚姻的重点不仅仅是将婚姻视为交易，而且更在于因此强迫他人缔结婚姻，违反婚姻自由。包办婚姻不一定是买卖婚姻，但买卖婚姻通常又是包办婚姻。我国历史上抱童养媳、订小亲和换亲、转亲等陋俗，一般都具有包办婚姻或买卖婚姻的性质，今天在一些边远山区、落后地区，包办婚姻和买卖婚姻的情况还时有发生。（3）其他干涉婚姻自由的行为。对方或者第三方违反婚姻自由的行为具有多样性，例如暴力干涉婚姻的现象，就应当纳入干涉婚姻自由的行为范畴予以禁止。（4）本款还规定了“禁止借婚姻索取财物”。这是指对方或第三人借婚姻索取财物，这种情况可能不存在强迫因素，但是这种索取财物的做法也违背了婚姻自由的本质，因此也被归入禁止范畴。从法律后果来看，婚姻家庭编并没有规定存在干涉婚姻自由行为时会直接导致婚姻无效，而是仅在第 1052 条规定因胁迫结婚的受胁迫的一方可以向人民法院请求撤销婚姻。现实中，许多包办婚姻、买卖婚姻多以支持一方提出的离婚加以解决。此外，婚姻自主权在人格权编被规定为一种典型人格权，发生包办、买卖等干涉婚姻自由的行为时，受害人可以提起相应人格权救济，包括要求承担人格权侵权责任。《刑法》上第 257 条还规定了暴力干涉婚姻自由罪。①

其次，关于第 2 款“禁止重婚。禁止有配偶者与他人同居”的理解。本款规定对应的是一夫一妻原则。本款规定，根据一夫一妻原则的要求，当然禁止重婚，除此之外，还禁止婚内与他人非法同居。（1）禁止重婚。重婚是指有配偶而又与他人结婚或者明知他人有配偶而与之结婚的行为。所谓有配偶，指尚在夫妻关系之中而未经法律程序解除的人；如果夫妻关系已经解除，或者因配偶一方死亡导致夫妻关系自然消灭，即不再是有配偶的人。（2）禁止有配偶者与他人同居。有配偶者与他人同居属于非法同居，本款对此采取了禁止的立场，因为它涉及的不仅仅是婚姻到道德的问题，而是实质上违反了一夫一妻制。从法律后果上看，根据婚姻家庭编第 1051 条规定，重婚导致婚姻无效。《民法典》婚姻家庭编第 1091 条还规定，因重婚和与他人同居导致离婚的，无过错方有权请求损害赔偿。此外，我国《刑法》第 258 条规定：“有配偶而重婚的，或者明知他人有配偶而与之结婚的，处二年以下有期徒刑或者拘役。”有配偶而非法同居在特殊情形也构成犯罪，我国刑法第 259 条规定，破坏军婚罪，是指明知是现役军人的配偶而与之同居或者结婚的行为，处三年以下有期徒刑或者拘役。

再次，关于第 3 款“禁止家庭暴力。禁止家庭成员间的虐待和遗弃”的理解。本款对应的是男女平等原则和保护妇女、未成年人、老年人、残疾人的合法权益的特殊原则。根据这两个原则，禁止违反男女平等，禁止侵害家庭成员特别是其中妇女、未成年人、老年人、残疾人的合法权益。目前，婚姻家庭中违反这两项原则的最严重的现象就是家庭暴力、家庭成员之间的虐待和遗弃。（1）禁止家庭暴力。家庭暴力是指家庭内部加害人实施的对于特定家庭成员造成身体、精神等损害的严重行为。一般的夫妻纠纷中的吵架、冷战也可能存在轻微暴力，甚至可能因失手造成身体伤害，但与家庭暴力有着本质的区别。家庭暴力不只是造成受害人的身体或心理伤害后果，其实质是加害人的权力和控制，其存在着通过暴力达到控制的主观故意，呈现持续性和周期性，导致受害人因恐惧而屈从的后果。根据有关国际公约、国外立法例以及相关理论研究揭示，家庭暴力可以区分为身体暴力、精神暴力、性暴力和经济控制四种类型。身体暴力是指通过殴打或捆绑受害人或限制受害人人身自由等行为使受害人产生恐惧。性暴力是指通过强迫受害人以其感到屈辱、恐惧、抵触的方式接受性行为，或实施残害受害人性器官等性侵犯行为。精神暴力是指以侮辱、谩骂或者不予理睬、不给治病、不肯离

---

① 《刑法》第 257 条规定：“以暴力干涉他人婚姻自由的，处二年以下有期徒刑或者拘役。犯前款罪，致使被害人死亡的，处二年以上七年以下有期徒刑。第一款罪，告诉的才处理。”

婚等作为或不作为手段，对受害人进行精神折磨，使受害人产生屈辱、恐惧、无价值感等精神感受。经济控制是指通过对夫妻共同财产和家庭收支状况的严格控制，进而达到摧毁受害人自尊心、自信心和自我价值感等控制受害人的目的。（2）禁止家庭成员间的虐待和遗弃。这种情况不一定构成暴力，但是从家庭关系伦理、男女平等、保护妇女、未成年人、老人和残疾人合法权益出发，也应当予以禁止。家庭成员间的虐待，是指以作为或不作为的形式，如打骂、恐吓、冻饿、患病不予治疗等，对家庭成员歧视、折磨、摧残，使其在精神上、肉体上遭受损害的行为。家庭成员间的遗弃，是指婚姻家庭关系中负有赡养、扶养、抚养义务的一方，对需要赡养、扶养和抚养的另一方不履行其应尽义务的行为，如父母不抚养未成年子女，成年子女不赡养需要赡养的父母，配偶不履行扶养对方的义务。违反本款的法律后果，属于违反婚姻家庭关系的违法行为，既可能导致婚姻家庭编的相应后果，也可能导致侵权责任编的法律后果，严重的也导致刑事责任。例如，婚姻家庭编第 1079 条规定，因对方实施家庭暴力或者虐待、遗弃家庭成员而提出离婚诉讼的，调解无效的应当准予离婚。第 1091 条规定，实施家庭暴力或者虐待、遗弃家庭成员，无过失方有权请求损害赔偿。根据第 1066 条、第 1067 条规定，遗弃家庭成员的，受害人可以依法就扶养费、抚养费、赡养费提出主张。此外，《治安管理处罚法》第 45 条规定，虐待家庭成员，受害人提出请求的，公安机关应当依照的法律规定予以处罚；① 《刑法》第 260 条、第 261 条规定了虐待罪和遗弃罪，对虐待、遗弃家庭成员构成犯罪的依法追究刑事责任。②

【相关案例 1】

张××与熊××撤销婚姻纠纷案③

原告与被告通过网络认识成为朋友，2013 年 8 月 3 日原告以买股票之名向被告借款 200000 元并承诺于同年 10 月底还款，后经被告多次催要未果，加之被告母亲多次施压，其无力还款，被告便提出通过领取结婚证骗其母亲，以便拖后还

---

① 我国 2005 年颁布的《治安管理处罚法》第 45 条规定：“有下列行为之一的，处五日以下拘留或者警告：（一）虐待家庭成员，被虐待人要求处理的；（二）遗弃没有独立生活能力的被扶养人的。”

② 《刑法》第 260 条：“虐待家庭成员，情节恶劣的，处二年以下有期徒刑、拘役或者管制。犯前款罪，致使被害人重伤、死亡的，处二年以上七年以下有期徒刑。第一款罪，告诉的才处理，但被害人没有能力告诉，或者因受到强制、威吓无法告诉的除外。”第 261 条：“对于年老、年幼、患病或者其他没有独立生活能力的人，负有扶养义务而拒绝扶养，情节恶劣的，处五年以下有期徒刑、拘役或者管制。”

③ （2014）城民拱初字第 7 号。

款，否则被告要去原告家闹，迫于无奈原告同意与被告领取结婚证，并于2013年10月9日到民政局领取了结婚证。原、被告双方在领取结婚证后未共同生活，双方也无共同财产。现原告诉至人民法院，认为与被告领取结婚证是受被告所胁迫，不是自愿的，为维护其合法权益请求依法撤销与被告婚姻关系。

法院认为，感情是婚姻的基础，原、被告虽亲自到婚姻登记机关进行了结婚登记，领取了结婚证，符合婚姻登记的形式要件，但该登记行为系被告胁迫原告的结果，双方缔结婚姻并非双方的真实意思表示。对于原、被告草率领取结婚证的行为本院予以严肃批评，对原、被告违背自己意愿所缔结的婚姻关系本院予以撤销。

【相关案例2】

李某与姚某离婚纠纷案[①]

原告系聋哑人，由父母包办，于2005年10月24日与被告登记结婚，婚后于2007年4月25日生育一女孩名李某琳，因被告小时候得过脑膜炎，患有严重的后遗症，智力低下，生活不能自理，现原、被告分居达2年之久，现夫妻感情已破裂，故诉至法院要求离婚。被告辩称，原、被告不是包办婚姻，原告在娘家居住达2年之久，原告应补偿被告娘家经济损失并返还被告婚前财产。经人民法院主持调解，被告同意离婚。双方当事人自愿达成如下协议：原告李某提出与被告姚某离婚，被告姚某同意离婚；婚生女孩由原告李某抚养教育成人，原告李某在抚养小孩期间，被告有探望小孩的权利，原告李某有协助探望小孩的义务；财产分割，男式摩托车一辆、金戒子一枚、金耳环一对归被告姚某所有，其余财产归原告李某所有；由原告李某给付被告姚某经济帮助费3000元。

【相关案例3】

蒋某与李某同居纠纷案[②]

本案李某因重婚[③]导致双方当事人婚姻无效，现蒋某作为无过错方对李某因

---

① （2009）南法民一初字第106号。

② （2019）湘01民终7768号。

③ 参见（2018）鄂12刑终152号。李某于2010年3月3日与吴某在长沙市天心区民政局登记结婚，2015年9月7日与原告蒋某又在湖北省赤壁市民政局登记结婚。2015年9月18日，李某与吴某登记离婚；2018年8月13日，湖北省咸宁市中级人民法院判决李某犯重婚罪，但免予刑事处罚，并解除蒋某与李某的非法婚姻关系。

重婚导致婚姻无效请求赔偿精神损害以及转让汽车所受的财产损害。法院是否应当支持？本案历经两审，最后，二审法院湖南省长沙市中级人民法院经审理，同意一审法院湖南省长沙市雨花区人民法院裁判意见。

一审法院经审理认为：蒋某与李某的婚姻关系因李某重婚而被认定为系非法婚姻关系，并已由生效判决解除。李某为过错方，且没有证据证明蒋某在双方登记结婚前知晓李某系重婚。因李某的重婚行为，导致蒋某与李某的婚姻关系非法且被依法解除，且李某的行为给蒋某造成了一定的精神损害，依照《民法总则》第 120 条、《最高人民法院关于确定民事侵权精神损害赔偿责任若干问题的解释》第 9 条、第 10 条，李某应当向蒋某承担精神损害赔偿责任。根据（2018）鄂 12 刑终 152 号刑事判决书认定的李某重婚情节，一审法院酌情认定李某支付蒋某精神损害赔偿金 10000 元，对蒋某诉请超过该部分的精神损失费不予支持。针对购车损害事实，一审法院认为从蒋某所提交的证据显示，蒋某购买车辆及转让车辆均是蒋某的个人行为，没有证据能够证明李某造成了蒋某购车损失的事实，故对蒋某要求李某赔偿其购车损失的诉讼请求不予支持。

【关联法条】

《婚姻法》第 3 条，《民法典》第 1051 条、第 1052 条、第 1066 条、第 1067 条、第 1079 条、第 1091 条，《治安管理处罚法》第 45 条，《刑法》第 258 ~ 261 条

（撰稿人：龙卫球）

第一千零四十三条　【婚姻家庭道德规范】 家庭应当树立优良家风，弘扬家庭美德，重视家庭文明建设。

夫妻应当互相忠实，互相尊重，互相关爱；家庭成员应当敬老爱幼，互相帮助，维护平等、和睦、文明的婚姻家庭关系。

【释义】

家庭是社会的细胞。家庭和睦则社会安定，家庭幸福则社会祥和，家庭文明则社会文明。夫妻又是家庭的核心成员，双方互相忠实、尊重、关爱是家庭和谐的基础。本条是对婚姻家庭道德规范的倡导性规定，源自《婚姻法》第 4 条，并

进行了相应的修改。

本条第 1 款是新增条款。增加有关“树立优良家风，弘扬家庭美德，重视家庭文明建设”的规定，是基于弘扬社会主义核心价值观的要求，也是为了更好地贯彻落实习近平总书记关于加强家庭文明建设的讲话精神。

本条第 2 款在“互相忠实，互相尊重”之外增加“互相关爱”这一表述，其余并无实质性变化。关于本款最为集中的讨论应与“夫妻忠实义务”有关。夫妻忠实义务意味着夫妻在性生活上互守贞操，不为婚姻外性行为。在 2001 年《婚姻法》修改前后，关于是否应当在《婚姻法》中增设有关夫妻忠实义务的讨论尤为热烈。持否定论者认为，夫妻忠实是夫妻关系的自然属性，也是顺理成章之事，法律不必另作规定，从根本上说，夫妻之间相互忠实的义务是一种道德义务，而不是法律义务。持肯定论者认为，（1）夫妻互负忠实义务是婚姻关系最本质的要求，在一夫一妻制下，婚姻关系的稳定和家庭生活的和睦在很大程度上取决于配偶双方是否相互忠实；（2）法律中明确规定夫妻忠实义务所提供的价值评判标准具有强大的导向功能；（3）可以为建立婚姻损害赔偿制度和弱者保护制度提供理论基础；（4）国家凭借其权力限制和干预公民个人的私生活，规定夫妻忠实义务，实质上保障和促进了正义在婚姻家庭法中的实现，避免人们道德底线的崩溃；（5）还可以为当事人提供适当的救济手段，尽可能减少因对不忠实行为采取私力救济而导致的恶性案件。2001 年《婚姻法（修正案）》最终折中两种意见，在总则中增加“夫妻应当互相忠实”这一表述，但对其定位应属于倡导性条款，而非“忠实义务”的真正确立。具体而言，体系上，“夫妻应当互相忠实”位于《婚姻法》总则一章，而非在夫妻人身关系中作出规定；条文表述上，也不似其他夫妻人身权利义务的典型表述，诸如第 20 条规定，“夫妻有互相扶养的义务。一方不履行扶养义务时，需要扶养的一方，有要求对方付给扶养费的权利”；而且，《最高人民法院关于适用〈中华人民共和国婚姻法〉若干问题的解释（一）》第 3 条明确否定了该条的可诉性。最高院认为该条款“只是以立法形式明确告知社会，我国所提倡的一种婚姻家庭关系，体现的是德治结果，而非法治之标，夫妻应相互忠实并不是一项法定的权利义务”。当然，如果夫妻一方存在重婚、与他人同居和其他构成重大过错行为的不忠行为，符合条件的另一方可依其他条款提起诉讼（如无过错方依据本法第 1091 条请求离婚损害赔偿）。

另外，夫妻忠诚协议系夫妻双方间就忠诚义务的约定，现实生活中并不鲜见。但在夫妻忠实协议的效力问题上，法律规范尚阙如，学界也并未形成通说，司法裁判“同案不同判”的现象也因此极为明显，可谓争议极大。从最高院在制定相关司法解释过程中倾向的变化便可见一斑：《最高人民法院关于适用〈中华人民共和国婚姻法〉若干问题的解释（三）》征求意见稿中起初写明法院应当支持“自愿签订且不违反法律、法规禁止性规定”的夫妻忠诚协议，后来改为“夫妻一方以婚前或婚后双方所签订的相互忠实、违反予以赔偿的财产性协议主张权利的，人民法院不予受理；已经受理的，裁定驳回起诉”，而在正式稿最终出台时该条被予以删除。从最初的有条件支持到后来一概封死针对财产给付型夫妻忠诚协议的诉讼救济之路、再到最终的搁置处理，可见最高院前后反差明显。在此不针对忠诚协议做详细展开。

【相关案例】

章某与王某侵害配偶权纠纷案①

该案争论焦点为受害配偶一方能否以侵犯自身配偶权为由诉请“第三者”承担精神损害赔偿。原告章某与案外人罗某原为夫妻，在夫妻关系存续期间，共同开办并经营一家通信经营部。2007 年 4 月，王某被聘为该经营部的员工。到经营部上班不久，王某便知章某与罗某为夫妻关系。由于工作上的接触及其他原因，王某与罗某逐渐产生相互爱慕之情。2007 年 11 月，王某与罗某以异性朋友关系相处，期待罗某和章某离婚后与之结婚。2008 年 3 月，王某与罗某发生性关系。2008 年 4 月 2 日晚，罗某约王某在一家酒店客房相会。此事被章某及其家人知悉后向公安机关报警，公安机关派员到酒店将两人带回进行询问。在询问过程中，王某承认了与罗某有婚外性行为的事实。4 月 7 日，章某以夫妻感情破裂为由向人民法院起诉，请求与罗某离婚。法院受理该案后，章某与罗某于 4 月 17 日自行达成了离婚协议。4 月 18 日，两人到婚姻登记机关办理了离婚登记手续。之后，章某向法院申请撤回了离婚诉讼。2008 年 4 月 28 日，章某向章贡区人民法院起诉，认为王某在自己与罗某婚姻关系存续期间和罗某发生性关系的行为，侵犯了自己的配偶权并导致离婚的后果，请求责令王某向其赔礼道歉，并赔偿精神抚慰金 3 万元。

一审法院经审理后认为，《婚姻法》第 4 条明确规定夫妻忠实义务，而夫妻忠实义务是配偶权的一项基本内容，是配偶权派生出来的具体的身份权。配偶权具有绝对权的性质，配偶双方以外的任何人均负有不得侵犯的义务，故被告行为违反了法定的不作为义务，故判决被告向原告书面赔礼道歉并赔偿精神损

① （2008）赣中民三终字第 314 号。

害抚慰金。二审法院认为，《婚姻法》第 4 条是倡导性条款，不得以此条款单独提起诉讼，而且《婚姻法》第 46 条规定的离婚损害赔偿的责任主体是无过错方的配偶，而不能是婚姻关系之外的其他人，故判决撤销一审判决，驳回原告的诉讼请求。

【关联法条】

《民法典》第 1079 条、第 1091 条，《最高人民法院关于适用〈中华人民共和国婚姻法〉若干问题的解释（一）》第 3 条

（撰稿人：金佳莉）

第一千零四十四条　【收养关系基本原则】收养应当遵循最有利于被收养人的原则，保障被收养人和收养人的合法权益。

禁止借收养名义买卖未成年人。

【释义】

本条是关于收养关系基本原则的规定。所谓“收养法的基本原则”系指一国收养立法的指导性思想，既反映该国设立收养制度的目的，也是人们进行收养活动时所必须遵循的准则，同时还是法院据以裁判收养纠纷的基本依据。故该类原则性规定的效力往往贯穿收养法始终，普遍适用于一切收养关系。本条即对收养关系基本原则的明确。

本条第 1 款源自《收养法》第 2 条并进行了相应修改，实质性变化有二。其一是删除了“（收养应当）遵循平等自愿的原则，并不得违背社会公德”的条文表述。这是基于避免重复规定的需要。因法律地位平等原则、自愿原则、公序良俗原则已分别由《民法典》总则编第 4 条、第 5 条、第 8 条所确立，故伴随着《收养法》入典，本条基于体系性的要求对上述两项内容予以删除。其二是吸收了联合国《儿童权利公约》所确立的“儿童利益最大化原则”，明确“收养应当遵循最有利于被收养人的原则”。这是我国身为公约参加国贯彻遵循公约的体现，也是顺应国际收养立法趋势的要求，即以最大限度地保护被收养儿童的利益为基本出发点。在此可对收养制度的变迁历程予以简单说明。史尚宽先生将氏族社会以后的收养制度划分为“为家之收养”“为亲之收养”“为子女之收养”三个阶段，不同型态下，收养制度的功能各有侧重。顾名思义，“为家之收养”系为家

族法上血统之继续而收养；“为亲之收养”则是为娱慰晚景或增加亲方劳力而收养；“为子之收养”则是为扶助幼孤，保护经济尚未独立，生活尚需照料的被收养儿童而收养，该型态的形成以两次世界大战为契机，因战争导致出现大量孤儿、流浪儿及非婚生子女。由此，保护被收养儿童的宗旨延续至今。根据学者观察，各国收养立法虽因各国政治、经济、文化制度以及民族传统、风俗习惯、伦理道德等多重因素的影响存在一定的差异，但总体上也显现出许多趋同化的发展趋势，一是国家干预力度增强，国家监督主义色彩日趋浓厚；二是收养条件日趋宽松，完全收养普遍推行；三是被收养人知情权受到逐步尊重；四是国际收养立法发展迅速。而事实上这些发展趋势其实都是从不同角度强调对未成年被收养人利益保护的结果。总之，收养制度的整体设计重心在于未成年被收养人合法利益的保护，本条对于“儿童利益最大化原则”的吸收有利于强调该指导收养立法和实务的核心原则。

“保障被收养人和收养人的合法权益”则是指导我国收养制度的又一基本原则。因收养关系同样涉及收养人的切身利益，故收养人的合法利益也需得到保障。该原则被1998年修订的《收养法》吸收，扭转了1991年《收养法》中存在的收养目的过于片面，不利于保护收养人利益的缺陷。需要注意的是，基于对收养本质目的的认识，加之“最有利于被收养人”的表述，故对于两大原则顺位的正确理解是“最有利于被收养人的原则与有利于收养人的原则在收养关系中并不是并行的，前者为主，后者为辅”。

本条第2款源自《收养法》第20条，同时删除了“严禁买卖儿童”的条文表述。这同样是基于避免重复规定的需要，因为单纯的买卖儿童问题有其他法律予以规制（如《刑法》）。被收养人不是商品，不容买卖。借收养名义进行买卖的实质是买卖而非收养，必须旗帜鲜明地反对并予以禁止。所以本条第2款规定：“禁止借收养名义买卖未成年人。”《收养法》第31条中还对相应的法律后果予以了规定，但因相关刑事规范已有规定，本编也未重复规定。

【相关案例】

党某、魏某与李某、王某收养关系纠纷案①

被收养人李××系原告党某、魏某于2009年所育，因系计划外生育，故党某、魏某经人介绍将李××送养予被告李某、王某。五年后，申请人向法院起诉

---

① （2016）新民申314号。

请求确认自己的监护人身份并要求被告将李××交还给原告。经二审查明，李某、王某以被收养人系弃婴的身份办理了收养登记，后被民政局所撤销。

一审法院经审理后认为，长达五年的抚养关系已使李××与被告建立起了深厚的母（父）子感情，而且生活、学习环境的变化对其今后的成长也是不利的，结合考虑二原告、二被告的职业与工作生活环境等因素，李××由被申请人李某、王某抚养更有利于其成长，故驳回原告的诉讼请求。

原告不服，提起上诉。二审法院同样认为，被收养人自被收养已经长达5年，收养人与被收养人已形成实质上的收养关系。双方当事人对被收养人的送养及收养未违背收养法的基本原则及社会公德。李某、王某在收养李××后对其所患疾病积极治疗，建立了深厚的感情，结合有利于被收养人李××今后的学习、成长等环境因素的考虑，二审法院支持一审判决。

党某、魏某因不服终审判决，申请再审。再审法院同样从上述角度出发，结合《收养法》第2条予以论证，驳回再审申请。

（撰稿人：金佳莉）

第一千零四十五条　【家庭成员】 亲属包括配偶、血亲和姻亲。

配偶、父母、子女、兄弟姐妹、祖父母、外祖父母、孙子女、外孙子女为近亲属。

配偶、父母、子女和其他共同生活的近亲属为家庭成员。

【释义】

本条是新增条款，对亲属、近亲属与家庭成员这三个婚姻家庭法律中的基本概念和类型作出了界定，“改变了1950年和1980年两部《婚姻法》都不规定亲属基本制度的做法，使我国的亲属制度从无到有”。

（一）亲属及其种类

亲属为有血缘关系或者婚姻关系的人。血缘关系中包括法律拟制的血缘关系。在现代社会，对亲属的分类主要有两种立法例，一种是将亲属分为血亲和姻亲，认为配偶是亲属关系之泉源，但并不是亲属的本体，因为配偶既不能够列入亲系，又无法确定其亲等，故不承认配偶为亲属，德国、瑞士等国民法采取此种立法例；另一种则将亲属分为配偶、血亲、姻亲三种，日本、韩国等国采取此种立法例。本条第 1 款明确规定：亲属包括配偶、血亲和姻亲，说明我国采取广义的亲属概念。

1. 配偶

配偶即夫妻，是男女双方因结婚而形成的亲属关系。配偶是血亲和姻亲赖以发生的基础，在亲属关系中起着承上启下的作用，因而是最重要的亲属关系。

2. 血亲

血亲是指具有血缘关系的亲属，可分为自然血亲和拟制血亲。有自然血缘联系的亲属，称为自然血亲，如父母和子女、祖父母、外祖父母与孙子女和外孙子女；因法律拟制的抚养关系而形成的亲属，称为拟制血亲，如养父母和养子女。

3. 姻亲

姻亲是指以婚姻关系为中介而产生的亲属，但是不包括配偶本身。关于姻亲的外延，存在不同分类：（1）两分法，即姻亲包括血亲的配偶和配偶的血亲，德国、瑞士、日本民法采取此种立法例；（2）三分法，即姻亲包括血亲的配偶、配偶的血亲、配偶的血亲的配偶（如妯娌、连襟），我国台湾地区“民法”采取此种立法例；（3）四分法，即姻亲包括血亲的配偶、配偶的血亲、配偶的血亲的配偶、血亲的配偶的血亲（如“亲家”），韩国民法采取此种立法例。本法并未对此作出规定。因现代婚姻关系并不是以大家庭为结构分配权利义务关系，根据社会的发展趋势，未来调整姻亲关系的需求并不大，故由特定法律对特定情况予以调整即可，例如：依本法第 1129 条的规定，丧偶儿媳或女婿对公婆或岳父母尽了主要赡养义务的，为第一顺序的法定继承人。

4. 亲系与亲等

如前所述，有立法例不承认配偶为亲属，其主要依据为：配偶既不能够列入亲系，又无法确定其亲等。同时，有许多学者主张在本法中规定亲系、亲等制度，以使计算亲属关系远近、亲疏的方法更加准确。故虽然本法并未对亲系、亲等及亲等的计算方法作专门规定，在此仍作简要介绍。

亲系，指因血缘或婚姻而生的亲属间的联系。它是法律上确定亲属间权利义务关系的依据之一。按亲属关系产生的根据及亲疏远近的不同，可将亲系分为直系亲和旁系亲。（1）直系血亲与直系姻亲。直系血亲是指具有直接血缘联系的亲属，即生育自己和自己所生育的上下各代的亲属。直系姻亲是指配偶一方而非双方的直系血亲，为另一方的直系姻亲。如儿媳与公婆、女婿与岳父母等均为直系姻亲。（2）旁系血亲和旁系姻亲。旁系血亲是指具有间接血缘联系的亲属，即非直系血亲而在血缘上和自己同出一源的亲属。如兄弟姊妹同源于父母，伯、叔姑与自己同源于祖父母，舅、姨、表兄弟姊妹与自己同源于外祖父母，故均为旁系血亲。旁系姻亲是指配偶一方的旁系血亲为另一方的旁系姻亲。如姐夫内弟、弟媳等均为旁系姻亲。

亲等，指计算亲属关系亲疏远近的标准单位。亲等数越小，亲属关系越近；亲等数越大，亲属关系越远。由于计算亲等的客观依据是血缘关系，故亲等的计算是以血亲为基准，并准用于姻亲，即姻亲以血亲的亲等为其亲等。配偶则自为配偶，亲等对其无法适用。目前通用的亲等计算方法主要有罗马法和寺院法。两种计算方法在直系血亲计算上是相同的：从己身分别往上或往下数，每经一世代为一亲等，世代数即为直系亲属的亲等数。在旁系血亲亲等的计算上，罗马法和寺院法两者则有所区别。按照罗马法，旁系血亲的亲等计算法是：首先从己身向上数至双方共同的直系长辈血亲，然后再从双方共同的直系长辈血亲向下数至与己身计算亲等的对方，世代相加数即为亲等数；按照寺院法，首先是从己身向上数至双方共同的直系长辈血亲，然后再从对方向上数至双方共同的直系长辈血亲，如果双方与共同的直系长辈血亲世代数相同，就以此数确定亲等数；如果世代数不同，则按世代数大的一方确定其亲等数。由于己身与对方（与其计算亲等者）的行辈可能相同，也可能不同，故两者相较而言，显然寺院法的亲等计算法所表示的亲属间亲、疏、远、近，不及罗马法亲等计算法计算科学、精细。

我国现行立法并未规定亲等计算法，采取的是世代计算法，即以血亲之间的世代来计算亲属关系的远近。这种计算方法以一辈为一代。在计算直系血亲时，以己身为一代，然后从己身向上或向下数，向上至父母为两代，数至祖父母、外祖父母为三代，依此类推。在计算旁系血亲时，须根据旁系血亲之间的同源关系来定，同源于父母的，为两代以内旁系血亲；同源于祖父母、外祖父母的，为三代以内旁系血亲，依此类推。

（二）近亲属

许多法律都使用“近亲属”这一概念，但概念外延可能并不相同，而本法又多处涉及近亲属概念，如第 28 条（监护人顺位）、第 33 条（意定监护）、第 663 条（赠与撤销权）、第 726 条（房屋承租人优先购买权）、第 994 条（死者人格利益保护）、第 1111 条（收养拟制效力）、第 1117 条（收养关系解除的效力）、第 1219 条（医疗知情同意权）、第 1220 条（紧急医疗措施权）和第 1224 条（医疗机构免责情形），故有必要明确近亲属在民事领域中的外延。根据本条第 2 款规定，近亲属包括配偶、父母、子女、兄弟姐妹、祖父母、外祖父母、孙子女、外孙子女，与《最高人民法院印发关于贯彻执行〈中华人民共和国民法通则〉若干问题的意见（试行）》第 12 条所界定的范围相一致。

实际上，关于近亲属的范围在立法过程中是有争议的：一是将直系、旁系亲属划到哪个范围，二是是否将共同生活的直系姻亲规定为近亲属。《民法典》婚姻家庭编草案一度规定："共同生活的公婆、岳父母、儿媳、女婿等，视为近亲属。"后来综合考虑近亲属之间的权利义务关系、司法实践的适用需要、比较法等因素，最终将近亲属确定为本条上述范围。

（三）家庭成员

本编第 1042 条、第 1043 条、第 1079 条、第 1091 条都使用了"家庭成员"这一概念。本条第 3 款则对"家庭成员"的范围进行了明确界定，包括：配偶、父母、子女和其他共同生活的近亲属。可以看到，家庭成员限于近亲属。其中，不论是否共同生活，配偶、父母、子女都属于家庭成员，而其他近亲属则以"共同生活"为前提才属于家庭成员。在此，理解上，"共同生活"应是长久地共同生活，而非短期、临时性的共同生活。

【相关案例】

贾某祯与贾某铭返还原物纠纷案①

该案争论焦点之一为近亲属间的权利顺位。原告系贾某之子，因父母离异跟随母亲生活，被告系贾某之弟。因贾某中毒意外死亡，贾某之父为其办理后事，并将骨灰寄存于北京市昌平区殡仪馆，被告于2011 年将骨灰取出并安放于河北某陵园，骨灰安放证载明持证人为贾某之父。2011 年原告起诉被告，要求安葬贾某骨灰，法院以原告属于限制民事行为能力人，暂不具备安葬能力为由驳回了诉请。2019 年，原告（其时已是完全民事行为人）以将其父亲的骨灰葬入土为安，符合公序良俗，不侵害其他人的任何权益为由，向北京市西城区人民法院诉请被告向其返还贾某的骨灰安放证、骨灰盒。一审法院经审理后认为，本案不属于一事不再理的情形，且原告对骨灰安放证并无继承权，对骨灰盒也不享有物权，至于贾某的骨灰如何妥善安放，应在协商基础上解决，故判决驳回原告的诉讼请求。原告不服提出上诉。二审法院认为，骨灰的安葬情况会对死者亲属的精神利益产生重大影响，而与死者关系的亲密程度往往与各亲属精神利益的大小呈正相关，因此最亲密原则应作为确定权利顺位的基本原则，一般而言，血缘或婚姻关系的亲疏往往反映了其对死者骨灰安葬权益的大小，可参照《继承法》第 10 条关于法定继承的顺序加以确认权利顺位，即配偶、子女、父母为第一顺位，兄弟

① （2019）京 02 民终 13152 号。

姐妹、祖父母、外祖父母为第二顺位。因此上诉人作为贾某唯一在世的具备民事行为能力的第一顺位继承人，在血缘上必然相较被上诉人等人更为亲近，因贾某骨灰安葬方式所产生的精神利益亦更为紧密，故判决撤销原审判决，支持上诉人请求被上诉人返还骨灰安放证的诉讼请求。

（撰稿人：金佳莉）

第二章 结 婚

【导读】

本章规定了结婚制度，包括结婚自愿、法定婚龄、近亲结婚禁止、婚姻成立要件、家庭组成、婚姻无效事由、婚姻可撤销制度以及婚姻被宣告无效和被撤销后的法律效果共 9 个条文。对其理解，包含以下两个方面：

第一，本章第 1046 条和第 1047 条规定了结婚的必备条件，包括结婚应当男女双方完全自愿和结婚的男女双方必须达到法定婚龄，属于对现行《婚姻法》第 5 条和第 6 条的承继。本章第 1048 条则规定了结婚的禁止条件，直系血亲或者三代以内的旁系血亲禁止结婚，此条来源于现行《婚姻法》第 7 条，但是删除了《婚姻法》第 7 条规定的第三种禁止结婚情形，即患有医学上认为不应当结婚的疾病的，是对自然人结婚自由的尊重和保护。第 1049 条则规定了婚姻的成立要件，缔结婚姻的男女双方必须亲自到婚姻登记机关申请结婚登记，登记是婚姻成立的要件。此条是对现行《婚姻法》第 8 条的承继，但内容上有所修改，《婚姻法》第 8 条规定“取得结婚证，即确立夫妻关系”，而《民法典》第 1049 条修改为“完成结婚登记，即确立婚姻关系”，结婚证仅仅是婚姻成立的凭证，登记才是婚姻成立的要件。本章第 1050 条沿袭《婚姻法》第 9 条的规定，内容上没有变化，但此条实际上规定的是婚姻成立后的法律效果，其被置于第三章“家庭关系”中更为科学。本章第 1051 条来源于《婚姻法》第 10 条，但删除了第 10 条规定的婚姻无效的第三种情形，即“婚前患有医学上认为不应当结婚的疾病，婚后尚未治愈的”，因为本章第 1048 条不再将此种情形列为结婚禁止条件，第 1051 条便不再规定此种情形为婚姻无效情形，仅重婚、有禁止结婚的亲属关系和未到法定婚龄三种情形可导致婚姻无效。本章第 1052 条和第 1053 条是关于婚姻可撤销制度的规定，第 1052 条来源于《婚姻法》第 11 条，但改变了有权撤销婚姻的机关以及除斥期间的起算点，第 1053 条则是新增规定，重大疾病未告知构成婚姻可撤销事由。本章第 1054 条来源于现行《婚姻法》第 12 条的规定，但是增加了一款，规定无过错方享有损害赔偿请求权。总的来说，自体系而言，本章保留了《婚姻法》第二章“结婚”的体系结构；条文数量上，增加一个条文；具体内容上，有承继也有完善。

第二，婚姻不仅关涉当事人的个人利益，其亦具有重大的社会意义，婚姻一旦成立便引起一系列的法律效果，如法定财产制的进入、扶养义务的发生、父母对子女的抚养义务以及继承权的产生等。婚姻的成立需要有关机关的参与，在婚姻缔结时有关机关便会审查是否具备结婚要件和不存在结婚禁止要件，因此，婚姻是合同这一观点一直以来都颇有争议；但是，这不妨碍将缔结婚姻理解为民事法律行为，缔结婚姻行为即男女双方当事人在婚姻登记机关旨在通过缔结婚姻的意思表示取得结婚法律效果的民事法律行为。① 在婚姻家庭法回归《民法典》后，有必要分析第五编“婚姻家庭”中的条文与《民法典》其他编条文的关系。在理解本章“结婚”时，也应当将其置于《民法典》的体系中来理解。举例而言，本章第 1051 条规定了可以使得婚姻无效的情形，而《民法典》第一编“总则”第 144 条、第 146 条、第 153 条规定了民事法律行为无效的情形，此时就要解释是否适用“总则”编的规定；本章第 1052 条和第 1053 条都规定了婚姻可撤销的情形，而《民法典》第一编“总则”第 147 条至第 152 条都规定了民事法律行为可撤销制度，此时也需要解释这些条文是否可适用于婚姻可撤销情形；再如，本章第 1054 条规定的婚姻被宣告无效和被撤销后的法律效果与《民法典》第一编“总则”第 155 条规定不同。在解释与适用条文时，一方面应该注意缔结婚姻行为作为身份法律行为的特殊性，比如其不得附条件和期限、不得代理、必须经过登记才能成立等②；另一方面也不应忽略其亦是法律行为，核心要素仍是当事人通过意思表示旨在实现某种法律效果。③

第一千零四十六条　【结婚自愿】结婚应当男女双方完全自愿，禁止任何一方对另一方加以强迫，禁止任何组织或者个人加以干涉。

【释义】

本条是关于结婚自愿的规定，明确“结婚应当男女双方完全自愿”。本条并非新增条款，而是承继了现行《婚姻法》第 5 条的规定，内容没有变化，文字表

① 李昊、王文娜：《婚姻缔结行为的效力瑕疵——兼评民法典婚姻家庭编草案的相关规定》，载《法学研究》2019 年第 4 期。

② 参见马忆南：《婚姻家庭继承法学》，北京大学出版社 2019 年版，第 62 页。

③ 参见孙宪忠：《中国民法典总则与分则之间的统辖遵从关系》，载《法学研究》2020 年第 3 期。

述有所改进，由《婚姻法》第5条规定的“禁止第三者加以干涉”变更为“禁止任何组织或者个人加以干涉”。《民法典》第五编第一章第1042条第1款第1句规定“禁止包办、买卖婚姻和其他干涉婚姻自由的行为”，即婚姻自由原则，本条的结婚自愿是婚姻自由原则的一个面向，婚姻自由的另一个面向则是离婚自由，当然离婚自由并非婚姻关系当事人想要离婚就可以离婚，而是法律框架下的离婚自由。本条的结婚自愿也是《民法典》第5条自愿原则在婚姻家庭领域的体现，“民事主体从事民事活动，应当遵循自愿原则，按照自己的意思设立、变更、终止民事法律关系”。

本条所规定的内容具体包括：其一，自愿结婚的双方是男女双方，此条实际上明确了异性婚姻规则，我国《民法典》婚姻家庭编不承认同性婚姻。其二，结婚必须双方当事人自愿，即双方都要自愿结婚，仅仅一方自愿不能缔结婚姻，缔结婚姻是双方共同意愿的产物，而不是任何单方自愿的结果。其三，作为并非结婚当事人的任何组织或者个人不得影响、干涉双方当事人的结婚意志，不得将自己的意愿强加于结婚当事人。其四，不甚明确的是，本条所指的“自愿”是否以当事人具有完全或限制民事行为能力为前提。虽然《民法典》第1047条对结婚年龄作出了规定，明确了达到法定婚龄是结婚的前提条件，但并未规定已达婚龄但不具有完全民事行为能力的情况。从理论上来说，“自愿”即当事人能够表达自己的意愿，若当事人是无行为能力人，其因不具有识别能力和判断能力，应认为其不能够形成和表达自己的意愿。①

本条从正面规定了结婚的前提条件，若办理结婚登记的任意一方当事人非自愿的，根据《婚姻登记条例》第6条的规定，婚姻登记机关不予登记。违反该条件而缔结的婚姻，适用《民法典》第1052条的规定，可导致婚姻可撤销，“因胁迫结婚的，受胁迫的一方可以向人民法院请求撤销婚姻”。

【相关案例】

张某某与蔡某某因遗赠所附条件妨碍婚姻自由被认定无效案②

该案争论焦点是以配偶是否再婚作为取得相应财产继承权的条件的遗嘱是否有效。原告张某某系被继承人张某元的侄子，被告蔡某某系张某元的妻子，蔡某某与张某元婚后未生育子女，张某元于2006年12月4日去世。张某元于2006年

① “陕西智力残疾人领结婚证遭拒，民政局：如女方表达结婚意愿可领证”，载http://www.chinanews.com/sh/2020/08-04/9255962.shtml，2020年8月5日访问。

② （2013）锡民终字第0453号。

11月19日在病重期间书写遗书一份，载明："我去世后，东面三间楼房使用权归我妻蔡某某，西面三间平房也归我妻蔡某某安身之处，如我妻蔡某某今后嫁人，三间平房归我侄子张某某所有。"后蔡某某于2007年6月12日登记结婚，一直占据上述房屋，张某某要求判令将上述房产归其所有。一审法院认为婚姻自由是我国宪法规定的一项公民基本权利，自然人有权在法律规定的范围内，自主自愿决定本人的婚姻，不受其他任何人强迫与干涉。张某元去世后，蔡某某是否再婚应完全由蔡某某自行决定，张某元立下的限制蔡某某婚姻自由的遗嘱违反了婚姻自由的规定，应属无效。二审期间，原告申请撤回上诉，无锡市中级人民法院准许原告撤回上诉，原审判决发生效力。

【关联法条】

《民法典》第5条、第1042条、第1052条，《婚姻登记条例》第6条

（撰稿人：王文娜）

第一千零四十七条 【法定婚龄】 结婚年龄，男不得早于二十二周岁，女不得早于二十周岁。

【释义】

本条是关于法定婚龄的规定，明确了缔结婚姻的男女双方能够有效缔结婚姻的最低年龄，"男不得早于二十二周岁，女不得早于二十周岁"。本条是对现行《婚姻法》第6条第1句的承继，法定婚龄的确定，是考虑自然因素即人的身体发育和智力成熟情况以及社会因素即政治、经济和人口发展情况的综合结果。[①] 本条的年龄限制与《民法典》第17条和第18条规定的完全民事行为能力人的年龄限制不同，《民法典》规定十八周岁以上的自然人为成年人，能够辨认自己行为的成年人为完全民事行为能力人。除此之外，本条删掉了现行《婚姻法》第6条第2句关于晚婚晚育的规定，符合我国的人口状况。

本条从正面规定了缔结婚姻的前提条件，若办理结婚登记的任意一方当事人未达到法定婚龄，根据《婚姻登记条例》第6条的规定，婚姻登记机关不予登

---

① 吴高盛主编：《〈中华人民共和国婚姻法〉释义及实用指南》，中国民主法制出版社2014年版，第27页。

记。若当事人通过伪造证件、冒用证件或者其他途径进行了登记、缔结了婚姻，根据《民法典》第1051条的规定，“未到法定婚龄的，婚姻无效”。但未达法定婚龄导致的婚姻无效并非不可治愈，根据《最高人民法院关于适用〈中华人民共和国婚姻法〉若干问题的解释（一）》第8条的规定，当事人向人民法院申请宣告婚姻无效的，申请时，法定的无效婚姻情形已经消失的，人民法院不予支持。即使当事人缔结婚姻时未达法定婚龄，如果经过若干年，当事人已经达到法定婚龄，此时法定的无效婚姻情形消失，该婚姻不能再被宣告无效。

【关联法条】

《民法典》第1051条，《婚姻登记条例》第6条，《最高人民法院关于适用〈中华人民共和国婚姻法〉若干问题的解释（一）》第8条

（撰稿人：王文娜）

第一千零四十八条　【近亲结婚禁止】直系血亲或者三代以内的旁系血亲禁止结婚。

【释义】

本条是关于近亲结婚禁止的规定，明确了“直系血亲或者三代以内的旁系血亲禁止结婚”。禁止血亲结婚是优生的要求。[①] 本条是对现行《婚姻法》第7条的承继，但是，删除了禁止结婚的第二种情形，即患有医学上认为不应当结婚的疾病，体现了民法对于当事人结婚基本权利的尊重和保护。

本条包含以下四点理解：

其一，各代直系血亲之间皆禁止结婚，直系血亲是指具有直接血缘关系的亲属，即生育自己和自己所生育的上下各代的亲属，如父母与子女、祖父母与孙子女、外祖父母与外孙子女等。《民法典》婚姻家庭编的血亲包括自然血亲和拟制血亲，本条只是区分了直系血亲和旁系血亲，而并没有区分自然血亲和拟制血亲。所谓自然血亲，又称天然血亲，指出自同一祖先，以出生的事实作为发生原因的、具有血缘联系的亲属；而拟制血亲则是彼此之间本来没有该种血亲应当具有的血缘关系，但是在符合法律规定的条件下，认定其与该种血亲具有同等权利

① 黄薇主编：《中华人民共和国民法典婚姻家庭编解读》，中国法制出版社2020年版，第40页。

义务的亲属，这种血亲关系是法律拟制而成的。[①] 收养是可以成立拟制血亲的法定途径，事实上形成扶养关系的继父母与继子女之间同样可以成立拟制血亲关系。[②] 我国理论上认为，基于伦理的要求，拟制直系血亲之间禁止结婚。如果当事人之间的拟制直系血亲关系已经被解除，是否仍然适用本条禁止其结婚呢？本条没有规定，笔者不赞同仍然禁止其结婚的观点，当事人之间既然已经不存在血亲关系，应当可以结婚。[③]

其二，三代以内旁系血亲禁止结婚。旁系血亲指的是具有间接血缘联系的亲属，即非直系血亲而在血缘上和自己同出一源的亲属，如兄弟姐妹同源于父母，伯叔、姑与自己同源于祖父母等。我国使用日常生活习惯中的用法来计算代际，兄弟姐妹在日常生活中是一代人，同源于祖父母、外祖父母，为三代以内旁系血亲。拟制的三代以内旁系血亲之间是否可以结婚呢？本条没有明确规定。理论上有观点认为拟制的三代以内旁系血亲同样属于此条规定的情形；也有观点认为禁止三代以内拟制旁系血亲结婚没有依据，因为他们之间没有任何血缘关系，而且从伦理道德观念的要求来看，我国的传统观念亦不反对。[④] 笔者赞同前一种观点，因为条文并没有区分到底是三代以内自然旁系血亲关系还是三代以内拟制旁系血亲关系。

其三，子女被他人收养后，消除的只是法律上的权利义务关系，但是子女和生父母之间、子女和原本的旁系血亲之间仍然是自然血亲关系，因此本条在他们之间也仍然适用。[⑤]

其四，本条规定了缔结婚姻的禁止要件，若办理结婚登记的双方当事人属于直系血亲或者三代以内的旁系血亲的，根据《婚姻登记条例》第 6 条的规定，婚姻登记机关不予登记。若登记机关进行了登记、当事人缔结了婚姻，根据《民法典》第 1051 条的规定，婚姻无效。

【相关案例】

查某 1 与查某 2 婚姻无效纠纷案[⑥]

该案争论焦点为养兄妹结婚是否违反近亲结婚禁止的规定。原告查某 1 自出

---

① 参见余延满：《亲属法原论》，法律出版社 2007 年版，第 94 页以下。
② 黄薇主编：《中华人民共和国民法典婚姻家庭编解读》，中国法制出版社 2020 年版，第 40 页。
③ 参见余延满：《亲属法原论》，法律出版社 2007 年版，第 169 页。
④ 参见余延满：《亲属法原论》，法律出版社 2007 年版，第 169 页。
⑤ 参见马忆南：《婚姻家庭继承法学》，北京大学出版社 2019 年版，第 167 页。
⑥ （2017）皖 0521 民初 474 号。

生后18天即由被告查某2的父母收养，原、被告于××××年××月办理结婚登记手续，××××年××月××日生育婚生女查某3，××××年××月××日生育婚生子查某4，现均已成年。原、被告婚因家庭琐事发生争吵，原告查某1诉讼离婚。法院认为原告自幼由被告父母收养后，与被告之间业已成为养兄妹关系，养父母和养子女间的权利和义务，适用《婚姻法》对父母子女关系的有关规定，养兄妹之间是法律拟制的三代以内旁系血亲关系，因此原、被告属于法定禁止结婚的情形，其婚姻无效，依法宣告无效。

【关联法条】

《民法典》第1051条，《婚姻登记条例》第6条

（撰稿人：王文娜）

第一千零四十九条　【婚姻成立要件】要求结婚的男女双方应当亲自到婚姻登记机关申请结婚登记。符合本法规定的，予以登记，发给结婚证。完成结婚登记，即确立婚姻关系。未办理结婚登记的，应当补办登记。

【释义】

本条是关于婚姻成立要件的规定，与现行《婚姻法》第8条相比，由原来规定的“取得结婚证，即确立夫妻关系”变更为“完成结婚登记，即确立婚姻关系”。未办理结婚登记的，应当补办登记。登记是婚姻成立的必要条件。

本条包含以下四点理解：

首先，要求结婚的主体只能是男女双方，此要点已经体现在《民法典》第1046条规定的男女双方自愿结婚这一条件中，本法所指的婚姻是男女两性结合的异性婚姻。

其次，双方当事人要到婚姻登记机关申请结婚登记。双方当事人在婚姻登记机关申请结婚登记的行为体现的是当事人缔结婚姻的意思表示，即婚姻家庭法理论上所说的婚意。该意思表示必须满足以下要求：其一，意思表示必须由双方当事人亲自作出，因为缔结婚姻是具有高度人身性的法律行为，因此缔结婚姻的意思表示不得由他人代理，也不得由使者传达当事人缔结婚姻的意思表示。其二，

双方当事人必须在婚姻登记机关作出缔结婚姻的意思表示，在任何其他场所作出的意思表示都不是这里所说的缔结婚姻的意思表示。其三，当事人作出的缔结婚姻的意思表示不得附条件或期限，否则与婚姻制度内在的终生结合要素相违背。实践中，当事人可能违反了此处的要求，但却在婚姻登记机关完成了结婚登记，比如要求缔结婚姻的一方或双方委托某人代其到婚姻登记机关登记，此时缔结婚姻的双方知悉其中一方委托办理婚姻登记的情况，而婚姻登记机关没有发现到场的并非本人。[①]《民法典》婚姻家庭编没有规定此种情形下缔结的婚姻的效力状况，有观点认为此时的缔结瑕疵不能因为当事人共同生活就被治愈，主张对瑕疵的治愈要件进行规定。[②]

再次，登记机关完成结婚登记，即确立婚姻关系。登记是婚姻成立的法定要件。根据本条规定，我国并不承认未经登记的事实婚姻。实际上《最高人民法院关于适用〈中华人民共和国婚姻法〉若干问题的解释（一）》第 5 条已经体现了我国对于事实婚姻的态度，其规定，1994 年 2 月 1 日以前，男女双方已经符合结婚实质要件的，按照事实婚姻处理，未经登记，该事实婚姻也具有婚姻的效力，1994 年 2 月 1 日以后，男女双方必须经过登记才能成立婚姻关系，若未经登记，则当事人之间的关系仅为同居关系。

最后，有关结婚登记的具体的程序性规定参见《婚姻登记条例》和《婚姻登记工作规范》，二者规定了有权办理婚姻登记的机关、当事人办理结婚登记所需要的材料以及具体的结婚登记程序，概括来讲包含以下内容：其一，根据《婚姻登记条例》第 2 条的规定，内地居民办理婚姻登记的机关是县级人民政府民政部门或者乡（镇）人民政府，省、自治区、直辖市人民政府可以按照便民原则确定农村居民办理婚姻登记的具体机关。其二，根据《婚姻登记条例》第 5 条的规定，内地居民办理结婚登记所需要的材料包括本人的户口簿、身份证，本人无配偶以及与对方当事人没有直系血亲和三代以内旁系血亲关系的签字声明。其三，《婚姻登记工作规范》第 36 条规定了具体的结婚登记程序，旨在缔结婚姻的双方当事人应当按规定提交相应的证件和材料并进行结婚登记申请，婚姻登记员询问当事人的结婚意愿并对当事人提交的证件、证明、声明进行审查，男女双方当事人符合结婚条件的，结婚登记员填写《结婚登记审查处理表》和结婚证，进行结婚登记。

---

① “双胞胎妹妹替姐姐登记结婚，这样的婚姻法是否有效?”，载浙江在线嘉兴频道，http：//jx. zjol. com. cn/system/2015/09/29/020855465. shtml，2020 年 8 月 8 日访问。

② 参见李昊、王文娜：《婚姻缔结行为的效力瑕疵——兼评民法典婚姻家庭编草案的相关规定》，载《法学研究》2019 年第 4 期。

若结婚登记程序存在瑕疵，当事人主张撤销结婚登记的，根据《最高人民法院关于适用〈中华人民共和国婚姻法〉若干问题的解释（三）》第 1 条第 2 款的规定，当事人可以依法申请行政复议或者提起行政诉讼。实践中，常见的结婚登记程序存在瑕疵的案例类型是缔结婚姻的当事人一方以伪造、变造或者冒用证件等方式骗取婚姻登记，被冒用人可以依据《最高人民法院关于适用〈中华人民共和国婚姻法〉若干问题的解释（三）》第 1 条第 2 款的规定，依法申请行政复议或者行政诉讼，请求撤销结婚登记。

但是，这样的司法解决方式并不符合民法理论，[①] 在缔结婚姻的一方冒用他人证件骗取婚姻登记的情形中，被冒用人并没有作出缔结婚姻的意思表示，并非缔结婚姻的主体，单纯的登记形式并不能取代具有实质意义的意思表示，其可以通过民事诉讼确认自己与婚姻登记机关登记的另一方主体之间不存在婚姻关系，然后再根据确认之诉的判决来要求婚姻登记机关更正登记；而实际上处于婚姻关系中的冒用人与婚姻关系中的另一方之间的婚姻已经成立，因为双方亲自到婚姻登记机关作出了结婚的意思表示，虽然登记的姓名错误，但由于缔结婚姻的法律关系是高度人身性的关系，另一方并不是与具有某个特定姓名的人结婚，而是与冒用人结婚，故冒用人与婚姻关系中的另一方之间的婚姻关系已经成立；至于该婚姻关系是否可以被宣告无效或被撤销，则应当根据《民法典》第 1051 条至第 1053 条来判断。[②]

【相关案例 1】

宋家四子女与梅河口市民政局等婚姻登记纠纷案[③]

该案争论焦点为民政局在当事人未提交户籍身份证明的情况下办理的结婚登记行为是否违法、无效。李某和宋某（四位申诉人已故父亲）于 2000 年 11 月 14 日在吉林省梅河口市民政局提交结婚登记申请表，李某所持证件齐全，宋某因子

---

① 批评《最高人民法院关于适用〈中华人民共和国婚姻法〉若干问题的解释（三）》第 1 条第 2 款、阐明婚姻登记瑕疵时的诉讼路径的文章，参见王礼仁：《应当适用婚姻成立与不成立之诉解决婚姻登记瑕疵纠纷》，载《人民司法》2009 年第 13 期；王礼仁：《解决婚姻行政诉讼与民事诉讼“打架”之路径》，载《法律适用》2011 年第 2 期。从下文的案例中也可以看出，实践中法院在适用《最高人民法院关于适用〈中华人民共和国婚姻法〉若干问题的解释（三）》第 1 条时，观点不一。

② 参见陈信勇：《亲属身份行为的立法构造——兼论民法典婚姻家庭编、继承编草案之完善》，载《上海政法学院学报（法治论丛）》2019 年第 6 期；李昊、王文娜：《婚姻缔结行为的效力瑕疵——兼评民法典婚姻家庭编草案的相关规定》，载《法学研究》2019 年第 4 期。

③ （2010）梅行初字第 9 号；（2010）通中行终字第 15 号；（2011）通中行再字第 4 号；（2013）吉行监字第 47 号；（2013）行监字第 679 号。

女不同意其再婚，户口簿和身份证被子女扣留未能提交，市民政局在宋某未提交户籍身份证明的情况下为其办理了结婚证，同时依据《婚姻登记管理条例》第13条规定，要求宋某到户籍地派出所开具身份证明。2000年11月27日，李某和宋某向市民政局补交了户籍地派出所出具的身份证明。同日，市民政局为两人发放了结婚证。申诉人宋家四子女（一审原告，二审上诉人，再审申请人）起诉要求确认市民政局的婚姻登记违法，婚姻关系无效，理由是市民政局在证件不全的情况下进行了登记。一审法院认为虽然被告（市民政局）在宋某户口簿和身份证未提交的情况下就填写了结婚证，但从结婚登记过程及宋某在遗嘱笔录中的叙述，可以证明李某和宋某是自愿、合法办理了结婚登记手续，对原告要求撤销结婚登记证的主张不予支持。二审法院认为被上诉人市民政局为李某与宋某发放结婚证，符合《婚姻登记管理条例》第23条的规定，对四位上诉人要求撤销原一审判决、确认被上诉人市民政局违法发放结婚证的请求不予支持。通化市中院再审维持原判，吉林省高院驳回再审申请，最高人民法院决定不予再审立案处理，主要指导精神是婚姻登记行为是婚姻登记机关对双方民事关系的确认，对该行为进行合法性审查应更注重双方是否自愿结婚这一实体问题。只要双方自愿且无法律禁止或者无效的情形，就应认定婚姻登记行为有效。因此，结婚登记的程序瑕疵不足以否定婚姻登记行为的效力。

【相关案例2】

朱某某与南通市通州区民政局行政登记案①

该案争论焦点为结婚的一方当事人提交虚假材料，隐瞒真实情况，冒用他人信息登记结婚的，登记机关办理的结婚登记是否无效。原告朱某某与原审第三人吴某某于2000年经人介绍认识，2001年1月11日，朱某某与吴某某到通州区四安镇人民政府办理结婚登记，同日四安镇人民政府为其办理了结婚登记并向二人颁发了结婚证。办理结婚登记时吴某某提交的身份证系其使用原审第三人吴某某1身份信息办理的，故结婚证上载明女方为吴某某1。结婚证上粘贴的照片是朱某某与吴某某的照片。后吴某某继续适用吴某某1的身份信息在通州地区与朱某某共同生活，并于2001年8月15日生育一子朱某某1，在朱某某1的出生医学证明中，母亲名字亦登记为吴某某1。原告要求确认婚姻登记行为无效。法院认为，在婚姻登记过程中，申请人未如实提供登记申请材料，在婚姻登记中隐瞒真实情

① （2017）苏06行终479号。

况，对错误登记行为的发生存在明显过错。登记机关在登记审查时，未能按照严格、实质审查要求，谨慎地比对、核实到场的当事人的身份情况，对该违法登记行为亦负有责任，被诉登记行为存在重大明显违法情形，依法应当确认无效。同时，朱某某与吴某某故意隐瞒事实所进行的婚姻登记，使自己实际形成的夫妻关系不能受到婚姻法的保护。

【关联法条】

《最高人民法院关于适用〈中华人民共和国婚姻法〉若干问题的解释（三）》第1条，《婚姻登记条例》，《婚姻登记工作规范》

（撰稿人：王文娜）

第一千零五十条　【家庭组成】登记结婚后，按照男女双方约定，女方可以成为男方家庭的成员，男方可以成为女方家庭的成员。

【释义】

本条是对男女双方结婚后家庭如何组成的规定，对应《婚姻法》第9条，规范内容没有变化，是自1980年《婚姻法》施行以来一以贯之的规定。从《民法典》婚姻家庭编的体系结构来看，此条更适合被置于第三章“家庭关系”中的第一节“夫妻关系”中，而非在本章“结婚”中，因为此条规定既非结婚的必要条件或禁止条件，也并非婚姻缔结瑕疵的法律效果，而是婚姻有效缔结后的法律效果。

本条规定家庭的组成可以由男女双方进行约定，且男女平等，女方可以成为男方家庭的成员，男方可以成为女方家庭的成员，不应歧视到男方家庭的女方成员，也不应歧视到女方家庭的男方成员。在旧的婚姻制度下，入赘到女方家的男方往往受到歧视，本法对这样的旧观念和态度持否定态度。① 当然，随着经济的发展和观念的更新，越来越多的人在结婚时选择了男女双方另行组成新的小家庭

① 参见黄薇主编：《中华人民共和国民法典婚姻家庭编解读》，中国法制出版社2020年版，第48页。

的模式，而不选择成为一方家庭的成员。[①]

实践中，男方成为女方的家庭成员还是女方成为男方的家庭成员，往往表现为男方将户口迁入女方或女方将户口迁入男方。在农村，户口与集体经济组织成员权益相关。若女方将户口迁入男方家庭，成为男方家庭的成员，其集体经济组织成员权益应受到保护；若男方将户口迁入女方家庭，成为女方家庭的成员，其集体经济组织成员权益也应受到保护。

【相关案例】

张甲、张某等与凤凰村委员会侵害集体经济组织成员权益纠纷案[②]

该案争议焦点为男方到女方家落户，其是否享有集体经济组织成员资格、是否与本村村民享有同等的分配权利。2011 年 12 月 5 日，原告张甲与三台县潼川镇村民陈某梅在三台县潼川镇人民政府登记结婚，同月 29 日，原告张甲将户籍转入并在该处居住生活，其女张某户籍也登记在此。在此期间，二原告也尽了本村村民的义务，积极缴纳修路集资款。2015 年 12 月，为了凤凰山区拆迁户修建安置房，三台县统一征地办公室征用部分土地，并支付了征地补偿款。2018 年 8 月 29 日被告凤凰村委会多次组织村民根据本组实际情况，结合相关规定就征地补偿款的分配方法进行讨论协商并最终形成征地补偿款分配方案。该方案第三条载明：有儿有女户，女儿婚后户口仍在本组的按 100% 分配，其女婿和外孙不参加分配。根据该条规定，原告张甲和女儿张某不享有分配权。因此原告张甲和张某主张被告侵害其集体经济组织成员权益，原告主张享有村民资格，享有本村村民同等的土地补偿分配权利。法院认为《婚姻法》第 9 条规定，登记结婚后，根据男女双方约定，女方可以成为男方家庭成员，男方可以成为女方家庭成员，原告张甲结婚后，于 2011 年 12 月 29 日即将户口迁入被告处，且一直在被告处居住、生活，从而取得了集体经济组成成员资格（系加入取得），原告张某从出生就将户籍登记在此，且一直在该组织处居住、生活，从而取得了集体经济组织成员资格（系法定取得），二原告应该享有与本组村民同等的集体经济组成成员权益分配权，享有与本组村民同等的土地补偿费分配权。

（撰稿人：王文娜）

---

① 吴高盛主编：《〈中华人民共和国婚姻法〉释义及实用指南》，中国民主法制出版社 2014 年版，第 41 页。

② （2019）川 0722 民初 4355 号。

第一千零五十一条　【婚姻无效事由】有下列情形之一的，婚姻无效：

（一）重婚；

（二）有禁止结婚的亲属关系；

（三）未到法定婚龄。

【释义】

本条是对婚姻无效事由的规定，重婚、有禁止结婚的亲属关系以及未到法定婚龄可导致婚姻无效。本条修改了现行《婚姻法》第 10 条的规定，删掉了第 10 条规定的婚姻无效的第三种情况，即婚前患有医学上认为不应当结婚的疾病，婚后尚未治愈的情况。

本条包含以下几点理解：

首先，重婚是导致婚姻无效的事由。重婚，即有配偶者又与第三人缔结婚姻关系，这违背了《民法典》第 1041 条规定的一夫一妻制度。在重婚的情形中，有以下问题需要讨论：其一，一个登记婚姻与一个“事实婚姻”或者多个“事实婚姻”是否构成此处的重婚？《民法典》并没有规定“事实婚姻”问题，《民法典》第 1049 条明确将登记作为确立婚姻关系的条件，可以认为《民法典》不认为“事实婚姻”构成法律上的婚姻关系；《最高人民法院关于适用〈中华人民共和国婚姻法〉若干问题的解释（一）》第 5 条规定，1994 年 2 月 1 日民政部《婚姻登记管理条例》公布实施以后，男女双方符合结婚实质要件的，人民法院应当告知其在案例受理前补办结婚登记；未补办结婚登记的，按解除同居关系处理，因此未办理结婚登记的“事实婚姻”仅构成同居关系。因此，笔者认为《民法典》规定的重婚仅指存在双重或多重登记婚姻的情形，双重或多重“事实婚姻”并不构成此处的重婚。理论上，有观点认为为了保护妇女、儿童等弱者和善意且无过错方的合法权益，要有条件地承认“事实婚姻”的婚姻效力，并在此前提下认为多重“事实婚姻”可以构成重婚；① 也有观点直接肯定重婚包括法律上的重婚和事实上的重婚，即认为“事实婚姻”可导致婚姻无效。② 笔者认为，构成重

---

① 参见余延满：《亲属法原论》，法律出版社 2007 年版，第 182 页。

② 黄薇主编：《中华人民共和国民法典婚姻家庭编解读》，中国法制出版社 2020 年版，第 50 页；杨立新：《亲属法专论》，高等教育出版社 2005 年版，第 101 页。

婚的前提条件是存在两个或多个法律承认的婚姻关系，根据《民法典》第1049条的规定，法律承认的婚姻关系需经登记，实践中未办理结婚登记而以夫妻名义共同生活的男女也仅仅是未婚同居关系，而非《民法典》承认的婚姻关系，因此有配偶者与他人以夫妻名义同居生活并不能构成此处的重婚。其二，《最高人民法院关于适用〈中华人民共和国婚姻法〉若干问题的解释（一）》第8条是否适用于重婚的情形？该条规定，当事人依据《婚姻法》第10条规定向人民法院申请宣告婚姻无效的，申请时，法定的无效婚姻情形已经消失的，人民法院不予支持。举例而言，在双重婚姻的情形中，若重婚方的第一段婚姻关系中的配偶去世，在后的第二个婚姻是否因此被治愈而成为有效婚姻，不能再被申请宣告无效。理论中有两种不同的观点：一种观点认为只要结婚时一方当事人存在两个或多个婚姻关系，就构成重婚，重婚严重违反一夫一妻原则，不应存在重婚的治愈事由；另一种观点则认为若当事人申请宣告婚姻无效时，导致婚姻无效的事由已经不存在，则当事人不能再申请宣告婚姻无效。[①] 实践中，面对同一案件，一审法院认为重婚情形消失，当事人不能再申请宣告婚姻无效，而二审法院则认为在重婚的情形中，不存在从违法到合法的转化。[②] 笔者认为，《最高人民法院关于适用〈中华人民共和国婚姻法〉若干问题的解释（一）》第8条并没有将重婚的情形排除在外，若前一段婚姻关系因离婚或因非重婚一方死亡而终止时，自然不再存在两个法律承认的婚姻关系，后一段婚姻不能再被宣告为无效婚姻，这并不会构成对一夫一妻制的挑战，反而能够安定现存的婚姻关系。

其次，有禁止结婚的亲属关系是导致婚姻无效的事由。《民法典》第1048条规定了近亲结婚禁止规则，直系血亲或者三代以内的旁系血亲禁止结婚，而本条则是规定了违反该禁止要件的法律效果，即婚姻无效。所谓有禁止结婚的亲属关系，指的是《民法典》第1048条规定的直系血亲或者三代以内的旁系血亲关系。具体理解参见第1048条。

再次，未到法定婚龄是导致婚姻无效的事由。《民法典》第1047条规定了法定婚龄，男不得早于二十二周岁，女不得早于二十周岁，若缔结婚姻的任何一方当事人未到法定婚龄结婚，则属于此条规定的婚姻无效的情形。根据《最高人民法院关于适用〈中华人民共和国婚姻法〉若干问题的解释（一）》第7条的规定，在未到法定婚龄申请宣告婚姻无效的情形中，有权申请的主体包括婚姻当事人以

---

① 参见黄松有主编：《婚姻法司法解释的理解与适用》，中国法制出版社2002年版，第36页；王礼仁：《从重婚无效是否可以阻却看人治与法治思维——〈婚姻法解释一〉第8条的价值判断与选择》，载《湖北警察学院学报》2014年第12期。

② （2016）渝01民再44号。

及未达法定婚龄者的近亲属，根据《民法典》第 1045 条的规定，近亲属指的是配偶、父母、子女、兄弟姐妹、祖父母、外祖父母、孙子女、外孙子女。有观点认为将申请主体限定在婚姻当事人以及未达法定婚龄者的近亲属，不利于未成年人合法权益保护，应当扩大婚姻无效请求人的范围。① 根据《最高人民法院关于适用〈中华人民共和国婚姻法〉若干问题的解释（一）》第 8 条的规定，若法定的婚姻无效情形已经消失，人民法院不再能够宣告婚姻无效，即使缔结婚姻关系的当事人在缔结婚姻时未到法定婚龄，若经过若干年，其达到了法定婚龄，则其婚姻不能再被宣告为无效婚姻。

最后，本条是关于婚姻无效事由的封闭性规定，从法条构造上来看，本条以完全列举的方式明确限定仅重婚、有禁止结婚的亲属关系和未到法定婚龄为婚姻无效的事由，不存在适用《民法典》总则编第 146 条和第 153 条规定的可能性。《最高人民法院关于适用〈中华人民共和国婚姻法〉若干问题的解释（三）》第 1 条第 1 款也明确规定，当事人以婚姻法第 10 条规定以外的情形申请宣告婚姻无效的，人民法院应当判决驳回当事人的申请。法律严格限制可以导致婚姻无效的事由，体现了对于当事人结婚自由的保护，也有利于维护婚姻关系的稳定性。

但是，理论上认为仍有两种情形也应属于可以导致婚姻无效的事由：其一，通谋虚伪“假结婚”，其指的是缔结婚姻关系的当事人并不旨在建立婚姻家庭生活共同体，而是假借婚姻的形式追求异质于婚姻的目的。根据实质合意说的观点，当事人缔结婚姻的意思表示合意不仅应当包含形式上的结婚合意，还应当在实质上包含双方一同建立婚姻家庭生活共同体的合意。② 笔者赞同上述观点，根据法律行为理论，合同的有效缔结要求当事人必须对必要之点（Essentialia negotii）达成合意，婚姻缔结行为同样是法律行为，其通过男女双方缔结婚姻的合意而达成。③ 根据《婚姻登记工作规范》第 41 条规定，婚姻登记员不仅要询问当事人的结婚意愿，还要告知当事人双方领取结婚证后的法律关系以及夫妻权利和义务，因此有效的婚姻缔结行为要包含对上述两点的合意，即缔结婚姻的合意包含两个必要之点，即订立婚姻关系的合意和履行婚姻中的权利与义务的合意（核心是建立婚姻家庭生活共同体）。在通谋虚伪“假结婚”的情形中，当事人客观

---

① 参见余延满：《亲属法原论》，法律出版社 2007 年版，第 187 页以下。

② 参见李昊、王文娜：《婚姻缔结行为的效力瑕疵——兼评民法典婚姻家庭编草案的相关规定》，载《法学研究》2019 年第 4 期；冉克平：《论婚姻缔结中的意思表示瑕疵及其效力》，载《武汉大学学报（哲学社会科学版）》2016 年第 5 期；修艳玲：《论结婚的意思表示瑕疵》，载《福建公安高等专科学院学报》2005 年第 6 期。

③ Lumpp, Die Scheineheproblematik in Gegenwart und Vergangenheit – Eine dogmatische Untersuchung des fehlenden Willens zur ehelichen Lebensgemeinschaft, Berlin, 2007, S. 33ff.

上表达了上述两种合意，但主观的内心意思实际上仅仅存在订立婚姻关系的合意，而没有对履行婚姻中权利与义务达成合意，因此构成合意瑕疵，此时亦应为婚姻无效的事由。其二，已达法定婚龄但不具有完全民事行为能力的当事人缔结的婚姻，[①] 本条仅仅规定了未达法定婚龄的当事人缔结的婚姻是无效婚姻，但并未规定已达法定婚龄但并不具有民事行为能力的当事人缔结的婚姻的效力。现行《婚姻法》第 10 条规定了婚前患有医学上认为不应当结婚的疾病，婚后尚未治愈的可导致婚姻无效，实践中法院可以通过第 10 条来认定不具有完全民事行为能力的当事人缔结的婚姻无效。[②] 但是，《民法典》将此种情形从婚姻无效事由中删除，导致实践中法院不能认定无民事行为能力人缔结的婚姻无效。唯一可能的路径是，当事人可以通过适用《民法典》第 1046 条，主张无民事行为能力人在缔结婚姻时不能表达自我意志、并非自愿，从而构成结婚程序瑕疵，[③] 通过行政复议或者行政诉讼解决本应通过民事诉讼解决的问题。上述两种可以导致婚姻无效的情形也都可以适用《最高人民法院关于适用〈中华人民共和国婚姻法〉若干问题的解释（一）》第 8 条，在通谋虚伪“假结婚”的情形中，若当事人在缔结婚姻后事实上形成了婚姻生活共同体，则婚姻无效被治愈，当事人不能再申请婚姻无效；若一方当事人在缔结婚姻时已达法定婚龄但不具有完全的民事行为能力，如果其在之后的婚姻生活中恢复了完全民事行为能力，并且以自己的行为继续生活在婚姻共同体中，则婚姻无效被治愈，当事人不能再申请婚姻无效。

【相关案例 1】

胡某某与徐某婚姻无效案[④]

该案争议焦点为重婚的一方与前妻离婚是否系阻却其第二段婚姻为重婚的事由。被告徐某与李某某于 1996 年 5 月 23 日在四川省南充市办理结婚登记，并于 2015 年 4 月 20 日办理离婚登记。在婚姻关系存续期间，被告徐某又使用虚假离婚证明与原告胡某某于 2010 年 7 月 22 日在重庆市巴南区民政局办理结婚登记，胡某某于 2011 年 6 月 19 日生育徐某甲，2015 年 3 月 7 日生育徐某乙。2015 年 12 月 3 日，渝北区法院作出刑事判决书，判决被告徐某犯重婚罪。同年 12 月 18 日，胡某某提起诉讼，请求确认其与徐某的婚姻无效。一审法院认为根据《婚姻法》

① 参见余延满：《亲属法原论》，法律出版社 2007 年版，第 165 页。
② （2017）黔 0323 民初 167 号。
③ 实践中法院是否会将此种情形认定为结婚程序瑕疵，仍待考量。
④ （2016）渝 01 民再 44 号。

第10条、《最高人民法院关于适用〈中华人民共和国婚姻法〉若干问题的解释(一)》第8条的规定，驳回原告胡某某的诉讼请求。二审法院认为徐某在其与李某某的婚姻关系存续期间，采取欺骗的手段，以虚假的离婚证明与胡某某登记结婚，其行为严重违反“一夫一妻制”，且触犯刑法构成重婚罪，徐某与胡某某的婚姻符合《婚姻法》第10条规定的情形，属于无效婚姻。《最高人民法院关于适用〈中华人民共和国婚姻法〉若干问题的解释(一)》第8条规定并不包括重婚和有禁止结婚的亲属关系情形，重婚行为严重违反一夫一妻制，有悖社会的公序良俗，是我国法律明令禁止的严重的婚姻违法行为。当事人申请宣告婚姻无效时，即使前次婚姻关系合法解除，后一次婚姻关系仍为无效，不产生从违法到合法的转化问题。本案中，胡某某请求宣告婚姻无效，符合法律规定，本院予以支持。

【相关案例2】

杨某花与云南宾川县民政局结婚登记行政纠纷案[①]

该案争议焦点为结婚的一方当事人提交虚假材料，隐瞒真实年龄，骗取结婚登记的，结婚登记是否可撤销。原告杨某花出生于1978年7月28日，1997年2月3日，原告杨某花与第三人邵某云向宾川县民政局申请办理结婚登记，并提交了双方的婚姻状况证明，婚姻状况证明中记载杨某花的出生日期为1977年2月16日。宾川县民政局认为该结婚申请符合婚姻法关于结婚的规定，于当日准予登记，并颁发结婚证。领取结婚证后双方继续共同生活至2011年5月，此后，双方为生活琐事产生矛盾并分居，杨某花以宾川县民政局为被告向法院提起行政诉讼，请求撤销结婚登记。法院认为宾川县民政局对杨某花与第三人邵某云的结婚申请进行审查时，未按照当时施行的《婚姻登记管理条例》第9条规定，要求当事人提交双方的户口证明、居民身份证，且对多提交的婚姻状况证明未进行合理审查，导致未能发现杨某花当时未达法定婚龄，对未达法定婚龄的当事人提出的结婚申请作出准予登记的行政行为并颁发了结婚证，该登记行为违反法定程序。但原告杨某花及第三人邵某飞在申请结婚登记时就已按农村习俗举行了婚礼，并共同生活，且生育有两个子女，双方结婚的意愿是真实的。申请结婚登记时，杨某花虽未达法定婚龄，但该情形早在其达到法定婚龄之时消失，该情形消失后双方的婚姻已具备婚姻法规定的结婚的实质要件，结婚登记时原告未达法定婚龄并

---

① 载《人民司法·案例》2016年第29期。

不影响双方婚姻关系的效力。原告杨某花要求撤销登记行为的诉讼请求无事实及法律依据，不予支持。

【关联法条】

《最高人民法院关于适用〈中华人民共和国婚姻法〉若干问题的解释（一）》第5条、第7条、第8条，《最高人民法院关于适用〈中华人民共和国婚姻法〉若干问题的解释（三）》第1条

（撰稿人：王文娜）

第一千零五十二条　【可撤销婚姻】 因胁迫结婚的，受胁迫的一方可以向人民法院请求撤销婚姻。

请求撤销婚姻的，应当自胁迫行为终止之日起一年内提出。

被非法限制人身自由的当事人请求撤销婚姻的，应当自恢复人身自由之日起一年内提出。

【释义】

本条是对可撤销婚姻制度的规定，明确了胁迫结婚是导致婚姻可撤的事由、可以请求撤销婚姻的权利人、受理婚姻撤销事宜的权力机关以及可以请求撤销婚姻的除斥期间。本条来源于现行《婚姻法》第11条，但对除斥期间和撤销婚姻的权力机关进行了修改：除斥期间由现行《婚姻法》规定的“自结婚登记之日起一年内”修改为“自胁迫行为终止之日起一年内”，仅人民法院是可以撤销婚姻的权力机关，婚姻登记机关不再具有撤销婚姻的权限。上述两处修改完善了可撤销婚姻制度。

本条包含以下四点理解：

首先，缔结婚姻的当事人受胁迫缔结的婚姻为可撤销婚姻。《民法典》第1042条规定，“禁止包办、买卖婚姻和其他干涉婚姻自由的行为”，第1046条规定，“结婚应当男女双方完全自愿，禁止任何一方对另一方加以强迫，禁止任何组织或者个人加以干涉”。本条则从法律效果层面规定受胁迫缔结的婚姻为可撤销婚姻，从而形成一个保护自然人结婚自由的完整体系。根据《最高人民法院关于适用〈中华人民共和国婚姻法〉若干问题的解释（一）》第10条的规定，“胁

迫是指行为人以给另一方当事人或者其近亲属的生命、身体健康、名誉、财产等方面造成损害为要挟，迫使另一方当事人违背真实意愿结婚的情况。”具体来说，构成受胁迫缔结婚姻应满足以下要件：其一，存在胁迫行为，胁迫行为可以由缔结婚姻的另一方为之，也可以是第三方为之，《民法典》第1046条表明，法律禁止任何主体干涉当事人的结婚自由；胁迫行为既可以直接针对缔结婚姻的一方当事人，也可以针对其近亲属，从而间接地胁迫缔结婚姻的当事人；胁迫行为主要表现为要挟到对当事人或其近亲属的生命、身体健康、名誉、财产等造成损害，但不限于上述范围。其二，被胁迫人因胁迫行为而产生恐惧，若被胁迫人并未产生恐惧或者并未因胁迫行为而产生恐惧，则不构成胁迫。其三，被胁迫人因为恐惧，在违反自己真实意愿的情况下与另一方缔结婚姻关系。虽然被胁迫人遭受了胁迫，若其并非因此胁迫行为、并非因为恐惧而与另一方当事人缔结婚姻关系，即胁迫行为与缔结婚姻之间不具有因果关系，此时也不构成胁迫结婚。其四，胁迫行为人具有胁迫的故意，胁迫人旨在通过其胁迫行为干涉被胁迫人的意思自由。[①]

其次，有权请求撤销婚姻的权利人为受胁迫缔结婚姻的一方，婚姻关系中的另一方或者任何其他人均没有申请撤销该婚姻的权利。在婚姻无效制度中，导致婚姻无效的事由在更大程度上触犯的是社会公共利益，因此可以申请宣告婚姻无效的主体，就不仅局限于一方当事人甚至双方当事人，根据《最高人民法院关于适用〈中华人民共和国婚姻法〉若干问题的解释（一）》第7条的规定，利害关系人同样是可以申请宣告婚姻无效的主体，其中，以重婚为由申请宣告婚姻无效的，利害关系人包括当事人的近亲属及基层组织。而在婚姻可撤销制度中，导致婚姻可撤销的事由，如此条规定的胁迫，在更大程度上损害的是当事人的决定自由、意思自由和结婚自由，因此为了保护受胁迫人的意思自由，由且仅由受胁迫人决定是否申请撤销婚姻，[②] 缔结婚姻关系的另一方没有陷入意思表示瑕疵，则不赋予其申请撤销婚姻的权利，[③] 任何第三方也不享有申请撤销婚姻的权利。

再次，撤销婚姻的机关是人民法院。现行《婚姻法》第11条规定人民法院和婚姻登记机关都是可以撤销婚姻的权力机关，而本条更正了这一规定，明确仅人民法院是有权撤销婚姻的权力机关。婚姻是否可撤销，涉及对于实体法律关系的判断，婚姻登记机关并非裁判机关，因此不应具有此项职权。而且婚姻被撤销

---

① 参见吴高盛主编：《〈中华人民共和国婚姻法〉释义及实用指南》，中国民主法制出版社2014年版，第49页。

② 参见陈苇主编：《婚姻家庭继承法学》，中国政法大学出版社2018年版，第90页。

③ 参见黄薇主编：《中华人民共和国民法典婚姻家庭编解读》，中国法制出版社2020年版，第56页。

后，往往还涉及对双方当事人财产关系、子女抚养等问题的处理，问题复杂，需要经过法院审理才能作出合理裁判。[①]

最后，撤销婚姻的申请必须在一定期间内作出，即除斥期间。本条第 2 款规定，“请求撤销婚姻的，应当自胁迫行为终止之日起一年内提出”，除斥期间的起算点为胁迫行为终止之日，改变了现行《婚姻法》第 11 条规定的起算点“结婚登记之日”。以结婚登记之日作为起算点是不科学的，因为结婚登记之日并非胁迫行为终止之日，有些情况下，被胁迫人可能在结婚登记后的一年内一直处于被胁迫的状态，根据现行《婚姻法》的规定，除斥期间已过，被胁迫人则失去了申请撤销婚姻的权利，这样的起算点不合理，不利于对受胁迫人的保护。[②] 只有自胁迫行为终止之日起，受胁迫人才有申请撤销婚姻的可能性，因此应将胁迫行为终止之日作为除斥期间的起算点。本条第 3 款实际上是第 2 款的一个特殊情况，若被胁迫人被非法限制人身自由，只有其恢复人身自由，才有申请撤销婚姻的可能性；如果被胁迫人虽然恢复了人身自由，但仍然受到其他的威胁，此时仍然根据本条第 2 款来计算起算点，即自胁迫行为终止之日起。相比于《民法典》第 152 条有关撤销权消灭的规定，本条并没有规定“当事人知道撤销事由后明确表示或者以自己的行为表明放弃撤销权”的情况，理论上认为若被胁迫人在胁迫行为终止后明确表示放弃撤销权，以自己的行为表明其自愿地与另一方共同生活，即使仍在除斥期间内，也应认为其撤销权消灭。[③]

【相关案例】

张某某与魏某某撤销婚姻纠纷案[④]

该案争议焦点为父母催促当事人结婚是否构成胁迫，进而导致婚姻可撤销。原告张某某与被告魏某某于 2015 年 4 月经人介绍相识并确立恋爱关系，同年 8 月 17 日进行了结婚登记。婚后一直未共同生活，经济及生活相互独立，原告为证明其母亲存在精神疾病、其系受胁迫与被告办理结婚登记，向法庭出具了署名为其母亲的断绝母子关系书；原告同学徐某勇作为证人出庭陈述：2015 年 6 月原告到他家聊天说受到其父母逼迫才结婚的，其父母看好被告，要求与被告结婚，原告表示不愿意结婚，其母就出现精神问题、其父高血压，原告担心父母受到刺激，

---

① 参见黄薇主编：《中华人民共和国民法典婚姻家庭编解读》，中国法制出版社 2020 年版，第 58 页。
② 参见余延满：《亲属法原论》，法律出版社 2007 年版，第 207 页。
③ 参见余延满：《亲属法原论》，法律出版社 2007 年版，第 207 页以下。
④ （2016）陕 0103 民初 6835 号。

自杀威胁，断绝关系，才结婚；原告表妹作为证人出庭陈述：两年前没结婚时，其姑妈（原告母亲）整天都很着急。法院认为，原告未提供直接证据证明，署名为其母亲的断绝书是其母亲书写及何时、何因书写。证人证言是传来言辞，不能证明原告结婚前受到父母胁迫。原告受教育程度高达博士，完全可以做到对父母的催促行为通过沟通善意化解，而不是不负责任的违心与被告恋爱、结婚。原告上述举证不能证明其系受胁迫而与被告结婚。因此，驳回原告张某某要求撤销与被告婚姻关系之诉讼请求。

【关联法条】

《民法典》第152条、第1042条、第1046条，《最高人民法院关于适用〈中华人民共和国婚姻法〉若干问题的解释（一）》第10条

（撰稿人：王文娜）

第一千零五十三条　【可撤销婚姻】一方患有重大疾病的，应当在结婚登记前如实告知另一方；不如实告知的，另一方可以向人民法院请求撤销婚姻。

请求撤销婚姻的，应当自知道或者应当知道撤销事由之日起一年内提出。

【释义】

本条是对可撤销婚姻制度的规定，明确了重大疾病未如实告知是可以导致婚姻可撤销的事由，并且规定了可以请求撤销婚姻的权利人、受理婚姻撤销事宜的权力机关以及可以请求撤销婚姻的除斥期间。现行《婚姻法》并没有类似规定，本条属于新增条款，增加了此种可以导致婚姻可撤销的情形。

本条包含以下五点内容：

首先，重大疾病未告知是可以导致婚姻可撤销的事由。需要满足的条件包括：其一，缔结婚姻的一方当事人在缔结婚姻时患有重大疾病，在结婚前患有重大疾病、但结婚时已经治愈的或者在结婚后才患病的，不属于此条规定的情形；《民法典》并没有明确重大疾病的具体含义和判断标准，《最高人民法院关于适用〈中华人民共和国婚姻法〉若干问题的解释（三）》第4条曾出现重大疾病一词，

最高人民法院认为“疾病是否重大，参照医学上的认定，借鉴保险行业中对重大疾病的划定范围，一般认为，某些需要长期治疗、花费较高的疾病，如糖尿病、肿瘤、骨髓灰质炎、麻风病、结核病等，或者直接关涉生命安全的疾病等属于重大疾病”。[①] 笔者认为应该以客观的标准来衡量是否构成重大疾病，而不是以当事人主张的标准，而且应当将重大疾病的范围限定在对婚后生活有重大损害的疾病类型。其二，患有重大疾病的一方知晓病情而未在婚姻登记前如实告知另一方，若患有重大疾病的一方在结婚时并不知晓病情，便不可能要求其履行告知义务，不属于此条规定的情形；患病方应当在结婚登记前告知另一方，在结婚后才告知另一方的，属于未履行如实告知义务。其三，在缔结婚姻时，另一方不知晓患病方患有重大疾病的事实，如果患有重大疾病的一方没有将病情如实告知另一方，但在婚姻缔结时另一方通过其他途径已经知晓了患病事实，表明其不是因为不了解事实而陷入错误，此时不应再给予其可以申请婚姻可撤销的权利。

其次，未被如实告知的另一方当事人是可以请求撤销婚姻的权利人，未如实告知病情的一方或者任何其他人没有申请撤销婚姻的权利。与胁迫缔结婚姻情形中的利益衡量相同，在重大疾病未如实告知情形中，未被如实告知病情的一方当事人若知晓患病方患有重大疾病，就不会与患病方结婚，为了保护他/她的决定自由、意思自由和结婚自由，本条仅赋予其申请撤销婚姻的权利，任何其他人都不能申请撤销婚姻。

再次，撤销婚姻的机关是人民法院。与《民法典》第 1052 条规定保持一致，人民法院需要经过审理才能判断是否满足本条的要件、是否撤销婚姻，并对婚姻撤销后的法律效果作出判决。

复次，权利人应当自知道或者应当知道撤销事由之日起一年内行使其撤销诉权。在重大疾病未告知的情形中，除斥期间的起算点与胁迫婚姻中除斥期间的起算点不同，此条规定起算点为知道或应当知道撤销事由之日起，即未被如实告知的一方知道或者应当知道患病方患有重大疾病时。与《民法典》第 152 条规定的撤销权的消灭相比，本条并未规定当事人知道撤销事由后明确表示或者以自己的行为表明放弃撤销权的，撤销权消灭；也没有规定“当事人自民事法律行为发生之日起五年内没有行使撤销权的，撤销权消灭”。因为本条是婚姻家庭编的特殊规定，所以《民法典》第 152 条的规定不适用。但从理论上来说，应该对本条进行完善，如果当事人明确表示放弃申请撤销婚姻的权利，此时即使是在一年的除

① 最高人民法院民事审判第一庭主编：《最高人民法院婚姻法司法解释（三）理解与适用》，人民法院出版社 2015 年版，第 86 页。

斥期间内，也不应再享有申请撤销婚姻的权利。

最后，根据民通意见第68条的规定，一方当事人故意隐瞒真实情况，诱使对方作出意思表示的，构成欺诈行为，本条规定的一方故意隐瞒患有重大疾病的真实情况，使得对方作出了错误的意思表示，实际上是欺诈行为的一个下位类型。值得思考的是，对于其他事实的欺诈，比如隐瞒性取向、职业或者婚姻状态等，是否同样可以导致婚姻可撤销？理论上婚姻家庭法学者的通说是不应仅仅局限在重大疾病未告知的情形中，对于其他与缔结婚姻相关的重要事实的隐瞒同样构成欺诈，因为如同未被告知重大疾病的情形一样，在其他的欺诈情形中，另一方的意思决定自由、结婚自由也受到了侵害。①

【关联法条】

《民法典》第152条，《最高人民法院关于适用〈中华人民共和国婚姻法〉若干问题的解释（三）》第4条

（撰稿人：王文娜）

第一千零五十四条　【婚姻无效和婚姻被撤销的法律效果】无效的或者被撤销的婚姻自始没有法律约束力，当事人不具有夫妻的权利和义务。同居期间所得的财产，由当事人协议处理；协议不成的，由人民法院根据照顾无过错方的原则判决。对重婚导致的无效婚姻的财产处理，不得侵害合法婚姻当事人的财产权益。当事人所生的子女，适用本法关于父母子女的规定。

婚姻无效或者被撤销的，无过错方有权请求损害赔偿。

【释义】

本条是对婚姻被宣告无效和被撤销后的法律效果的规定，明确了原则上无效效果溯及既往，同时具体规定了当事人之间的财产法效果和父母子女关系问题，第2款规定了无过错方的损害赔偿请求权。本条来源于现行《婚姻法》第12条，

---

① 参见陈苇主编：《婚姻家庭继承法学》，中国政法大学出版社2018年版，第81页；马忆南：《婚姻家庭继承法学》，北京大学出版社2019年版，第75页；余延满：《亲属法原论》，法律出版社2007年版，第204页。

本条第 1 款与《婚姻法》第 12 条没有内容上的差别，区别在于本条新增了第 2 款有关损害赔偿请求权的规定，该款是在“民法典三审稿”时才被添加到《民法典》中的，立法者的主观愿望是好的，希望借此保护无过错方的利益，但实践中如何适用该款，仍需探讨。

本条包含以下四点内容：

首先，婚姻被宣告无效和被撤销后的法律效果相同，统一被规定在本条。婚姻被宣告无效和被撤销后导致的无效都是溯及既往的无效，该婚姻自始没有法律约束力，当事人不具有夫妻的权利和义务；但是根据《最高人民法院关于适用〈中华人民共和国婚姻法〉若干问题的解释（一）》第 13 条的规定，“自始无效，是指无效或者可撤销婚姻在依法被宣告无效或被撤销时，才确定该婚姻自始不受法律保护”。因此与《民法典》第 153 条规定的民事法律行为的当然无效不同，婚姻在被宣告无效和被撤销之前并非当然无效。相较于离婚面向未来地终结婚姻关系，婚姻被宣告无效和被撤销则是使得婚姻溯及既往的无效，这是婚姻无效制度、婚姻可撤销制度与离婚制度在法律效果上的根本差异。

其次，本条第 1 款第 2 句和第 3 句对当事人之间的财产关系进行了规定。第 2 句规定“同居期间所得的财产，由当事人协议处理；协议不成的，由人民法院根据照顾无过错方的原则判决”。本句首先肯定了双方当事人协议的优先性，只有在未达成协议时，才由人民法院判决；本句还使用了“同居期间”一词，《民法典》并没有确立同居制度，也没有规定同居解除时的财产法效果，因此本句的“同居期间”并非法律概念，其仅仅指的是婚姻被宣告无效或被撤销之后，双方当事人处于一种共同居住和生活的关系之中；本条与《关于人民法院审理未办结婚登记而以夫妻名义同居生活案件的若干意见》第 8 条也并不矛盾，本条中的“同居”与“未办结婚登记而以夫妻名义同居”有完全不同的含义；本条并没有明确同居期间所得的财产的性质，《最高人民法院关于适用〈中华人民共和国婚姻法〉若干问题的解释（一）》第 15 条则认为“当事人同居期间所得的财产，按共同共有处理。但有证据证明为当事人一方所有的除外”。理论中对于何谓“有证据证明为一方所有”有不同的观点，一种观点认为只要一方能够证明是自己的劳动收入或者因继承、遗赠、赠与等途径所得的收入，则属于个人财产；① 另一种观点则认为应当根据《民法典》第 1062 条和第 1063 条的规定来判断共同财产和个人财产的范围。② 笔者赞同后一种观点，虽然原则上婚姻被宣告无效或被撤

---

① 参见余延满：《亲属法原论》，法律出版社 2007 年版，第 214 页。

② 参见王丽萍：《婚姻家庭法律制度研究》，山东人民出版社 2004 年版，第 88 页。

销后的无效效果溯及既往，但在此之前，双方当事人生活在婚姻共同体中，若没有实行约定财产制，则法定财产制，即婚后财产共同所有制已经运行，因此双方当事人之间的财产关系适用有效婚姻关系中关于夫妻双方财产关系的规定。这也符合本条的结构，即本条第一句规定无效溯及既往的原则，本条第 2 句、第 3 句和第 4 句则是突破原则的例外。所谓“照顾无过错方”并非在确定是否为共同财产时考虑谁是过错方、谁是无过错方，而是在对共同财产进行分割时，照顾无过错方的利益，可能的途径是无过错方获得共同财产的较大份额。无过错方则指的是在缔结婚姻时不知且即使尽到注意义务也不可能得知存在婚姻无效或婚姻可撤销的事由，例外是在受胁迫缔结婚姻中，如果缔结婚姻的一方当事人是被另一方当事人胁迫，则被胁迫方是无过错方，而胁迫方是过错方；若缔结婚姻的一方当事人是被第三方胁迫，被胁迫方是无过错方，而缔结婚姻的另一方若不知情，则亦为无过错方，仅在缔结婚姻的另一方知道或应当知道胁迫事由时，其才是过错方。无过错并不等同于善意或诚信，前者需要当事人在客观上尽到了注意义务，后者只需当事人主观上处于善意信赖的状态。①

本条第 3 句考虑到了重婚情形的特殊性，规定在重婚的情形中，对财产的处理不得侵害合法婚姻当事人的财产权益。法院在审判实践中要注意的是，重婚的当事人已经处于一段合法的婚姻关系中，若其与合法的配偶没有约定，重婚方婚后所得的财产为夫妻共同财产，而非重婚方的个人财产。② 为了保护合法婚姻中的配偶一方的利益，根据《最高人民法院关于适用〈中华人民共和国婚姻法〉若干问题的解释（一）》第 16 条的规定，人民法院审理重婚导致的无效婚姻案件时，涉及财产处理的，应当准许合法婚姻当事人作为有独立请求权的第三人参加诉讼。

再次，本条第 4 句规定了婚姻被宣告无效或被撤销后的父母子女关系，“当事人所生的子女，适用本法有关父母子女的规定”，因此在婚姻被宣告无效或被撤销后，子女由谁直接抚养、抚养费如何负担、子女的探望权等问题，便可以依据《民法典》关于离婚后子女抚养等的规定来处理，即《民法典》第 1084 条、第 1085 条和第 1086 条。对于子女究竟是婚生子女还是非婚生子女问题，理论上有两种不同的观点，一种观点认为本法采取无效溯及既往的原则，所生子女自然为非婚生子女；③ 另一种观点则认为出于保护子女利益的需要，应将子女认定为

① 徐国栋：《无效与可撤销婚姻中诚信当事人的保护》，载《中国法学》2013 年第 5 期。

② 参见余延满：《亲属法原论》，法律出版社 2007 年版，第 215 页。

③ 参见杨大文、龙翼飞主编：《婚姻家庭法》，中国人民大学出版社 2018 年版，第 100 页。

婚生子女。[①] 笔者赞同后一种观点，本句构成本条第 1 句一般原则的例外，子女出生在婚姻被宣告无效或被撤销之前，即子女出生时婚姻关系仍然是有效的，这一事实并不因嗣后婚姻被宣告无效或被撤销而被改变。

最后，本条第 2 款是新增规定，明确了无过错方的损害赔偿请求权。对于谁是无过错方这一问题，与上述第 1 款第 2 句中的理解相同，不再赘述。理论上认为损害既可以是财产损害，也可以是非财产损害。[②] 无过错方因为缔结婚姻而导致的开支，如租赁婚礼场地的花费、宴请婚礼宾客的花费等，应当属于此处的财产损害，若婚姻被宣告无效或被撤销，无过错方可以请求另一方赔偿。在缔结婚姻时，若无过错方给予另一方彩礼，无过错方不能通过适用《最高人民法院关于适用〈中华人民共和国婚姻法〉若干问题的解释（二）》第 10 条规定来请求返还彩礼，因为其不满足第 10 条列举的三种情形；[③] 给予的彩礼也并非损害，无过错方的彩礼构成以婚姻有效缔结为目的的赠与，因此无过错方可以根据《民法典》赠与撤销权的规定或者不当得利的规定来请求返还彩礼。

【相关案例 1】

鲁某 1 与申某 1 婚姻无效纠纷案[④]

该案的争议焦点为婚姻被宣告无效后的彩礼返还问题。上诉人鲁某 1 与被上诉人申某 1 的婚姻属于无效婚姻，被法院判决宣告婚姻无效。上诉人的委托诉讼代理人鲁某 2 在一审法院开庭时，陈述被上诉人共给上诉人一方彩礼 140000 元，上诉人方退了 40000 元。一审法院根据《最高人民法院关于适用〈中华人民共和国婚姻法〉若干问题的解释（二）》第 10 条第 1 款规定，判决鲁某 1 于本判决生效之日起十日内一次性退还申某 1 彩礼 100000 元。二审法院认为，《最高人民法院关于适用〈中华人民共和国婚姻法〉若干问题的解释（二）》第 10 条第 1 款规定，双方未办理结婚登记手续的，当事人一方请求返还按照习俗给付的彩礼的，人民法院应当予以支持。根据文义解释，“未办理结婚登记手续”包括在法律意义上不存在婚姻关系的情形。故鲁某 1 应当返还申某 1 给付的彩礼，因此维持原判。

---

① 参见余延满：《亲属法原论》，法律出版社 2007 年版，第 213 页。

② 参见余延满：《亲属法原论》，法律出版社 2007 年版，第 218 页。

③ 理论上有观点认为应将无效婚姻视为当事人未办理结婚登记手续，所以可以适用《最高人民法院关于适用〈中华人民共和国婚姻法〉若干问题的解释（二）》第 10 条规定来请求返还彩礼。参见余延满：《亲属法原论》，法律出版社 2007 年版，第 216 页；实践中也有持此观点的判决，见下文。

④ （2018）甘 05 民终 118 号。

【相关案例2】

肖某与杨某婚姻无效纠纷案[①]

该案的争议焦点为婚姻被宣告无效后共同财产和个人财产的认定问题。再审申请人肖某与再审被申请人杨某的婚姻被宣告无效，在其同居期间所得房屋系肖某父母赠与后经过改扩建得来，肖某认为该房屋属于个人财产。再审法院认为，在肖某父母没有明确表示该赠与财产只归肖某个人所有的情况下，应当参照《婚姻法》第17条规定："夫妻在婚姻关系存续期间所得的下列财产，归夫妻共同所有：(一) 工资、奖金；(二) 生产、经营的收益；(三) 知识产权的收益；(四) 继承或赠与所得的财产，但本法第十八条第三项规定的除外；(五) 其他应当归共同所有的财产。"因此该房屋属于肖某、杨某共同所有，且本案中，肖某父母明确表示涉案房屋是赠与肖某、杨某二人，虽然涉案房屋登记在肖某个人名下，但该登记只是对外具有公示效力，并不等同于肖某、杨某二人已经约定该财产属于肖某个人财产。因此，再审法院认为一、二审法院认定涉案房屋属于肖某、杨某二人共同共有符合事实和法律规定。

【相关案例3】

黄某与陈某婚姻无效纠纷案[②]

该案的争议焦点为婚姻被宣告无效后，《离婚协议书》是否无效。××××年××月××日，上诉人黄某与香港居民郑某在香港婚姻登记处登记结婚，婚姻关系至2014年4月17日经香港区域法院判令解除。××××年××月××日，黄某在未解除与郑某婚姻关系的情况下，与被上诉人陈某在泉州市鲤城区民政局登记结婚，同年10月21日双方签订《离婚协议书》，并办理了离婚登记。后陈某申请宣告婚姻无效，并主张《离婚协议书》无效。一审法院认为黄某有配偶而又与陈某结婚，其行为违反婚姻法规定的一夫一妻制，构成重婚，陈某申请宣告其与黄某之间的婚姻无效，符合婚姻法规定的认定无效婚姻情形。《离婚协议书》是陈某在对黄某已有配偶不知情的情况下，基于双方婚姻考量与黄某签订的。因陈某与黄某之间的婚姻无效，《离婚协议书》也就失去了前提和基础，故双方于

---

① (2018) 黔民申2722号。

② (2017) 闽05闽终1767号。

2013 年 10 月 21 日签订的《离婚协议书》应认定为无效。二审法院认为，《离婚协议书》是在陈某误认为与黄某存在合法婚姻且受黄某欺诈的情况下签订的，该份《离婚协议书》未能体现陈某的真实意思表示，故《离婚协议书》无效，因此认定一审的判决是正确的，维持原判。

【关联法条】

《最高人民法院关于适用〈中华人民共和国婚姻法〉若干问题的解释（一）》第 4 ~ 10 条、第 13 ~ 16 条

（撰稿人：王文娜）

第三章 家庭关系

【导读】

本章规定了亲属之间的权利义务关系，主要内容包括：夫妻之间的人身关系及财产关系、父母与子女之间的关系、祖父母和外祖父母分别与孙子女和外孙子女之间的关系、兄弟姐妹等亲属之间的关系等事项。对其理解，总体上应当把握以下几个关键点：

首先，相较于《婚姻法》，本章变化主要体现为：在宏观层面，第三章分别以第一节和第二节区分夫妻关系及父母子女关系和其他近亲属关系，改变《婚姻法》一体规定两类家庭关系的模式。

在微观层面，针对夫妻关系，删除了《婚姻法》第 16 条“夫妻双方都有实行计划生育的义务”，新增第 1060 条关于日常家事代理权的规定，针对夫妻共同财产，新增规定劳务报酬和投资的收益为夫妻共同财产，针对夫妻一方个人财产，修改“一方因身体受到伤害获得的医疗费、残疾人生活补助费等费用”为“一方因受到人身损害获得的赔偿或者补偿”，由此扩张了人身权益受到伤害时夫妻一方个人财产的范围，吸收《最高人民法院关于审理夫妻债务纠纷案件适用法律有关问题的解释》的规定，在第 1064 条就夫妻债务问题作出明确规定，部分采纳《最高人民法院关于适用〈中华人民共和国婚姻法〉若干问题的解释(三)》第 4 条婚姻关系存续期间夫妻一方请求分割共同财产的规定。

针对父母子女关系和其他近亲属关系，在子女不履行赡养义务时，明确缺乏劳动能力或者生活困难的父母请求给付赡养费的对象为成年子女，避免发生可请求未成年子女给付赡养费的歧义，体现立法语言的精确性。① 删除“禁止溺婴、弃婴和其他残害婴儿的行为”的规定。除禁止子女干涉父母再婚以及婚后生活外，还规定子女不得干涉父母离婚自由。新增亲子关系确认之诉。

---

① 立法语言的变化，还比如第 1056 条规定：夫妻双方都有各自使用自己姓名的权利。《婚姻法》第 14 条则规定：夫妻双方都有各用自己姓名的权利。“各自使用”改变了《婚姻法》第 14 条中“各用”的表达，在此不一一列举。

其次，家庭关系中最为核心的关系是夫妻关系，夫妻双方因婚姻的缔结而使得彼此之间的人身关系、财产关系具有诸多特殊性，我国《婚姻法》对夫妻之间的财产关系关注较少，随着社会经济的快速发展，财产类型的增多，民间借贷管制规则的变化，夫妻之间的财产关系，夫妻与第三人的债权债务关系日益成为婚姻法中亟待解决的问题，本章就此基本沿袭了《婚姻法》针对夫妻财产制的规定，对于本章尚未列举的具体财产类型，在夫妻未订立财产协议时，仍需结合夫妻婚后所得共同制背后的协力理论认定夫妻共同财产与夫妻个人财产，针对夫妻债务，现有规定一改婚后举债推定为夫妻共同债务的不合理模式，但仍存在力有未逮之处，如何在法律适用的过程中作出进一步完善是后民法典时代所面临的课题。

最后，无论是就夫妻关系中的人身关系，还是其他近亲属之间的人身关系，鉴于此部分内容与我国传统、风俗、伦理存在更为直接且紧密的联系，即使是在社会经济快速发展的今天，家庭关系中的人身关系部分仍未发生根本性变化，本章就此部分内容规定与《婚姻法》基本保持一致。但在部分国家政策、时代背景发生改变的背景下，针对部分不合时宜的内容亦作了调整，最典型如对夫妻双方实行计划生育义务的废除。此外，除本章的相关规定外，民法总则、侵权责任编等其他各编也与近亲属之间的关系具有紧密关联，包括监护与近亲属之间权利义务关系的部分重叠、身份权与人格权编完整地构成对人身权的周延保护、侵权责任编与父母教育义务的衔接等，适用本章规定时，不应仅局限于家庭关系这一章节，应当从体系出发厘清近亲属之间的关系。

第一节　夫妻关系

第一千零五十五条　【夫妻平等原则】夫妻在婚姻家庭中地位平等。

【释义】

本条的规范对象是“夫妻”，按照通常的说法，夫妻是以共同生活为目的而结合的伴侣。[①] 结合的方式包括法律婚、仪式婚。我国采用的是结婚登记制度，申请结婚的双方当事人在符合法定结婚条件的情况下，履行法定的结婚登记程

① 胡康生主编：《中华人民共和国婚姻法释义》，法律出版社 2001 年版，第 49 页。

序，从而取得夫妻的身份。[①] 根据法释〔2001〕3 号第 5 条可知，我国婚姻家庭法所保护的“夫妻”包括三种，第一种是符合法定结婚条件且在相关行政部门办理结婚登记的夫妻，包括可撤销婚姻在婚姻撤销之前的夫妻；第二种是在 1994 年 2 月 1 日民政部《婚姻登记管理条例》公布实施之前，男女双方已经符合婚姻实质要件的夫妻；第三种是在 1994 年 2 月 1 日民政部《婚姻登记管理条例》公布实施之后，男女双方符合结婚实质要件且补办了结婚登记手续的夫妻。

中国有着漫长的封建制度历史，封建社会中不存在男女平等，妇女在婚姻家庭中的地位依附于丈夫，“三从四德”“三纲五常”的伦理观念约束着广大妇女的思想和行为。近代以来，受到西方资本主义的影响，我国的立法进一步发展，清末开始了近代亲属法的立法。清政府起草的《大清民律草案》以及北洋政府起草的《民律亲属编（草案）》虽有一定的进步意义，但仍有着浓厚的封建色彩，南京国民政府颁布的民法亲属编，形式上确立了男女平等的原则，但实质上保留了纳妾的封建传统。在 1931 年《中华苏维埃共和国宪法大纲》《中华苏维埃共和国婚姻条例》等文件中，规定了解放妇女、婚姻自由、夫妻平等、一夫一妻等原则，为之后婚姻法的发展奠定了基础。我国《宪法》第 33 条规定了中华人民共和国公民在法律面前一律平等，第 48 条第 1 款规定了中华人民共和国妇女在政治的、经济的、文化的、社会的和家庭的生活等各方面享有同男子平等的权利。这是从根本法上确立了夫妻关系中男女平等、夫妻平等的准则。从现代婚姻家庭法的发展趋势来看，许多国家贯彻男女平等原则，并且更加注重夫妻地位实质上的平等。[②] 第二次世界大战之后，国际人权运动包括妇女运动蓬勃发展，推动了许多国家关于夫妻关系的立法发展。1972 年联合国大会通过了《消除对妇女一切形式的歧视》，为各缔约国提供了立法和司法准则。从各国的立法情况来看，在人身关系方面，《德国民法典》规定了妻子与丈夫享有平等的就业权；[③]《日本民法典》规定了夫妻的姓氏可以按照结婚时的约定，约定为丈夫或者妻子的姓氏；[④] 在美国，在夫妻侵权的问题上，过去依夫妻一体主义理论的“配偶侵权豁免”的立法已被美国大部分州废除，因为这违反平等保护已婚者的原则。此外，妻子已享有决定人工流产权，妻子在决定实施人工流产前无须取得其夫的同意。[⑤] 在财

---

① 《民法典》第 1049 条。

② 陈苇：《外国婚姻家庭法比较研究》，群众出版社 2006 年版，第 29 页。

③ 《德国民法典》第 1356 条。

④ 《日本民法典》第 750 条。

⑤ 陈苇：《外国婚姻家庭法比较研究》，群众出版社 2006 年版，第 30 ~ 31 页。

产关系方面，主要表现为，夫妻双方可以约定财产制，且约定的夫妻财产制优先于法定，体现尊重夫妻双方意思自治的原则；赋予夫妻双方平等的财产权利和财产义务；承认家务劳动的价值等。

夫妻关系在家庭关系中占有重要地位，是家庭关系的基础，处理好夫妻关系，对于家庭的和睦与社会的稳定和健康发展，具有重要意义。2001 年颁布的《婚姻法》保留了男女平等、夫妻平等的原则，此后的修法实践中也一直沿用该项规定。夫妻家庭地位平等是民法总则中平等原则的具体化，也是婚姻家庭法中男女平等原则的具体体现，是指导夫妻关系的总原则。夫妻家庭地位平等意味着夫妻双方在家庭生活中的人格平等，享有平等的权利义务，共同承担对家庭和社会的责任。结合本法中的具体规定，对于夫妻平等可以从人身关系和财产关系两个方面来理解。在人身关系方面，根据本法第 1043 条规定，夫妻之间应当互负忠实义务，本法第 1056 条规定了夫妻姓名权，第 1057 条规定了夫妻人身自由权，第 1058 条规定了父母对未成年子女抚养、教育和保护的权利等。在财产关系方面，本法第 1065 条规定了夫妻财产约定制，没有约定或者约定不明确的，适用法定财产制。夫妻双方处分共同财产的地位平等，夫妻对共同财产有平等的处理权。①

在实际适用中，应当注意以下几点。第一，本条不能作为直接的请求权基础以主张权利。本条作为夫妻关系的指导原则，是确定夫妻各项权利义务的基础，而不是对于夫妻在家庭中具体权利义务的规定。第二，本条规定意在强调夫妻双方人格上的平等以及权利义务的平等。第三，规定夫妻在家庭中地位平等，不是指夫妻在家庭中权利义务一一对等，也不是指夫妻要平均承担家庭劳务。② 其主要目的在于引导夫妻双方共同承担对家庭和社会的责任。

【相关案例】

石某与邓某芬人身损害赔偿纠纷案③

本案的争议焦点在于，原被告双方为夫妻关系，在婚姻关系存续期间，被告对原告造成的人身损害，被告是否存在对夫妻之间发生的损害进行赔偿的前提条件和物质基础。

一审法院经审理认为：原告的主张缺乏事实根据和法律依据，故不予支持。

---

① 《民法典》第 1062 条第 2 款。

② 胡康生主编：《中华人民共和国婚姻法释义》，法律出版社 2001 年版，第 49 页。

③ 载《最高人民法院公报》2000 年第 2 期（总第 64 期）。

一审宣判后，原告不服，提起上诉。二审法院经审理认为：上诉人与被上诉人原系夫妻关系。被告因患偏执型精神分裂症，在不能辨认自己行为后果的情况下砍伤原告，不具有刑事责任能力。《婚姻法》（1980 年）第 13 条第 1 款规定：“夫妻在婚姻关系存续期间所得的财产，归夫妻共同所有，双方另有约定的除外。”原告与被告对财产并无约定，被告除对夫妻共同财产享有平等的占有、处理权外，没有个人财产，这就决定了被告不存在对夫妻之间发生的损害进行赔偿的前提条件和物质基础。原告在夫妻关系存续期间被妻子砍伤后，治疗的大部分费用已从夫妻共同财产中支付。离婚后，又按照当时各自的具体情况对夫妻共同财产进行了分割。因此，原告在离婚后诉请赔偿，缺乏事实根据和法律依据。原审认定的事实基本正确，判决并无不当。

【关联法条】

《宪法》第 33 条、第 48 条，《民法典》第 4 条、第 1041 条、第 1043 条、第 1049 条、第 1056 条、第 1062 条第 2 款，《最高人民法院关于适用〈中华人民共和国婚姻法〉若干问题的解释（一）》第 5 条

（撰稿人：李辰宇）

第一千零五十六条　【夫妻姓名权】夫妻双方都有各自使用自己姓名的权利。

【释义】

本条的规范对象是夫妻，同上文所述。根据本法人格权编第 1012 条规定，姓名权是自然人在不违背公序良俗的情况下，决定、使用和依法变更自己姓名，并排除他人干涉或非法使用的权利。夫妻双方均享有各自使用自己姓名的权利，是本法第 1055 条规定的夫妻平等原则的具体体现，也是本法人格权编中规定的姓名权在婚姻家庭法中的具体化。

从历史的角度来看，在中国古代社会的父系家长制下，妇女在婚后需要从夫姓，“妻从夫姓”是中外各国的通例，其折射出夫主妻从、夫尊妻卑的传统观念。姓氏的变更，表现为在妻之本姓之前“冠以夫姓”，它标志着已婚妇女归属于夫之亲族，置于夫权之下。中华人民共和国成立后，无论是 1950 年的《婚姻法》还是 1980 年的《婚姻法》，均规定“夫妻双方都有各用自己姓名的权利”“子女

可以随父姓，可以随母姓”。[①] 并且这一规定为后续修法实践所沿用，表明妇女结婚后有权使用自己的姓氏、姓名。在子女姓氏的问题上，改变了以往子随父姓的传统习惯，本法第 1015 条进一步明确了子女姓氏的确定规则，子女姓氏由父母协商决定，也可以由父母协商变更。其意图在于，保护已婚妇女的姓名权，贯彻男女平等、夫妻平等的原则。《民法典》将本条内容的表述进一步规范为“夫妻双方都有各自使用自己姓名的权利”，在一定程度上也是因为实践中出现了越来越多因夫妻姓名的使用问题而引起的家事代理纠纷。本条规定对于保障已婚妇女的独立人格，促进夫妻在婚姻家庭关系中地位平等，具有积极意义。

对于本条规定，可以从以下几个方面理解。第一，法律所保护的“姓名”范畴。公民的姓名由“姓”加“名”组成，是我国的传统习惯。姓名的法律意义在于使一个自然人具备可区别性，在一定意义上姓名是主体存在的标志，也是自然人从事民事活动的前提条件。法律上姓名不仅包括正式的登记姓名，而且包括其他类似于姓名的笔名、艺名、绰号、网名等非正式姓名。[②] 尽管实践中，自然人在参与各种重要的法律关系时，如在具有法律意义的证件、契据上签字等场合，只能使用正式登记的姓名。但其他具有知名度的，可以识别个人身份的化名（笔名、艺名、绰号、网名等个人身份的称谓）也应当受到与其本人姓名相同的保护。第二，本条与本法第 1012 条的关系。本法第 1012 条规定的是作为一般人格权的姓名权，本条是在婚姻家庭关系中姓名权的具体化，夫妻双方各自使用自己姓名的权利不受配偶一方的干涉。二者的关系在于，夫妻双方在行使本条规定之夫妻姓名权的同时，应当受到本法第 1012 条之规定的限制，不得违背公序良俗原则。第三，从条文的内容来看，本条强调的是夫妻双方对自己姓名自主使用的权利。其一，姓名权是一种人格权，是自然人与生俱来的权利，夫妻双方使用各自姓名的权利是平等的，不存在依附的关系。其二，对本条规定的“使用”应当做广义理解，即包含决定、使用和变更，与本法人格权编中对姓名权的规定保持体系上的一致性。在不违背公序良俗的情况下，夫妻双方可以在平等自愿的基础上约定自己姓名的使用和变更，实践中，妇女结婚后申请冠以夫姓或妇女原冠夫姓申请去掉夫姓的，只要符合变更后的姓名没有违背公序良俗或引起重大误解的，都可以作为姓名变更的申请理由。其三，夫妻双方能够使用的姓名仅限于本人的姓名，不包含对配偶一方姓名的使用。夫妻一方使用配偶姓名的需要经过配偶一方的许可，未经许可使用配偶姓名，构成侵权的，应当依法承担侵权责任。

---

① 余延满：《亲属法原论》，法律出版社 2007 年版，第 220 ~ 221 页。

② 《民法典》第 1017 条。

在实际适用中应当注意，夫妻一方使用配偶的姓名实施民事法律行为时，应当证明自己的使用行为已经获得配偶一方的许可，并对此承担证明责任。如果构成对配偶一方姓名权的侵犯，则应当依照本法侵权责任编的相关规定，承担相应的侵权责任。

【相关案例】

潘某秀与吴某国姓名权纠纷案[①]

本案的争议焦点在于，原被告双方系夫妻关系，未经原告许可，被告代为签署《进沪安置落户申请》的行为是否构成对原告姓名权的侵犯。

一审法院经审理认为，公民享有姓名权，有权决定、使用和依照规定改变自己的姓名，禁止他人干涉、盗用、假冒。本案中，被告已经确认《进沪安置落户申请》及3623号相邻权案中原告的签名系其代为签署，虽然被告辩称由原告授权同意，但未提供证据予以证明，对此抗辩意见法院难以采信，故可以认定被告存在未经原告同意冒用原告姓名的行为，其行为构成对原告姓名权的侵害。一审宣判后，被告不服，提起上诉。二审法院认可了一审法院对事实的分析认定及对相关法律法规的理解与适用，最终判决驳回上诉，维持原判。

【关联法条】

《民法典》第110条、第1012条、第1014条、第1015条、第1017条、第1055条

（撰稿人：李辰宇）

第一千零五十七条　【夫妻人身自由】夫妻双方都有参加生产、工作、学习和社会活动的自由，一方不得对另一方加以限制或者干涉。

【释义】

宪法意义上的人身自由权是指自然人依法享有的其人身和行为完全自由支

① （2019）沪02民终9972号。

配，不受任何组织尤其是公权力机关或个人非法限制或侵害的权利。而本条规定的夫妻人身自由权是对《宪法》第 37 条规定在婚姻家庭中的具体化，是指在婚姻关系建立以后，夫妻双方享有独立的人格和平等的地位，可按本人意愿依法决定从事社会的生产、工作、学习和社会活动的自由。① 人身自由权是每个公民的一项基本权利，夫妻人身自由权是夫妻法律地位平等的具体表现。

夫妻双方是否享有人身自由权，取决于男女两性的社会地位以及夫妻双方的家庭地位。夫妻人身自由权的实质就在于已婚妇女是否享有与男子同等的社会活动中的各项权利。② 在中国古代社会中，“三从四德”是用于约束妇女的行为准则与道德规范，根据“内外有别（男外女内的社会分工）”的原则，由儒家礼教对妇女在道德、行为、修养等方面进行规范。“三从”是指妇女未嫁从父、出嫁从夫、夫死从子，妇女在家庭中没有独立性，其行为需要依靠家族中的男性成员。随着经济社会的不断发展，人们思想观念的解放，社会分工也发生了很大的变化，对女性在婚姻家庭中的人身自由权利的保障显得尤为重要。在社会主义国家的立法中，逐渐确立了男女平等、夫妻平等的原则。我国 1950 年的《婚姻法》第 9 条规定：“夫妻双方均有选择职业、参加工作和参加社会活动的自由。”1980 年的《婚姻法》将其进一步完善为“夫妻双方都有参加生产、工作、学习和社会活动的自由，一方不得对他方加以限制或干涉”。这一条文一直沿用至今，其立法精神在于倡导夫妻之间相互尊重、互谅互让、互相协商，将参加工作、劳动和社会活动与尽到对家庭的责任协调一致。③ 本条的规范对象是夫妻双方，夫妻双方均享有夫妻人身自由的权利以及承担配合配偶一方实现夫妻人身自由权的义务。因此，这种“夫妻人身自由权”并非毫无限制，而是应当体现出以家庭责任为核心的夫妻平等与互相尊重。

本条规定的夫妻人身自由权的主要内容有三：第一，参加生产、工作的自由。这里的生产、工作泛指一切正常的社会性劳动，凡是能够取得劳动报酬或者收入的一切社会劳动及无酬的社会工作，都包含在内。确保妇女享有参加生产、工作的自由权而不受干涉，是妇女享有与丈夫平等地位的前提，④ 我国《妇女权益保障法》对此做了更加详细的规定。第二，参加学习的自由。这里的“学习”，包括接受正规的学校教育，也包括扫盲学习、职业培训以及其他各种形式的专业知识或技能学习。第三，参加社会活动的自由。这里的社会活动，包括参政、议

---

① 余延满：《亲属法原论》，法律出版社 2007 年版，第 223 页。
② 余延满：《亲属法原论》，法律出版社 2007 年版，第 223 页。
③ 胡康生主编：《中华人民共和国婚姻法释义》，法律出版社 2001 年版，第 56 页。
④ 胡康生主编：《中华人民共和国婚姻法释义》，法律出版社 2001 年版，第 55 页。

政活动，科学、技术、文学、艺术和其他文化活动，各种群众组织、社会团体的活动以及各种形式的公益活动等。

本条规定意在克服传统夫权思想所带来的负面影响，积极引导夫妻双方合理分担家务，为已婚妇女的人身自由权的实现提供法律依据。在实际适用中应当注意，第一，在婚姻家庭生活中，当夫或妻一方的人身自由受到侵害，或第三人非法干涉夫妻人身自由的权利时，需要结合本法侵权责任编的规定，明确侵权人应当承担的法律责任。第二，夫妻双方都有参加生产、工作的自由，但并不意味着夫妻双方参加生产、工作所创造的财富都属于夫妻共同财产，夫妻共同财产需要结合本法第1062条的规定及相关司法解释进行判断。第三，对夫妻一方的人身自由权造成严重侵害，情节严重，构成犯罪的，应根据我国刑法的有关规定追究刑事责任。第四，本条是《宪法》第37条在婚姻家庭关系中的具体化体现，因此，夫妻双方在行使自由权的同时受到宪法与法律的限制，应当做到与各项自由权所涉具体权利义务规范的协调一致。

【相关案例】

叶某林与刘某珍海事海商纠纷案[①]

本案的争议焦点在于，被告是否应就728号判决所认定的其配偶王某章对原告所负债务承担偿还责任，该债务是否应认定为被告与王某章的夫妻共同债务。一审法院认为涉案债务并非夫妻共同债务，原告的诉讼请求缺少事实和法律依据，判决驳回原告的全部诉讼请求。

一审宣判后，原告不服，提起上诉。上诉人诉称，依照《婚姻法》第15条、第17条第1款第2项规定，夫妻一方可以自行从事生产经营活动，夫妻共同财产并不必然是夫妻双方共同参与、实施的生产经营活动所取得的收益。既然夫妻一方从事生产经营活动产生的收益属于夫妻共同财产，则夫妻一方从事的生产经营活动也应当视为夫妻共同生产经营。夫妻一方从事的合法生产经营在无婚内财产约定情形下应当直接推定为夫妻共同生产经营。婚姻关系存续期间，因夫妻一方从事的生产经营活动产生的债务也应当是夫妻共同债务。关于“共同生产经营”的理解是否包括夫或妻一方的生产经营在内，二审法院认为，对于法律条文的理解应以文义解释为首要原则，该条[②]中“生产经营”明确限定为“共同”，且同

---

① （2019）津民终243号。

② 《最高人民法院关于审理涉及夫妻债务纠纷案件适用法律有关问题的解释》第3条。

条中其他项“生活”“意思表示”亦均以“共同”为限定，据此，应认定“共同生产经营”系以共同性为其构成要件。固然，社会生活复杂多变，不能要求夫妻任何生产经营活动均由双方一起直接参与实施，但按照《最高人民法院关于审理涉及夫妻债务纠纷案件适用法律有关问题的解释》的制定目的，“共同生产经营”至少应要求由夫妻一方决定但另一方进行了授权，且应根据经营活动的性质以及夫妻双方在其中的地位作用等予以综合认定。结合案件事实以及原、被告双方提供的证据，二审法院认为一审判决对于被告关于涉案债务为王某章与原告夫妻共同债务的主张不予支持、认定被告无权要求原告清偿涉案债务及相应费用，并无不当。二审判决驳回上诉，维持原判。

【关联法条】

《宪法》第37条，《妇女权益保障法》第2条、第9条、第10条、第11条，《刑法》第238条

（撰稿人：李辰宇）

第一千零五十八条　【抚养教育保护未成年子女】夫妻双方平等享有对未成年子女抚养、教育和保护的权利，共同承担对未成年子女抚养、教育和保护的义务。

【释义】

我国《宪法》第49条规定了父母有抚养教育未成年子女的义务，成年子女有赡养扶助父母的义务。2001年《婚姻法》第21条中的表述为，父母对子女有抚养教育的义务；子女对父母有赡养扶助的义务。[①] 其中并未强调子女是否成年的问题。在同年发布的《最高人民法院关于适用〈中华人民共和国婚姻法〉若干问题的解释（一）》第20条对此做了进一步说明，婚姻法第21条规定的“不能独立生活的子女”，是指尚在校接受高中及其以下学历教育，或者丧失或未完全丧失劳动能力等非因主观原因而无法维持正常生活的成年子女。[②] 其意图在于表明，父母对成年子女的抚养是有条件的。本法修订过程中，将本条规定的表述进

---

① 2001年《婚姻法》第21条第1款。

② 《最高人民法院关于适用〈中华人民共和国婚姻法〉若干问题的解释（一）》第20条。

一步完善，强调夫妻双方对未成年子女抚养、教育和保护的权利与义务，一方面与宪法的规定保持一致，从立法体系上保持一致性。另一方面，也将夫妻双方对成年子女的抚养排除在法律管辖之外，其原因在于，随着我国九年义务制教育的普及以及高等教育的发展，越来越多的年轻人选择成年之后继续读书深造，基于这样的现实情况，给予民事主体以更大的自由空间，符合我国社会发展的现状。

对于本条的理解，需要注意以下几点。第一，依据本条规定，夫妻双方平等享有对未成年子女抚养、教育和保护的权利以及承担相应的义务，这是夫妻在婚姻家庭中地位平等的具体体现。一方面，不允许夫妻任何一方剥夺另一方抚养、教育和保护未成年子女的权利；另一方面，也不允许夫妻任何一方不履行抚养、教育和保护未成年子女的义务。父母对子女的抚养、教育和保护的义务，是夫妻双方共同的义务与责任，且该义务不因夫妻离异而免除，尽量减少因“丧偶式育儿”所带来的家庭与社会问题。第二，本条所称的未成年子女是指未满 18 周岁的子女，对此应当做广义理解。即，本条适用于婚生父母子女之间、非婚生父母子女之间、继父母子女之间以及养父母子女之间的关系，只要是未满 18 周岁的子女，夫妻双方都要履行对其抚养、教育和保护的权利，以及承担相应的义务。第三，从本条权利义务的具体内容上看，包括抚养、教育与保护三个方面。其一，抚养，是指父母对未成年子女的健康成长提供必要的物质条件，包括哺育、喂养、抚育、提供生活、教育和活动的费用等。[①] 本法第 1067 条进一步规定了父母不履行抚养义务的，未成年子女或者不能独立生活的成年子女，有要求父母给付抚养费的权利。其二，教育，是指依照法律和道德的要求，采取正确的方式对未成年子女进行管理和教育，对其行为加以必要的约束。教育既包括对未成年子女的引导和培育，也包括对未成年子女的错误思想和行为的批评教育。[②] 根据《未成年人保护法》的规定，父母有义务促进未成年人在品德、智力、体质等方面全面发展，把他们培养成有理想、有道德、有文化、有纪律的社会主义事业的接班人。[③] 其三，保护，主要包括人身和财产两个方面，为未成年子女创造健康的成长环境。人身保护既包括身体健康上的保护，保护未成年子女不受侵害、照顾未成年子女的生活、提供住所等，也包括精神健康上的保护，使未成年子女接受义务教育、关心呵护未成年子女的心理健康状况等。财产保护主要是指夫妻双方应当根据本法第 35 条的规定，保管、处分未成年人的财产。

---

① 《中华人民共和国民法典（实用版）》，中国法制出版社 2020 年版，第 596 页。

② 余延满：《亲属法原论》，法律出版社 2007 年版，第 455 页。

③ 胡康生主编：《中华人民共和国婚姻法释义》，法律出版社 2001 年版，第 83 页。

在司法实践中，当父母不履行本条规定的权利义务时，未成年人有以下救济途径。其一，根据本法第 36 条规定，当监护人不履行法定职责，符合法定情形时，人民法院可以根据有关个人或者组织的申请，撤销其监护人资格。其二，因父母不履行法定义务而引起的纠纷，可由有关部门调解或向人民法院提出追索抚养费的诉讼。其三，对拒不履行抚养义务，恶意遗弃未成年子女的父母，情节严重，构成犯罪的，应根据我国刑法的有关规定追究刑事责任。

【相关案例】

王某钦与杨某胜、泸州市汽车二队交通事故损害赔偿纠纷案[①]

本案争议的焦点在于，对被害人死亡时遗留的胎儿，加害人有无赔偿责任的问题。

原告系被害人生前的非婚生子女，原告的父亲因交通事故身亡，被告负此次交通事故的主要责任。一审法院认为，本案证据证明，原告与被害人王某强之间存在着父子血缘关系。《婚姻法》第 21 条第 1 款规定："父母对子女有抚养教育的义务；子女对父母有赡养扶助的义务。"第 25 条第 1 款规定："非婚生子女享有与婚生子女同等的权利，任何人不得加以危害和歧视。"父母对子女的抚养教育义务，是由父母与子女间存在的血缘关系决定的，不因父母之间是否存在婚姻关系而发生实质性变化。《民法通则》第 119 条规定，侵害公民身体造成死亡的，加害人应当向被害人一方支付死者生前扶养的人必要的生活费等费用。[②]"死者生前扶养的人"，既包括死者生前实际扶养的人，也包括应当由死者抚养，但因为死亡事故发生，死者尚未抚养的子女。原告与被害人王某强存在父子关系，是王某强应当抚养的人。原告出生后，向加害王某强的人主张赔偿，符合《民法通则》的这一规定。由于被告的加害行为，致原告出生前王某强死亡，使原告不能接受其父王某强的抚养。本应由王某强负担的原告生活费、教育费等必要费用的二分之一，理应由被告赔偿。最终法院判决被告向原告支付一定数额的生活费、教育费。

【关联法条】

《宪法》第 49 条，《民法典》第 26 条、第 1067 条第 1 款、第 1188 条、第

---

① 载《最高人民法院公报》2006 年第 3 期（总第 113 期）。

② 《民法典》第 1179 条。

1189 条，《未成年人保护法》第 10 条、第 11 条、第 12 条、第 13 条，《刑法》第 261 条，《最高人民法院关于适用〈中华人民共和国婚姻法〉若干问题的解释（一）》第 20 条、第 21 条

（撰稿人：李辰宇）

第一千零五十九条　【夫妻扶养义务】夫妻有相互扶养的义务。

需要扶养的一方，在另一方不履行扶养义务时，有要求其给付扶养费的权利。

【释义】

在中国古代，因为“三纲五常”“三从四德”等传统道德观念的束缚，夫妻在家庭中的地位不平等，妻子常常是作为丈夫的附属品而存在。基于妻对夫的人身依附关系，很多国家当时都规定了夫有扶养其妻的义务，妻是其夫的被扶养者。[①] 随着近代资产阶级的发展壮大，天赋人权、权利平等的观念逐渐建立，以《法国民法典》、1896 年《德国民法典》为例，虽然废除了夫权制度，但仍未完全体现夫妻权利地位的平等，丈夫仍然承担着更重的扶养义务。随着科技革命的迅速发展，妇女在经济上逐渐独立，社会地位有所提升，随着妇女解放运动的深入发展，人们的思想观念进一步发生改变，这一改变也在婚姻家庭法方面的立法活动中表现出来。以夫妻权利地位平等取代了过去民法上维护夫权的规定，同时规定了夫妻之间有相互扶养的义务。例如，《法国民法典》规定了夫妻双方应当相互忠诚、相互帮助和救助。《德国民法典》规定了配偶双方相互负有与其劳动能力相当的扶养义务。[②] 中华人民共和国成立后，1950 年的《婚姻法》延续了 1931 年《中华苏维埃共和国宪法大纲》《中华苏维埃共和国婚姻条例》等文件中规定的解放妇女、婚姻自由、夫妻平等、一夫一妻等原则，确立了男女平等为婚姻法的基本原则。1980 年的《婚姻法》在坚持男女平等原则的基础上，进一步规定了夫妻有相互扶养的义务，这一规定为后续的婚姻法修法所沿用，是男女平等、夫妻平等原则的具体表现。

---

① 胡康生主编：《中华人民共和国婚姻法释义》，法律出版社 2001 年版，第 79 页。

② 《法国民法典》第 212 条，《德国民法典》第 1360 条。

对于本条的理解，需要注意以下几个方面。第一，夫妻之间的扶养，是指夫妻在物质上和精神上互相扶助、互相供养。这种权利和义务夫妻双方完全平等，有扶养能力的一方须自觉承担这一义务。在我国一些家庭中，妻子可能承担着更多的家庭、生育的责任，丈夫相比之下一般收入较高，夫妻双方的经济收入存在一定差距，在司法实践中，处理夫妻互相扶养的问题上，也更注重保护女方的合法权益。[①] 第二，这种互相扶养的权利义务因婚姻的存续而存在，而且该义务属于法定的夫妻互相扶养的义务，不得由夫妻双方约定排除。根据本法第1065条规定，男女双方可以约定婚姻关系存续期间所得的财产以及婚前财产的归属，无论夫妻就财产的问题作出何种约定，都不能免除法定的扶养义务。[②] 第三，从内容上看，本条既规定了夫妻双方有扶养对方的义务，也规定了需要扶养的一方，有权请求对方履行扶养义务的权利。同时，本条规定了给付扶养费的给付要件，其一，夫妻一方为需要扶养的人；其二，另一方有能力扶养但不履行扶养义务。依据本条第2款的规定，当一方违反这一义务，另一方有权要求其履行。具体的救济措施包括，可以请求有关组织调解，也可以向人民法院提起请求给付之诉，要求对方给付扶养费。第四，如果夫或妻一方因患病或者没有独立生活能力的，有扶养义务的配偶拒绝履行扶养义务，情节恶劣，构成犯罪的，应根据我国刑法的有关规定追究刑事责任。

在实际适用中，应当注意“需要扶养的一方”的认定问题。根据本条规定，有扶养能力的一方，对于有残疾、患有重病、经济困难的配偶，必须主动承担扶助供养的责任。结合司法实践，通常情况下，当夫妻一方的生活水平不能够达到当地城镇居民最低生活标准时，应当认定确系需要扶养的一方，扶养费的标准应综合考虑双方的经济能力、婚姻关系存续时间长短、当地的生活水平等因素，确定每月支付扶养费的数额。[③] 婚内扶养义务不仅仅是一个道德问题，更是夫妻之间的法定义务，有扶养能力的一方必须自觉履行这一义务，特别是在对方患病或丧失劳动能力的情况下更应该做到这一点。夫妻之间扶养责任的承担，既是婚姻关系得以维持和存续的前提，也是夫妻共同生活的保障。如果一方不履行这一法定义务，配偶一方可通过法律途径实现自己的合法权益。

---

① 黄薇主编：《中华人民共和国民法典婚姻家庭编解读》，中国法制出版社2020年版，第85页。

② 胡康生主编：《中华人民共和国婚姻法释义》，法律出版社2001年版，第81页。

③ （2019）川04民终405号。

【相关案例】

张某想与姚某扶养费纠纷案①

本案的争议焦点在于被告对原告是否负有扶养义务，一审法院判决的扶养费数额是否合理。原告与被告于2009年2月26日登记结婚，育有一儿一女，双方婚后因家庭琐事产生矛盾，导致夫妻关系不睦。原告持有的残疾人证显示其为精神二级残疾，该残疾证载明于2017年5月16日发、2017年11月7日批准。2019年1月以来，双方分居，婚生子女由被告抚养，原告由其母亲宋某抚养。2019年3月4日，被告诉至法院要求离婚，法院判决不准予离婚。

一审法院认为，夫妻间的扶养权利义务以经济上相互供养、生活上相互扶助为内容，贯穿整个婚姻关系存续期间，这是婚姻的内在属性和必然要求。原告患有精神二级残疾，需要扶养，被告作为其丈夫，应尽义务对其进行扶养。夫妻扶养既是双方的权利也是义务，需要扶养的一方有权要求对方承担扶养责任。关于扶养费，鉴于被告为城镇户口，2018年江苏省全省城镇居民可支配收入47200元，即月收入为3933.33元，原告主张被告每月支付1000元的扶养费。考虑到被告尚有两个婚生子女需要抚养，酌定支持被告每月支付原告扶养费600元。于是一审法院判决被告在夫妻关系存续期间向原告每月支付扶养费600元。一审宣判后，被告不服，提起上诉。二审法院审理查明的事实与一审法院查明的事实一致。根据《婚姻法》第20条以及《民法总则》第28条的规定，对于无民事行为能力人或者限制民事行为能力的成年人，配偶是其第一顺序的监护人。因此，被告有义务对原告进行扶养。虽然有关部门每月补助给原告部分费用，但这不能免除被告与原告系夫妻所具有的扶养义务，故一审法院结合被告家庭的实际情况，判决每月支付原告600元扶养费并无不当。最终二审法院判决驳回上诉，维持原判。

【关联法条】

《民法典》第28条、第1043条，《刑法》第261条，《老年人权益保障法》第23条，《最高人民法院关于审理人身损害赔偿案件适用法律若干问题的解释》第28条

（撰稿人：李辰宇）

---

① （2020）苏03民终1963号。

第一千零六十条 【夫妻日常家事代理权】夫妻一方因家庭日常生活需要而实施的民事法律行为，对夫妻双方发生效力，但是夫妻一方与相对人另有约定的除外。

夫妻之间对一方可以实施的民事法律行为范围的限制，不得对抗善意相对人。

【释义】

本条是对婚姻关系存续期间日常家事代理权的规定，规范意旨在于便利夫妻实施日常生活需要范围内的民事法律行为，保护交易安全。[①]

关于日常家事代理权的起源。日常家事代理权最初产生于夫权社会之中，[②]至近现代随着男女平等思想的发展，其突破了传统的授予无收入妻子在和第三人实施民事法律行为时以资信的功能，演变为为了便利夫妻双方实施民事法律行为、保护交易安全，本条明确夫妻双方均可行使日常家事代理权即为体现。我国《婚姻法》未曾规定日常家事代理权。通说认为，《最高人民法院关于适用〈中华人民共和国婚姻法〉若干问题的解释（一）》第 17 条第 1 项是关于日常家事代理权的规范，按照该条，因日常生活需要而处理夫妻共同财产的，任何一方均有权决定。[③]

关于日常家事代理权的效力。日常家事代理权与一般的代理制度存在的差异是：在一般的代理中，代理人所实施的民事法律行为仅对被代理人发生效力，在日常家事代理权中，夫妻一方所从事的民事法律行为的效力不仅仅及于被代理人，同时也对代理人发生效力，“对夫妻双方发生效力”即为日常家事代理权法律效力特殊性的体现。

对夫妻双方发生效力意味着夫妻双方应当对日常家事代理权范围内的民事法律行为产生的债务承担连带责任，这属于《民法典》第 178 条第 3 款中法律规定的连带责任，夫妻双方应以个人财产以及夫妻共同财产中的潜在份额清偿债务。

---

① 参见黄薇主编：《中华人民共和国婚姻家庭编释义》，中国法制出版社 2020 年版，第 87 页；江滢：《日常家事代理权的构成要件及探讨》，载《法学杂志》2011 年第 7 期；马忆南、杨朝：《日常家事代理权研究》，载《法学家》2000 年第 4 期。

② 参见马忆南、杨朝：《日常家事代理权研究》，载《法学家》2000 年第 4 期；王战涛：《日常家事代理之批判》，载《法学家》2019 年第 3 期。

③ 参见黄薇主编：《中华人民共和国婚姻家庭编释义》，中国法制出版社 2020 年版，第 88 ~ 89 页；夏吟兰：《〈民法典·婚姻家庭编〉男女平等原则之发展与思考》，载《中华女子学院学报》2020 年第 4 期。

虽然第1064条规定因日常家事代理权范围内所负债务为夫妻共同债务，区别于连带债务，未实施民事法律行为的一方仅需以夫妻共同财产中的潜在份额清偿债务，而无须以个人财产履行债务，但由于日常家事代理权建立在推定配偶另一方同意日常需要范围内的民事法律行为基础之上，采纳共同债务的解释方案使得未参与日常需要范围内的民事法律行为的夫妻一方无须以个人财产承担债务，客观上将会导致夫妻在婚姻生活中相互推诿，不利于婚姻共同体的维持，因此，日常家事代理所产生的债务固然包括夫妻共同债务，但还指向夫妻连带债务。[①]

针对日常家事代理权的判断，关键在于夫妻一方实施的是否是日常生活需要范围内的民事法律行为。一般而言，满足夫妻基本需求的衣食住行、医疗服务、为抚养及教育子女所实施的民事法律行为属日常生活需要范围。[②] 日常生活需要范围的界定因所处地区、当事人从事的职业及收入水平等因素的不同而存在差异，在个案中法官需综合各种因素作出判断。此外，当夫妻一方与相对人约定日常需要范围内的民事法律行为并不对配偶另一方产生效力时，基于私法自治原则，并无不可。

本条第2款是对夫妻内部作出的限制一方实施民事法律行为约定效力的规定，夫妻之间的此种限制约定无法为第三人所知晓，为保护交易安全，此种约定不得对抗善意第三人。这一约定在我国现行法体系下无法通过登记以对抗第三人，不存在根据第三人是否尽到登记簿查询义务而判断其是否善意的问题。善意第三人指的是第三人知道夫妻内部约定的情形，不包括第三人应当知道，鉴于夫妻内部约定的隐蔽性，其仅在夫妻之间发生效力，因日常生活需要而实施的民事法律行为所涉金额一般较低，要求第三人对夫妻之间是否存在限制日常家事代理权的约定尽到审查义务，使得交易成本上升，过于苛刻，不应将第三人应当知道解释为第三人恶意。

在举证责任上，适用本条第1款时，第三人负有举证责任以证明所实施的民事法律行为属于日常生活需要范围内，但第三人只需证明：站在客观理性第三人的视角，当事人所实施的民事法律行为属日常生活需要范围内的事务，无须举证证明所实施的民事法律行为实际服务于日常生活。[③] 在适用本条第2款时，夫妻负有举证责任以证明第三人并非善意。

---

① 夫妻应就因行使日常家事代理权所产生债务承担连带责任这一结论在理论界得到广泛支持，参见朱虎：《夫妻债务的具体类型和责任承担》，载《法学评论》2019年第5期；汪洋：《夫妻债务的基本类型、责任基础与责任财产——最高人民法院〈夫妻债务解释〉实体法评析》，载《当代法学》2019年第3期。

② 参见叶名怡：《"共债共签"原则应写入〈民法典〉》，载《东方法学》2019年第1期；冉克平：《论因"家庭日常生活需要"引起的夫妻共同债务》，载《江汉论坛》2018年第7期。但购买不动产一般涉及的金额较大，不宜界定为因日常家庭生活需要而实施的民事法律行为。

③ 参见朱虎：《夫妻债务的具体类型和责任承担》，载《法学评论》2019年第5期。

【相关案例】

张某英与陆某英等履行人民调解协议纠纷案[①]

本案的争议焦点是被告丈夫与原告签订调解协议是否属于家事代理权范围之内。2006年6月19日，死者因“头晕、恶心”到被告卫生室就诊，经初步诊断可能是“重型中暑”，给予输液治疗，至当天下午5时30分，输液完毕后死者离开卫生室回家。当晚死者至被告卫生室测量血压，被告告知死者去医院，途中死者晕倒，被“120”急救车送往医院，经抢救无效宣布死亡。后长河镇调解委员会进行调解并起草了人民调解协议书，内容为：由被告赔偿死者家属303000元，减去预付的100000元，还应支付203000元。原告在当事人处签名，被告丈夫在被告未提交授权委托书的情况下于其他见证人处签名，被告未参加调解。后原告请求被告按照调解协议承担赔偿责任，遭到拒绝。原告向法院提起履行人民调解协议之诉。一审法院认为，被告未作为当事人在人民调解协议书上签名或盖章，人民调解协议尚未成立。原告不服提出上诉。二审法院认为，《最高人民法院关于适用〈中华人民共和国婚姻法〉若干问题的解释（一）》第17条规定，是目前我国审判实践中适用家事代理制度的法律依据。本案中，人民调解协议书是在长河镇调解委员会主持下进行的，被上诉人丈夫用电话征询被上诉人意见后才在该协议书中的“其他见证人”一栏中签了名。被上诉人与其丈夫夫妻关系正常，其参与整个调解活动，并签字认可调解协议的行为，是受被上诉人口头委托后所实施的家事代理行为，上诉人有正当理由相信被上诉人丈夫具有代理权而与之发生民事法律行为，且被上诉人事后明知该协议内容也未提出异议，该协议书对被上诉人具有法律约束力。

被上诉人不服提出申诉。再审法院认为，申诉人未对丈夫参与调解的行为进行书面委托，其丈夫签字前打电话给申诉人的谈话内容并不清楚，二审判决认定申诉人丈夫参与调解并签字系受申诉人口头委托缺乏事实依据。本案人民调解协议涉及的是申诉人执业过程中的损害赔偿问题，并非申诉人与其丈夫的日常家庭事务，故申诉人丈夫签名的行为不能视为家事代理行为。

【关联法条】

《民法典》第178条、第1064条，《婚姻法》第41条，《最高人民法院关于人

---

① （2008）浙民再抗字第66号。

民法院审理离婚案件处理财产分割问题的若干具体意见》第 17 条，《最高人民法院关于适用〈中华人民共和国婚姻法〉若干问题的解释（一）》第 17 条，《最高人民法院关于适用〈中华人民共和国婚姻法〉若干问题的解释（二）》第 23～24 条，《最高人民法院关于审理涉及夫妻债务纠纷案件适用法律有关问题的解释》第 2 条

（撰稿人：杨勇）

第一千零六十一条　【夫妻遗产继承权】夫妻有相互继承遗产的权利。

【释义】

本条是对夫妻遗产继承权的规定。第 1126 条对继承权男女平等予以规定，按照第 1127 条规定，配偶属于法定继承中第一顺序的继承人，享有与其他第一顺序的继承人共同继承遗产的权利，本条是对第 1126 条、第 1127 条规定的贯彻。

首先，本条的适用对象。只有夫妻才享有相互继承遗产的权利，在双方符合结婚实质要件但尚未办理结婚登记时，应区分不同情形作不同处理：其一，双方在 1994 年 2 月 1 日《婚姻登记管理条例》公布实施之前，已经符合结婚实质要件的，应当视为当事人之间具有婚姻关系，男女双方可主张行使继承权；其二，双方在 1994 年 2 月 1 日之后符合结婚实质要件的，若双方补办结婚登记，则结婚登记溯及双方符合结婚实质要件时生效，一方在另一方死亡后可主张继承权；若双方拒绝补办结婚登记，则双方不得主张行使继承权；若一方死亡，由于另一方无法申请办理结婚登记，不能取得配偶身份，此时尚未死亡的一方仍无法依据本条主张行使对死亡一方遗产的继承权。仅仅存在同居关系的双方不享有本条所规定的继承权，对于仅仅存在同居关系的双方，一方死亡之后，同居关系自动终止，另一方只能主张分割与死亡一方共同共有的财产，既不能主张对死亡一方的个人财产行使继承权，也不能继承共同共有财产中属于死亡一方的财产部分。

其次，本条的适用范围。在婚姻关系存续期间夫妻分居之时、在双方诉讼离婚但法院尚未作出离婚判决之时、在双方协议离婚但尚未完成离婚登记之时，一方死亡的，另一方也享有继承对方遗产的权利。①

最后，夫妻遗产继承权与遗嘱自由之间的协调。当不存在遗嘱、遗赠、遗赠扶养协议时，配偶的继承权按照法定继承规则即可实现。但是，死亡一方却可能

---

① 参见邹伟：《配偶法定继承权重塑中对婚姻家庭伦理的考量》，载《现代法学》2014 年第 3 期。

通过遗赠等形式排除生存配偶一方的继承权，此时，死亡一方的意思自治与配偶继承权的保护之间发生冲突。两种价值之间并不存在明显的位阶之分，此时，判断到底是保护死亡一方的遗嘱自由还是保障配偶另一方的继承权，本条并未给出解决方案，比较法上设有特留份制度以保障配偶、子女等一定范围内的近亲属对遗产的权利，我国并未对特留份制度予以规定，在此背景下应当结合公序良俗原则等民法基本原则判断被继承人的遗嘱自由是否损害配偶的继承权。公序良俗原则为民法概括条款，在适用时应当结合法律行为的内容、当事人动机等因素进行综合判断。①

【相关案例】

张某英与蒋某芳遗赠财产纠纷案②

本案的争议焦点是，被告丈夫所立将遗产遗赠给与自己同居的第三方的遗赠协议是否有效。2001 年年初，被告丈夫因患肝癌住院，其在 2001 年 4 月 20 日立下遗嘱，将其 6 万元的财产遗赠给原告，该遗赠经过公证。后被告丈夫因病死亡。原告持遗赠协议要求被告交付遗赠财产。一审法院经审理后认为，被告丈夫所立的将财产赠与原告的协议，虽是其真实意思表示且形式合法，但根据《民法通则》第 7 条，民事行为不得违反公共秩序和社会公德，否则其行为无效，《婚姻法》第 3 条规定禁止有配偶者与他人同居，第 4 条规定夫妻应当互相忠实、互相尊重的法律规定，遗赠人被告丈夫基于与原告的非法同居关系而订立将遗产遗赠给婚外同居的第三方，损害了被告享有的财产继承权。该遗赠协议属无效民事法律行为。原告不服提出上诉。二审法院认为，被上诉人丈夫的遗赠行为虽系其真实意思表示，但其内容和目的违反了法律规定和公序良俗，损害了社会公德，破坏了公共秩序，应属无效民事法律行为。

【关联法条】

《民法典》第 1126 ~ 1127 条，《最高人民法院关于适用〈中华人民共和国婚姻法〉若干问题的解释（一）》第 5 ~ 6 条

（撰稿人：杨勇）

---

① 参见金锦萍：《当赠与（遗赠）遭遇婚外同居的时候：公序良俗与制度协调》，载《北大法律评论》2004 年刊。

② （2002）泸民终字第 461 号。

第一千零六十二条　【夫妻共同财产】夫妻在婚姻关系存续期间所得的下列财产，为夫妻的共同财产，归夫妻共同所有：

（一）工资、奖金、劳务报酬；

（二）生产、经营、投资的收益；

（三）知识产权的收益；

（四）继承或者受赠的财产，但是本法第一千零六十三条第三项规定的除外；

（五）其他应当归共同所有的财产。

夫妻对共同财产，有平等的处理权。

【释义】

本条是对夫妻共同财产制的规定，承继了《婚姻法》第17条，但新增规定劳务报酬、投资收益为夫妻共同财产。夫妻婚后所得共同制的基础在于协力理论（也称贡献理论），在婚姻关系存续期间，推定夫妻任何一方对另一方取得收入、获得财产作出贡献，夫妻双方对各自所获得的财产为共同所有。① 协力或贡献并非仅仅指的是夫妻另一方实际参与到财产的取得过程中，还包括夫妻另一方抽象地为配偶取得财产作出贡献。对夫妻共同财产制的理解应从如下几个方面把握：

首先，夫妻对婚后所得财产的共同所有与物权法中共同共有之间的关系。若从体系解释观察，夫妻婚后所得共同制在物权编亦有所体现，按照物权编第308条规定，共有人之间存在家庭关系的，原则上共有人之间成立共同共有。然而，物权法意义上的共同共有无法用于解释本条对夫妻共同财产的规定，一方面，本条文义并未指明夫妻对共同财产构成共同共有关系，而是共同所有关系；另一方面，夫妻共同财产体现为对抽象财产份额的共同所有关系，是对夫妻所取得财产价值的共有，而非共同共有直接指向某一具体物或权利。② 据此，至少对于夫妻共同财产而言，应当与第308条所规定的家庭成员之间的共同共有关系进行区分，对于婚姻关系被宣告无效或者被撤销的当事人，同居期间的财产应按照共同共有

---

① 参见龙俊：《夫妻共同财产的潜在共有》，载《法学研究》2017年第4期。

② 参见汪洋：《夫妻债务的基本类型、责任基础与责任财产——最高人民法院〈夫妻债务解释〉实体法评析》，载《当代法学》2019年第3期；龙俊：《夫妻共同财产的潜在共有》，载《法学研究》2017年第4期。

处理，[①] 而婚姻效力不存在瑕疵的夫妻共同财产并非物权法意义上的共同共有。

其次，夫妻共同财产的类型，除工资、奖金、劳务报酬，生产、经营、投资的收益因体现夫妻之间的相互贡献与协力为夫妻共同财产外，还存在多种其他类型的夫妻共同财产：

其一，婚姻关系存续期间知识产权收益为夫妻共同财产，按照《最高人民法院关于适用〈中华人民共和国婚姻法〉若干问题的解释（二）》第12条规定，知识产权收益包含已经取得的财产性收益和已经明确可以取得的财产性收益。知识产权包含人身性权利和财产性权利，人身性权利显然无法成为夫妻共同财产，需讨论的是财产性权利能否成为夫妻共同财产？以著作权为例，复制权、发行权、出租权等财产性权利并不直接对应于通过知识产权取得的收益，若认定知识产权中的复制权、发行权、出租权等财产权也属于夫妻共同财产，由于知识产权人行使这些权利无法被界定为日常家事代理范畴之内，这意味着知识产权人在行使这些权利时还需取得配偶的同意，对于通过自己的智力活动取得知识产权的知识产权人并不合理。故此，能够成为夫妻共同财产的应当为知识产权人行使复制权、发行权、出租权等财产性权利所获得的收益。

疑问在于，若夫妻一方在婚姻关系存续期间内取得知识产权，但在婚姻关系结束后通过行使复制权等财产性权利取得相应收益，此时的收益能否界定为夫妻共同财产？[②]

对此，应区分不同的知识产权而定，专利权的目的在于发挥此类知识产权的经济效益，鼓励发明创造，[③] 在婚姻关系存续期间，专利权人为获得专利权付出智力劳动，与此同时，配偶另一方通过工作、料理家务，为知识产权人取得专利权作出贡献，即便专利权在婚后才获得利润，也应当将其作为夫妻共同财产。

对于商标权而言，权利人主要通过对商品或服务的标识及对品质的保证，使得消费者认可并购买商品或服务而间接地获得收益，因商标而销售的商品或服务产生的收益属于夫妻共同财产，此时无须借助于知识产权产生的收益认定此类收益为夫妻共同财产，而是属于生产、经营所获得的收益；在商标权人转让商标权或者许可他人使用获得收益时，鉴于商标权的取得是为了商标权人在商业竞争中获得有利地位，通过转让或许可使用商标权获得的收益与使用商标权本身创造的

---

① 《最高人民法院关于适用〈中华人民共和国婚姻法〉若干问题的解释（一）》第15条。

② 参见余延满：《亲属法原论》，法律出版社2007年版，第268页。

③ 专利的重要作用即在于鼓励发明创造活动，通过赋予专利权人以排他性权利，保障发明创造人能够从有价值的发明创造活动中获得经济回报。参见王迁：《知识产权法教程》，法律出版社2019年版，第263页。

价值并无实质性差异，如果商标权在婚姻关系存续期间取得，即便在婚后通过转让或许可使用获得收益，也宜认定为夫妻共同财产。

著作权人创作作品的动机多样，部分著作权人通过从事创作以获取经济收入，但有的著作权人则不以此为目的，针对后者，著作权人是否行使自己的著作权存在很大的不确定性，通过著作权取得收益仅仅能够界定为一种期待，法律通常并不保护单纯的期待，此时，不宜将基于婚姻关系存续期间所获得的著作权在婚姻关系结束后取得的收益界定为夫妻共同财产。① 问题在于无法区分著作权人创作动机，对此，应结合著作权人是否有稳定职业收入、是否行使过复制权和发表权等因素综合判定，若著作权人有稳定职业收入、从未曾发表过作品，则可认定为著作权人婚后取得的收益为个人财产。此外，无论是何种知识产权，若夫妻一方在结婚之前取得知识产权，在婚姻关系存续期间取得收益，则属于夫妻个人财产。

其二，婚后夫妻继承或受赠的财产原则上为夫妻共同财产，针对父母向子女所赠与的房屋，《最高人民法院关于适用〈中华人民共和国婚姻法〉若干问题的解释（二）》第22条规定也将其作为夫妻共同财产，《最高人民法院关于适用〈中华人民共和国婚姻法〉若干问题的解释（三）》第7条第1款规定，若婚后父母出资为子女购买的房屋仅仅登记在出资人子女名下时，则为对出资人子女的赠与，为夫妻个人财产，这意味着，若婚后父母出资为子女购买房屋登记在双方名下，则为对夫妻双方的赠与，为夫妻共同财产。有疑问的是，婚后父母出资为子女购买房屋登记在另一方配偶名下，可否认为是对另一方配偶的赠与？现实中较少存在父母出资购房而将房屋登记在另一方配偶名下的情形，即使存在这一情形，除非是父母明确作出赠与另一方配偶的意思表示，从父母意思表示的解释出发，很难认定父母仅仅是对另一方配偶的赠与。此外，按照《最高人民法院关于适用〈中华人民共和国婚姻法〉若干问题的解释（三）》第7条第2款规定，在双方父母出资购买房屋而将房屋登记在一方子女名下时，此时夫妻双方对房屋为按份共有。

其三，本条第1款第5项规定了其他应归夫妻共同所有的财产，包括一方以个人财产投资取得的收益；夫妻双方实际取得或应当取得的住房补贴、住房公积金；夫妻双方实际取得或应当取得的养老保险金、破产安置补偿费。② 值得注意的是，在夫妻离婚时，夫妻一方尚未满足领取养老保险金的条件，另一方不得请

---

① 参见最高人民法院民事审判第一庭编：《最高人民法院婚姻法司法解释（二）的理解与适用》，人民法院出版社2004年版，第124页。

② 《最高人民法院关于适用〈中华人民共和国婚姻法〉若干问题的解释（二）》第11条。

求将未来可请求支付的养老保险金作为共同财产予以分割，而只能将婚姻关系存续期间双方缴纳的养老保险费作为夫妻共同财产予以分割。[①] 军人复员费、自主择业费等费用与工资、奖金、劳务报酬不存在实质性差异，为夫妻共同财产，[②] 股票、债券、投资基金份额、未上市股份有限公司股份、有限责任公司股权、合伙企业中的财产份额、独资企业中的财产，婚后共同出资购买的房屋、一方所购买的单位福利房为夫妻共同财产。财产保险通常旨在贯彻损失填补原则，保险人给付保险金目的在于填补被保险人因保险事故发生所产生的损失，保险金为代位物，只要是夫妻共同财产发生毁损或灭失，被保险人所获得的保险金仍为夫妻共同财产。

此外，按照《最高人民法院关于适用〈中华人民共和国婚姻法〉若干问题的解释（三）》第 5 条规定，夫妻一方个人财产在婚后产生的收益属于夫妻共同财产，但个人财产的孳息、自然增值为个人财产，其原因在于，夫妻另一方对个人财产的天然孳息、自然增值的形成及产生未提供贡献，故而为个人财产。但从协力理论出发，孳息是否为夫妻一方个人财产应区分不同情形作不同处理：将夫妻一方个人财产产生的天然孳息界定为个人财产并无疑问，但法定孳息不宜均界定为个人财产，最典型如出租房屋所获得的租金，这一孳息与以个人财产投资获得的收益并不存在差异，本条将个人财产投资所获得的收益规定为夫妻共同财产，按照类似事物类似处理的平等原则，以租金为代表的法定孳息也应属于夫妻共同财产。而夫妻一方婚前银行存款及其利息则更宜解释为夫妻一方个人财产。总之，在判断孳息是否为夫妻个人财产之时，应当从协力理论出发，考察夫妻一方对财产的取得是否作出贡献。

最后，夫妻共同财产制并不排斥夫妻之间在婚姻关系存续期间内产生债权债务关系，根据《最高人民法院关于适用〈中华人民共和国婚姻法〉若干问题的解释（三）》第 10 条规定，夫妻一方婚前购买房屋并支付首付款，房屋登记在首付款支付方名下，婚后夫妻以共同财产偿还贷款时，双方共同还贷支付的款项及其相对应增值部分应当由产权登记一方对另一方进行补偿。再如，按照《最高人民法院关于适用〈中华人民共和国婚姻法〉若干问题的解释（三）》第 12 条规定，婚姻关系存续期间，夫妻以共同财产出资购买以一方父母名义参加房改的房屋，产权登记在一方父母名下，在离婚时购买该房屋的出资可作为债权予以处理。

---

① 《最高人民法院关于适用〈中华人民共和国婚姻法〉若干问题的解释（三）》第 13 条。

② 《最高人民法院关于适用〈中华人民共和国婚姻法〉若干问题的解释（二）》第 14 条。

在举证责任上，按照《最高人民法院关于人民法院审理离婚案件处理财产分割问题的若干具体意见》第7条规定，无法确定是个人财产还是夫妻共同财产时，主张权利的一方负有举证责任，若当事人无法举出有力证据且法院无法查实，则按照夫妻共同财产处理，据此，举证责任实质上是由主张某一财产为个人财产的一方承担。

【相关案例】

莫某飞与李某兴离婚纠纷案①

本案的争议焦点是财产分割协议中所分割的财产是否为夫妻共同财产。原告与被告于2003年3月登记结婚。2010年5月，原告草拟离婚协议一份交给被告。被告提出若夫妻关系存续期间购买的宅基地（使用权登记为女方，价值20万元）归男方所有的，愿意去办离婚手续。同年7月，原、被告双方到土地管理部门将原登记在原告名下的（2006）第0036号《土地使用证》范围内的土地使用权全部变更至被告名下。后被告反悔，不同意离婚。同年8月，原告向法院提起诉讼，请求判决准许离婚，并分割共同财产。一审法院认为，离婚协议是解除夫妻双方人身关系的协议，该协议是一种要式协议，被告并没有在协议上签名导致离婚协议欠缺合同成立的要件，事后被告反悔不愿离婚，双方未办理离婚登记，因此不能根据仅有一方签名的离婚协议判决双方离婚。双方未能在婚姻登记机关登记离婚的情况下，该协议没有生效，对双方当事人均不产生法律约束力，原告与被告在协议离婚过程中经双方协商对财产分割进行处理，是双方真实意思表示，并且已经进行了变更登记，但由于被告并未在离婚协议上签名，达不到离婚协议的成立要件，因此，按该协议所进行的履行行为也可视为不成立。虽然（2006）第0036号《土地使用证》范围内的土地使用权变更在被告名下，但该土地使用权还是原被告婚姻关系存续期间的共同财产。

【关联法条】

《最高人民法院关于适用〈中华人民共和国婚姻法〉若干问题的解释（二）》第11条、第12条、第14～19条、第22条，《最高人民法院关于适用〈中华人民共和国婚姻法〉若干问题的解释（三）》第5条、第7条、第10条、第12～13

① 载《最高人民法院公报》2011年第12期（总第182期）。

条，《最高人民法院关于人民法院审理离婚案件处理财产分割问题的若干具体意见》第15条

（撰稿人：杨勇）

第一千零六十三条　【夫妻个人财产】 下列财产为夫妻一方的个人财产：

（一）一方的婚前财产；

（二）一方因受到人身损害获得的赔偿或者补偿；

（三）遗嘱或者赠与合同中确定只归一方的财产；

（四）一方专用的生活用品；

（五）其他应当归一方的财产。

【释义】

本条是对我国法定财产制之下夫妻个人财产的规定。我国法定财产制采取的是婚后所得共同制，夫妻共同财产建立在配偶双方对婚后财产的获得提供协力的基础之上，在配偶双方未对财产的取得提供协力之时，配偶一方所获得的财产即为个人财产。夫妻一方个人财产主要包括：

第一，一方的婚前财产，1993年最高人民法院发布的《关于人民法院审理离婚案件处理财产分割问题的若干具体意见》第6条曾规定夫妻一方婚前个人财产转化规则，夫妻一方婚前个人财产可因婚姻关系存续达到一定期限后转化为夫妻共同财产，鉴于这一规则与物权法理论、婚后所得共同制存在冲突，[①]《最高人民法院关于适用〈中华人民共和国婚姻法〉若干问题的解释（一）》第19条规定明确废除了这一规则。[②] 夫妻一方的婚前财产并不因婚姻关系的长时间存续而转化

① 参见最高人民法院民事审判第一庭编：《婚姻法司法解释的理解与适用》，中国法制出版社2002年版，第69～70页。

② 部分观点认为，婚前个人财产转化规则在《关于人民法院审理离婚案件处理财产分割问题的若干具体意见》第16条规定中仍有所体现，按照该条，一方婚前个人财产婚后共同使用过程中毁损或灭失的，离婚时夫妻一方不得要求以夫妻共同财产抵偿，这说明夫妻一方婚前个人财产在婚姻关系存续达一定期限后，则转化为夫妻共同财产，否则无法解释为何夫妻一方不得要求以夫妻共同财产抵偿。参见贺剑：《论夫妻个人财产的转化规则》，载《法学家》2015年第2期。但这一观点是否成立尚存在疑问，如果认为在夫妻长时间共同使用一方婚前个人财产时，夫妻一方已同意另一方对其财产进行支配，或者夫妻之间成立无偿借用合同时，在正常使用过程中财产毁损或灭失，作为配偶的另一方并无过错，无须承担侵权损害赔偿责任或违约损害赔偿责任。

为夫妻共同财产。

第二，夫妻一方因受到人身损害获得的赔偿或补偿具有人身专属性，故将其排除在夫妻共同财产范围之外，《最高人民法院关于适用〈中华人民共和国婚姻法〉若干问题的解释（二）》第13条将军人的伤残补助金、医药生活补助费等界定为个人财产。不限于军人，对于其他主体而言也同样如此，因夫妻一方人身损害获得的赔偿包括：其一，用于治疗的医疗费用、护理费、交通费、营养费、住院伙食补助费、残疾生活辅助器具费等费用，此部分损害赔偿的目的是填补受害人因人身受到伤害而恢复原状所遭受的损害，或者在已经无法恢复原状时对受害人所受损害的赔偿，人身专属性较强，为夫妻个人财产；其二，精神损害赔偿无疑具有很强的人身专属性，为夫妻一方个人财产。但应予注意的是，赔偿受害人因人身受到伤害无法工作期间内的误工费、因丧失劳动能力产生的收入损失，将此部分赔偿界定为夫妻一方个人财产同本法第1062条第1款第1项规定存在评价矛盾，宜将其解释为夫妻共同财产。①

第三，为了尊重被继承人或赠与人的意思自治，遗嘱或赠与合同中确定只归夫妻一方的财产为夫妻个人财产，此时被继承人或赠与人的意思明显推翻了夫妻双方均对此部分财产获得作出贡献的推定，为夫妻个人财产。

第四，夫妻专用的生活用品无论是在婚姻关系存续期间，还是双方解除婚姻关系之时，对另一方均无价值，为夫妻个人财产。

第五，本条前4项并未穷尽列举夫妻个人财产，第5项为兜底条款，为保护夫妻其他个人财产预留空间，如在人身保险中，既存在填补被保险人所支出医疗费的实支实付型保险，也存在不以填补被保险人实际损害为目的的定额给付型保险，② 旨在填补被保险人所支出医疗费用等实际损失的保险是以救治被保险人为目的，具有人身专属性，不属于夫妻共同财产，定额给付型保险金的支付完全取决于被保险人是否罹患所约定的疾病等条件，同自然增值并无本质差异，因而宜界定为个人财产。需注意的是，人寿保险中的生存保险具有投资、储蓄的意味，因此所获得的保险金应界定为夫妻共同财产，在人寿保险中的死亡保险中，配偶

---

① 在受害人死亡时，其配偶有权请求侵权人承担给付死亡赔偿金等损害赔偿责任，不存在讨论侵权人所给付的赔偿是否为夫妻共同财产的问题，此时相当于侵权法对配偶本应获得的夫妻共同财产直接提供了保护。

② 参见中国银行保险监督管理委员会发布的《健康保险管理办法》第5条规定：医疗保险按照保险金的给付性质分为费用补偿型医疗保险和定额给付型医疗保险。费用补偿型医疗保险，是指根据被保险人实际发生的医疗、康复费用支出，按照约定的标准确定保险金数额的医疗保险。定额给付型医疗保险，是指按照约定的数额给付保险金的医疗保险。费用补偿型医疗保险的给付金额不得超过被保险人实际发生的医疗、康复费用金额。

一方死亡后，配偶另一方为受益人，此时保险金为作为受益人的配偶另一方的个人财产。[①] 其他属于夫妻一方个人财产的还包括具有高度人身性的财产，典型如运动员获得的奖牌。

【相关案例】

刘某坤与郑某秋离婚及财产分割纠纷案[②]

本案的争议焦点是一方在夫妻关系存续期间参加运动会获得的奖牌以及奖金是否属于夫妻个人财产。原告与被告在同一单位工作，于1979年6月10日登记结婚。由于双方性格、志趣各不相同，常年互相争吵，致使夫妻感情逐渐破裂，1992年5月双方分居。1993年1月29日，双方发生口角，相互厮打，关系进一步恶化。1993年2月16日，原告以夫妻感情破裂为由，向法院提起离婚诉讼，经多次调解无效，原告坚持离婚，被告表示若原告坚持离婚，应依法分配包括原告参加历次国际国内残疾人运动会所获奖牌17块（其中金牌16块、铜牌1块）、奖金59012元在内的夫妻共同财产。一审法院认为，夫妻双方感情确已破裂，调解无效，应准予离婚。奖牌系原告个人取得的荣誉象征，为原告个人财产，不应作为夫妻共同财产予以分割。经查实的奖金59012元，已用于原告做假肢、治病、旅游等，现已无存款，无法分割。被告不服，提起上诉。二审法院认为，夫妻双方感情确已破裂，经原审法院多次调解无效，判决二人离婚，对共同财产分割是合理的。关于被上诉人参加国际、国内残疾人体育比赛所获奖牌、奖金问题，经向国家体委、中国残联调查证实，从1984年国内第一届残运会至1992年残疾人奥运会期间，被上诉人共获奖牌17块、奖金59012元。以上奖牌和奖金，虽然是在夫妻关系存续期间所得，但奖牌系被上诉人作为残疾人运动员的一种荣誉象征，有特定的人身性，不应作为夫妻共同财产予以分割，所得奖金，因已用于支付被上诉人制作假肢、治病等费用，系家庭的共同支出，已无财产可分，上诉人要求平分，于法无据。

【关联法条】

《最高人民法院关于适用〈中华人民共和国婚姻法〉若干问题的解释（一）》

---

① 当夫妻双方投保而指定其他人为受益人时，类似于对他人的赠与，保险金既非夫妻共同财产也非夫妻个人财产。

② 载《最高人民法院公报》1995年第2期（总第42期）。

第19条，《最高人民法院关于适用〈中华人民共和国婚姻法〉若干问题的解释（二）》第13条

（撰稿人：杨勇）

第一千零六十四条　【夫妻债务】夫妻双方共同签名或者夫妻一方事后追认等共同意思表示所负的债务，以及夫妻一方在婚姻关系存续期间以个人名义为家庭日常生活需要所负的债务，属于夫妻共同债务。

夫妻一方在婚姻关系存续期间以个人名义超出家庭日常生活需要所负的债务，不属于夫妻共同债务；但是，债权人能够证明该债务用于夫妻共同生活、共同生产经营或者基于夫妻双方共同意思表示的除外。

【释义】

本条是关于夫妻债务的规定。本条源自2018年1月8日最高人民法院审判委员会第1731次会议通过的《最高人民法院关于审理涉及夫妻债务纠纷案件适用法律有关问题的解释》，旨在解决涉及婚内各方的财产权利以及债权人利益保护的问题，具有重要的实务意义。

对本条包含以下几点理解[①]：

夫妻债务具体可分为夫妻连带债务、夫妻共同债务与夫妻一方的个人债务。本条的立法目的在于合理配置夫妻债务关系中当事人的权益，而准确地区分不同类型的夫妻债务是实现平等保护各方合法权益的核心。

所谓夫妻连带债务，是指夫妻双方就同一债务统一对债权人负全部清偿责任，且债权人有权同时或先后向夫妻之一或全部要求清偿。夫妻连带债务的责任基础在于多数人之债，责任财产的范围是夫妻的全部个人财产与夫妻共同财产，是一种较为严厉的责任承担方式，故应严格限定夫妻连带债务的适用。具体包括两方面：一是夫妻之间的大额连带债务应当以夫妻共同意思表示为基础。本条规定，夫妻双方共同签名或者夫妻一方事后追认等共同意思表示所负的债务，属于

---

① 本理解来源于对于汪洋老师文章的学习整理，参见汪洋：《夫妻债务的基本类型、责任基础与责任财产》，载《当代法学》2019年第3期。

夫妻共同债务。可见，立法者将“共债共签”以及“事后追认”等具有共同负债意思表示的行为认定为构成夫妻连带债务的要件，体现了夫妻地位平等原则与合同相对性原则；二是夫妻之间的小额连带债务以家事代理为基础。本条还规定，夫妻一方在婚姻关系存续期间以个人名义为家庭日常生活需要所负的债务，属于夫妻共同债务。这是因为基于婚姻关系，夫妻双方因配偶身份互为代理人，以便可以高效地解决日常生活中的琐事。① 需要注意的是，家庭日常生活的范围需严格限制，可以借鉴比例原则中的适当性要求，以此平衡夫妻之间的利益。② 更进一步地说，对于夫妻共同意思表示即举债合意，证明责任在债权人。对于日常家事代理承担的债务，原则上应当推定为连带债务，债权人无须证明债务人负债后是否真的贴补家用，仅需证明该债务于外部可识别性上被认定为家庭日常生活范畴之内。若配偶抗辩，需要证明所负债务未用于家庭日常生活。

所谓夫妻共同债务，是指夫妻法定共同财产制而生成的特殊债务，为夫妻一方对外负担，且因夫妻共同受益而牵涉共同财产。为了平衡债权人利益与负债方配偶利益，责任财产除负债方的全部财产外，负债方配偶仅以夫妻共同财产中的份额承担有限连带责任。对夫妻共同债务进行强制执行时，要针对所有共同债务人获得执行名义。夫妻共同债务的认定应当以“家庭利益”为标准，应以客观角度观察合同是否能够直接满足家庭利益。本条第 2 款规定，债权人承担一方所负债务用于夫妻共同生活、共同生产经营或基于共同意思表示。对此，应采类型化理解：用于“夫妻共同生活”的债务具有私密性，此时法官应当主动地查明；以维护债权人的利益；“夫妻共同生产经营”的债务具有相对公开性，故债权人的证明应考虑经济组织的性质及举债方配偶的实际参与状况等因素；若债务为亲属之间缔结，则应基于亲属之间的关系状况，加重债权人的举证责任；当债权人为一般交易第三人时，则应考虑到其对夫妻内部关系证明的客观难度太大，从而考虑减轻债权人证明责任或标准以保护债权人利益，但应将负债方配偶的个人财产排除出责任财产，以保护负债方配偶的利益，此时的夫妻债务就是“夫妻共同债务”。

除此之外，不属于连带债务与共同债务的夫妻债务均为个人债务，其责任财产的范围是负债方的全部财产，具体包括其个人财产和夫妻共同财产中的份额。所谓个人的份额本质上是各共有人对由全部财产客体所构成的总财产的价值比例

---

① 国家统计局基于消费类别将全国居民消费支出划分为食品烟酒、衣着、家庭设备用品及维修服务、医疗保健、交通通信、教育文化娱乐、居住、其他用品和服务八种，参见国家统计局：《2018 年居民收入和消费支出情况》，载国家统计局官方网站，http：//www. stats. gov. cn/statsinfo/auto2074/201901/t20190122_1646091. html，2020 年 8 月 7 日访问。

② 冉克平：《论夫妻共同债务的类型与清偿》，载《法学》2018 年第 6 期；程新文等：《〈关于审理涉及夫妻债务纠纷案件适用法律有关问题的解释〉的理解与适用》，载《人民司法（应用）》2018 年第 4 期。

意义上份额,[①] 它指向的是集合物整体，而非单个物。个人债务先以个人财产清偿，不足清偿时才涉及夫妻共同财产中负债方的相应份额。债权人或者夫妻一方可以在离婚时或婚姻关系存续期间请求分割共同财产，或者由债务人配偶承担清偿责任后，向债务人主张补偿或追偿。

【关联法条】

《婚姻法》第 19 条,《最高人民法院关于适用〈中华人民共和国婚姻法〉若干问题的解释（二)》第 24 条,《最高人民法院关于审理涉及夫妻债务纠纷案件适用法律有关问题的解释》

【相关案例】

赵某萍与陆某民间借贷纠纷案[②]

抗诉观点：夫妻双方对外承担连带责任的理论基础是家事代理权，若不区分是否属用于夫妻共同生活的家事代理行为，仅以婚姻关系推定夫妻共同债务，将会导致未举债的配偶合法权益受到侵害。因此，在债权人以夫妻一方为被告起诉的债务纠纷中，对于案涉债务是否属于共同债务的认定，除夫妻约定财产制且债权人知道该约定的，以及债权人与债务人明确约定为个人债务的情形外，若举债人的配偶举证证明所借债务并非用于夫妻共同生活，则不应承担债务的偿还责任。

基本案情：出借人戴某与借款人赵某萍签订借款合同，金额共计人民币 65 万元，合同期届满后仍有 60 万元没有偿还。出借人将赵某萍及其丈夫陆某（与戴某为同事关系）列为共同被告起诉，请求法院判令陆某共同偿还借款本息。

法院认为：一审法院认为，陆某作为赵某萍的丈夫，此笔借款虽然发生在夫妻关系存续期间，但戴某没有证据证实用于赵某萍、陆某夫妻家庭共同生活，故对戴某要求陆某共同偿还上述借款本息的诉讼请求不予支持。二审法院认为，本案借款行为发生在赵某萍与陆某婚姻关系存续期间，戴某与陆某又是同事关系，且借款后，赵某萍及陆某又积极偿还戴某借款本金 3 万元。因此，本案借款的发生陆某应是知晓的，一审判决认定事实不清，且适用法律错误。

---

① 戴永盛:《共有释论》，载《法学》2013 年第 12 期。

② （2020）黑民再 104 号。

陆某应与赵某萍共同承担偿还借款本息的责任。再审法院认为，即使适用《最高人民法院关于审理涉及夫妻债务纠纷案件适用法律有关问题的解释》，依据该解释第 1 条“夫妻双方共同签字或者夫妻一方事后追认等共同意思表示所负的债务，应当认定为夫妻共同债务”的规定，本案中，赵某萍与陆某于 2013 年 8 月或 9 月时，一起向戴某偿还案涉借款本金 3 万元，该行为构成陆某对赵某萍与戴某之间借款合同的事后追认，本案债务亦应认定为夫妻共同债务，由陆某与赵某萍共同承担还款责任。

（撰稿人：刘野）

第一千零六十五条　【夫妻约定财产制】 男女双方可以约定婚姻关系存续期间所得的财产以及婚前财产归各自所有、共同所有或者部分各自所有、部分共同所有。约定应当采用书面形式。没有约定或者约定不明确的，适用本法第一千零六十二条、第一千零六十三条的规定。

夫妻对婚姻关系存续期间所得的财产以及婚前财产的约定，对双方具有法律约束力。

夫妻对婚姻关系存续期间所得的财产约定归各自所有，夫或者妻一方对外所负的债务，相对人知道该约定的，以夫或者妻一方的个人财产清偿。

【释义】

本条是对夫妻约定财产制的规定。我国夫妻法定财产制为婚后所得共同制，婚后所得共同制适用于夫妻就婚姻关系存续期间所取得财产未作任何约定或约定不明的情形下，在夫妻双方就婚姻关系存续期间财产归属作约定的情况下，则应当排除法定财产制的适用。

第一，关于夫妻财产约定的成立。一般而言，夫妻很少会就婚姻关系存续期间财产归属作出约定，若仅仅因双方对财产归属作出口头约定，实难认定双方有受口头约定约束的效果意思，故而，若夫妻双方就婚姻关系存续期间所取得的财产及婚前财产的归属订立协议，应坚持书面形式的要求，仅仅就财产归属作出口头约定的协议无法成立。此外，合同编第 490 条第 2 款也无适用空间，按照该条，当法律规定当事人应当采用书面形式订立合同时，若当事人未采用书面形式但一方已经履行主要义务而对方接受的，则合同成立，一方面，即便夫妻双方就财产归属达成口头协议，也很少存在夫妻一方实际履行财产约定而另一方接受的情形；另一方面，夫妻财产约定应属于合同编第464条第2款所规定的根据性质无法适用合同编的规范。

第二，关于夫妻财产约定订立的时间。针对婚姻关系存续期间所得财产以及婚前财产的约定，可在结婚之前、结婚之时、婚姻关系存续期间内订立，[①] 结婚之前所订立的财产约定应当以男女双方缔结婚姻关系并实际共同生活为生效条件，否则，构成男女双方之间的赠与协议或一方向另一方给付的彩礼，在婚姻关系已经结束后，即便离婚双方订立名为确定婚前及婚姻关系存续期间内财产归属的协议，也不宜将其界定为本条所规定的财产协议，可将其解释为赠与协议或者财产分割及补偿协议。

第三，关于夫妻财产约定与夫妻之间赠与的关系。夫妻财产约定往往与夫妻之间的赠与发生混淆，按照《最高人民法院关于适用〈中华人民共和国婚姻法〉若干问题的解释（三）》第6条规定，婚前或婚姻关系存续期间，一方将自己所有的房产赠与另一方的，在未办理房屋所有权变更登记之前，赠与人仍可行使任意撤销权。最高人民法院认为，夫妻财产约定中所涉及的财产包括夫妻共同财产及夫妻个人财产，夫妻之间通过赠与的方式转让财产的较少，因而第6条并不会危及婚姻法有关夫妻约定财产规则的适用。[②] 夫妻之间的赠与与夫妻之间的财产约定区分可能在于：在夫妻间赠与场合下，赠与人将自己的全部财产权利转移至另一方，但就夫妻之间的财产约定而言，只是针对共有财产份额作了不同约定。但这一区分并不具备正当性，按照本条规定，夫妻之间的财产约定可能体现为：夫妻一方将自己单独所有的婚前财产约定为夫妻共同财产或者是配偶另一方的单独所有财产，夫妻之间赠与财产的协议完全可涵摄进本条范围之内。在《民法典》通过并生效之后，应当从新法优于旧法的角度出发，认定《最高人民法院关于适用〈中华人民共和国婚姻法〉若干问题的解释（三）》第6条已经失去效力。

第四，有关夫妻财产约定的特殊性。虽然夫妻财产约定本质上属于以发生财产权变动为目的的合同，与纯粹的身份协议存在差异，但鉴于夫妻财产约定建立在双方具有高度紧密结合的人身关系基础之上，应当否定夫妻一方通过代理人与另一方订立夫妻财产约定的可能性。[③]

---

① 参见余延满：《亲属法原论》，法律出版社2007年版，第290页。

② 参见最高人民法院民事审判第一庭编：《最高人民法院婚姻法司法解释（三）理解与适用》，人民法院出版社2011年版，第112页。

③ 参见余延满：《亲属法原论》，法律出版社2007年版，第291～292页。

一旦夫妻双方就财产归属安排订立的协议成立并生效，则在夫妻双方内部之间产生效力。夫妻之间订立的财产约定，构成《民法典》第 209 条第 1 款、第 224 条关于不动产及动产物权变动需经公示的例外规定，质言之，夫妻之间关于财产约定所导致的物权变动无须经过登记或交付。[①] 进一步而言，由于夫妻之间的财产约定一经成立生效，便发生物权变动，夫妻一方也很难构成违反夫妻财产约定的义务进而需承担债务不履行责任。

第五，有关夫妻财产约定的对抗效力问题。从一般的交易习惯出发，夫妻一方在与第三人开展交易时，第三人不会试图了解交易相对方的婚姻状况，此时将交易相对方的配偶拉入交易关系中，正当性存疑。因此，针对第三人与夫妻一方之间的债务，原则上应当由夫妻一方以自己的财产以及夫妻共同财产中的潜在份额用以履行对第三人的债务，而不涉及另一方配偶以自己的财产以及夫妻共同财产中属于自己的潜在份额向第三人偿还债务。当夫妻之间的财产约定将法定财产制下本应属于未参与交易一方的配偶的共有财产通过约定转移至参与交易的配偶一方时，实际上属于通过夫妻内部的财产约定扩张了参与交易一方配偶的责任财产范围，此时，无论第三人是否知道财产约定，参与交易一方配偶的责任财产得到扩充，不存在以夫妻财产约定是否对抗第三人的问题。而问题就在于，当夫妻之间的财产约定将本应属于参与交易一方配偶的共同财产转移至另一方配偶之时，这意味着参与交易一方的配偶的责任财产通过夫妻财产约定而减少，损害了第三人的利益，此时则存在夫妻财产约定能否对抗第三人的问题。我国尚未建立夫妻财产约定公示制度，第三人无法通过查询登记簿以明确交易相对方与其配偶之间是否存在财产约定，只有当第三人明知夫妻之间的财产约定时，夫妻双方才可主张以夫妻财产约定对抗第三人。

第六，在举证责任上，第三人知道夫妻财产约定为第三人主张债权的权利消灭规范，否认权利行使的当事人应当对权利消灭规范的要件事实承担举证责任，[②] 夫妻一方否认第三人向其主张债权，则对第三人知道夫妻财产约定负有举证责任，对此，《最高人民法院关于适用〈中华人民共和国婚姻法〉若干问题的解释（一）》第 18 条及《最高人民法院关于适用〈中华人民共和国婚姻法〉若干问题的解释（二）》第 24 条作了规定。

---

① 参见汪家元：《我国夫妻约定财产制之适用困境与规则完善》，载《法学杂志》2019 年第 1 期。

② 参见张卫平：《民事诉讼法》，法律出版社 2019 年版，第 252 页；易军：《原则/例外关系的民法阐释》，载《中国社会科学》2019 年第 9 期。

【相关案例】

唐某与李某某、唐某乙法定继承纠纷案[①]

本案的争议焦点是，在婚姻关系存续期间，被告丈夫与被告就夫妻共同所有的房屋权属进行约定的《分居协议书》的法律性质是什么？因《分局协议书》导致的物权变动何时产生效力？2010 年 10 月 2 日，被告丈夫与被告签订《分居协议书》约定："双方财产作如下切割：财富中心和慧谷根园的房子归李某某拥有。湖光中街和花家地的房产归唐某甲所有。双方采取离异不离家的方式解决感情破裂的问题。"原告为被告丈夫与前妻所生子女，因被告丈夫于2011 年9 月16 日在外地出差期间突发疾病死亡，原告要求继承财富中心和慧谷根园的房子、湖光中街和花家地的房产。一审法院认为，虽然被告丈夫与被告在《分居协议书》中约定了财富中心的房屋归被告所有，但直至被告丈夫去世，该房屋仍登记在被告丈夫名下，根据物权登记主义原则，确认该房屋属于被告丈夫与被告夫妻共同财产。该房屋价值应根据评估报告确定的数额减去被告丈夫去世时该房屋尚未还清的贷款数额，该数额的一半为被告所有的夫妻共同财产，另一半为被告丈夫遗产，属于被告丈夫遗产的份额应均分为三份，由被告、被告子女和原告均分。被告不服提出上诉。二审法院认为，《婚姻法》第 19 条第 1 款对夫妻约定财产制作出明确规定，本案所涉及的《分居协议书》中，上诉人丈夫与上诉人一致表示"对财产作如下切割"，该约定系上诉人与其丈夫不以离婚为目的对婚姻关系存续期间所得财产作出的分割，应认定为婚内财产分割协议，是双方通过订立契约对采取何种夫妻财产制所作的约定。协议书系上诉人与其丈夫基于夫妻关系作出的内部约定，不涉及婚姻家庭以外的第三人利益，具有民事合同性质，对双方均具有约束力。财富中心房屋并未进入市场交易流转，其所有权归属的确定亦不涉及交易秩序与流转安全。虽然被上诉人对该约定的效力提出异议，但其作为上诉人丈夫的子女并非《物权法》意义上的第三人。因此，虽然财富中心房屋登记在上诉人丈夫名下，没有办理产权过户登记手续，但物权法的不动产登记原则不应影响婚内财产分割协议关于房屋权属约定的效力。

【关联法条】

《民法典》第 209 条、第 224 条，《婚姻法》第 19 条，《最高人民法院关于适

---

① 载《最高人民法院公报》2014 年第 12 期（总第 218 期）。

用〈中华人民共和国婚姻法〉若干问题的解释（一）》第18条，《最高人民法院关于适用〈中华人民共和国婚姻法〉若干问题的解释（三）》第6条

（撰稿人：杨勇）

第一千零六十六条 【婚内分割夫妻共同财产】婚姻关系存续期间，有下列情形之一的，夫妻一方可以向人民法院请求分割共同财产：

（一）一方有隐藏、转移、变卖、毁损、挥霍夫妻共同财产或者伪造夫妻共同债务等严重损害夫妻共同财产利益的行为；

（二）一方负有法定扶养义务的人患重大疾病需要医治，另一方不同意支付相关医疗费用。

【释义】

本条是对婚姻关系存续期间分割夫妻共同财产的规定，来源于《最高人民法院关于适用〈中华人民共和国婚姻法〉若干问题的解释（三）》第4条。在夫妻双方未就婚姻关系存续期间夫妻财产归属作出约定时，意味着夫妻双方婚后所得为夫妻共同财产，按照第1062条规定，夫妻对共同财产享有平等的处理权，如果夫妻一方实施侵害夫妻共同财产利益的行为，此时婚后所得共同制将成为侵害夫妻另一方合法权利的工具，为避免这一不合理结果的发生，本条规定了在特殊情形下夫妻一方向人民法院请求分割夫妻共同财产的权利。[①]

自文义解释角度而言，本条属于封闭式列举，其并未列举夫妻一方主张分割夫妻共同财产的其他情形，故而，在其他情形下，如夫妻一方个人财产不足以偿付个人债务时，夫妻另一方也无法向人民法院提出请求分割共同财产。此外，由于夫妻共同财产并非物权法意义上的共同共有，夫妻一方也无法根据第303条所规定的共同共有人在共有基础丧失或者有重大理由需要分割时可以请求分割的规定主张分割夫妻共同财产。但上述解释路径并不可采：

首先，本条规定夫妻一方可主张分割共同财产的范围较窄，无法充分保护不愿诉诸离婚但又亟待维护夫妻共同财产利益的一方，[②] 解决这一问题的路径应借

① 参见黄薇主编：《中华人民共和国婚姻家庭编释义》，中国法制出版社2020年版，第129页。
② 参见陈法：《论我国非常法定夫妻财产制的立法建构》，载《现代法学》2018年第1期。

助于强制执行法律规则，依据《最高人民法院关于人民法院民事执行中查封、扣押、冻结财产的规定》第14条规定，法院可以查封被执行人与其他人共有的财产，但应当通知其他共有人，之后共有人可以就财产分割达成协议，也可提起分割共有财产之诉，申请执行人还可代位提起分割共有财产之诉。该条并未将共有人界定为物权法意义上的共同共有人，也未排除基于夫妻共同财产的共有人，故而，在法院强制执行等情形下，虽然夫妻一方无法根据本条请求法院分割共同财产，但夫妻一方仍可根据《最高人民法院关于人民法院民事执行中查封、扣押、冻结财产的规定》第14条规定要求分割夫妻共同财产。[①]

其次，第2项虽只说明在夫妻一方负有法定扶养义务的人患重大疾病需要医治、另一方不同意支付医疗费用时，可请求法院分割夫妻共同财产，据此似乎无法得出，夫妻一方患重大疾病另一方不支付医疗费用时，可以请求分割夫妻共同财产的结论，但根据第1059条规定，夫妻负有相互扶养的义务，在一方不履行扶养义务时，另一方可请求对方给付扶养费，这一条是对扶养义务及扶养费的规定，举轻明重，在夫妻一方患重大疾病而另一方不支付医疗费用时，亦可适用本条。

夫妻一方负有法定扶养义务的人患有重大疾病，权威释义认为，疾病是否重大应参照医学认定及保险行业认定范围，主要包括糖尿病、肿瘤等需长期治疗、花费较高的疾病以及危及生命安全的疾病，[②] 据此，因侵权等需花费较高治疗费用但另一方拒绝支付医疗费的，本条也无适用空间，但两种情形并不存在本质差异，故而在侵权的场合下，法官可根据案件具体情形类推适用第2项。

夫妻共同财产分割之诉为形成之诉，所作出的判决为形成判决，自法院作出分割夫妻共同财产的判决生效之日，即发生物权变动。

【相关案例】

张某辉与赵某共有物分割纠纷案[③]

本案的争议焦点是原告在夫妻关系存续期间是否有权起诉请求分割夫妻共同财产。2004年3月11日，原、被告在郴州市苏仙区民政局婚姻登记处登记结婚，2014年1月4日，原告在家洗澡，突感胸闷、呼吸不畅，于是自己拨打了120急救电话，在郴州市第一人民医院治疗过程中，原告昏迷至今未醒，原告昏迷期间

---

① （2020）粤01民终10528号。

② 参见黄薇主编：《中华人民共和国婚姻家庭编释义》，中国法制出版社2020年版，第134页。

③ （2014）郴北民一初字第337号。

被告不予理睬，也未支付原告治疗所需医疗费。原告母亲提起诉讼请求分割夫妻共同财产。法院认为，按照《物权法》第99条规定，共有人在有重大理由需要分割时可以请求分割，原告患有重大疾病需要医治，属有重大理由需要分割夫妻共同财产。根据《最高人民法院关于适用〈中华人民共和国婚姻法〉若干问题的解释（三）》第4条第2项规定，一方有法定扶养义务的人患重大疾病需要医治，另一方不同意支付相关医疗费用时，夫妻一方可请求分割共同财产，虽然本案是原告本人患重大疾病，不属于《最高人民法院关于适用〈中华人民共和国婚姻法〉若干问题的解释（三）》第4条第2项明文规定的情形，但"举轻以明重"，在发生被告拒绝为原告负有法定扶养义务且患有重大疾病的人支付医疗费时，原告尚且可以在不离婚的情况下请求分割夫妻共同财产；在被告拒绝为患有重大疾病的原告支付医疗费用时，原告有权在不离婚的情况下请求分割夫妻共同财产。但是，原告现为无民事行为能力人，其民事活动包括诉讼活动依法应由其监护人代为行使。原告的母亲在没有经过法定程序变更监护人的情况下，就以原告的法定代理人即监护人的身份代为提起诉讼，并请求分割夫妻共同财产，没有法律依据，不予支持。

【关联法条】

《民法典》第303条，《最高人民法院关于适用〈中华人民共和国婚姻法〉若干问题的解释（三）》第4条，《最高人民法院关于人民法院民事执行中查封、扣押、冻结财产的规定》第14条

（撰稿人：杨勇）

第二节　父母子女关系和其他近亲属关系

第一千零六十七条　【父母的抚养义务和子女的赡养义务】 父母不履行抚养义务的，未成年子女或者不能独立生活的成年子女，有要求父母给付抚养费的权利。

成年子女不履行赡养义务的，缺乏劳动能力或者生活困难的父母，有要求成年子女给付赡养费的权利。

【释义】

本法总则编第 26 条对父母、子女之间的法律义务作出了一般性规定，其中包括父母对未成年子女的抚养义务和成年子女对父母的赡养义务。《民法典》婚姻家庭编以及《未成年人保护法》《老年人权益保障法》等对此作出了更为具体的规定。本条规定的是违反这类义务的法律后果，即子女或父母有权要求不履行本法第 26 条规定义务的父母或成年子女向其给付抚养费或者赡养费。

一、父母对子女的抚养义务

本条第 1 款规定的是父母对子女的抚养义务及父母不履行此义务时子女的法定权利。具体需要注意以下几点：

（一）何为“抚养义务”

抚养是指父母抚育子女的成长，并为他们的生活、学习提供一定的物质条件，包括给付抚养费等。抚养义务是一项积极义务。《宪法》第 49 条规定，父母有抚养教育未成年子女的义务，成年子女有赡养扶助父母的义务。由此可见，抚养未成年子女是父母的法定义务且是无条件的。同时，在一定条件下，父母对成年子女也有抚养义务。而对于有独立生活能力的成年子女，父母自愿给予经济帮助的，法律并不干预。①

（二）权利主体与义务主体

1. 权利主体分为两类，第一类是未成年子女，第二类是能独立生活的成年子女。依据本法第 17 条规定，前者是指不满 18 周岁的自然人，后者是指不能独立生活的年满 18 周岁的自然人。对于未成年子女，父母对其的抚养原则是无条件的。但是，《最高人民法院关于人民法院审理离婚案件处理子女抚养问题的若干意见》认为，对于 16 周岁以上不满 18 周岁、以其劳动收入为主要生活来源、并能维持当地一般生活水平的未成年人，父母可以停止给付抚育费。

如何理解“不能独立生活”？《最高人民法院关于人民法院审理离婚案件处理子女抚养问题的若干意见》曾将“不能独立生活的子女”定义为“子女丧失劳动能力或虽未完全丧失劳动能力，但其收入不足以维持生活的；子女尚在校就读的；子女确无独立生活能力和条件的。”《最高人民法院关于适用〈中华人民共和国婚姻法〉若干问题的解释（一）》第 20 条原则上采纳了上述意见，认为“不能独立生活的子女”是指尚在校接受高中及其以下学历教育，或者丧失或完全丧失

---

① 胡康生主编：《中华人民共和国婚姻法释义》，法律出版社 2001 年版，第 82 页。

劳动能力等非因主观原因而无法维持正常生活的成年子女，如身患残疾的子女。由此可见，司法机关把接受高中以上学历教育的成年学生排除在了“不能独立生活的子女”之列。主要考虑的是，接受高中以上学历教育的成年学生已经是完全民事行为能力人，无论从生理还是心理角度讲，都已基本具备了独立生活的能力和条件，同时，接受高等教育的直接受益人是子女自己，依照权利与义务相一致的原则，子女应为自己的预期可得利益作出相应的付出，即自己承担继续深造的费用。[①] 因此，抚养有劳动能力、接受高中以上学历教育的成年子女不是父母的法定义务。例如，在司法实践中，成年大学生吴某将其父亲吴某中诉至四川省凉山州越西县人民法院，请求吴某中给付其抚养费，法院最终驳回了原告的诉讼请求。[②]

虽然《最高人民法院关于适用〈中华人民共和国婚姻法〉若干问题的解释（一)》的出台距今近十年，社会生活已经发生了巨大变化，尤其是接受高中以上学历教育的人数和费用也与2001年时不可同日而语，随着成年子女向父母索要高等教育费用的民事诉讼越来越多，也有声音呼吁将大学生视为“不能独立生活的成年子女”，但笔者仍然支持《最高人民法院关于适用〈中华人民共和国婚姻法〉若干问题的解释（一)》的观点。一方面，这有利于培养学生，尤其是成年学生自立自强的精神和融入社会的能力；另一方面，国家应出于公共利益的考虑，加大对高校的财政投入力度，完善奖、助学金和勤工俭学制度，帮助成年大学生独立生活。从民法的角度看，有劳动能力、接受高中以上学历教育的成年学生已经是与其父母平等的完全民事行为能力人，笔者认为，支持其完成学业与其说属于婚姻家庭法的任务，不如说是属于高等教育法甚至是社会保障法的任务。

2. 义务主体是父母，父或者母平等地负有抚养其子女的法定义务，且无论是父母离婚还是婚姻关系存续期间，该义务均不能免除。《最高人民法院关于适用〈中华人民共和国婚姻法〉若干问题的解释（三)》第3条规定，婚姻关系存续期间，父母双方或者一方拒不履行养子女义务，未成年或者不能独立生活的子女请求支付抚养费的，人民法院应予支持。

（三）子女如何主张权利

当父母不履行抚养义务时，享有权利的子女可以向未成年保护组织等有关部门反映，由有关部门进行调解，也可以直接向人民法院提出追索抚养费的诉讼。成年子女可作为原告直接起诉，未成年子女需要其法定代理人代为起诉。

---

① 黄松有主编：《最高人民法院婚姻法司法解释（一）理解与适用》，中国法制出版社2002年版，第73页。

② （2017）川3434民初第1017号。

（四）抚养费及其范围

《最高人民法院关于适用〈中华人民共和国婚姻法〉若干问题的解释（一）》第 21 条规定：《婚姻法》第 21 条所称“抚养费”包括子女生活费、教育费、医疗费等费用。

一方面，父母抚养子女要保证其生存，即父母应在日常生活对子女予以照料，为子女提供必需的物质生活条件，在子女患病需要治疗时支付相应的医疗费用。另一方面，父母抚养子女要保证其接受基本的教育，包括家庭教育、学校教育和社会教育。《义务教育法》规定，父母或者其他监护人必须使适龄的子女或者被监护人按时入学，接受规定年限的义务教育。同时，由于司法解释认为接受高中教育的成年子女也属于“不能独立生活”的子女，故给付成年子女高中学费也是抚养费的法定范围。

人民法院在处理有关抚养费纠纷、判定抚养费给付数额时，应当根据子女的实际需要、父母双方的负担能力和当地的实际生活水平等因素综合考虑。同时，因为实际生活情况和消费水平随时可能发生变化，在必要时，应当允许抚养费给付数额的变更。

二、子女对父母的赡养义务

本条第 2 款规定的是子女对父母的赡养义务及子女不履行此义务时父母的法定权利。具体需要注意以下几点：

（一）何为“赡养义务”

赡养是指子女在物质上和精神上为父母提供必要的生活条件。赡养义务一般表现为以下几个方面：第一，子女应当妥善安排父母的住房。父母自有或者承租的住房，子女或者其他亲属不得侵占、擅自改变产权关系或租赁关系。父母没有房产的，可以依据本法，通过设立居住权解决父母的住房问题。第二，子女应当照料父母的生活，并使其在精神上得到慰藉。“常回家看看”是中华民族的传统美德，而且《老年人权益保障法》第 18 条规定，家庭成员应当关心老年人的精神需求，不得忽视、冷落老年人。与老年人分开居住的家庭成员，应当经常看望或者问候老年人。第三，子女不得要求父母承担力所不能及的劳动。老年人的劳动能力普遍较低，尤其在农村地区，耕种田地等重体力劳动，其强度往往超出老年人所能承受的范围，子女有义务耕种老年人承包的田地，照管林木和牲畜，并使其收益归父母所有①。第四，子女不得以放弃继承权或其他理由，拒绝履行赡养义务。

① 胡康生主编：《中华人民共和国婚姻法释义》，法律出版社 2001 年版，第 85 页。

（二）权利主体和义务主体

无论父母的婚姻关系是否变化，一切有经济能力的成年子女，均对缺乏劳动能力或者生活困难的父母负有赡养义务。无论已婚与否，儿子和女儿都平等地负有赡养父母的义务，父或者母也平等地享有被赡养的权利。

本条同样适用于婚生父母子女、非婚生父母子女、构成抚养教育关系的父母子女和养父母子女之间的关系。

（三）父母如何行使权利

子女之间可以就履行赡养义务签订协议，并且该协议须征得父母同意。父母可以依据该协议要求子女履行赡养义务，居民委员会、村民委员会或者子女所在单位监督协议的履行。

如果子女不履行赡养义务，享有权利的父母可以向有关部门反映，由有关部门进行调解，也可以直接向人民法院提出追索赡养费的诉讼。

（四）赡养费及其范围

赡养费应当包括父母的生活费、医疗费等。不与父母共同生活的子女，应当根据父母实际生活的需要和各自的负担能力，给予父母一定的赡养费用。

人民法院在处理有关赡养费纠纷、判定赡养费给付数额时，应当综合考虑子女是否与父母共同生活、父母实际生活需要、子女的负担能力、当地的平均生活水平等因素。尤其是有两个以上子女的，经济条件较好的子女，应当承担较大的责任。同时，因为实际生活情况和消费水平随时可能发生变化，在必要情况下，应当允许赡养费给付数额的变更。

【相关案例】

付某桐与付某强抚养费纠纷案①

本案焦点为婚姻关系存续期间是否能够要求一方支付抚养费。原告付某桐的母亲韩某与被告付某强于 2012 年 12 月 7 日结婚，于 2013 年 9 月 18 日生育一子付某桐。韩某住院生育原告付某桐的医疗费用由被告付某强支付。自原告付某桐出生后，其母亲韩某即带其离开单独居住，被告付某强亦未支付过原告付某桐抚养费。被告付某强无固定收入。原告诉至法院，要求被告每月支付抚养费。郑州市惠济区人民法院认为，父母对子女有抚养教育的义务。婚姻关系存续期间，父母双方或者一方拒不履行抚养子女义务，未成年或者不能独立生活的子女请求支

① （2014）惠少民初字第 1 号。最高人民法院 2015 年发布 30 例婚姻家庭纠纷典型案例。

付抚养费的，人民法院应予支持。本案中，原告出生后，原告母亲即与被告分开居住，原告母亲带原告单独生活，被告未支付过原告的抚养费，故原告要求被告支付抚养费的请求，符合法律规定，遂判决被告付某强按照每月人民币 400 元的标准一次性支付原告付某桐自 2013 年 10 月至判决生效之日的抚养费；被告付某强按每月人民币 400 元的标准支付原告付某桐的抚养费至其满 18 周岁；驳回原告付某桐过高部分的诉讼请求。

【关联法条】

《宪法》第 49 条，《民法典》第 17 条、第 26 条，《义务教育法》第 5 条第 2 款，《老年人权益保障法》第 18 条，《最高人民法院关于适用〈中华人民共和国婚姻法〉若干问题的解释（一）》第 20 ~ 21 条，《最高人民法院关于适用〈中华人民共和国婚姻法〉若干问题的解释（三）》第 3 条，《最高人民法院关于人民法院审理离婚案件处理子女抚养问题的若干意见》第 11 ~ 12 条

（撰稿人：施宣宇）

第一千零六十八条　【父母教育、保护未成年子女的权利义务】父母有教育、保护未成年子女的权利和义务。未成年子女造成他人损害的，父母应当依法承担民事责任。

【释义】

本法总则编第 26 条规定，父母对未成年子女负有抚养、教育和保护的义务。本条是对第 26 条的细化规定。

一、父母对未成年子女教育和保护的权利和义务

教育是指父母按照法律和道德规范的要求，对未成年子女进行管理和必要的约束。① 此处的教育有“管教”之义。未成年子女在法律上多为无民事行为能力人或者限制民事行为能力人，对事物的判断能力和对自身的控制能力较差，三观尚未成熟，因此法律赋予其父母对其进行引导、教育和管理的权利和义务，目的是保障未成年子女的身心健康、保护其合法权益，也防止其实施危害他人的行为。一方面，家庭教育是家庭生活重要的组成部分，父母作为孩子的第一任老

① 蒋月主编：《婚姻家庭与继承法》，厦门大学出版社 2014 年版，第 168 页。

师，应当从思想上、政治上关心和教育未成年子女，根据《未成年人保护法》的规定，父母有义务促进未成年人在品德、智力、体质等方面全面发展，把他们培养成有理想、有道德、有文化、有纪律的社会主义事业接班人。另一方面，父母应当为未成年子女提供接受学校教育的机会和物质条件。《义务教育法》第 11 条规定，父母必须使适龄的子女按时入学，接受规定年限的义务教育。同时，父母应当采取适当的方式对未成年子女进行教育，注意未成年子女身心发展的特点，虽然可以对未成年子女使用适当的惩戒手段，但应当注重其人格尊严，尤其要禁止对其使用暴力或者实施其他形式的虐待行为，否则不仅可能承担民事责任，甚至会构成犯罪。

保护是指父母应当使未成年子女的人身、财产和其他合法权益免受侵害。父母对未成年子女保护的权利和义务与本法规定的监护制度密切相关。本法总则编第 27 条规定“父母是未成年子女的监护人”，第 34 条规定“监护人的职责是代理被监护人实施民事法律行为，保护被监护人的人身权利、财产权利以及其他合法权益等。监护人不履行监护职责或者侵害被监护人合法权益的，应当承担法律责任。”具体来说：第一，在笔者看来，父母对未成年子女的人身保护与父母对未成年子女的抚养义务有交叉之处，因此，此处的人身保护应当更侧重于保护未成年子女的人身权益免受不法侵害，以及受到侵害后的代为救济。例如，当未成年子女的人身权益受到侵害时，其父母有权以法定代理人的身份提起诉讼。第二，父母对未成年子女的财产保护，主要是指为未成年子女的利益管理和保护其财产权益。同时，根据本法第 34 条、第 35 条规定，父母作为未成年子女的监护人时，除了为维护未成年子女利益外，不得处分未成年子女的财产。如果父母未履行监护职责或者侵害未成年子女的合法权益，造成未成年子女损失的，应当赔偿损失。第三，父母对未成年子女的保护还体现在父母代理其实施民事法律行为。根据本法第 19 条、第 20 条规定，父母作为未成年子女的监护人的，若子女为不满八周岁的未成年人，由其父母代理实施一切民事法律行为；若子女为八周岁以上的未成年人且为限制民事行为能力人时，实施民事法律行为由其父母代理或者经其父母同意、追认，但是，子女可以独立实施纯获利益的民事法律行为或者与其年龄、智力相适应的民事法律行为。

保护和教育未成年子女，既是父母的权利也是父母的义务。本法第 34 条规定：“监护人依法履行监护职责产生的权利，受法律保护。”同时，本法奉行男女平等原则，本编第 1058 条也规定，夫妻双方平等地享有对未成年子女抚养、教育和保护的权利，共同承担对未成年子女抚养、教育和保护的义务。因此，父母双方都有权利和义务保护和教育其未成年子女，即使离婚也不能改变。

二、侵权的替代责任

本条还明确规定，未成年子女造成他人损害的，父母应当依法承担民事责任。这规定的是父母对未成年子女民事侵权的替代责任。

在我国，未成年子女，除了已满十六周岁并以自己劳动所得为独立生活来源的以外，均不是完全民事行为能力人，即他们没有能够完全独立地以自己的行为取得民事权利和承担义务的资格。民事行为能力不仅包括实施合法行为的能力，还包括对自己所为的违法行为和不履行义务的行为承担民事责任的责任能力。一般认为，责任能力包括侵权责任能力、违约责任能力和其他责任能力。但在我国现有的民事法律体系之中，仅指侵权责任能力。[①] 因此，本法侵权责任编第 1188 条、第 1189 条规定："无民事行为能力人、限制民事行为能力人造成他人损害的，由监护人承担侵权责任。监护人尽到监护职责的，可以减轻其侵权责任。有财产的无民事行为能力人、限制民事行为能力人造成他人损害的，从本人财产中支付赔偿费用；不足部分，由监护人赔偿。无民事行为能力人、限制民事行为能力人造成他人损害，监护人将监护职责委托给他人的，监护人应当承担侵权责任；受托人有过错的，承担相应的责任。"

承担侵权责任的方式主要是赔偿损失。同时，根据本法总则编第 179 条的规定，还有停止侵害、排除妨碍、消除危险、返还财产、恢复原状等。这些民事责任承担方式，可以单独适用，也可以合并适用。例如，9 岁的甲在玩闹中，将 8 岁的乙打伤，甲的父母应当承担乙的治疗费用，并应当带甲向乙赔礼道歉；又如，某校学生甲在踢足球时，把教室的玻璃打破了，甲的父母应当向学校赔偿损失或者负责更换新的玻璃。[②]

此外，在本法的立法过程中，有学者建议将 2001 年《婚姻法》规定的"在未成年子女对国家、集体或者他人造成损害时"修改为"未成年子女造成他人损害时"，主要是考虑的是，依据本法的规定，民事法律关系的主体包括国家、公民和法人三种，婚姻法的规定遗漏了部分法人，而"他人"与"本人"相对，具有高度的概括性，既弥补了《婚姻法》的漏洞，也使得立法更为简洁。同时，在"承担民事责任的义务"前面增加"依法"两字，这样既有利于防止父母推脱责任，也有利于防止受害人要求父母承担过重的责任。[③] 本法均予以采纳。

---

① 王利明主编：《中国民法典学者建议稿及立法理由·人格权编、婚姻家庭编、继承编》，法律出版社 2005 年版，第 486 页。

② 胡康生主编：《中华人民共和国婚姻法释义》，法律出版社 2001 年版，第 95 页。

③ 王利明主编：《中国民法典学者建议稿及立法理由·人格权编、婚姻家庭编、继承编》，法律出版社 2005 年版，第 486 页。

【相关案例】

张某林与王某合、王某健康权、身体权纠纷案[①]

本案的焦点在于未成年子女造成他人损害的，父母应当依法承担民事责任。2011年2月14日下午15时许，张某林酒后到厦门市集美区后溪村街路社A号王某合的暂住处找王某合，欲进其家时，王某合11岁的儿子王某（出生于1999年9月25日）拒绝张某林入户，并因此发生纠纷，在争执中张某林被王某持刀砍伤左掌。后张某林诉至法院，将王某合等人列为被告，要求其赔偿医疗费4780.77元、误工费3645.6元、住院伙食补助费360元、护理费2520元、交通费100元、营养费2000元、精神损害抚慰金2000元，共计15406.37元。法院认为，公民的人身权利受法律保护，被告王某持刀将原告张某林砍伤，侵犯了张某林的人身权利，应承担相应的民事赔偿责任，而因王某为限制民事行为能力人，被告王某合作为王某的监护人，且王某没有相应的个人财产，王某所应负担的民事赔偿责任应由王某合承担。又依据《侵权责任法》第26条之规定："被侵权人对损害的发生也有过错的，可以减轻侵权人的责任。"本案中，张某林作为成年人，于酒后在下午时间至王某合暂住处，找王某合未果，欲入户遭拒的情况下，仍欲强行入户，进而与王某合年仅11岁的儿子王某发生争执，并导致被王某持刀砍伤，张某林对于此次损害的发生存在较大过错，故根据过失相抵，应相应减轻王某的民事赔偿责任。综合双方对于事故发生的过错程度，酌定由张某林承担损害责任的60%，王某承担损害责任的40%，故判决被告王某赔偿原告张某林损失4490元（精神损害抚慰金1000元，张某林的损失为8724.77元×40%＝3490元），该赔偿责任由被告王某合承担。

【关联法条】

《民法典》第19条、第20条、第26条、第27条、第34条、第179条、第1058条、第1188条、第1189条，《未成年人保护法》第1条，《义务教育法》第11条，《婚姻法》第23条

（撰稿人：施宣宇）

---

① （2011）集民初字第1393号。

第一千零六十九条　【子女应尊重父母的婚姻权利】 子女应当尊重父母的婚姻权利，不得干涉父母离婚、再婚以及婚后的生活。子女对父母的赡养义务，不因父母的婚姻关系变化而终止。

【释义】

本条规定主要强调两方面的内容：

第一，老年人的婚姻自由受法律保护。《宪法》第 49 条第 4 款规定了“禁止破坏婚姻自由”，这是宪法对公民婚姻自主权的确认。本法第 110 条第 1 款规定：“自然人享有生命权、身体权、健康权、姓名权、肖像权、名誉权、荣誉权、隐私权、婚姻自主权等权利”，第 1041 条规定的婚姻自由，既包含了年轻人的婚姻自由，也包含了老年人的婚姻自由。《老年人权益保障法》第 21 条第 1 款规定：“老年人的婚姻自由受法律保护。子女或者其他亲属不得干涉老年人离婚、再婚及婚后的生活。”

父母是否离婚、再婚以及与谁再婚应该尤其自主决定。父母再婚后，子女不得干涉父母婚后的生活。比如，子女不得干涉父母选择居所或者依法处分个人财产。这本是不言而喻的，但在现实生活中，老年人的婚姻自由，尤其是再婚自由往往得不到尊重。主要障碍有二：一是财产和继承问题。由于我国实行夫妻共同财产制，且老年人无论是受传统观念影响还是缺乏法律意识，一般不会在再婚前做婚前财产公证，这样就可能会导致再婚家庭的财产“洗牌重组”，而且在我国，配偶为法定第一顺位继承人，所以在没有遗嘱的情况下，子女继承父母遗产的份额也会有所变化。《法制日报》曾报道，有子女称，“老人要再婚就净身出户，房子、钱等都要留给子女，不能带着财产再婚”①；二是家庭人际关系问题。再婚老年人的子女除了有财产继承方面的担忧之外，还担心承担额外的责任，比如自己的父亲或者母亲去世后，子女与“后来者”的关系更难处理。②

第二，子女对父母的赡养义务，不因婚姻变化而终止。本法第 1067 条对此作出了规定，上文也有详细分析，此处不再赘述。

本条未明确规定子女不尊重父母婚姻权利时的责任，这也是导致实践中类似规定无法落实的关键之一。在司法实践中，父母仅因子女侵犯其婚姻自主权为由提起诉讼的情况也几乎没有。但是，对于严重的干涉老年人婚姻自由的行为，法

① 杜晓：《老年人再婚自由究竟被什么束缚了》，载《法制日报》2017 年 6 月 2 日。

② 姜向群：《“搭伴养老”现象与老年人再婚难问题》，载《人口研究》2004 年第 3 期。

律作出了相应的规定。根据《老年人权益保障法》第 47 条规定，暴力干涉老年人婚姻自由，情节严重构成犯罪的，依法追究刑事责任。《刑法》第 257 条也规定："以暴力干涉他人婚姻自由的，处二年以下有期徒刑或者拘役。犯前款罪，致使被害人死亡的，处二年以上七年以下有期徒刑。"这在一定程度上为老年人的婚姻自由和婚后生活提供了法律保障。

【相关案例】

胡某某与赵某某（女）等赡养费纠纷案[①]

本案焦点为未形成抚养关系的继子女对继父母是否有赡养义务。原告胡某某与赵全余于 1986 年结婚，二人均系再婚，婚后原告与赵全余生育一女孩即被告赵某某（女）。原告与前夫育有一子即被告王某某，赵全余与前妻育有一子即被告赵某某（男）。二人结婚后，被告王某某、赵某某（女）一直随父母共同生活直至独立生活，被告赵某某（男）由其奶奶、姑姑等扶养教育成人，与原告之间未形成抚养关系。2019 年 11 月，原告与赵全余离婚。现原告以自己身体有病，无收入来源为由要求被告支付赡养费，原告无固定收入。法院认为，子女对父母有赡养的法定义务。现原告缺乏劳动能力，生活困难，子女应支付赡养费。被告赵某某（男）虽为原告继子，但其自幼未与原告共同生活，未接受原告的抚养及教育，其间未形成抚养关系，故原告要求被告赵某某（男）支付赡养费的诉讼请求本院不予支持。原告自愿放弃对被告王某某的诉讼请求，本院予以认可。被告赵某某（女）同意原告的诉讼请求，本院予以确认。故判决被告赵某某（女）自 2020 年 7 月起每月给付原告赡养费 300 元，每月支付一次；驳回原告对被告赵某某（男）的诉讼请求。

【关联法条】

《民法典》第 1041 条，《老年人权益保障法》第 21 条、第 47 条，《刑法》第 257 条

（撰稿人：施宣宇）

① （2020）辽 1303 民初 801 号。

第一千零七十条　【父母子女相互继承权】父母和子女有相互继承遗产的权利。

【释义】

虽然在司法实践中，人民法院处理继承纠纷时主要依据的是本法继承编及相关司法解释的规定，但继承权作为父母子女之间重要的法律权利，有必要在父母子女关系一节予以确认。

《宪法》第 13 条第 2 款规定，国家依照法律规定保护公民的继承权。根据本条规定，子女有权利继承父母的遗产，父母也有权继承子女的遗产，且儿子和女儿、父亲和母亲的权利是平等的。

本法第 1127 条规定，配偶、子女和父母为法定继承的第一顺位继承人，同时规定，本编所称的子女包括婚生子女、非婚生子女、养子女和有扶养关系的继子女，本编所称的父母包括生父母、养父母和有扶养关系的继父母。根据体系解释，本条所称的父母、子女的范围，应与第 1127 条所称父母、子女的范围相同。理解和适用本条的关键，也在于准确认识本条父母、子女的范围。

一、父母

（一）亲生父母

父母子女关系分为自然血亲关系和拟制血亲关系，亲生父母与子女是以血缘为纽带的自然血亲，一般也是最亲密的血亲关系。一般来说，亲生父母与子女之间的继承权不会消灭，除非子女被他人收养或者符合本法第 1125 条规定的丧失继承权的情形。而父母之间的婚姻变化，如离婚、再婚，并不影响亲生父母与子女享有相互继承遗产的权利。

（二）养父母

养父母是指收养他人子女为自己子女的人。养父母与养子属于拟制血亲，虽然没有血缘关系，但是基于收养关系和抚养关系，同样享有继承养子女遗产的权利。对于养父母离婚后，养父母是否仍相互享有继承养子女遗产的权利，现行法没有明确规定。笔者认为，因为抚养和收养是养父母和子女之间形成拟制血亲的纽带，也是相互享有继承权的基础，所以只要收养关系和抚养关系存续，养父母均有权继承养子女的遗产。如果养父母离婚，且双方仍然对养子女进行抚养，养父母仍可继承其养子女的财产，但如果养子女归一方抚养，未尽抚养义务的另一方不能继承养子女的财产。

（三）有抚养关系的继父母

继父母是指亲生父母再婚后的配偶。继父母、子女是基于姻亲关系形成的拟制血亲。继父母与继子女之间，只有形成了实际的抚养关系的前提下，才享有相互继承遗产的权利。如果继父与生母离婚或者继母与生父离婚，继父母不再继续履行抚养继子女义务的，则继父母不再享有对继子女遗产的继承权。《最高人民法院关于贯彻执行〈中华人民共和国继承法〉若干问题的意见》还规定了，继父母继承继子女遗产的，不影响继承其亲生子女的遗产。

二、子女

（一）亲生子女

亲生子女包括婚生子女和婚生子女。本法第 1071 条规定，非婚生子女享有与婚生子女同等的权利，其中当然包括继承权。本法第 1127 条也规定，继承编所称子女包括婚生子女、非婚生子女等。1991 年《最高人民法院关于夫妻关系存续期间以人工授精所生子女的法律地位的函》中指出："在夫妻关系存续期间，双方一致同意进行人工授精，所生子女应视为夫妻双方的婚生子女，父母子女之间权利义务关系适用婚姻法的有关规定。"据此，以人工授精所生子女也可以继承父母的遗产。未成年子女和成年子女，只要不存在本法第 1125 条规定的丧失继承权的情形，都享有对父母遗产的继承权。此外，根据本法第 1117 条规定，收养关系解除后，未成年子女与其亲生父母之间的权利义务关系恢复，故可以继承亲生父母的遗产；成年子女与其亲生父母之间的关系是否恢复，取决于当事人的决定，故其仍然有可能继承其养父母的遗产。

（二）养子女

根据本法第 1111 条规定，养子女与养父母之间形成法律上的父母子女关系时，养子女与其生父母之间的权利义务关系随即消灭。因此，在收养关系存续期间，养子女可以继承养父母的遗产，但是不能继承其生父母的遗产。

（三）继子女

继子女享有继承其继父母遗产权利的前提是继子女与继父母之间形成了抚养和赡养关系。如果继父与生母离婚或者继母与生父离婚，继父母不再抚养继子女，继子女也不再赡养继父母的，则二者之间不再互相享有继承权。

此外，依据本法第 1130 条规定，不论是自然血亲还是拟制血亲，如果父母有抚养能力和抚养条件，但未对子女尽抚养义务的，或者子女有赡养能力和赡养条件，但未对父母尽赡养义务的，在分配遗产时，未尽扶养义务的一方应当不分或者少分。

【相关案例】

袁甲与袁乙、袁丙等法定继承纠纷案[①]

本案的焦点是养子女是否有权继承生父母的遗产。袁某春与陈某弟生育原告袁甲、被告袁乙、袁丙、袁丁、项某某、盛某某和已故的袁某弟七人，袁A系被告袁某弟之子。项某某、盛某某在未成年时，由他人收养为女儿。袁某春于1956年6月16日死亡，之后陈某弟未与他人再婚，陈某弟于2001年9月20日死亡。袁家原有祖遗房屋平房三间，家庭全体人员共同生活在该三间房屋。20世纪80年代初被告袁乙建房时拆除了其中的二间，留下一间，主要由陈某弟居住。1992年7月1日，松江区房产管理局颁发了沪房松字第10835号房屋所有权证，登记的房屋所有权人陈某弟。该房屋列入动迁范围后，由于原、被告之间对房屋权属产生纠纷，未能签订动迁安置协议。故原告诉至法院，请求判令对位于上海市松江区袁家场2号的房屋进行析产并继承。法院认为，沪房松字第10835号房屋所有权证登记的原松江县松江镇松江师范东侧房屋一间，产权登记在陈某弟名下，应归陈某弟所有。陈某弟已死亡，其所留下的遗产，应由法定继承人继承。被告项某某、盛某某在未成年时由他人收养为女儿，事实收养关系已经成立，依照法律规定，养父母与养子女间的权利义务关系，适用法律关于父母子女关系的规定。养子女与生父母及其他近亲属间的权利义务关系，因收养关系的成立而消除。因此，项某某、盛某某对陈某弟的遗产没有继承权。袁某弟先于陈某弟死亡，袁某弟的继承人袁A有代位继承的权利，因此，陈某弟的遗产应由法定继承人原告及被告袁乙、袁丙、袁丁、袁A依法继承。袁丁书面明确放弃该房屋中的权利，应由其余四人继承。在庭审过程中，袁乙、袁丙明确表示将其所有的份额判决给原告，系自己处分民事权利的行为，可以支持，判决沪房松字第10835号房屋所有权证登记的原松江县松江镇松江师范东侧的房屋一间由原告袁甲、被告袁某弟之子袁A继承，其中四分之三的份额由原告袁甲继承所得、四分之一的份额由袁A继承所有。

【关联法条】

《宪法》第13条，《民法典》第1071条、第1111条、第1117条、第1125

① （2015）松民一（民）初字第6033号。

条、第 1127 条、第 1130 条，《最高人民法院关于贯彻执行〈中华人民共和国继承法〉若干问题的意见》第 21 条，《最高人民法院关于夫妻关系存续期间以人工授精所生子女的法律地位的函》

（撰稿人：施宣宇）

第一千零七十一条　【非婚生子女的权利】非婚生子女享有与婚生子女同等的权利，任何组织或者个人不得加以危害和歧视。

不直接抚养非婚生子女的生父或者生母，应当负担未成年子女或者不能独立生活的成年子女的抚养费。

【释义】

非婚生子女是与婚生子女相对的概念。现行法没有关于非婚生子女概念的界定，学术界一般认为，非婚生子是指没有合法婚姻关系的男女所生育的子女，包括未婚男女所生子女、已婚男女与第三人所生子女，无效婚姻和被撤销婚姻当事人所生子女。①

从生育的自然属性上看，非婚生子与婚生子没有本质区别，但是在早期，由于传统习惯对婚姻以外的性行为和生育行为的排斥，非婚生子往往被称为“私生子”，会受到来自家庭内部、社会甚至国家法律的歧视。比如 1804 年《法国民法典》规定，非婚生子不得为继承人，英国普通法也曾规定非婚生子不属于任何人的子女，其父不负有抚养义务，我国清末《大清现行刑律》也规定在继承财产时“奸生子、婢生子依子量予半分”等。② 现代以来，各国普遍确立起“法律面前人人平等”的宪法原则，也意识到应当给予非婚生子同婚生子一样的法律地位且纷纷修改其法律。中华人民共和国成立后，我国法律也一直明确赋予非婚生子与婚生子相同的法律权利和义务。但不可否认的是，受传统道德观念的影响，现在非婚生子仍然面临着家庭和社会舆论的歧视和危害。因此，本法有必要对非婚生子的法律地位予以明确规定，既维护了宪法赋予公民的平等权，也体现了国家对人权的尊重和保障。

非婚生子女与婚生子女享有的同等权利，包括受扶养、教育、保护的权利和继承权等，这也意味着生父母对婚生子女和非婚生子女负有同等义务。应当注意

---

① 蒋月主编：《婚姻家庭与继承法》，厦门大学出版社 2014 年版，第 170 页。

② 胡康生主编：《中华人民共和国婚姻法释义》，法律出版社 2001 年版，第 102 页。

的是，从字面上看，本条第 1 款只规定了非婚生子女的权利，但是依照权利与义务相一致的原则，笔者认为，将本款理解为“非婚生子女不仅享有同婚生子女同等的权利，而且应当承担同婚生子女同等的义务”为宜。

通常，由于非婚生子女的亲生父母没有合法的婚姻关系，故非婚生子女一般与生父或者生母共同生活并受其直接抚养，为了保障非婚生子女享有同婚生子女同样的被抚养权，本条第 2 款规定：“不直接抚养非婚生子女的生父或者生母，应当负担未成年子女或者不能独立生活的成年子女的抚养费。”当然，若生父母双方均不直接抚养非婚生子女，则生父母均应当给付抚养费，不履行抚养义务的，应当适用本法第 1067 条规定处理。

本法将《婚姻法》第 25 条第 2 款规定的“应当负担子女的生活费和教育费，直至子女能够独立生活为止”修改为“应当负担未成年子女或者不能独立生活的成年子女的抚养费”，使表述更加规范、准确。第一，抚养费作为上位概念，根据《最高人民法院关于适用〈中华人民共和国婚姻法〉若干问题的解释（一）》第 21 条的规定，包括了生活费和教育费，同时也包括医疗费，而医疗费是保证子女受抚养权和受保护权的重要部分。第二，本法第 1067 条规定的请求抚养费给付的主体是“未成年子女或者不能独立生活的成年子女”，因此，本条在表述上也作出了相应的修改，有利于保持本法的体系性和统一性。

【相关案例】

方某 1 与朱某抚养费纠纷案①

本案的焦点为不直接抚养非婚生子女的生父或生母，是否应当负担子女的抚养费。原告方某 1 的母亲方某 2 与被告朱某于 2006 年开始同居生活，但未领取结婚证。方某 1 出生后，方某 2 与被告的感情破裂，解除同居关系。此后，原告一直由方某 2 抚养，被告从原告出生至 2017 年 8 月 2 日从未支付过任何抚养费用。2017 年 8 月 3 日至 2019 年 2 月 3 日，被告仅支付原告学习生活费用共计 13906 元。因原告的教育费用、生活费用增加，方某 2 已经无力承担，故请求被告朱某给付抚养费。本院认为：原告方某 1 的生父母方某 2、朱某虽同居生活，但未办理结婚登记，根据《最高人民法院关于适用〈中华人民共和国婚姻法〉若干问题的解释（一）》第 5 条规定，方某 2 与被告朱某系同居关系。法院认为：原告方某 1 的生父母方某 2、朱某虽同居生活，但未办理结婚登记，系同居关系。根据

① （2019）鄂 0302 民初 3294 号。

法律规定，非婚生子女享有与婚生子女同等的权利，任何人不得加以危害和歧视。不直接抚养非婚生子女的生父或生母，应当负担子女的生活费和教育费，直至子女能独立生活为止。因此，原告方某1虽系方某2、朱某的非婚生子女，但其依法享有与婚生子女相同的权利义务。被告朱某作为不直接抚养原告方某1的生父，应依法负担原告方某1的抚养费。方某2和被告朱某从未对原告方某1的抚养费进行明确约定，被告朱某此前不定期地支付过部分抚养费，故本院对原告方某1诉求的抚养费起算时间及金额，根据原告方某1的实际需要及被告朱某的负担能力，并结合本地实际生活水平，判决被告朱某自2019年7月起至原告方某18周岁止，每月负担原告方某1生活费1500元，并负担原告方某1因必要教育及重大疾病而开支的全部费用的一半（具体金额以合法票据为准）。

【关联法条】

《民法典》第1067条，《最高人民法院关于适用〈中华人民共和国婚姻法〉若干问题的解释（一）》第21条

（撰稿人：施宣宇）

第一千零七十二条　【继父母与继子女间的权利义务关系】 继父母与继子女间，不得虐待或者歧视。

继父或者继母和受其抚养教育的继子女间的权利义务关系，适用本法关于父母子女关系的规定。

【释义】

继父母与继子女之间是由于生父母离婚或一方死亡，另一方再婚而形成的姻亲关系。子女对生父母再婚后的配偶称继父母，夫或者妻对其再婚配偶的子女称继子女。

从法律角度上看，继父母子女关系分为三种类型[①]：

第一，未形成抚养关系的继父母与继子女关系。若生父或者生母再婚时，继子女已经成年并独立生活，或者继子女虽未成年，但仍由其生父或者生母提供生活教

① 蒋月主编：《婚姻家庭与继承法》，厦门大学出版社2014年版，第173页。

育费用，没有受继父或者继母的抚养教育，也没有对继父或者继母尽赡养义务，此类继父母与继子女之间就没有在法律上形成父母子女关系，而纯粹属于姻亲关系。

第二，形成了抚养关系的继父母与继子女关系。如何确定继父母与继子女之间是否形成了抚养关系，我国法律没有明确规定，理论和实践中也有争议。有学者认为，若生父或者生母再婚时，继子女未成年或虽已成年但未独立生活，随生父或者生母一方与继父或者继母共同生活期间，继父或者继母承担了其全部或者部分抚养费的，或者成年继子女在事实上长期赡养和扶助继父母的，均应当视为形成了抚养关系。此类继子女与继父母之间就形成了法律上的父母子女关系。

第三，已由继父母与子女关系转变为养父母与养子女关系。继父或者继母经过生父母同意，依照本法有关收养的规定，正式收养该继子女为其养子女的，继父母与继子女之间就形成了养父母子女关系，该子女与共同生活的生父母一方之间仍然有父母子女的权利义务关系，而与没有共同生活的另一方之间的权利义务关系消灭。此类父母子女关系由本编第五章的规定调整，不属于本条调整的范围。

继父母、子女之间，因没有血缘关系，所以相较于原生家庭，更容易产生矛盾和冲突，更容易出现相互歧视甚至虐待的情况。现实生活中，既有继父母对继子女体罚、打骂的现象，也有继子女辱骂、虐待继父母的情况，轻则侵害人格权，重则触犯刑法。本法主要调整婚姻家庭关系，以维护平等、和睦、文明的婚姻家庭关系，所以有必要专门规定此条，强调继父母与继子女间应当互相尊重和关爱，不得虐待或者歧视。

本条第2款规定："继父或者继母和受其抚养教育的继子女间的权利义务关系，适用本法关于父母子女关系的规定。"由此可见，仅上文讨论的第二种继父母子女之间适用本法关于父母子女关系的规定。继父母与受其抚养教育的继子女之间的权利义务有以下内容[①]：第一，继父母对未成年的或者已经成年但无独立生活能力的继子女有抚养的义务。继父母应当抚育继子女成长，并为他们的生活、学习提供一定的物质条件。继父母不履行抚养义务的，享有权利的继子女可以向有关部门反映，由有关部门进行调解，也可以直接向人民法院提出追索抚养费的诉讼。第二，继父母对未成年继子女有保护和教育的权利和义务，未成年继子女造成他人损害的，继父母应当依法承担民事责任。继父母应当按照法律和道德规范的要求，对未成年的继子女进行管理和必要的约束；应当使未成年继子女的人身、财产和其他合法权益免受侵害；未成年继子女侵犯他人民事权益的，继

① 胡康生主编：《中华人民共和国婚姻法释义》，法律出版社2001年版，第113页。

父母应当承担相应的替代责任。第三，继子女对继父母有赡养的义务。因为继父母抚养了继子女，根据权利义务相一致的原则，继子女在物质上和精神上也应当为继父母提供必要的生活条件。第四，继父母和继子女之间有相互继承遗产的权利。继父母死亡时，继子女作为第一顺位继承人，可以不论性别，平等地继承继父母的遗产。同样，继子女死亡时，继父母也可以作为第一顺位继承人，平等地继承继子女的遗产。

继父母子女关系能否解除，我国现行法没有规定。从理论上说，继父母子女关系可以基于一定的原因解除。[①] 在司法实际中，一般按照如下原则处理：首先，在生母与继父或者生父与继母婚姻关系存续期间，原则上继父母与未成年的继子女之间的关系不能解除；其次，如果继子女已经成年，且与继父母的关系恶化，经当事人请求，人民法院可以解除他们之间的权利义务关系，但是如果继父母已经丧失劳动能力且生活困难，则继子女仍有义务承担其生活费。此外，生父与继母或者生母与继父离婚的，继父母与继子女之间的权利义务关系可以解除。[②]《最高人民法院关于人民法院审理离婚案件处理子女抚养问题的若干具体意见》第 13 条规定，生父与继母或者生母与继父离婚时，对受其抚养教育的继子女，继父或者继母不同意继续抚养的，仍应由生父母抚养。

【相关案例】

陈某与祝某 1 赡养费纠纷案[③]

本案的焦点为继子女是否有赡养继父母的义务。原告陈某与被告祝某 1 的母亲于 1995 年 1 月 9 日登记结婚，婚后未生育子女。祝某 1 系其母亲与前夫所生儿子，在祝某 1 的母亲与陈某再婚后一直随陈某与母亲共同生活。2015 年 10 月，祝某 1 母亲因故受伤后，陈某即离家与祝某 1 母亲分居。分居不久陈某向法院提出起诉要求与祝某 1 母亲离婚，祝某 1 母亲于 2017 年 7 月与陈离婚诉讼期间因病死亡。因陈某在祝某 1 母亲患病期间不履行夫妻互助义务，故祝某 1 母亲在生前向他人借款治病，现出借人提出起诉要求陈某归还借款。法院于 2017 年 9 月作出判决，由陈某归还债权人借款 8 万元，现该判决生效后已进入执行程序，由陈某每月归还申请人借款 1000 元。陈某现提出起诉，要求祝某 1 承担赡养义务。一审法院认为，继父母和受其抚养教育的继子女间的权利义务，适用《婚姻法》对父

---

① 蒋月主编：《婚姻家庭与继承法》，厦门大学出版社 2014 年版，第 175 页。

② 胡康生主编：《中华人民共和国婚姻法释义》，法律出版社 2001 年版，第 114 页。

③ （2019）沪 01 民终 1424 号。

母子女关系的有关规定。本案中，被告祝某1在未成年时随原告陈某及祝某1母亲共同生活，故陈某、祝某1间存在着因抚养事实而产生的法律拟制血亲关系。双方之间已形成权利义务关系，不能因祝某1母亲去世和不在一起共同生活而自然终止或解除。但法律拟制血亲关系可经一定的法律事实和法律行为成立，也可通过一定的法律事实和法律行为解除，故陈某、祝某1继父子关系也可以解除。因陈某在祝某1母亲患病期间不履行夫妻互助义务并提出离婚，导致祝某1对陈某心生厌恨，双方关系不断恶化，继父子之间已无亲情，也无法修复。陈某提出了目前因生活困难要求由祝某1给付生活费后解除双方关系的意见，虽法律对解除继父母子女关系没有明文规定，但可参照我国《收养法》的规定进行处理，双方已符合解除条件，故应解除陈某、祝某1继父子关系。继父子关系解除后，因陈某清偿债务能力有限，目前生活确有困难，故祝某1应与陈某的亲生子女一起分担陈某的生活费。祝某1应负担的生活费具体给付数额及方式，根据陈某目前的财产、收入、负债等情况，结合祝某1的经济条件、家庭情况等确定。依照《婚姻法》第27条的规定，判决解除陈某与祝某1继父子关系；祝某1一次性给付陈某生活费40000元。后陈某提起上诉。二审法院认为，本案中，陈某成为祝某1继父时，祝某1仅12周岁，双方因共同生活而存在抚养与被抚养的事实。依照《婚姻法》的相关规定，子女对父母有赡养扶助的义务。子女不履行赡养义务时，无劳动能力的或生活困难的父母，有要求子女付给赡养费的权利。经查，陈某因其在外租房并偿还为祝某1母亲治病所借之债等事实已经查实，故其因此导致生活困难的主张成立。祝某1作为继子，应当承担赡养陈某的义务，即陈某的晚年应由其亲生子女及祝某1共同赡养。最终判决撤销上海市浦东新区人民法院（2018）沪0115民初66047号民事判决；被上诉人祝某1自2018年9月起每月支付上诉人陈某赡养费人民币1000元。

【关联法条】

《最高人民法院关于人民法院审理离婚案件处理子女抚养问题的若干具体意见》第13条

（撰稿人：施宣宇）

第一千零七十三条　【亲子关系异议之诉】对亲子关系有异议且有正当理由的，父或者母可以向人民法院提起诉讼，请求确认或者否认亲子关系。

对亲子关系有异议且有正当理由的，成年子女可以向人民法院提起诉讼，请求确认亲子关系。

【释义】

本条为新增条款，主要是吸收了《最高人民法院关于适用〈中华人民共和国婚姻法〉若干问题的解释（三）》第2条[①]关于亲子关系诉讼的规定，并作了比较大的调整，既弥补了《婚姻法》的制度空白，又填补了司法解释相关规则中存在的漏洞。

在本法的立法过程中，立法者曾对此条文进行了多次修改。草案一审稿在《最高人民法院关于适用〈中华人民共和国婚姻法〉若干问题的解释（三）》第2条的基础上，规定“对亲子关系有异议的，父、母或者成年子女可以向人民法院提起诉讼，请求确认或者否认亲子关系。”在征求意见时，有关方面提出，为了更好地维护家庭关系和亲子关系的和谐稳定，建议提高此类诉讼的门槛，明确当事人需要有正当理由才能提起。同时，考虑到允许成年子女提起亲子关系否认之诉可能会导致其逃避对父母的赡养义务，建议对成年子女提起此种诉讼加以限制。[②] 草案二审稿对上述意见予以采纳并作出了相应的修改。三审稿仅调整了部分表述，实质内容未再作修改。

亲子关系诉讼包括亲子关系否认之诉和确认之诉，本条均作出了规定。对于本条第1款，需要注意：第一，关于提起诉讼的主体。本款规定的起诉主体仅限于“父或者母”，不包括子女；第二，关于诉讼请求。父或者母既可以向人民法院提起否认亲子关系之诉，也可以提起确认亲子关系之诉；第三，关于提起诉讼的条件。根据本款规定，父或者母提起亲子关系异议之诉需要同时满足“对亲子关系有异议”和“有正当理由”两项条件。前者是指父或者母认为现存的亲子关系是错误的，即自己与子女不是生物学意义上的父母子女关系，后者应该如何认定，本法未明确界定，实践中应当由各级人民法院根据具体案情作出判断。但根据《最高人民法院关于适用〈中华人民共和国婚姻法〉若干问题的解释（三）》

---

① 《最高人民法院关于适用〈中华人民共和国婚姻法〉若干问题的解释（三）》第2条规定：“夫妻一方向人民法院起诉请求确认亲子关系不存在，并已提供必要证据予以证明，另一方没有相反证据又拒绝做亲子鉴定的，人民法院可以推定请求确认亲子关系不存在一方的主张成立。当事人一方起诉请求确认亲子关系，并提供必要证据予以证明，另一方没有相反证据又拒绝做亲子鉴定的，人民法院可以推定请求确认亲子关系一方的主张成立。”

② 王博勋：《民法典婚姻家庭编草案二审：这些亮点值得关注》，载《中国人大》2019年第13期。

第2条规定，可以肯定的是，“正当理由”的举证责任在于父或者母一方。本条第2款与第1款不同之处在于：首先，第2款规定的提起诉讼的主体仅限于“成年子女”，而且此处的“子女”仅指生子女，而不包括继子女和养子女。其次，成年子女只能向人民法院提起确认亲子关系之诉。

【相关案例】

苏某琪与李某明抚养费纠纷案①

本案的焦点为亲子关系确认之诉的正当理由及证据是否成立。自1995年起，原告苏某琪与被告李某明在江苏南通相识并成为朋友。2000年、2001年，原告在南通仍与被告有交往，二人未有过婚姻关系。2001年，原告苏某琪在南京产子，被告未在场。2001年7月19日，南京市妇幼保健院出具的《出生医学证明》载明：新生儿姓名苏××，母亲姓名苏某琪，父亲李某明。被告在得知原告生子后，曾托人带1000元现金给原告。从孩子苏××出生至今，被告李某明未支付过抚养费用。2011年7月，原告苏某琪以被告李某明对苏××不履行生父责任为由诉至法院，请求确认孩子苏××与李某明的亲子关系，并请求被告李某明每月支付抚养费500元。诉讼中，原告提出亲子鉴定申请，被告拒绝，鉴定未能进行。一审法院审理认为，原、被告未有过合法的婚姻关系，原告苏某琪主张与被告李某明同居后产子并要求被告承担相应的法律责任，原告对此负有举证责任。原告提供的《出生医学证明》系单方办理，亦未举证得到被告的认同。原告虽在诉讼中提出亲子鉴定申请，但被告不予配合，由于原告未能提供必要的证据证明被告与苏××之间存在亲子关系，故不能凭此作出被告即为苏××生父的推断。故判决驳回原告苏某琪的全部诉讼请求。苏某琪不服，提起上诉。二审法院经审理认为，原告苏某琪举证了其与被告李某明关系亲密、其子的《出生医学证明》等证据。被告否认与原告具有同居或性关系，但对出具身份证原件办理出生证明等事实不能做出合理说明，不能提供任何证据反驳原告的主张，也不能合理解释不予配合进行亲子鉴定的原因及理由。根据《最高人民法院关于适用〈中华人民共和国婚姻法〉若干问题的解释（三）》第2条第2款规定，应推定原告的主张成立。终审判决：撤销原判，确认被告李某明与原告苏某琪之子苏××具有亲子关系；苏××由原告抚养；被告应每月支付苏××抚养费500元直至其独立生活时止。

---

① （2011）通中少民终字第0005号。

【关联法条】

《最高人民法院关于适用〈中华人民共和国婚姻法〉若干问题的解释（三）》第2条

（撰稿人：施宣宇）

第一千零七十四条　【祖孙之间的抚养、赡养义务】有负担能力的祖父母、外祖父母，对于父母已经死亡或者父母无力抚养的未成年孙子女、外孙子女，有抚养的义务。

有负担能力的孙子女、外孙子女，对于子女已经死亡或者子女无力赡养的祖父母、外祖父母，有赡养的义务。

【释义】

一、祖父母、外祖父母对孙子女、外孙子女的抚养义务

通常情况下，隔代抚养不是法定义务，但同时符合以下条件的，祖父母、外祖父母对孙子女、外孙子女有抚养义务：

（一）孙子女、外孙子女的父母已经死亡或者无抚养子女的能力

此处的“父母已经死亡”是指父母双方均死亡，如果只有父或母一方死亡，另一方仍负有抚养子女的义务，祖父母、外祖父母没有抚养义务。死亡包括自然死亡和宣告死亡。

此处的“无抚养子女的能力”是指父母双方或者父或者母一方死亡而生存的另一方不能以自己的劳动收入和其他收入全部或者部分满足未成年子女的生活需要。①

（二）祖父母、外祖父母有负担能力

此处的“负担能力”是指祖父母、外祖父母具有经济能力和监护能力。法律不强人所难，没有经济条件和身体条件的祖父母、外祖父母不负担抚养孙子女、外孙子女的法定义务。

---

① 蒋月主编：《婚姻家庭与继承法》，厦门大学出版社2014年版，第202页。

（三）孙子女、外孙子女为未成年人

根据本法第17条规定，未成年人是指未满18周岁的自然人，同时，本法第18条规定，已满16周岁不满18周岁的未成年人，以自己的劳动收入作为主要生活来源的，视为完全行为能力人。笔者认为，本条的立法目的主要是保障未成年的孙子女、外孙子女成长的物质条件，因此，尽管本款字面上规定，只要孙子女、外孙子女未成年且符合其他条件时，祖父母、外祖父母就对其负有抚养义务，但是从目的解释的角度看，已满16周岁且已经能够以自己的劳动收入作为主要生活来源的自然人，虽然尚未成年，但法律已将其视为完全民事行为能力人，那么则意味着其成长的物质条件已经能够得到保障，本条的立法目的已经达成，故不应再使其祖父母、外祖父母对其承担法定的抚养义务。

二、孙子女、外孙子女对祖父母、外祖父母的赡养义务

同样，同时符合以下条件的，孙子女、外孙子女对祖父母、外祖父母有赡养义务：

（一）祖父母、外祖父母的子女已经死亡或者无赡养能力

这是指祖父母、外祖父母的子女均已死亡（包括自然死亡和宣告死亡），或者虽然生存，但是由于经济和身体原因，没有赡养能力。如果祖父母、外祖父母有多个子女，其中一个或者几个子女死亡，但是仍有有赡养能力的子女生存的，孙子女、外孙子女也无须赡养其祖父母、外祖父母。

（二）孙子女、外孙子女有负担能力

赡养义务的履行方式包括生活照顾和物质支持。笔者认为，此处的“有负担能力”应当指有足够经济条件且具备完全民事行为能力，而至于孙子女、外孙子女是否成年则在所不问。

【相关案例】

赵某与孙某、王某玲变更抚养关系纠纷案①

本案的争议焦点在于祖父母、外祖父母是否有抚养孙子女、外孙子女的权利和义务。被告孙某、王某玲系原告赵某的前夫孙明虎的父母。原告赵某同孙某虎生育一子孙某博（2013年9月6日生）。孙某博自出生45天起，因原告赵某断奶且外出打工，实际由二被告抚养。2014年8月1日，原告赵某与孙某虎协议离婚，孙某博归孙某虎抚养。2016年11月17日，孙某虎因交通事故死亡。原告要

---

① （2017）吉0582民初253号。

求抚养孙某博但双方协商未果，故原告诉至法院，要求确认孙某博的监护权和抚养权归原告。法院认为，原告赵某无固定工作，存在对子女身心成长不利的因素，由其抚养孙某博会影响孩子的健康，且孙某博从哺乳期至今，一直由二被告哺养，二被告亦有经济能力继续抚养，故二被告抚养孙某博，有利于孙某博的健康成长，原告具有探视权；根据原告的具体工作（打工）和实际居住生活情况，结合本案的具体案情，孙某博由二被告抚养，符合祖父母对外孙子女有抚养、教育的权利和义务。原告赵某提出的变更抚养孙某博的请求，与实际抚养事实不符，故判决驳回了原告的诉讼请求。

【关联法条】

《民法典》第 17 ~ 18 条

（撰稿人：施宣宇）

第一千零七十五条　【兄弟姐妹间的扶养义务】有负担能力的兄、姐，对于父母已经死亡或者父母无力抚养的未成年弟、妹，有扶养的义务。

由兄、姐扶养长大的有负担能力的弟、妹，对于缺乏劳动能力又缺乏生活来源的兄、姐，有扶养的义务。

【释义】

我国 1950 年《婚姻法》没有对兄弟姐妹之间扶养关系作出规定，但是实际生活中，兄、姐扶养教育弟、妹的现象却很常见。1980 年《婚姻法》将兄、姐在特定条件下扶养弟、妹的内容纳入了法律调整的范围，其中第 23 条规定：“有负担能力的兄、姊，对于父母已经死亡或者父母无力扶养的未成年的弟、妹，有抚养义务。”但是，1980 年《婚姻法》没有同时规定被兄、姐扶养成人的弟、妹是否对其兄、姐负有扶养义务，从权利义务相一致的角度上讲，这是立法上的遗憾。于是，1984 年《最高人民法院关于贯彻执行民事政策法律若干问题的意见》（已失效）第 26 条作出解释：“由兄、姐抚养长大的有负担能力的弟、妹，对丧失劳动能力、孤独无依的兄、姐，有抚养的义务。”此司法解释的规定在 2001 年修改婚姻法时被采纳。2001 年《婚姻法》第 29 条规定：“有负担能力的兄、姐，对于父母已经死亡或父母无力抚养的未成年的弟、妹，有扶养的义务。由兄、姐扶养长大的有负担能力的弟、妹，对于缺乏劳动能力又缺乏生活来源的兄、姐，有扶养的义务。”本法对此予以承继，仅将其中的“或”改为“或者”，并分成两款表述。

一、兄弟姐妹关系的界定

兄弟姐妹包括全血缘的兄弟姐妹、半血缘的兄弟姐妹、养兄弟姐妹以及有抚养关系的继兄弟姐妹。全血缘的兄弟姐妹是指同一个父母生育的兄弟姐妹。半血缘的兄弟姐妹是指同父异母或者同母异父的兄弟姐妹。养兄弟姐妹是指因父母收养行为而形成的兄弟姐妹。有抚养关系的继兄弟姐妹是指生父母再婚后，因继父母和继子女之间形成抚养关系，从而继子女与继父母的生子女或养子女之间形成的兄弟姐妹。①

二、兄、姐对弟、妹的扶养义务

一般情况下，兄弟姐妹均由其父母抚养，彼此之间不发生法定的扶养关系，但是，同时符合以下条件的，兄、姐对弟、妹负有扶养义务：

（一）父母已经死亡或者父母无抚养能力

这是指父母双方均自然死亡或者宣告死亡，或者因经济条件或身体原因不能抚养未成年子女、满足其生活需要。但是如果父母只有一方死亡或者无抚养子女的能力，另一方仍有抚养子女的义务，此时兄、姐无须扶养弟、妹。

（二）兄、姐有负担能力

兄、姐有负担能力是指兄、姐具有经济条件和监护能力，以保证弟、妹健康成长。所以笔者认为，负有扶养义务的兄、姐应当为完全民事行为能力人，至于是否成年在所不问。若兄、姐丧失负担能力，对弟、妹的扶养义务则应当终止。

（三）需要被扶养的弟、妹尚未成年

从本条文字面上看，只要弟、妹为未成年人，即未满18周岁，则需要兄、姐的扶养，但是笔者认为，从立法目的上看，如果弟、妹年满16周岁且能以自己的劳动收入为主要生活来源，则兄、姐对其的扶养义务应当终止。

此外，本条并未规定兄、姐是否应当对已经成年但没有独立生活能力（主要是指身患残疾、生活无法自理）的弟、妹负有扶养义务。但是在司法实践中，法院往往结合《残疾人保障法》第9条的规定，认为兄、姐应当扶养没有配偶和子女、身患残疾的弟、妹。例如，沈某玲、沈某辉扶养费纠纷案②中，原、被告及

① 蒋月主编：《婚姻家庭与继承法》，厦门大学出版社2014年版，第203页。

② （2018）津01民终8477号。

原告法定代理人系亲兄弟姐妹关系，原、被告之父沈某忠于1996年1月去世，之母石某秀于2011年5月去世，生前生育子女四人，即原、被告及原告法定代理人，无其他养子女及继子女。原告系一级精神残疾，长期与父母共同生活，父母去世后，原告便由法定代理人即二姐沈某照顾。原告每月低保固定收入为1870元。一、二审法院均认为，有负担能力的兄、姐，对于父母已经死亡或父母无力抚养的未成年的弟、妹，有扶养的义务。本案原告虽已成年，但因其系一级精神残疾，丧失劳动能力，加之其父母已去世，兄、姐应对其有扶养的义务，沈某、沈某玲、沈某辉均应承担扶养责任。

三、弟、妹对兄、姐的扶养义务

同样，同时符合下列条件的，弟、妹对兄、姐有法定的扶养义务：

（一）弟、妹由兄、姐扶养长大

这个条件体现了法律权利与义务相一致的原则，即只有在父母死亡或者无抚养能力的情况下，由兄、姐扶养长大的弟、妹，才对兄、姐有扶养义务，而由其父母或祖父母、外祖父母抚养长大的弟、妹，对其兄、姐没有法定的扶养义务。

（二）弟、妹有负担能力

这是指在经济条件和身体条件能满足其自身及其家庭的需求，又有余力的情况下，由兄、姐扶养长大的弟、妹，只要是完全民事行为能力人，就应当扶养其生活困难的兄、姐。而如果弟、妹本身生活困难或者自身还需要他人扶养的话，尽管其由兄、姐扶养长大，也不对兄、姐负有扶养义务。

（三）兄、姐需要被扶养

这主要是指兄、姐缺乏劳动能力又没有生活来源，同时其又没有配偶、子女，或者其配偶无扶养能力、其子女亦无赡养能力的情况。此时，由兄、姐扶养长大且有负担能力的弟、妹应当承担对其兄、姐的扶养义务。

【相关案例】

齐某行与齐某芳、齐某生等扶养费纠纷案①

本案的焦点为兄、姐是否有扶养弟、妹的义务。原告齐某行与五被告系同父异母姐兄弟关系。原告母亲黄某芹与原告父亲齐某春于1989年12月28日结婚，双方均系再婚。齐某春婚前有五个子女，即长女齐某芳、长子齐某生、次子齐文某、次女齐某美、三女齐某静。齐某春于2001年11月去世，原告齐某行于2002

① （2014）磁民初字第558号。

年2月6日出生，一直随母亲黄某芹生活。黄某芹的经济来源除齐文某、齐某美、齐某静三个子女每月支付的300元赡养费外，其和原告每月各领取最低社会保障金70元。原告曾与2010年和2011年分两次将五被告诉与法院，要求五被告给付其扶养费，法院判决五被告每人每月给付原告扶养费64元。现原告起诉要求增加扶养费。法院认为，五被告作为未成年原告的兄、姐，在其父亲死亡，继母黄某芹年老无能力又无其他经济来源的情况下，对原告有扶养义务。随着经济的发展，五被告原先给付原告的扶养费已不够维持原告的生活。参照2013年度河北省农民人均年消费支出6134元，结合本地农村生活水平及实际情况综合考虑，五被告每人每月给付原告扶养费88元为宜，即在原先判决的基础上增加24元。被告齐某芳主张其有病，没有能力去支付更多的扶养费，并向法院提供了冀中能源峰峰集团总医院放射检查报告单。故法院判决被告齐某芳、齐某生、齐文某、齐某美、齐某静每人每月给付原告齐某行扶养费在原先64元的标准上增加到88元至原告齐某行18周岁止。

【关联法条】

《婚姻法》第29条、《残疾人保障法》第9条

（撰稿人：施宣宇）

第四章 离 婚

【导读】

离婚又称婚姻解除，是指夫妻双方在生存期间基于当事人的意志解除婚姻关系的方式，为夫妻关系合法有效终止的方式之一。另一种情况为配偶一方死亡（准用宣告失踪）。① 离婚制度虽然与婚姻缔结的本质相悖，但是在夫妻感情确已破裂，无法维持的情况下，即使通过法律和制度来约束当事人维持这种关系，也只是有害无益的，束缚当事人的自由甚至可能会加重社会矛盾。因此，尽管各个国家对于离婚的难易程度的规定不同，但都对离婚制度进行了法律规范。

我国从古至今都承认离婚，只是在封建时期实行父权家庭制度，因此那时离婚奉行男子专权的离婚制度，如休妻制，也存在少数和离情况。新中国成立以来，1950 年《婚姻法》作为第一部成文法以 3 章 8 个条款的内容规范了离婚制度，并以贯彻离婚自由为基本原则。1980 年《婚姻法》在第四章以专章 10 个条款规定了离婚制度，沿袭 1950 年《婚姻法》规定的协议离婚和诉讼离婚两种离婚形式，并确立“感情确已破裂”作为判决离婚的实质要件。在 1980 年《婚姻法》实施过程中，出台了较多司法解释，对原则性和较为抽象的规范作出了相应的补充说明。2001 修订《婚姻法》，对离婚制度作出了较大的修改，在坚持离婚自由原则上进行了多处调整。

《民法典》“婚姻家庭编”第四章是关于离婚的规定，本章共 17 条，规定了关于协议离婚、诉讼离婚、婚姻关系的解除时间、现役军人的离婚特别规定、男方离婚请求权的限制、复婚、离婚对父母子女关系的影响、离婚后子女抚养及抚养费负担、父母一方探望子女的权利、离婚时夫妻共同财产的分割、离婚经济补偿、夫妻共同债务清偿、离婚经济帮助、离婚损坏赔偿、对夫妻一方擅自处分共同财产或伪造债务侵占他人财产法律责任等做了明确的规定。

本次的民法典编纂的主要变化有：一是在协议离婚登记中增加了 30 日离婚冷

---

① ［日］我妻荣、［日］有泉亨：《日本民法·亲属法》，夏玉芝译，工商出版社 1996 年版，第 67～68 页。

静期的规定；二是在诉讼离婚的认定标准中增加一项应当准予离婚的情形，即人民法院在判决不准离婚后，双方分居又满一年，一方再次提起离婚诉讼的，应当准予离婚；三是将离婚时尚处于哺乳期子女修改为两周岁以内的子女以由母亲直接抚养为原则；四是将离婚后子女的教育费、生活费一并修改为抚养费；五是在夫妻共同财产分割中，新增了照顾无过错方原则，体现了对无过错方的保护；六是将离婚救助措施与损坏赔偿等法律责任一并纳入本章中，并增加了一项兜底条款，扩大了本制度的适用范围。

本章的第 1076～1080 条是对协议离婚和诉讼离婚的规定，包括离婚的形式要件、实质要件以及法定程序。同时为防止冲动型离婚，阻止离婚率的不断上升，写入离婚冷静期制度，且新设第 1080 条规范确定了婚姻解除的时间。第 1081 条、第 1082 条是两类特殊主体即军人和怀孕期间、分娩后一年内、终止妊娠六个月内妇女离婚的特殊规定，符合特殊情形的优先适用这两条规定。离婚后基于配偶产生的身份关系消灭，基于配偶身份产生的人身关系和财产关系也即告终止。夫妻共同财产的分割以及共同债务的承担涉及多方利益，应按总则编、物权编、合同编等相关规定综合分析做出妥善处理。本次将“救助措施与法律责任”一章并入本章中，使立法体例与适用范围更加完整规范。

（撰稿人：陈禹璇）

第一千零七十六条　【协议离婚以及离婚协议的内容】 夫妻双方自愿离婚的，应当签订书面离婚协议，并亲自到婚姻登记机关申请离婚登记。

离婚协议应当载明双方自愿离婚的意思表示和对子女抚养、财产以及债务处理等事项协商一致的意见。

【释义】

我国将离婚分为协议离婚和诉讼离婚两种情形。协议离婚又称双方自愿离婚，是基于当事人合意并通过婚姻登记程序解除婚姻关系的法律制度。[①] 与诉讼离婚不同的是，协议离婚在法律上无须讨论夫妻双方是否有可归责事由，也无须讨论夫妻之间感情是否破裂，符合法律规定的形式要件即可离婚。

---

① 黄薇主编：《中华人民共和国民法典婚姻家庭编解读》，中国法制出版社 2020 年版，第 170～172 页。

协议离婚在我国婚姻制度中有着重要的意义，充分尊重了当事人的意愿，是婚姻自由的体现，而且程序相较诉讼离婚简单，更容易被当事人接受。首先，协议离婚制度是当事人主观意志的体现，法律保障公民自主自愿独立处理自身婚姻问题的权利；其次，协议离婚有利于缓解社会矛盾，让双方更好地通过协商的方式解决问题，不必诉诸法院，避免了相互指责、剑拔弩张的对立情绪，对于双方以及子女和各自的亲属在日后如有相处之时，避免仇视，有利于社会的和谐发展；再次，协议离婚有利于保护当事人的隐私，协议离婚不要求说明离婚理由，只要双方有共同的离婚意志，符合形式要件的要求即可进行离婚登记；最后，协议离婚要求签订书面的离婚协议妥善处理子女、财产和债务问题，有利于维护双方、子女以及第三人的合法权益。

协议离婚同时应该满足一定的条件。

第一，协议离婚同结婚一样均需到登记机关申请登记。

离婚登记需要夫妻双方亲自办理，本次的民法典在《婚姻法》第 31 条原条文的基础上新增了“亲自”的规定，意在强调离婚为重要的身份法律行为，不得委托他人代为办理。《婚姻登记条例》第 10 条规定：“内地居民自愿离婚的，男女双方应当共同到一方当事人常住户口所在地的婚姻登记机关办理离婚登记。中国公民同外国人在中国内地自愿离婚的，内地居民同香港居民、澳门居民、台湾居民、华侨在中国内地自愿离婚的，男女双方应当共同到内地居民常住户口所在地的婚姻登记机关办理离婚登记。”协议离婚的主管机关是民政部门。具体的婚姻登记管理机关为城市街道办事处、市辖区或不设区的市人民政府的民政部门和乡、民族乡、镇的人民政府。①

第二，协议离婚必须基于合法有效的婚姻关系提出离婚申请。

这是对提出离婚登记主体的要求，要求当事人必须为经过登记的合法夫妻，具有法律上的夫妻身份，并不包括未婚同居和有配偶者与他人同居的情形，也不包括未办理过结婚登记的“事实婚姻”中的男女双方。具有合法有效夫妻身份关系的当事人，应当向婚姻登记机关提供结婚证明，未办理过结婚登记的男女双方向登记机关申请协议离婚的，登记机关应不予受理。同居期间男女双方的身份、财产、债务或者子女等纠纷可以通过人民法院以诉讼的方式处理。

第三，协议离婚应为夫妻双方共同真实的意愿。

夫妻一方受到另一方的欺诈、胁迫或者重大误解等而作出的不真实的意思表示不符合“双方自愿”这一协议离婚的基本条件，这要求双方均具有解除婚姻关

---

① 胡康生主编：《中华人民共和国婚姻法释义》，法律出版社 2001 年版，第 127～129 页。

系的共同意志。对于仅有一方提出离婚申请的，婚姻登记机关不予受理，有离婚请求的一方可以通过诉讼离婚的方式解除婚姻关系。

第四，协议离婚的双方当事人均为完全民事行为能力人。

离婚为涉及自然人身份、财产等关系的重要法律行为，因此要求只有具有完全民事行为能力的人才能独立解除自己的婚姻关系。《婚姻登记条例》第 12 条规定，无民事行为能力或限制行为能力人办理婚姻登记的，婚姻登记机关不予受理。因此，当夫妻一方或双方不具备完全民事行为能力，则不能通过协议离婚的方式进行，当事人可以通过诉讼程序，向人民法院提起离婚诉讼，以维护当事人的合法权益。

第五，协议离婚需夫妻双方签订书面的离婚协议书。

离婚协议书是体现双方当事人离婚共同意志以及对自身财产以及权利义务处分的书面体现，是协议离婚必不可少的书面材料。离婚协议书应为双方当事人经过协商共同签订，并且应当包括以下内容：

1. 双方当事人均为自愿离婚的意思表示。这是协议离婚的基础条件，应当以书面文字的形式体现在离婚协议书上。

2. 关于子女问题的适当处理。如夫妻婚后育有子女，则对于子女的抚养、教育、探望等问题应有明确的约定，在最有利于保护未成年子女的原则下，结合当事人的实际情况，经双方协商对子女问题作出妥善合理的安排，包括明确子女归哪一方当事人直接抚养，子女的抚养费以及子女的教育费用将如何分配、分担、给付等。父母子女关系以及监护人的身份不因父母离婚而消除，父母仍应当履行其教育义务，因此最好约定不直接抚养一方对子女行使探望权的有关内容，包括约定祖父母与外祖父母的探望，以及探望的时间、地点、方式等。如果双方当事人没有在子女的问题上达成一致意见，则不能通过婚姻登记程序离婚，可以通过向人民法院提起诉讼的方式进行处理。

3. 关于双方的财产和债务问题的适当处理。首先，要求夫妻协商，出于真实的意思表示，对夫妻的合法共同财产在不侵害他人利益的情况下进行明确的分割和处理，对于离婚后生活有困难的一方应该有适当的经济帮助，应注意解决好离婚后的住房问题。其次，由夫妻共同债务引起的民事纠纷数量增多，在社会上引起了广泛的关注，因此民法典在原《婚姻法》第 31 条的基础上增加了对债务问题的处理，要求在不侵害他人利益的情况下，必须对共同债务作出明确、清晰、负责的处理，以避免离婚后再产生不必要的财产纠纷。

4. 离婚协议书应有双方当事人签字或盖章。离婚协议只有在男女双方各自签名或盖章以后才具有法律效力，未经签名的离婚协议，即使有证人或见证人，也不能认定为有效的离婚协议，在此情况下，婚姻登记机关应不予受理该离婚登记申请。

离婚协议书具有民事合同的性质，是对自身财产以及权利义务的处分，在没有特殊的情况下，都应当遵守协议的约定。[①] 当事人基于离婚协议约定的内容发生纠纷的，应当适用民法典总则编以及合同编的基本原则和相关规定。

符合上述条件，离婚登记机关才受理协议离婚申请，本条所述内容为协议离婚的形式要件，也是协议离婚的第一步，后经本法第1077条规定离婚冷静期的时间要求，双方共同向婚姻登记机关申请发给离婚证，婚姻关系即告解除。

【相关案例】

莫某飞与李某兴离婚纠纷案[②]

本案的争议焦点是原告莫某飞与被告李某兴草拟的离婚协议是否生效，变更后的财产是否仍是夫妻共同财产。原告莫某飞与被告李某兴于2002年上半年经人介绍相识，2003年3月双方登记结婚，同年10月21日生育一子李某宇。2010年5月，莫某飞草拟离婚协议一份交给李某兴。李某兴答应如果儿子由其抚养和夫妻存续期间购买的宅基地归男方所有的，愿意去办离婚手续。同年7月，原、被告双方到土地管理部门将原登记在莫某飞名下的（2006）第0036号《土地使用证》范围内的土地使用权全部变更到李某兴名下。但是，李某兴反悔，不同意离婚。同年8月初，莫某飞搬离家中在外租屋居住，并向法院提起诉讼，请求判决准许离婚，并分割共同财产。广东省怀集县人民法院一审认为：原、被告生育的儿子尚年幼，从双方诉讼中反映的情况，现儿子极需父母的爱护，双方离婚，对儿子会造成伤害，因此，莫某飞主张离婚的诉讼请求，不予支持。对于双方当事人是否达成离婚协议的问题。离婚协议是解除夫妻双方人身关系的协议，该协议是一种要式协议，必须经双方当事人签名确认才能生效，即双方在协议上签名画押是其成立的前提条件。否则，即使有证人在场见证，证明双方达成离婚合意，但由于一方没有在离婚协议上签名确认，在法律上该离婚协议是没有成立的。原告莫某飞于2010年5月草拟离婚协议一份交给被告李某兴，虽然李某兴口头答应离婚，且双方履行了共同财产分割的部分，可以认定双方对离婚达成了合意，但是由于李某兴并没有在协议上签名导致离婚协议欠缺合同成立的要件，且事后李

---

① 黄松有主编：《最高人民法院婚姻法司法解释（二）的理解与适用》，人民法院出版社2004年版，第3～4页。

② 载《最高人民法院公报》2011年第12期（总第182期）。

某兴反悔不愿离婚，因此不能根据仅有一方签名的离婚协议判决双方离婚。据此，广东省怀集县人民法院于2010年12月2日判决：驳回原告莫某飞的诉讼请求。

【关联法条】

《婚姻法》第31条，《婚姻登记条例》第7条、第10条、第12条

（撰稿人：陈禹璇）

第一千零七十七条　【离婚冷静期】 自婚姻登记机关收到离婚登记申请之日起三十日内，任何一方不愿意离婚的，可以向婚姻登记机关撤回离婚登记申请。

前款规定期限届满后三十日内，双方应当亲自到婚姻登记机关申请发给离婚证；未申请的，视为撤回离婚登记申请。

【释义】

离婚冷静期，是指离婚双方当事人以协议离婚的方式从申请离婚开始，由离婚登记机关备案直至一段时间过后，再由双方当事人决定是否坚持解除婚姻关系或撤销离婚申请，法律规定双方当事人冷静思考离婚问题的期限为离婚冷静期。

离婚冷静期是民法典设立的新制度，该制度的目的和必要性有以下几方面：

第一，离婚冷静期制度为解决离婚率不断上升问题，维护社会之小家的稳定。

随着社会的发展与进步，人们对自由的要求越来越高，作为婚姻自由包括了结婚自由与离婚自由。现代人也越来越追求结婚自由与离婚自由，因此冲动型、轻率型结婚和离婚在社会中已屡见不鲜。自2001年修订婚姻法颁布以来，我国协议离婚的问题尤为突出，根据民政部公布的统计数据查阅到2010年至2018年我国的离婚率由2.0‰上升到了3.2‰。[①] 而且以协议离婚的数量带动整体离婚率的上升，成为当事人选择离婚的主要形式，在2015年离婚人群中仅有不到五分之一

---

① 吕侨：《〈民法典（草案）〉视角下离婚冷静期制度探析》，载《法制博览》2020年第16期。

的人选择诉讼离婚。而且离婚当事人的婚龄越来越短，其中结婚后 5 年内离婚的年轻人比重相当可观。① 但是离婚自由并不意味着对婚姻关系的随心所欲，没有限制的自由也有一定弊端。为了由婚姻形成的夫妻关系、父母子女关系、亲属关系以及其他社会关系的稳定，保护未成年子女的成长，法律有人情味的为斗气离婚、冲动离婚和轻率离婚规定了一个冷静的时间，增加了 30 天协议离婚的时间成本，希望当事人可以作出更谨慎的选择，降低冲动型离婚的离婚率。在《民法典》出台之前，地方法院在诉讼离婚的审理中进行试点尝试，山西省临汾市中级人民法院自 2016 年 5 月被最高人民法院确定为家事审判改革试点法院后，设置冷静期。家事法官接案后，从婚姻基础、婚后感情、离婚原因、夫妻关系现状、有无和好可能等方面综合分析，依职权或经当事人申请，可设置一个月至三个月冷静期。冷静期内，法官会不定期与当事人进行沟通劝解，相关高级人民法院和最高人民法院也陆续出台改革诉讼离婚的具体方案。②

第二，离婚冷静期制度经过了多次深入调查和广泛论证。

最高人民法院信息中心发布的离婚安全专题分析报告显示，2013 年到 2015 年在全国法院审理的离婚案件中，婚后一年到五年为婚姻破裂的高发期，其中婚后第二年离婚的占比最高。婚姻持续时间较短，为了防止轻率离婚，几届的全国人大代表和政协委员纷纷提出议案、建议或者提案建议全国人民代表大会修改法律，对协议离婚的程序加以一定的限制。不仅如此，社会的呼声也很高，呼吁从法律制度上限制冲动离婚的情形，以维持婚姻关系的稳定发展。因此，全国人大立法部门高度重视，进行深入调查，展开广泛论证研究，为减少冲动离婚作出了很多努力。在民法典婚姻家庭编征求意见稿时设立了离婚冷静期制度，引发社会的广泛关注与讨论，围绕离婚冷静期的设立，存在两种截然不同的态度。有反对方认为既然已经决定离婚了，说明是想好的最终决定，成年人应该为自己的行为负责。但是离婚冷静期的制度并不是为了限制当事人的离婚自由，而是为了挽救危机婚姻，维护未成年人的合法权益和社会的稳定。2003 年《婚姻登记条例》的修改，进一步简化了当事人在婚姻登记机关办理离婚登记的条件和审查程序，因此我国现行的婚姻登记制度为当即申请、当即办理、当即离婚的现状，离婚过于轻易简单，但是因离婚导致的不论是情感、子女还是财产等问题均会容易变为复杂的纠纷，而在离婚合意的前提下，通过 30 天的时间来延缓离婚程序的启动，能够让当事人充分冷静地思考，妥善作出抉择与安排，既能保护当事人的离婚自

---

① 黄薇主编：《中华人民共和国民法典婚姻家庭编解读》，中国法制出版社 2020 年版，第 176～178 页。

② 曹守晔主编：《民法典婚姻家庭编条文理解与司法适用》，法律出版社 2020 年版，第 138～140 页。

由，同时也能保护当事人及未成年子女的利益，此次《民法典》婚姻家庭编写入离婚冷静期是立法者和全社会的共同努力，也是对各地婚姻冷静期制度先行试点经验的归纳与总结。

第三，离婚冷静期制度在许多国家与地区已有相关规定。

离婚冷静期制度在国际上也有很多的适用，只不过制度的名称和期限上的规定有所不同。从保护子女和当事人的利益角度上看，对离婚加以限制是大的国际立法趋势。比如英国的“离婚冷静期”“离婚熟虑期”，德国、瑞士、意大利等国将分居作为离婚的前置条件。①《法国民法典》规定：夫妻双方如有坚持离婚的意愿，法官向他们指出给予他们3个月期限之后重新提出离婚申请。如在考虑期届满后6个月内未重新提出离婚申请，原来的共同离婚申请即失去效力。② 美国的普通离婚程序中，需要经过6个月的等候期之后，离婚手续才会办理完成，夫妻关系才会终止。韩国在2005年推出了熟虑期和义务调解制度，要求在上述熟虑期间对当事人进行心理咨询、谈话以了解婚姻的实际情况来判断是危机婚姻还是死亡婚姻，而且要求登记机关进行双方的调解，以缓解矛盾，解决纠纷，使当事人珍惜自己与配偶的关系。

离婚冷静期制度在司法实践中的适用应注意以下问题，首先，离婚冷静期仅适用于协议离婚，诉讼离婚则不受冷静期的限制。因此，在遇到家庭暴力、虐待等情形，双方感情确已破裂无法挽回之时，可以通过人民法院提起离婚诉讼、申请人身保护令并可以要求离婚损害赔偿。其次，双方当事人共同向婚姻登记机关提交申请后，在30日冷静期内任何一方不愿意离婚的，可以向登记机关撤回离婚申请，机关应当立即终止程序。最后，双方提出离婚登记申请后，离婚冷静期届满双方当事人仍然坚持离婚的，应当在30日内共同且亲自到婚姻登记机关申请发给离婚证。仍应注意的是，离婚冷静期届满后的30日内，双方当事人未共同亲自到婚姻登记机关申请离婚的，视为撤回离婚登记申请。

【相关案例】

冷某与徐某离婚纠纷案③

原、被告于2004年冬天经人介绍相识，于××年××月××日登记结婚。双方均系再婚，婚后无子女。被告与原告结婚前未生育子女。原、被告自2014年春

① 张力:《对离婚冷静期的冷思考》，载《检察日报》2020年第7期。

② 罗结珍译，《法国民法典》，中国法制出版社1999年版，第216页。

③ （2018）鲁0283民初10193号。

天开始分居至今。原告于 2018 年 11 月 23 日诉至本院，要求与被告离婚。

庭审中，原告坚持要求离婚，被告坚持不同意离婚。本院考虑到原、被告虽系二次婚姻，但双方自相识至今已共同生活达 14 年之久，为挽救这段来之不易的婚姻，决定适用离婚冷静期制度。给予原、被告双方两个月的冷静期，希望原、被告在此期间能够重新考虑一下双方感情，重新审视彼此之间的矛盾，寻求解决婚姻危机的方式、方法。在冷静期届满后，如双方未能和好，原告可向本院提出申请，要求离婚；如双方和好，原告可向本院申请撤诉。两个月的冷静期结束之后，原告到庭称被告并未主动找其和好，双方自第一次庭审之后没有见过面也没有通过电话联系，春节、元宵节双方也没有在一起过，并依然坚持要求与被告离婚。被告称原告所说属实，但是因为被告的母亲瘫痪在床，需要其照顾才没有时间跟原告和好，并坚持不同意与原告离婚。

本院认为，男女一方提出离婚，如夫妻感情破裂，经调解无效的，应准许离婚。本案中，原告冷某与被告徐某虽然结婚时间较长，但是婚后经常因家庭琐事发生争吵，导致夫妻关系日渐淡漠。原、被告自 2014 年分居至今已近 5 年，双方互不尽夫妻义务，婚姻关系已经名存实亡。庭审中，虽经本院主持调解和好，但原告坚持要求离婚，被告虽坚持不同意离婚，但其在本院给予的两个月的冷静期并未主动做出与原告和好的行为，且在本院第二次庭审组织双方调解时，原、被告情绪激动，发生言语冲突，致调解被迫终止。以上均说明原、被告的夫妻感情确已破裂。因此，对于原告提出的离婚请求，依法应予准许。据此，法院判决准许原告冷某与被告徐某离婚。

（撰稿人：陈禹璇）

第一千零七十八条　【婚姻登记机关对离婚的审查】婚姻登记机关查明双方确实是自愿离婚，并已经对子女抚养、财产以及债务处理等事项协商一致的，予以登记，发给离婚证。

【释义】

《民法典》婚姻家庭编以《婚姻法》第 31 条为立法背景增加了本条规范，目的是使婚姻登记机关可以在自己的职权范围内，充分履行职责，对申请的离婚登记予以登记、审查并在符合审查标准的情况下发给离婚证，使当事人完成法定手续，解除婚姻关系。

对于婚姻登记机关的审查为形式审查还是实质审查，在立法中存在两种不同的观点。有观点认为，婚姻登记机关应该进行实质审查，以免登记后再产生不必要的纠纷。也有观点认为，婚姻登记机关没有能力对离婚协议的各个事项都进行实质的审核。实质审查与形式审查也并不一定泾渭分明，对本条规范进行文义解释，即可清楚婚姻登记机关对于登记离婚申请予以登记并发给离婚证的审查标准为：双方当事人为完全民事行为能力人，共同自愿离婚并作出了离婚的真实意思表示，而且对于子女、财产、债务等问题进行协商，达成了一致意见，并且处理方式以文字的形式呈现在离婚协议书上。书面的离婚协议书应载明双方当事人为自愿离婚的意思表示，对子女、财产、债务等问题进行妥善处理，双方当事人的签字或盖章。

婚姻登记机关发给离婚证后续问题的处理：

第一，对不履行离婚协议内容的处理。

向登记机关提交的离婚协议对双方都有法律约束力，在登记离婚后，一方或双方当事人未按照协议约定履行其义务，损害另一方合法权益之时，受损害的一方可以向人民法院提起诉讼，经法院作出的法律文书确认，当事人之间离婚协议确定的内容就有了法律强制力，可以依法向人民法院申请强制执行。

根据《最高人民法院关于适用〈中华人民共和国婚姻法〉若干问题的解释（二）》第 8 条规定：离婚协议中关于财产分割的条款或者当事人因离婚就财产分割达成的协议，对男女双方具有法律约束力。当事人因履行上述财产分割协议发生纠纷提起诉讼的，人民法院应当受理。

在实践中，有些人为了达到迅速离婚的目的，作出少要或者不要婚姻共同财产的承诺，并将这种承诺写入离婚协议。[①] 还有些人欺骗其配偶称，“提交在婚姻登记机关的离婚协议中财产部分的内容是没有法律效力，将来还要到法院进行重新分配”。在这种情况下，其配偶也很难拿出证据证明自己受到了对方的欺诈，人民法院应当对这种情形作为民事案件受理，适用《民法典》合同编的相关规定。

《民法典》合同编第 464 条规定：合同是民事主体之间设立、变更、终止民事法律关系的协议。婚姻、收养、监护等有关身份关系的协议，适用有关该身份关系的法律规定；没有规定的，可以根据其性质参照适用本编规定。

根据以上条款，有一种观点认为，《最高人民法院关于适用〈中华人民共和国婚姻法〉若干问题的解释（二）》中所涉及的离婚当事人就财产分割问题达成

---

① 黄松有主编：《最高人民法院婚姻法司法解释（二）的理解与适用》，人民法院出版社 2004 年版，第 76～78 页。

的协议或条款，不应受《民法典》合同编的调整。婚姻等身份关系的协议不适用合同的规范，但是离婚协议中有关财产的内容仍然受合同编的调整。按照合同的一般原则，当事人不履行依法成立的合同，合同的另一方当事人有权向人民法院提起民事诉讼，请求人民法院责令合同相对方按约履行合同义务。

第二，关于离婚协议中财产分割等问题存在欺诈、胁迫等情形的处理。

《最高人民法院关于适用〈中华人民共和国婚姻法〉若干问题的解释（二）》第 9 条规定：男女双方协议离婚后一年内就财产分割问题反悔，请求变更或者撤销财产分割协议的，人民法院应当受理。人民法院审理后，未发现订立财产分割协议时存在欺诈、胁迫等情形的，应当依法驳回当事人的诉讼请求。

离婚双方在签订离婚协议时，如果一方有欺诈、胁迫等情形，人民法院应该依法作出判决。按文义解释和体系解释，本条司法解释可以归纳为三层意思。①

1. 男女双方自愿在婚姻登记机关办理了离婚手续，取得离婚证一年之内，一方或者双方就离婚协议中达成的财产分割问题反悔，向人民法院以诉讼的形式，请求法院判决撤销或者变更离婚协议，人民法院应该受理案件。本条规范要求适用男女双方是通过协议离婚的方式离婚，即未经过法院程序，即使是诉讼离婚中，通过法院的调解双方达成调解协议而离婚的也不适用本条规范。因为此条规范的目的是保护离婚当事人免受欺诈胁迫等在协商中的不公正的对待。而如果经过法院的调解，意味着调解书中协议的内容经过法官的审查，也即通过国家的司法审查和干预来保证了双方意思表示的真实性和合法性；而协议离婚中，双方向婚姻登记机关提交的离婚协议中对财产和债务的处理的相应条款，登记机关无法依职权作出实质审查，也就无法保障当事人一方不受到另一方的欺诈、胁迫等不公平的对待，从而作出不真实的意思表示。因此，协议离婚中离婚协议的真实性和合法性无法得到保障，所以法律对协议离婚中离婚协议的反悔予以一定的司法救济途径，并加以一年的期限限制，一年期间是不变期间，不可中断、终止或延长。

2. 第 2 款规定，人民法院在审理的过程中，未发现一方当事人在签订离婚协议时存在欺诈、胁迫等情形，应当驳回另一方的诉讼请求。也就是说，只有在特定的情形，才会支持离婚协议的变更或者撤销。

3. 第 2 款中将本条得以适用的情形规定为订立财产分割协议时存在欺诈、胁迫等情形。“等”字说明并不仅仅在欺诈和胁迫的情况下法院才可以作出变更或

---

① 黄松有主编：《最高人民法院婚姻法司法解释（二）的理解与适用》，人民法院出版社 2004 年版，第 76 页。

撤销财产分割协议的判决，性质与欺诈、胁迫类似也可以作为判决理由，如法官可以合同编中规定的显失公平条款来变更或撤销该协议，但《民法总则》将可变更可撤销条款中可撤销的内容删除，依据显失公平条款向法院应主张撤销显失公平的内容。在司法实践中，人民法院对这类显失公平的案件应当谨慎认定，不得因男女双方一方因急于离婚而在分割财产时作出的让步和妥协而视为显失公平，只有一方在利用另一方生病或者行为能力受到限制且监护人没有很好地行使监护职责的情况下，迫使对方签订明显损害其利益的离婚协议，才可以认定为显失公平。一般不应当将“重大误解”作为人民法院支持当事人申请变更财产分割协议的理由。

第三，离婚证书丢失或者损毁的情形。

当事人如果遗失了离婚证，可以向原办理该婚姻登记的机关或者一方常住户口所在地的婚姻登记机关申请补办。离婚登记机关受理补办离婚证申请的条件为：婚姻登记处具有管辖权。当事人依法登记离婚，至今依然是在该状态不变。当事人持有规定的身份证件。原则上当事人亲自到婚姻登记机关提出申请，并填写补领申请书，登记机关进行审查核实后补办离婚证书。

【相关案例】

吴某某与吉安县民政局行政登记纠纷案①

本案的争议焦点是被告吉安县民政局在为原告办理离婚登记的过程中是否进到了相应的义务。原告吴某某于2009年7月患有偏执性精神分裂症，多次入院治疗。2011年9月23日在吉州区人民法院与前夫吴某调解离婚，2012年8月原告与第三人曾某某登记结婚，结婚前第三人知道原告患有精神病，且第三人曾某某还书写了合约书和协议书称其愿善待原告。但婚后第三人曾某某并未履行承诺，经常打骂原告。2013年11月4日，第三人曾某某明知原告患有精神病不符合登记离婚条件的情况下，骗原告登记离婚。被告亦未尽到全面审查义务。离婚登记后第三天原告被派出所强制入院治疗。据此，原告为维护自身合法权益，诉请法院判决撤销吉安县民政局的离婚证。

本院认为，《婚姻法》虽然规定了婚姻自由原则，但结婚或离婚的男女双方须具有完全民事行为能力。《婚姻登记条例》第12条第2项规定办理离婚登记的当事人属于无民事行为能力人或者限制民事行为能力人的，婚姻登记机关不予受

---

① （2014）吉行初字第2号。

理。第三人曾某某明知原告患有精神病，而采用欺瞒手段进行离婚登记，违反了相关规定，扰乱了婚姻登记机关正常登记秩序，是有过错的。被告作为婚姻登记机关，在办理原告与第三人离婚登记时，未严格审查当事人的民事行为能力，在原告客观上不能完全真实表达自己意愿的情况下，对双方的离婚登记申请予以受理审查并登记颁证，违反了法定程序，该离婚登记行政行为依法应予撤销。故对原告诉请应予支持。为此判决撤销被告吉安县民政局办理的原告吴某某与第三人曾某某离婚证。

【关联法条】

《婚姻法》第 31 条，《最高人民法院关于适用〈中华人民共和国婚姻法〉若干问题的解释（二）》第 8 条、第 9 条，《婚姻登记条例》第 13 条

（撰稿人：陈禹璇）

第一千零七十九条　【诉讼离婚】 夫妻一方要求离婚的，可以由有关组织进行调解或者直接向人民法院提起离婚诉讼。

人民法院审理离婚案件，应当进行调解；如果感情确已破裂，调解无效的，应当准予离婚。

有下列情形之一，调解无效的，应当准予离婚：

（一）重婚或者与他人同居；

（二）实施家庭暴力或者虐待、遗弃家庭成员；

（三）有赌博、吸毒等恶习屡教不改；

（四）因感情不和分居满二年；

（五）其他导致夫妻感情破裂的情形。

一方被宣告失踪，另一方提起离婚诉讼的，应当准予离婚。

经人民法院判决不准离婚后，双方又分居满一年，一方再次提起离婚诉讼的，应当准予离婚。

【释义】

诉讼离婚又称判决离婚，是指夫妻双方有一方不同意离婚之时，或者双方均

同意离婚，但是在子女抚养、财产分割以及债务承担等方面处理不能一致时，由人民法院主持之下的离婚。本条源于《婚姻法》第 32 条，在其基础上增加了法院判决不准离婚，分居又满一年的准予离婚的规定。①

诉讼离婚是在欧美诸国几为唯一的离婚方式，在我国与日本、韩国相同，诉讼离婚与协议离婚制度并存。与协议离婚相比，诉讼离婚具有以下特征：第一，诉讼离婚条件是法定的，必须满足本规定的要求，即夫妻感情确已破裂，调解无效，而协议离婚不追究离婚原因；第二，诉讼离婚是以法院为主导的，法官具有自由裁量权，可以依法判定夫妻感情确已破裂，准予离婚，也可以认定夫妻感情能够挽回，驳回离婚请求；第三，法院的生效判决或者调解，相较协议离婚中的离婚协议书具有强制执行力，可以申请法院强制执行。

诉讼离婚在司法适用上应当注意以下问题：

第一，诉讼离婚中判决离婚条件法定的问题。

《民法典》规定离婚的法定条件为："夫妻感情确已破裂，调解无效的，应当准予离婚。"夫妻感情确已破裂是离婚的基础，法院准许或不准离婚，只能以夫妻感情的客观标准进行判断，如果确已破裂则应该尊重当事人，准许离婚，如果用法律手段强制维持则与婚姻自由原则相悖。法院判断准许离婚与否不能看一方是否履行了作为配偶的义务，也不应以一方是否存在责任为标准，而是看婚姻有无维系的可能。如何认定"感情确已破裂"，在司法实践中，人民法院经分析与总结积累了很多经验。最高人民法院曾作《关于人民法院审理离婚案件如何认定夫妻感情确已破裂的若干具体意见》的司法解释，对感情是否破裂客观化为十四种具体情形，人民法院应该依据条文规定，综合考虑当事人之间的婚姻基础、婚后感情、离婚原因、夫妻关系的现状和有无和好可能等方面进行综合分析，来判断是否属于夫妻感情确已破裂。

在本次立法过程中有观点认为应该将"感情确已破裂"修改为"婚姻关系破裂"，并提出以下理由：（1）《民法典》调整的对象应是自然人的婚姻关系，而不调整感情关系；（2）感情确已破裂有过分强调感情因素之嫌，许多婚姻开始的基础并不是感情，但都是自愿的，离婚的法定标准规定为感情确已破裂，将婚姻破裂的原因过于简单化；（3）强调法定离婚条件为夫妻感情确已破裂这一标准，使在判断上过于主观化，难以客观衡量；（4）以夫妻感情确已破裂作为法定离婚标准，与国际立法术语相异。

《民法典》的编纂仍然保留了"感情确已破裂"这一法定标准，主要考虑这

---

① 黄薇主编：《中华人民共和国民法典婚姻家庭编解读》，中国法制出版社 2020 年版，第 183 页。

一标准在我国婚姻法上经过了长期的适用，感情确已破裂与婚姻关系确已破裂并无实质区别，贸然修改会产生收紧或放宽离婚条件的误解，感情关系破裂与夫妻关系破裂为形式与内核的关系。经过人民法院的长期司法实践，已经将感情破裂的判断标准客观化，不会使法院在判断时根据主观进行自由裁量。因此《民法典》在诉讼离婚的法定条件上没有作出修改，仍然维持了这一标准。

第二，诉讼离婚中有关调解的问题。

诉讼离婚中的调解可以分为诉讼外调解与法院调解两种。诉讼外调解是指夫妻一方要求离婚的，可以由有关组织进行调解，具有民间性质，并不是诉讼离婚的前置程序，当事人也可以直接起诉离婚。诉讼外调解有较强的社会性，对当事人来说，有关组织对于夫妻双方较为了解，调解也更容易被接受。

本条第 2 款规定的法院调解，是离婚诉讼的必经前置程序。法院判定离婚的法定标准是“夫妻感情确已破裂，调解无效”，适用调解程序的目的是防止当事人草率离婚，了解当事人的情况，缓解纠纷和冲突，尽可能地疏解双方矛盾，挽救尚未达到感情确已破裂标准的危机婚姻。即使双方感情确已破裂，也可以通过法院调解的方式离婚，在当事人的配合与参与之下调解离婚有助于更妥善地解决子女、财产和债务问题，由此达成的调解离婚协议，双方当事人一般都能自觉履行，法院调解应当遵循合法自愿的原则进行，调解协议的内容不得违反法律的规定。调解也不可久调不决，当调解无效之时，法院进行判决，判决准予离婚或不准离婚。

第三，诉讼离婚中调解无效，判决离婚的主要情形。

人民法院以法定程序进行调解，调解无效的应当进行判决，判决结果有两种：一种认为当事人未达到感情确已破裂的标准，不准离婚；另一种为感情确已破裂，准予离婚，准予离婚的情形有：

（一）重婚或者与他人同居

婚姻以一夫一妻的为结合为本质，夫妻均对对方负有不重婚或与他人同居之义务，如配偶一方重婚或与他人同居，则配偶之另一方有权提起离婚诉讼。[①] 重婚是指有配偶又与他人进行登记结婚，有配偶者与他人同居是指有配偶者又与他人以夫妻名义进行同居生活，这两种行为严重破坏了我国的一夫一妻制，破坏夫妻感情，是导致离婚的情形之一。

（二）实施家庭暴力或者虐待、遗弃家庭成员

家庭暴力或者虐待包括了肉体上与精神上的折磨与摧残，指在婚姻存续期

---

① 史尚宽：《亲属法论》，中国政法大学出版社 2000 年版，第 473 页。

间，一方对另一方实施殴打、捆绑、冻饿、侮辱、恐吓、限制人身自由、精神折磨等行为，严重伤害夫妻感情，矛盾得不到调解时更可能出现恶性刑事犯罪，若调解无效，应当准许离婚。

（三）有赌博、吸毒等恶习屡教不改

因为赌博、吸毒以及酗酒等恶习导致配偶一方提出离婚的案件在实践中屡见不鲜，人民法院在受理这类案件的时候，应当了解当事人的情节，如果情节较轻可以进行调解，如果情节严重则会对婚姻关系有严重影响，甚至伴有家庭暴力、虐待等情形，调解无效时人民法院应当判决准予离婚。

（四）因感情不和分居满二年

分居是指夫妻不再共同生活，互不履行夫妻义务，而且是基于感情不和的原因，若因为工作、学习等其他原因导致分居满两年的则不适用本条规定。分居强调双方均不履行夫妻义务，若有一方仍履行义务，则不可基于本规定判断夫妻感情确已破裂。具有因感情不和分居满两年的条件，说明婚姻已经名存实亡，当事人向人民法院提起离婚申请，人民法院调解无效的，应当判决准许离婚。

（五）其他导致夫妻感情破裂的情形

导致夫妻感情破裂的原因多种多样，最高人民法院的司法解释及指导案例中也列举了很多不属于以上五种情形，但有其他导致感情确已破裂，调解无效的情况，人民法院综合双方当事人的与婚姻有关的各种情况进行判断，如认定感情确已破裂，则不应用法律强行限制不准离婚，尤其在一些不准离婚会导致现实的紧迫的危险之时，人民法院应当判决准予离婚。

第四，诉讼离婚中对宣告失踪的处理。

《民法典》维持了原《婚姻法》第 32 条对一方宣告失踪的处理规定：一方被宣告失踪，另一方提起离婚诉讼的，应当准予离婚。总则编第40 条规定：自然人下落不明满二年的，利害关系人可以向人民法院申请宣告该自然人为失踪人。

自然人被宣告失踪，无法互相履行夫妻义务，若另一方向法院申请离婚，说明婚姻关系已经名存实亡，人民法院应当判决准予离婚。

第五，诉讼离婚中准予离婚的规定。

本次《民法典》编纂新增了准予离婚的规定，即判决不准离婚后又分居满一年，提起离婚诉讼的，应当判决离婚。经司法部门普遍反映，一审判决不准离婚后再次起诉离婚的现象较为普遍，因此本条第 5 款吸收了《最高人民法院关于人民法院审理离婚案件如何认定夫妻感情确已破裂的若干具体意见》中的相关规定，纳入准予离婚的法定情形，这一规定的可操作性较强，有利于提高解决离婚纠纷案件的效率。

在比较法上也有很多类似的规定，比如美国各个州大多数以分居一定时间来认定是否夫妻感情确已破裂，调解无效。但是不同地区分居的起算时间点不同，可以归纳为三种形态：第一种规定夫妻分居起算点为法院宣告或者夫妻双方书面分居之协议，当事人一旦取得分居之宣告或合意，分居期间即开始起算；第二种起算时间为夫妻双方均自愿达成分居的合一，仅一方主动分居，另一方为被动分居，即使分居的时间再长，也不以此计算分居时间；第三种以夫妻实际分居的时间计算，不论夫妻任何一方提起。我国新增关于分居时间的规定属于为第三种，以实际分居的时间进行起算，但是有前提条件为法院已经作出过不准离婚的判决。①

【相关案例】

陈某转与张某强离婚纠纷案②

原告陈某转、被告张某强于 1988 年 8 月 16 日登记结婚，生育女儿张某某（已成年）。因经常被张某强打骂，陈某转曾于 1989 年起诉离婚，张某强当庭承认错误保证不再施暴后，陈某转撤诉。此后，张某强未有改变，依然要求陈某转事事服从。稍不顺从，轻则辱骂威胁，重则拳脚相加。2012 年 5 月 14 日，张某强认为陈某转未将其衣服洗净，辱骂陈某转并命令其重洗。陈某转不肯，张某强即殴打陈某转。女儿张某某在阻拦过程中也被打伤。2012 年，陈某转起诉离婚。被告张某强答辩称双方只是一般夫妻纠纷，保证以后不再殴打陈某转。庭审中，张某强仍态度粗暴，辱骂陈某转，又坚决不同意离婚。

法院经审理认为，家庭暴力是婚姻关系中一方控制另一方的手段。法院查明事实说明，张某强给陈某转规定了很多不成文家规，如所洗衣服必须让张某强满意、挨骂不许还嘴、挨打后不许告诉他人等。张某强对陈某转的控制还可见于其诉讼中的表现，如在答辩状中表示道歉并保证不再殴打陈某转，但在庭审中却对陈某转进行威胁、指责、贬损，显见其无诚意和不思悔改。遂判决准许陈某转与张某强离婚。一审宣判后，双方均未上诉。

一审宣判前，法院依陈某转申请发出人身安全保护裁定，禁止张某强殴打、威胁、跟踪、骚扰陈某转及女儿张某某。

---

① 徐慧怡：《离婚制度与社会变迁》，载《离婚专题研究》2016 年 7 月。

② 载《最高人民法院公报》2015 年第 2 期（总第 220 期）。

【关联法条】

《婚姻法》第 32 条,《民法典》第 40 条

（撰稿人：陈禹璇）

第一千零八十条　【解除婚姻关系】完成离婚登记，或者离婚判决书、调解书生效，即解除婚姻关系。

【释义】

本条相较《婚姻法》是新增条款，规定了婚姻关系解除的时间。

我国法定的离婚形式分为登记离婚与诉讼离婚两种，在登记离婚中，双方当事人自愿共同签订书面的离婚协议，向婚姻登记机关申请离婚，经婚姻登记机关审查与法定的离婚冷静期后，双方共同亲自到登记机关申请发给离婚证，取得离婚证完成离婚登记时，婚姻关系即告解除。

通过法院诉讼离婚的方式分为两种：

其一为法院调解下的离婚，本法第 1079 条第 2 款规定，人民法院审理离婚案件，应当进行调解。调解可能和好，即使不能调解和好，也可以在法院的主持下，双方就子女、财产和债务等问题的处理进行协商，达成一致意见，调解离婚的，人民法院应当制作调解协议书，协议书应当写明当事人的基本信息、诉讼请求、案件事实和调解结果。调解书由审判人员和书记员署名，并加盖人民法院印章，调解书经双方当事人签收后即具有法律效力，婚姻关系即告解除，双方无权就调解书上去，诉讼程序终结，人民法院制作的调解书具有法律效力，一方当事人不按协议书上的约定履行其义务时，另一方可以依调解书向人民法院申请强制执行。

其二为法院依法判决离婚，当法院调解无效时，不可久拖不决，法院应以夫妻感情是否确已破裂为标准判决准予离婚或不准离婚。判决不准离婚的，当事人在 15 日上诉期内可以上诉，上诉期满均未上诉的，法院的判决生效，离婚诉讼为二审终审制。二审审理的上诉案件可以调解，以调解结案的，调解书送达之时，原审判决书视为撤销。一审法院判决准许离婚的，在上诉期满当事人均未提出上诉的，判决书发生法律效力，婚姻关系即告解除，当事人在一审判决发生法律效力之前，不得另行结婚。

登记离婚中，婚姻登记机关颁发离婚证，婚姻关系即告终结，不需再去法院申请领取离婚判决书或调解书；同样，在法院的离婚判决书或离婚调解书生效之时，双方婚姻关系即告终结，不需要再去婚姻登记机关申领离婚证。离婚证、生效的离婚判决书与离婚调解书在婚姻关系终止上有同等效力。[①] 基于配偶产生的身份关系消灭，基于配偶身份产生的人身关系和财产关系也即告终止。

法院生效裁判具有强制性和稳定性，不能随意改变或撤销。以离婚生效裁判为例，法院的离婚判决书或调解书即为男女双方解除婚姻关系的凭证，无须其他文件的补充或强化，民政部门一般不再为离婚双方另行发放离婚证。现实背景下，离婚案件当事人收到法院生效法律文书后，多向法院反映其在办理银行贷款、户口迁移、出国签证、子女留学等手续时，相关部门均要求提供离婚证明文件用以证明离婚事实。但由于离婚判决书中涉及多项个人隐私、财产分割等具体内容而存在诸多不便，特别是法院认定有过错方的当事人在向案外人提供离婚判决书时更存在一定困难。[②]

本着有利于当事人的原则，最高人民法院试行当事人可以申请法院出具离婚证明书规定。离婚证明书是从保护离婚案件当事人隐私、便利离婚案件当事人的角度出发，作为法院出具的用以证明当事人婚姻关系解除的一种文书形式，而非对既有生效判决效力的重新确认或者强化。离婚证明书中仅记载当事人信息及证明离婚等必要事项，不涉及具体案件事实，充分保护离婚案件当事人隐私和个人相关信息。与法院离婚生效法律文书具有同等证明效力，而且可以依实际需要多数量发放，相较于离婚判决书而言，离婚证明书篇幅短小，便于离婚案件当事人携带和使用。

《最高人民法院关于进一步深化家事审判方式和工作机制改革的意见（试行）》第41条规定，人民法院判决或者调解离婚的案件，根据当事人的申请，人民法院可以为当事人出具离婚证明书。为有效保护离婚案件当事人的隐私权，真正实现司法为民、司法便民，化解诉讼离婚的现实矛盾，依离婚案件当事人申请出具《离婚证明书》必要且可行。

【相关案例】

张某与彭某、李某离婚纠纷案[③]

本案的争议焦点是彭某出具的其与张某离婚调解书的效力，以及无效的离婚

---

① 曹守晔主编：《民法典婚姻家庭编条文理解与司法适用》，法律出版社2020年版，第150~151页。

② 《北京市第一中级人民法院家事审判治理白皮书》，2020年4月，第8~9页。

③ （2013）定民初字第2981号。

调解书对第二次登记结婚效力之影响问题。原告申请人张某诉称，申请人与被申请人彭某经人介绍结婚。婚后感情不错。2011 年秋，彭某因家庭琐事与申请人的母亲发生矛盾后回到娘家。2012 年 6 月 20 日，彭某拿着未经定州市人民法院立案，未经合法程序取得的无效的张某和彭某的离婚调解书与李某办理了结婚登记。由于二被申请人在办理结婚登记手续时出示的离婚调解书是违法取得的，是无效的，二人因此骗取的结婚登记证也是无效的，故申请法院依法确认二被申请人的婚姻无效。被告被申请人彭某辩称，答辩人彭某与李某的婚姻合法有效。答辩人彭某与被答辩人张某因夫妻感情破裂诉至法院，定州市人民法院（2012）定民初字第 495 号民事调解书准予二人离婚。在离婚诉讼中，答辩人没有违反任何法定程序，对办案人是否违反法定程序毫不知情。答辩人持离婚调解书与李某登记结婚，程序合法，理应受法律保护。

法院经审理查明，张某与彭某于 2008 年登记结婚。2012 年彭某持（2012）定民初字第 495 号民事调解书与李某登记结婚。又查明，定州市人民法院并无彭某与张某离婚一案。彭某所持有的民事调解书并非定州市人民法院依法作出的法律文书。法院认为，申请人张某与被申请人彭某登记结婚，其婚姻合法有效，彭某与张某离婚未经法定程序立案审理，其持有的民事调解书不具有法律效力，彭某据此调解书与被申请人李某登记结婚，该婚姻是无效婚姻。彭某、李某称其二人婚姻合法有效的抗辩理由不能成立。据此判决：被申请人彭某与李某的婚姻无效。

【关联法条】

《最高人民法院关于进一步深化家事审判方式和工作机制改革的意见（试行）》第 41 条

（撰稿人：陈禹璇）

第一千零八十一条　【现役军人离婚】 现役军人的配偶要求离婚，应当征得军人同意，但是军人一方有重大过错的除外。

【释义】

军队是执行国家政治任务的武装集团，军人是从事军事工作的特殊人员，他（她）们担负着保卫社会主义革命和建设，保卫国家主权、领土完整，防止外来颠覆和侵略的艰巨任务，为了祖国和人民的安宁日夜战斗在国防岗位上。对军人婚姻实行特别保护是维护军队稳定的需要，有利于维护军人的切身利益，消除军人的后顾之忧，维护军队的稳定，对增强部队的战斗力起到了十分积极的作用。同时，也是拥军优属工作的一项重要内容。对军人婚姻实行特殊保护并不违背婚姻自由的原则。[①] 婚姻自由是我国婚姻法的一项基本原则，同时由于军队担负的特殊任务和军人的职业特点，国家对军人的婚姻又有一些特殊保护，它既体现在本条的规定，又体现在军人择偶须遵循国家和军队的规定，同时军人配偶也享受国家、社会给予的优待与照顾。

该条源于《婚姻法》第 33 条的规定。对军婚的特殊保护是我国婚姻制度的一个特色，其源于第二次国内革命战争时期。中华人民共和国成立后 1950 年的《婚姻法》对其进行了保留，1950 年《婚姻法》第 19 条第 1 款规定："现役革命军人与家庭有通讯关系的，其配偶提出离婚，须得革命军人的同意。"1980 年《婚姻法》对其进行了修改："现役军人的配偶要求离婚，须得军人同意"。[②] 2001 年修改增加了军人一方有重大过错的情形："现役军人的配偶要求离婚，须得军人同意，但军人一方有重大过错的除外"。

军人是对在国家军队中服役的军职人员的称呼，包括战斗人员和非战斗人员。而现役军人的配偶是指同现役军人履行了结婚登记手续、并且领取了结婚证的非军人一方。本条规范的对象也即现役军人和现役军人的配偶。现役军人具体包括：现役军官；军士长、专业军士；军士、兵。中国人民武装警察部队虽然不属于中国人民解放军的编制序列，但是在婚姻问题上仍按现役军人婚姻问题处理。现役军人不包括：一是在军事单位中未取得军籍的职工；二是退役军人，包括复员军人、转业军人、退伍军人、离休军人以及退役的革命伤残军人；三是在地方担任某种军事职务的人员。[③]

虽然本条是专门对军人离婚案件的规定，但也有不适用本条规定的军人离婚案件。具体而言，双方都是现役军人则不属于本条的规范对象。本条是为了维护现役军人一方的利益而限制现役军人配偶一方的离婚请求权的规定。双方都是现役军人的情况，如若适用该条则会妨碍另一方现役军人的切身利益，违反本条的立法初衷。另一种情况是现役军人一方向其非军人配偶一方提出离婚请求的不符合本条规定的保护对象，也不适用本条的规定。严格意义上讲，本条的规范对象

---

① 黄薇主编：《中华人民共和国民法典婚姻家庭编解读》，中国法制出版社 2020 年版，第 196 ~ 196 页。

② 杨立新：《中华人民共和国民法典释义与案例评注 · 婚姻家庭编》，中国法制出版社 2020 年版，第 243 页。

③ 胡康生：《中华人民共和国婚姻法释义》，法律出版社 2001 年版，第 144 页。

仅为现役军人配偶一方提起离婚请求的情况。

本规定的重点是限制军人配偶一方的离婚请求权，对于军人一方没有重大过错的，人民法院原则上不得作出准予离婚的判决，但是军人一方有重大过错的除外。至于如何理解重大过错，最高人民法院颁布的《最高人民法院关于适用〈中华人民共和国婚姻法〉若干问题的解释（一）》第23条规定，可以依据《婚姻法》第32条第3款前3项规定及军人有其他重大过失导致夫妻感情破裂的情形予以判断。前三项的规定分别为：重婚或有配偶者与他人同居的；实施家庭暴力或虐待遗弃家庭成员的；有赌博吸毒等恶习屡教不改的。也即，现役军人存在以上情况及其他重大过失导致关系破裂的，配偶请求离婚也就不再需要征得军人一方的同意。最后一项为兜底条款，因为实践中各种案情复杂多样，不可能穷尽一切情形。这实则赋予了审判法官一定程度的自由裁量权，但该条款也有一定的程度要求，那就是要达到致使夫妻感情破裂的程度，这就需要法官在实际案情中具体问题具体分析。如果系双方性格不合、非军人一方感情转移等原因提出离婚的，当军人一方不同意离婚的，应当尽量调解和好或判决不准离婚。

本条与第1079条是一般与特殊的关系，第1079条广泛适用于一般的离婚案件，而本条只适用于现役军人的配偶要求离婚的特殊案件，对军人婚姻作出保护的特殊规定，依据特别法优先于普通法的原则，在处理非军人要求与现役军人离婚的案件中，应当优先适用本条的规定。

对于破坏军人婚姻的违法犯罪行为应当给予严厉打击。现役军人配偶提出离婚须征得军人一方的同意只是保护其婚姻的民事法律措施。如果是由于第三者破坏军婚并构成犯罪的，依法追究第三者的刑事责任。《刑法》第259条规定："明知是现役军人的配偶而与之同居或者结婚的，处三年以下有期徒刑或拘役。利用职权、从属关系，以胁迫手段奸淫现役军人的妻子的，依照本法的第二百三十六条的规定定罪处罚。"

【相关案例】

徐某与王某离婚纠纷案[①]

本案争议的焦点在于夫妻感情是否破裂。原告徐某诉称双方个性差异大，婚后双方性格不合、缺乏沟通，还经常为婆媳关系闹矛盾，致双方时常发生争执。

① （2013）虹民一（民）初字第2451号。

双方已分居多时，感情破裂。被告王某辩称，原告所述与事实不符，平日生活中双方虽有个性差异，时有争执，但被告为了这个家是付出相当精力和财力的，夫妻感情并未到破裂的程度，原告所提离婚理由并不充分；现为了修复夫妻感情，给幼小的孩子一个完整的家，被告愿意为之努力，况且目前家中虽有矛盾亦属非原则性的，被告又无过错，双方和好亦不是没有可能，故不同意离婚。法院经审理认为，夫妻关系的存续应以感情为基础。原告、被告虽系自主婚姻，但在婚后的日常生活中，未注重调适夫妻关系及妥善处理家庭矛盾，致夫妻关系失和，但并不存在法律所规定的准予离婚的相关情形。只要原告、被告念及夫妻以往情分，彼此加强沟通，并多给予对方理解、关心和宽容，相信夫妻重归于好、重建和谐家庭还是有可能的。依照《婚姻法》第23条、第33条之规定，判决原告徐某与被告王某离婚不予准许。

【关联法条】

《婚姻法》第45条

（撰稿人：陈禹璇）

第一千零八十二条　【离婚的限制】女方在怀孕期间、分娩后一年内或者终止妊娠后六个月内，男方不得提出离婚；但是，女方提出离婚或者人民法院认为确有必要受理男方离婚请求的除外。

【释义】

本条规范来源于《婚姻法》第34条，本次民法典基本未作改动，仅在用词上将“不在此限”调整为“除外”，使得立法体系更加规范与完整。自1980年《婚姻法》即对妇女怀孕期间以及分娩后一年内男方的离婚请求权作出一定限制，后与《妇女权益保障法》第45条结合为2001年《婚姻法》第34条，男方的离婚诉权在下列情况下受到限制：第一是女方怀孕期间，第二是女方分娩后一年内，第三是女方终止妊娠后六个月内。

本条规范是基于事实上的需要和社会道义的要求，以保护妇女、胎儿和婴儿的合法权益，具有重要的现实意义，是婚姻家庭法所确立的“妇女合法权益保护原则”的重要体现，与“婚姻自由原则”是特殊和一般的关系，为了保护妇女与儿童的身心健康，在符合本条规范的情况下优先适用本条。

女方在怀孕期间、分娩后一年内或者终止妊娠后六个月内，不论在身体还是精神上都处于较为脆弱的状态，需要予以特殊保护。同时胎儿与婴儿也需要父母的合力照顾，如此时男方提出离婚，会对妇女、胎儿与婴儿的身心造成不可逆的严重伤害，因此法律对这种情况下男方的离婚请求权作出一定的限制。

人民法院在司法实践中对本条的具体适用时，应注意以下问题：

第一，本条规范限制的主体是男方，而女方的离婚请求权不受此限制，女方自愿放弃法律对其保护是对自身权利的处分，说明女方对离婚产生的影响已有预期，因此具有完全民事行为能力的女方即使在规范所述的期限内提出离婚，人民法院也应当正常受理。

第二，本条规范限制的是男方一定期限内的起诉权，而不是否定和剥夺男方的起诉权，也不剥夺男方离婚的权利，只是推迟了男方提出离婚的时间，予以对特殊时期妇女的特殊保护，而并不涉及准予离婚或不准离婚的实体性问题。若不在规范的时间内，男方仍可以请求离婚。

第三，本条规范的限制并不是要求男方在规范期限内绝对不能起诉，因本条同时规定“女方提出离婚或者人民法院认为确有必要受理男方离婚请求的除外”，说明法院在认为确有必要的，也可以受理男方的离婚申请。对于确有必要的认定，现行法律和司法解释均无明文规定，需要由法官自由裁量判定。以司法实践总结，通常包括以下情况：（1）在规范期限内，如不离婚会导致现实紧迫的危险，如危及自身或他人的生命安全、重大财产安全等；（2）虽在规范期限内，但女方怀孕是与他人通奸所致，女方具有重大过错的情形。女方婚后与他人通奸导致怀孕，男方在提出离婚时若能查明婚后通奸事实且女方有重大过错，则人民法院应当受理。法院受理后，是否判决离婚不能一概而论，应视具体情节依本法第1079条诉讼离婚的有关规定进行判断，而且法院在处理时仍应注意对妇女、胎儿和婴儿权利的保护。

第四，本条规范的期限内，男方提出离婚诉讼，人民法院应当不予受理。如果男方在起诉时，不知女方已经怀孕或者人民法院在受理男方的离婚请求后才发现女方处于上述法定保护期的，一审法院应当判决驳回男方的诉讼请求，而不应判决不准离婚。若一审法院判决离婚，女方以存在上述情形为由提出上诉的，二审法院查明，男方起诉离婚确存在以上法定情形，应撤销一审判决，并驳回男方诉讼请求。

【相关案例】

陶某与郭某离婚纠纷案①

本案的争议焦点是在女方分娩一年内，男方是否可以诉请离婚。原告陶某与被告郭某于2014年9月在相亲活动中相识，2014年10月，被告郭某搬过来与原告同居生活并很快怀孕。双方于2015年2月17日登记结婚，于2015年8月9日生育一女。双方仓促成婚，婚前缺乏必要了解，婚后亦未建立起良好的夫妻感情，后因家庭售房问题发生重大矛盾，导致夫妻关系恶化已无修复可能。故原告诉至法院：要求解除双方的婚姻关系。

本院认为，根据法律规定，女方在怀孕期间、分娩后一年内或中止妊娠后六个月内，男方不得提出离婚。本案中，郭某于2015年8月9日生育一女陶某1，陶某起诉离婚距离郭某分娩之日尚不足一年，违反了上述对离婚诉权的法定限制性规定，应予驳回。综上，根据《婚姻法》第34条之规定，裁定驳回原告陶某的起诉。

【关联法条】

《婚姻法》第34条

（撰稿人：陈禹璇）

第一千零八十三条　【复婚】离婚后，男女双方自愿恢复婚姻关系的，应当到婚姻登记机关重新进行结婚登记。

【释义】

本条规范基本维持了《婚姻法》第35条的规定，在此基础上作了两处修改。

第一，在征求意见时有观点认为，夫妻关系的表述不准确，男女离婚后重新和好，到婚姻登记机关重新进行结婚登记，恢复的是《民法典》婚姻家庭编调整的婚姻关系，而不是作为身份的夫妻关系。立法部门采用了这一建议，将重新登记恢复的“夫妻关系”修改为“婚姻关系”，使立法表述更加准确。

第二，还有意见提出，男女离婚后和好，到婚姻登记机关也是重新办理结婚

① （2016）京0105民初字第3982号。

登记，登记的条件和程序，受理登记的机关和要求与结婚登记完全相同，只是对复婚登记的当事人，一般不再要求进行婚前健康检查。因此建议立法部门将“复婚登记”修改为“重新进行结婚登记”，使法律的规定更加准确，更有利于当事人的理解与司法适用，立法部门也据此作出了修改形成本条条款。

重新进行婚姻登记恢复婚姻关系，简称复婚，是指已经依法解除婚姻关系完成离婚后的男女，重新和好再次进行结婚登记，婚姻登记机关审查后发给结婚证，双方重新恢复婚姻关系，这是法律上对复婚的要求。但在实践中，男女双方离婚后重新和好，再次以夫妻名义同居生活，履行夫妻义务，却有不少数人未经婚姻登记机关重新进行结婚登记。在这种状态下，仅为同居状态，不是法律上承认的合法婚姻，其同居关系也不受《民法典》婚姻家庭编的调整与保护。《最高人民法院关于人民法院审理未办理结婚登记而以夫妻名义同居生活案件的若干意见》第4条规定，离婚后双方未再婚，未履行复婚登记手续，又以夫妻名义共同生活，一方起诉“离婚”的，一般应解除其非法同居关系。

《民法典》本次对重新进行结婚登记予以强调，旨在解决离婚后男女和好忽略结婚登记而非法同居产生不必要的纠纷问题，强调重新结婚登记取得合法有效婚姻关系的重要性。

《婚姻登记条例》第14条规定，离婚的男女双方自愿恢复夫妻关系的，应当到婚姻登记机关办理复婚登记。复婚登记适用本条例结婚登记的规定。即复婚的登记与结婚登记的手续一致，男女双方应当亲自到一方户籍所在地的婚姻登记机关申请结婚登记，在办理手续时，应当递交原离婚证，以备婚姻登记机关审查，婚姻登记机关按照结婚的程序办理复婚登记。在办理复婚登记时，应当回收双方当事人的离婚证以防止当事人重婚。经法定程序和审查后，婚姻登记机关应当重新向双方当事人发给结婚证。

【相关案例】

林某2等与刘某继承纠纷案①

本案的争议焦点为被继承人林某星的法定继承人范围。××××年，林某星与刘某结婚。1977年，二人生育一子林某2。1984年，林某星与刘某离婚。离婚后，林某星回武汉工作，刘某搬至林某星处与其共同居住。1989年，林某星退休回到集美，当时每月退休费83.25元。林某星退休后与刘某未办理复婚登记，一

① （2017）闽02民终字第918号。

直共同生活至林某星病故。

法院认为，刘某与林某星已离婚，不能以配偶身份作为林某星的继承人。刘某与林某星于1984年11月16日离婚，二人离婚后未再办理复婚登记。刘某认为虽然双方未办理复婚登记，但是构成事实婚姻关系。原审法院认为，《最高人民法院关于适用〈中华人民共和国婚姻法〉若干问题的解释（一）》第5条有关事实婚姻的司法解释是针对《婚姻法》第8条作出的，而《婚姻法》第8条是规定在《婚姻法》第2章“结婚”一章中，并非是对离婚后复婚作出的规定。《最高人民法院关于人民法院审理未办结婚登记而以夫妻名义同居生活案件的若干意见》第4条规定，离婚后双方未再婚，未履行复婚登记手续，又以夫妻名义共同生活，一方起诉“离婚”的，一般应解除其非法同居关系。由此可知对于双方离婚后是否又建立婚姻关系，应依照《婚姻法》第35条“离婚后，男女双方自愿恢复夫妻关系的，必须到婚姻登记机关进行复婚登记”的规定予以确认。未办理复婚登记的，应认定为同居关系，不能适用《最高人民法院关于适用〈中华人民共和国婚姻法〉若干问题的解释（一）》第5条有关事实婚姻的司法解释。由于刘某与林某星未办理复婚登记，刘某主张其与林某星生前存在事实婚姻关系，理由不成立，故刘某非林某星的法定继承人。原审判决对本案继承人的范围界定并无不当，本院予维持。判决驳回上诉，维持原判。

【关联法条】

《婚姻法》第35条，《婚姻登记条例》第14条，《最高人民法院关于人民法院审理未办理结婚登记而以夫妻名义同居生活的案件若干意见》第4条

（撰稿人：陈禹璇）

第一千零八十四条　【离婚后的父母子女关系】父母与子女间的关系，不因父母离婚而消除。离婚后，子女无论由父或者母直接抚养，仍是父母双方的子女。

离婚后，父母对于子女仍有抚养、教育、保护的权利和义务。

离婚后，不满两周岁的子女，以由母亲直接抚养为原则。已满两周岁的子女，父母双方对抚养问题协议不成的，由人民法院根据双方的具体情况，按照最有利于未成年子女的原则判决。子女已满八周岁的，应当尊重其真实意愿。

【释义】

本条是对离婚后的父母子女关系的规定，源自《婚姻法》第36条。[①] 相较于后者，本条一是与第26条[②]一道顺应《民法总则》[③] 的提法，增设“保护”的义务，扩大了离婚后父母对子女承担的义务范围；二是将原则上由母亲直接抚养的子女范围，从“哺乳期内的子女”确定为“不满两周岁的子女”；三是明确判定抚养权归属时遵循“最有利于未成年子女原则”；四是增加了对已满八周岁子女真实意愿的考量。

理解本条需要注意以下几点：

首先，父母子女关系与夫妻关系性质不同。夫妻关系是夫妻双方基于婚姻而存在的人身关系和财产关系。其在男女双方自愿的基础上通过法律规定的条件、程序得以成立，并通过离婚这一法律行为得以解除。而父母子女关系根据产生依据的不同，分为自然血亲的父母子女关系和法律拟制的父母子女关系。[④] 自然血亲的父母子女关系由于子女出生的事实而自然发生，不能人为解除，离婚当然无法对其产生影响。法律拟制的父母子女关系由于法律的认可而人为设立，包括养父母与养子女关系和继父母与受其抚养教育的继子女关系，离婚的影响相应有所区别——养父母离婚不导致养父母与养子女关系必然解除；继父与生母或继母与生父离婚时，如果继父母不同意继续抚养曾受其抚养教育的继子女，则继父母与受其抚养教育的继子女关系自然解除。[⑤]

其次，合理量化判断抚养权归属的条件有助于提高可操作性。考虑到母乳喂养对于婴幼儿健康成长的重要性，《婚姻法》将原则上由母亲抚养的子女年龄范围定为“哺乳期”。其保护未成年人利益的初衷虽好，但“哺乳期”这一含糊概念却造成了司法实践的无所适从。一方面，育儿观念的多元化使得部分夫妻抛弃了母乳喂养的单一选择；另一方面，个案中具体确定婴幼儿的哺乳期也难以把

---

① 《婚姻法》第36条规定，父母与子女间的关系，不因父母离婚而消除。离婚后，子女无论由父或母直接抚养，仍是父母双方的子女。离婚后，父母对于子女仍有抚养和教育的权利和义务。离婚后，哺乳期内的子女，以随哺乳的母亲抚养为原则。哺乳期后的子女，如双方因抚养问题发生争执不能达成协议时，由人民法院根据子女的权益和双方的具体情况判决。

② 《民法典》第26条规定，父母对未成年子女负有抚养、教育和保护的义务。

③ 《民法总则》第26条规定，父母对未成年子女负有抚养、教育和保护的义务。

④ 余延满：《亲属法原论》，法律出版社2007年版，第380页。

⑤ 《最高人民法院关于人民法院审理离婚案件处理子女抚养问题的若干具体意见》第13条规定，生父与继母或生母与继父离婚时，对曾受其抚养教育的继子女，继父或继母不同意继续抚养的，仍应由生父母抚养。

握。对此，司法解释曾予以回应，提出了两周岁的判断标准。[①]《民法典》肯定了这一长期沿用的标准，可见量化的思路与选取的数值均对指导现实纠纷具有较为理想的可操作性。

再次，“最有利于未成年子女原则”是“儿童利益最大化原则”在我国婚姻家事立法中的体现。1989 年联合国大会通过的《儿童权利公约》第 3 条第 1 款规定：“关于儿童的一切行为，不论是由公私社会福利机构、法院、行政当局或立法机构执行，均应以儿童的最大利益为一种首要考虑”，首次明确了“儿童利益最大化原则”。子女抚养权的归属问题一直是我国离婚纠纷的审判难点。长期以来，我国虽未在立法层面直接采用“儿童利益最大化原则”的提法，但在《未成年人保护法》《婚姻法》《收养法》《刑事诉讼法》等领域均针对未成年人的保护作出了特别规定，并在婚姻家事审判实践中形成了优先保护未成年人的共识。本条明确提出“按照最有利于未成年子女的原则判决”，是对司法共识予以的立法确认，凸显了《民法典》强化保护未成年人利益的亮点。

最后，尊重子女意愿的年龄下限与民事行为能力人的年龄下限相呼应。随着中国社会经济的发展和居民生活质量、受教育水平的提高，未成年人的认知能力和生理、心理成熟度显著提升。自《民法总则》起，我国便将限制民事行为能力人的年龄下限从十周岁修改为八周岁。限制民事行为能力人可以独立实施与其年龄、智力相适应的民事法律行为。抚养权的归属涉及子女根本利益，理应尊重未成年人的自主意识。统合尊重子女意愿的年龄限制与民事行为能力人的年龄限制，尊重年满八周岁的子女意愿，不仅有利于我国民事立法体系的逻辑自洽，更有利于在离婚纠纷中切实保护子女的合法权益。

【相关案例】

生父死亡后继母刘某与生母杨某萍领回生女案[②]

该案争论焦点为离婚后未取得子女抚养权的一方是否对子女承担抚养义务。被告杨某萍与熊某辉于 1986 年 8 月 4 日生育一女，取名熊某妮。1988 年 12 月，被告杨某萍与熊某辉离婚，熊某妮归熊某辉抚养。1989 年 6 月，原告刘某与熊某

---

① 《最高人民法院关于人民法院审理离婚案件处理子女抚养问题的若干具体意见》第 1 条规定，两周岁以下的子女，一般随母方生活。母方有下列情形之一的，可随父方生活：（1）患有久治不愈的传染性疾病或其他严重疾病，子女不宜与其共同生活的；（2）有抚养条件不尽抚养义务，而父方要求子女随其生活的；（3）因其他原因，子女确无法随母方生活的。

② 载人民法院案例选（2003 年第 4 辑）（总第 46 辑）。

辉结婚，熊某妮一直随刘某和熊某辉共同生活。2002年6月27日，熊某辉逝世。此后，原告刘某要求被告杨某萍将熊某妮领回抚养，被告杨某萍未予同意。为此，原告刘某于2003年6月4日向长沙市雨花区人民法院提起诉讼，称其已无能力抚养熊某妮，要求被告杨某萍将生女领回抚养。被告杨某萍辩称熊某妮一直与熊某辉和刘某生活，彼此之间建立了感情，现自己无固定生活来源及住所，又经常在外出差，抚养小孩的条件明显不如原告刘某，因此不愿意领回熊某妮，但愿意承担小孩的抚养费。法院认为，熊某妮系被告杨某萍与熊某辉所生子女，熊某妮与被告杨某萍所形成的血缘关系，不因被告杨某萍与熊某辉离婚而解除。熊某妮与原告刘某所形成的收养关系，是基于原告刘某与熊某辉结婚，继母收养继女所产生的。现熊某辉已死亡，熊某辉与原告刘某之间的婚姻关系自然解除。因此，原告刘某与继女熊某妮所产生的事实收养关系因婚姻关系的解除而自然解除，原告刘某不再承担熊某妮的抚养义务，熊某妮应由其生母杨某萍领回抚养。依据《婚姻法》第36条第1款、第2款判决被告杨某萍将熊某妮领回抚养。

【关联法条】

《婚姻法》第36条，《民法典》第26条，《最高人民法院关于人民法院审理离婚案件处理子女抚养问题的若干具体意见》第1条、第13条

（撰稿人：杨圣玥）

第一千零八十五条　【离婚后子女抚养费的负担】 离婚后，子女由一方直接抚养的，另一方应当负担部分或者全部抚养费。负担费用的多少和期限的长短，由双方协议；协议不成的，由人民法院判决。

前款规定的协议或者判决，不妨碍子女在必要时向父母任何一方提出超过协议或者判决原定数额的合理要求。

【释义】

本条是对离婚子女抚养费负担问题的规定，源自《婚姻法》第 37 条。[①] 相较于后者，本条一是完善条文表述、减少理解歧义，将“一方抚养的子女”改为“子女由一方直接抚养的”；二是扩大了离婚后未直接抚养子女一方应负担的费用范围，从“必要的生活费和教育费”变为“抚养费”。

理解本条需要注意以下几点：

首先，离婚后双方均承担支付子女抚养费的平等义务。《民法典》第 1084 条第 2 款规定“离婚后，父母对于子女仍有抚养、教育、保护的权利和义务”。抚养费是父母对子女承担抚养义务的具体体现之一。原则上，离婚后的父母双方均应支付子女抚养费，不因是否争取到子女抚养权而有所区分。不过司法解释也特别规定，符合一定条件时“父母双方可以协议子女随一方生活并由抚养方负担子女全部抚育费”。[②]

其次，不直接抚养子女的一方承担的抚养费包括除生活费、教育费外的其他必要费用。比较法上，《德国民法典》第 1610 条第 2 款规定：“扶养费涵盖全部生活需要，包括适当的职业培训费用，在需受教育者的情形下，也包括教育费用”[③]；《瑞士民法典》第 276 条第 1 款规定：“父母应负担子女的抚养费，包括教育、职业培训和子女保护措施的费用”[④]。相较之下，我国《婚姻法》规定的子女抚养费范围则较为局限，仅为“生活费”“教育费”；即使是司法解释，也不过是在《婚姻法》的基础上增列“医疗费”而呈现开放式列举。[⑤] 当代中国社会是一个具有风险社会属性、竞争程度增强的社会。抚养子女可能涉及的费用类别，早已超过《婚姻法》立法时的社会现实，难以准确明晰地予以穷尽、分类抑或列举（例如，保险费是否算作抚养费？医疗费和生活费是否有重叠?）。因此，本条将抚养子女的费用概括为“抚养费”可谓明智，能够为法官顺应现实需求行使自

---

① 《婚姻法》第 37 条规定，离婚后，一方抚养的子女，另一方应负担必要的生活费和教育费的一部或全部，负担费用的多少和期限的长短，由双方协议；协议不成时，由人民法院判决。关于子女生活费和教育费的协议或判决，不妨碍子女在必要时向父母任何一方提出超过协议或判决原定数额的合理要求。

② 《最高人民法院关于人民法院审理离婚案件处理子女抚养问题的若干具体意见》第 10 条规定，父母双方可以协议子女随一方生活并由抚养方负担子女全部抚育费。但经查实，抚养方的抚养能力明显不能保障子女所需费用，影响子女健康成长的，不予准许。

③ 陈卫佐译注：《德国民法典（第四版）》，法律出版社 2015 年版，第 496 页。

④ 戴永盛译：《瑞士民法典》，中国政法大学出版社 2016 年版，第 103 页。

⑤ 《最高人民法院关于适用〈中华人民共和国婚姻法〉若干问题的解释（一）》第 21 条规定，婚姻法第 21 条所称“抚养费”，包括子女生活费、教育费、医疗费等费用。

由裁量提供法律依据。

再次，不直接抚养子女的一方承担的抚养费比重最高可达全部。实践中，父母一方（通常为女方）在婚后放弃职场发展而将重心转至家庭，是较为常见的情形。在判决抚养权归属时，由于该类当事人在婚姻存续期间对未成年子女有更多的陪伴和了解，不论是就未成年子女尽快适应家庭变故还是长期成长而言，由其直接抚养子女都是更为合适的选择。然而基于长期疏远职场发展的现实，该类当事人收入水平往往并不理想，甚至与另一方差距悬殊。本条延续了《婚姻法》的思路，规定不直接抚养子女的一方承担的抚养费比重最高可达全部，这将有效协调、保障未成年子女的物质、精神需求，为父母离婚后未成年子女的健康成长创造有利条件。

最后，离婚后的子女抚养费额度可以根据实际情况变更，且有权请求变更的主体仅为子女。离婚时确定的子女抚养费，随着物价水平、子女需求等实际情况的变化而捉襟见肘的情况并不罕见。此前，司法解释已明确规定了可以增加子女抚养费的情形。[①] 应当注意，司法实践中作为原告起诉主张子女抚养费的主体有两类：一是子女，二是直接抚养子女的一方。[②] 二者主张抚养费的法律依据并不相同——前者是基于婚姻家事相关法条[③]，后者是基于约定子女抚养费的离婚协议（本质是合同）。显然，本条是支持子女主张抚养费的婚姻家事法条之一，有权据此请求变更子女抚养费额度的主体仅为子女。

【相关案例】

麻某某与麻晓某抚养费纠纷案[④]

该案争议焦点为，在每月支付的固定数额抚养费之外另行主张的大额子女抚养费用请求，是否应予准许。麻某某的法定代理人李某与麻晓某原系夫妻关系，麻某某系双方婚生子。后双方于2011年离婚，协议约定“双方婚生之子麻某某由女方抚养，男方每月10日前支付共计1500元人民币，抚养费每年根据情况酌

① 《最高人民法院关于人民法院审理离婚案件处理子女抚养问题的若干具体意见》第18条规定，子女要求增加抚育费有下列情形之一，父或母有给付能力的，应予支持。（1）原定抚育费数额不足以维持当地实际生活水平的；（2）因子女患病、上学，实际需要已超过原定数额的；（3）有其他正当理由应当增加的。

② 国家法官学院案例开发研究中心编：《中国法院2019年度案例·婚姻家庭与继承纠纷》，中国法制出版社2019年版。

③ 《民法典》第1067条规定，父母不履行抚养义务的，未成年子女或者不能独立生活的成年子女，有要求父母给付抚养费的权利。成年子女不履行赡养义务的，缺乏劳动能力或者生活困难的父母，有要求成年子女给付赡养费的权利。

④ 2015年最高人民法院公布49起婚姻家庭纠纷典型案例。

情增加，麻某某在学习、医疗等各方面的开支双方共同承担”。2013 年，麻某某因间歇性外斜视、双眼屈光不正住院治疗，共支出医疗费 13422.02 元。2010 年、2012 年麻某某参加围棋培训，共支出教育费 11105 元，2010 年、2011 年、2013 年麻某某参加学习辅导班，共支出教育费 11105 元。2013 年，李某起诉至昌平法院，请求增加每月应当支付的抚养费，请求判令麻晓某支付麻某某的医疗费和教育培训费用。法院认为，关于子女生活费和教育费的协议或判决，不妨碍子女在必要时向父母任何一方提出超过协议或判决原定数额的合理要求。“抚养费包括子女生活费、教育费、医疗费等费用”，但不应就此一概认为每月支付固定数额抚养费后，无须再支付医疗费。而应考虑抚养费、教育费、医疗费的支出的原因与具体数额，同时兼顾夫妻双方的利益公平。同时，为保护未成年人利益，促进未成年人身心的全面发展，法律适当鼓励未成年人根据个人天赋与爱好参与一定的课外辅导课程。本案中麻某某长期参加围棋辅导班，从父母婚姻关系存续期间持续到离婚之后，麻晓某在婚姻关系存续期间对此同意，离婚后知情但未明确表示反对。目前也缺乏证据证明围棋班与麻某某兴趣不符，并不属于过分的报班的情形，因而依法应予支持。最终，法院判决麻晓某支付麻某某抚养费每月人民币 2500 元，至麻某某年满十八周岁止；麻晓某支付麻某某医疗费 6711.01 元，教育费 5552.5 元。

【关联法条】

《婚姻法》第 37 条，《民法典》第 1067 条，《最高人民法院关于人民法院审理离婚案件处理子女抚养问题的若干具体意见》第 10 条、第 18 条，《最高人民法院关于适用〈中华人民共和国婚姻法〉若干问题的解释（一）》第 21 条

（撰稿人：杨圣玥）

第一千零八十六条　【父母的探望权】 离婚后，不直接抚养子女的父或者母，有探望子女的权利，另一方有协助的义务。

行使探望权利的方式、时间由当事人协议；协议不成的，由人民法院判决。

父或者母探望子女，不利于子女身心健康的，由人民法院依法中止探望；中止的事由消失后，应当恢复探望。

【释义】

本条是对离婚后父母行使探望权的规定，源自《婚姻法》第 38 条。[①] 相较于后者，本条的主要变化为，在父母的探望不利于子女身心健康的情况下，法院依法中止的是“探望”，而非“探望的权利”；相应地，中止的事由消失后，应当恢复的也是“探望”而非“探望的权利”。除此之外的改动，均为不影响条文实质内容的细节变化。

理解本条需要注意以下几点：

首先，探望权是亲权的重要表现。探望权是基于父母子女身份关系不直接抚养方享有的与未成年子女探望、联系、会面、交往、短期共同生活的法定权利。根据《民法典》第 1084 条的规定，父母子女关系不因离婚而解除。这一亲权在直接抚养子女的一方体现为抚养权，在不直接抚养子女的一方则体现为探望权。现实生活中，一些父母离婚后出于个人对前妻或前夫的厌恶与报复，人为限制子女与前夫或前妻的交往，严重损害子女合法权益。探望权的设置旨在减轻父母离婚对子女成长带来的消极影响，使离婚后的父母双方仍能掌握子女的生活、学习状况等，从而维系父母子女感情、促进子女健康成长。此外，由于探望权是亲权的自然延伸，既然亲权不能人为放弃、中止，过去《婚姻法》“中止探望的权利”的表述则略显不妥，《民法典》将其修改为“中止探望”体现了法条用语趋于严谨。

其次，探望权的主体仅为离婚后不直接抚养子女的父或母。尽管健全完整的家庭关系有助于未成年子女的健康成长，符合我国的传统道德伦理与家庭观念，目前立法层面仍不承认“隔代探望权”，即将子女的祖父母、外祖父母排除在探望权的主体范围外。在江苏省首例失独老人“隔代探望权”纠纷案中，法院终审宣判驳回儿媳上诉，维持原判，支持两位失独老人每月探望孙子一次。具有一定的积极意义。“隔代探望权”产生争议的原因在于，有观点认为，规定离婚后不直接抚养子女的一方享有探望权已构成对直接抚养子女一方生活的不当干扰，赋予祖父母、外祖父母独立的探望权并不必要，因为他们原本就可以一同探望。该观点具有一定的合理性。在我国首例发生于江西的“隔代探望权”纠纷案中，直接抚养子女的母亲彭某再婚后，祖父母经常未经同意径直前往探望，多次发生冲

---

① 《婚姻法》第 38 条规定，离婚后，不直接抚养子女的父或母，有探望子女的权利，另一方有协助的义务。行使探望权利的方式、时间由当事人协议；协议不成时，由人民法院判决。父或母探望子女，不利于子女身心健康的，由人民法院依法中止探望的权利；中止的事由消失后，应当恢复探望的权利。

突，给彭某家庭生活造成严重影响，法院最终判决祖父母未经同意不得擅自探望。应当意识到，《民法典》三审稿删除一审稿、二审稿增设的“隔代探望权”条款，并不意味着立法者反对“隔代探望权”，只是对制度细节难以达成共识，如何取舍仍有研究余地。[①] 未来，在不直接抚养子女的一方不能探望的情况下（如本人去世、收监），相应的祖父母、外祖父母可以享有独立探望的权利，或许是完善制度设计的一个可行方向。

【相关案例】

王某辉与柴某探望权纠纷案[②]

该案争论焦点为解除同居关系后不直接抚养非婚生子女的一方是否对子女享有探望权。原告王某辉与被告柴某经人介绍相识，于 2012 年 10 月 6 日按照农村习俗举行典礼仪式后开始同居生活，2013 年 9 月 12 日生育女儿王某瑶，后双方解除同居关系。王某辉与柴某曾因非婚生女王某瑶的抚养权纠纷诉至法院，2015 年 6 月 2 日，鹤壁市浚县人民法院判决非婚生女王某瑶暂随原告柴某生活，待其成年后随父随母由其自择。2015 年 7 月 20 日，原告王某辉因探望权纠纷到法院起诉。法院认为，本案中原被告的非婚生女儿王某瑶与被告共同生活，原告作为父亲，有权探望王某瑶。现双方对原告探望权的具体时间和方式有不同意见，法院本着既要考虑不影响子女的正常生活，又要增加女儿同父亲的沟通交流、减轻子女因父母解除同居关系而带来的家庭破碎感以及既有利于子女今后身心健康成长，又能维护原告合法权利的原则，依照《婚姻法》第 38 条第 1 款、第 2 款的规定，判决原告王某辉自判决生效之日起，可于每月第一周周日上午 9 时至下午 5 时探望女儿王某瑶一次，被告柴某应予以协助。

【关联法条】

《婚姻法》第 38 条，《民法典》第 1084 条，《最高人民法院关于适用〈中华人民共和国婚姻法〉若干问题的解释（一）》第 24 条

（撰稿人：杨圣玥）

---

① 岳业鹏：《认真对待“隔代探望权”》，载中国法院网 2019 年 12 月 20 日，https://www.chinacourt.org/article/detail/2019/12/id/4737125.shtml，2020 年 8 月 8 日访问。

② 2015 年最高人民法院公布 10 起婚姻家庭纠纷典型案例（河南）。

第一千零八十七条 【离婚时夫妻共同财产的处理】 离婚时，夫妻的共同财产由双方协议处理；协议不成的，由人民法院根据财产的具体情况，按照照顾子女、女方和无过错方权益的原则判决。

对夫或者妻在家庭土地承包经营中享有的权益等，应当依法予以保护。

【释义】

本条是对离婚时处理夫妻共同财产的规定，源自《婚姻法》第39条。[①] 相较于后者，本条主要的变化是在分割离婚夫妻共同财产依据的原则中增加了“照顾无过错方权益”。

理解本条需要注意以下几点：

首先，离婚当然导致夫妻双方财产关系的解除。夫妻关系是夫妻双方基于婚姻而存在的人身关系和财产关系，离婚解除夫妻人身关系的同时，当然解除夫妻的财产关系。夫妻共同财产的认定和分割，关乎离婚后的双方能否独立自主地生产、生活，因而涉及夫妻双方根本利益。由于双方依法平等享有夫妻共同财产的所有权，离婚时自然也平等享有对夫妻共同财产的分割请求权。[②]

其次，增设照顾无过错方权益原则彰显了《民法典》捍卫社会风气的决心。依据《婚姻法》，离婚分割夫妻共同财产遵循的原则为照顾子女和女方权益，不涉及无过错方；对无过错方的保护，仅体现在无过错方的损害赔偿请求权。[③] 后者不仅情形局限，对于举证责任的要求也很高，诸如出轨、嫖娼等导致离婚的常见事由，往往都不能算作离婚损害赔偿的原因，而只能作为感情破裂的证据。一方面，这对过错方的惩罚力度太小；另一方面，也对婚姻忠诚度提出了过低的要求，不利于维系社会家庭伦理道德。即便是后续出台的针对离婚财产分割的司法解释，也不过是提纲挈领地倡议“坚持男女平等，保护妇女、儿童的合法权益，照顾无过错方，尊重当事人意愿，有利生产、方便生活的原则，合情合理地予以

---

① 《婚姻法》第39条规定，离婚时，夫妻的共同财产由双方协议处理；协议不成时，由人民法院根据财产的具体情况，照顾子女和女方权益的原则判决。夫或妻在家庭土地承包经营中享有的权益等，应当依法予以保护。

② 蒋月：《婚姻家庭与继承法（第三版）》，厦门大学出版社2014年版，第245页。

③ 《婚姻法》第46条规定，有下列情形之一，导致离婚的，无过错方有权请求损害赔偿：（1）重婚的；（2）有配偶者与他人同居的；（3）实施家庭暴力的；（4）虐待、遗弃家庭成员的。

解决”，多原则并列亦无法凸显对无过错方的保护。长期的立法缺失，导致司法实践中的财产分割与一方过错没有必然联系，法官在判决离婚分割财产时是否向无过错方倾斜，仍属法官自由裁量权的范畴。本条吸收了《婚姻法》及其司法解释倡导的思路，将“照顾无过错方原则”明确规定在离婚财产分割遵循的三原则中，充分彰显了社会正义，将为保护无过错方权益、引导社会风气提供有力依据。

最后，土地承包经营权的有关规定旨在保护妇女权益。土地是农民生产生活的根本保障。《妇女权益保障法》第32条规定：“妇女在农村土地承包经营、集体经济组织收益分配、土地征收或者征用补偿费使用以及宅基地使用等方面，享有与男子平等的权利。”第33条规定：“任何组织和个人不得以妇女未婚、结婚、离婚、丧偶等为由，侵害妇女在农村集体经济组织中的各项权益。因结婚男方到女方住所落户的，男方和子女享有与所在地农村集体经济组织成员平等的权益。”不过，由于我国广大农村地区的婚俗大多为女方落户到男方，承包土地多数以男方为户主名义承包，双方一旦离婚，女方的承包经营权难以保障。因此，本条延续了《婚姻法》的有关做法，在第2款突出强调了对夫妻双方在家庭土地承包经营中享有权益的保护。

【相关案例】

郁某杰、郁某辰与丁某兵、丁某华土地承包经营权纠纷案①

该案争论焦点为：(1) 离婚后土地权益能否默示放弃；(2) 如何保护离婚妇女的土地权益。郁某杰与丁某兵系再婚家庭，双方各带一个孩子即郁某辰、丁某华，二人再婚后未再生育。双方因感情问题于2014年经法院判决离婚。2016年8月，法院就郁某杰提起的离婚后财产纠纷诉讼组织双方调解并就财产分配达成一致，双方均表明无其他纠葛。2016年9月起，案外人南通某工程公司因海复镇宁启铁路安置房建设工程需要征用案涉土地，共给付丁某兵78940元。2017年3月，经土地确权登记，案涉土地承包经营权共有人为郁某杰、郁某辰、丁某兵和丁某华。2017年11月24日，郁某杰、郁某辰认为补偿款中的一半应归其所有，故起诉要求丁某兵、丁某华给付。审理中，郁某杰、郁某辰撤回对丁某华的起诉。法院认为，农民基于集体经济组织成员身份取得相应的农村土地承包经营权，夫妻双方及其子女等的农村土地承包经营权是以农户名义取得的。土地承包

① (2017) 苏0681民初8797号。

经营权是一项在农村社会中人人有份的最低生活保障性权利，故在涉及该权利的处分上，必须予以明确、具体。《农村土地承包法》第31条明确规定，承包期内妇女离婚或者丧偶，仍在原居住地生活或者不在原居住地生活但在新居住地未取得承包土地的，发包方不得收回其原承包地。郁某杰与丁某兵在离婚时虽然对共同财产的分割进行了约定，但未就案涉承包经营权进行处分，故郁某杰仍享有承包经营权及相应收益。郁某杰与丁某兵离婚后，丁某兵共获得案外人南通某工程公司支付的土地使用费78940元，该土地收益应由案涉农村土地承包经营户的成员即郁某杰、郁某辰和被告丁某兵、丁某华四人共有，郁某杰、郁某辰依法应各取得四分之一。依照《婚姻法》第39条第2款，《农村土地承包法》第16条、第31条规定，判决丁某兵于向郁某杰、郁某辰分别支付19735元。

【关联法条】

《婚姻法》第39条、第46条，《妇女权益保障法》第32条、第33条，《最高人民法院关于人民法院审理离婚案件处理财产分割问题的若干具体意见》

（撰稿人：杨圣玥）

第一千零八十八条　【离婚经济补偿】 夫妻一方因抚育子女、照料老年人、协助另一方工作等负担较多义务的，离婚时有权向另一方请求补偿，另一方应当给予补偿。具体办法由双方协议；协议不成的，由人民法院判决。

【释义】

本条是对离婚经济补偿的规定，源自《婚姻法》第40条。[①] 相较于后者，本条一是删除了适用离婚经济补偿的前提条件——“夫妻书面约定婚姻关系存续期间所得的财产归各自所有”；二是明确了确定经济补偿的方式——双方协议优先，法院判决补足。此外的变动均为诸如改“付出较多义务”为“负担较多义务”等语法搭配上的微调，在增强条文科学性、严谨性之余，并不影响条文实质内容。

---

① 《婚姻法》第40条规定，夫妻书面约定婚姻关系存续期间所得的财产归各自所有，一方因抚育子女、照料老人、协助另一方工作等付出较多义务的，离婚时有权向另一方请求补偿，另一方应当予以补偿。

理解本条需要注意以下几点：

第一，应当肯定家务劳动、事业支持等不便金钱量化的家庭贡献价值，将相应的经济补偿视为对夫妻共同财产制的补充。比较法上，《瑞士民法典》第165条第1款、第2款规定，“夫妻一方，所给与他方职业上或营业上的协助，显著超过其对家庭生计应为之贡献者，得请求他方给付适当的补偿金。夫妻一方，以其个人收入或财产用于家庭生计，显著超过其应为之贡献者，亦同。”[①]《法国民法典》第270条也对离婚时的补偿性给付作出了规定，适用范围包括“一方配偶为另一方配偶从事的职业活动给予了无偿的合作，因而本身受到了财富上的损失”“妻子因丧失机遇而请求给予补偿性给付”等情形。[②] 有观点质疑，相较于采取分别财产制的国家，我国的夫妻共同财产制相当于已经对较多承担家务劳动、事业支持等义务的弱势方进行了“补偿”，为何还要借助离婚经济补偿制度予以“二次补偿”？应当注意到，将重心更多放在工作的一方在离婚后能够获得更大的发展潜力。而更多照顾家庭的一方虽然可以获得一半的夫妻共同财产，但其离婚后职业发展的能力更差、潜力更弱。从这个角度来看，离婚经济补偿制度不妨为对我国夫妻共同财产制的合理补充。

第二，离婚经济补偿制度的适用范围扩大，由特别请求权变为一般性请求权。根据《婚姻法》第40条的规定，夫妻书面约定分别财产制是适用离婚经济补偿的前提条件。然而，受到社会文化传统和普遍婚姻观念的影响，我国司法实践中书面约定夫妻分别财产制的情形极少。有律师曾围绕“离婚纠纷”“补偿”“《婚姻法》第四十条”等展开检索，在筛选出的262个有效案例中，明确约定了夫妻分别财产制的案例仅有1个。[③] 这导致法院在面对类似情形的案件时，或是以弱势方的利益为牺牲，判决驳回要求离婚经济补偿的当事人的诉讼请求；或是根据案件实际情况（通常是分居的事实）突破法条文义的限制，参照适用《婚姻法》第40条的规定。致使《婚姻法》第40条无法发挥应有的作用。《民法典》在本条中拓宽了离婚经济补偿制度的适用范围，由特别请求权变为一般性请求权，这既是对我国婚姻家事理念现状的尊重，是对离婚纠纷弱势方权益的有效保障，也是对法律实用性、严肃性的维护。

---

① 戴永盛译：《瑞士民法典》，中国政法大学出版社2016年版，第63页。

② 罗结珍译：《法国民法典（上册）》，法律出版社2005年版，第248～249页。

③ 孙玮敏：《从〈民法典〉第1088条谈离婚经济补偿制度》，载威科先行法律信息库2020年6月28日，2020年8月8日访问。

【相关案例】

郭某甲与曲某离婚纠纷案[①]

该案争论焦点为长期分居的夫妻一方承担了更多的家庭义务，能否在离婚判决时获得另一方的经济补偿。原告、被告予1996年经媒人介绍相识，后登记结婚。婚后生育一男孩，取名郭某乙，现已成年。2001年夏，原告因在家中生气，感到无法生活下去为由，便不辞而别外出务工数年，于2014年回到家里，起诉与被告离婚，后因种种原因，原告撤回了起诉，现原告再次提出离婚请求，请求法院依法判令原、被告双方离婚。一审法院支持判决原、被告离婚的请求，对被告提出的由原告支付精神损失费、15年子女抚养费和惩处原告重婚罪的请求不予支持或采信。被告不服判决提起上诉。二审法院认为，原审判决双方离婚并无不当。被上诉人在孩子幼年时即外出打工，对其婚生子女不予照料，未尽到抚育子女、照料老人等义务。上诉人起诉时，其婚生子女郭某乙未满18周岁，被上诉人应当支付四个月的抚养费共计1200元。鉴于上诉人含辛茹苦将其孩子养大，在家庭中付出较多义务，依照法律的规定，被上诉人应当支付一定的经济补偿，以15000元为宜。综上，上诉人的部分上诉理由成立。依照《婚姻法》第40条、《民事诉讼法》第170条第1款第1项、第2项之规定，二审法院判决维持原判，并由被上诉人曲某支付抚养费1200元、离婚经济补偿15000元。

【关联法条】

《婚姻法》第40条

（撰稿人：杨圣玥）

第一千零八十九条　【离婚时夫妻共同债务清偿】 离婚时，夫妻共同债务应当共同偿还。共同财产不足清偿或者财产归各自所有的，由双方协议清偿；协议不成的，由人民法院判决。

---

① （2016）豫13民终895号。

【释义】

本条是对离婚时夫妻共同债务清偿的规定，源自《婚姻法》第 41 条。[①] 相较于后者，本条最主要的变化在于，将应由夫妻双方共同偿还的债务范围由“原为夫妻共同生活所负的债务”改为“夫妻共同债务”，与第 1064 条规定形成前后呼应。[②]

理解本条需要注意以下几点：

首先，夫妻共同债务不仅包含夫妻共同生活所负的债务。根据《民法典》第 1064 条的规定，夫妻共同债务包括三类：一是基于夫妻共同意思表示所负的债务；二是为家庭日常生活需要所负的债务；三是债权人能够证明的债务（用于夫妻共同生活、共同生产经营或者基于夫妻双方共同意思表示）。应当注意，“家庭日常生活”与“夫妻共同生活”的区别在于“家庭日常生活”指的是家事代理，即日常共同生活的小范围；而“夫妻共同生活”指代的范围则更加广泛。“共同生产经营”则通常指的是开夫妻店、夫妻共同经营企业等情形。相较于《婚姻法》，《民法典》对夫妻共同债务的界定吸收了《最高人民法院关于审理涉及夫妻债务纠纷案件适用法律有关问题的解释》等司法解释的精神，更加全面，也更符合社会实际。

其次，夫妻共同债务的认定、清偿，本质上关乎债权人与夫妻另一方的利益平衡。夫妻共同债务问题一直是我国司法实践中的难点。自《婚姻法》确立了“夫妻共同债务共担”的原则以来，相关司法解释及相应的裁判风向几经波折——从 2003 年《最高人民法院关于适用〈中华人民共和国婚姻法〉若干问题的解释（二）》第 24 条，到 2017 年《最高人民法院关于适用〈中华人民共和国婚姻法〉若干问题的解释（二）的补充规定》，再到 2018 年《最高人民法院关于审理涉及夫妻债务纠纷案件适用法律有关问题的解释》，司法解释先后确立了“夫妻共同债务共担”、虚假或非法债务不受法律保护以及“共债共签共同受益”的认定规则。[③] 最新的司法解释彻底推翻了《最高人民法院关于适用〈中华人民共和国婚

---

① 《婚姻法》第 41 条规定，离婚时，原为夫妻共同生活所负的债务，应当共同偿还。共同财产不足清偿的，或财产归各自所有的，由双方协议清偿；协议不成时，由人民法院判决。

② 《民法典》第 1064 条规定，夫妻双方共同签名或者夫妻一方事后追认等共同意思表示所负的债务，以及夫妻一方在婚姻关系存续期间以个人名义为家庭日常生活需要所负的债务，属于夫妻共同债务。夫妻一方在婚姻关系存续期间以个人名义超出家庭日常生活需要所负的债务，不属于夫妻共同债务；但是，债权人能够证明该债务用于夫妻共同生活、共同生产经营或者基于夫妻双方共同意思表示的除外。

③ 贾明军、蓝艳：《〈民法典〉对夫妻共同债务认定的影响》，载中伦视界微信公众号 2020 年 6 月 5 日，https://mp.weixin.qq.com/s/GR9BRjAnKqjT1-IdifQHNA，2020 年 8 月 8 日访问。

姻法〉若干问题的解释（二）》第 24 条的立场，在利益倾向上回到了最初的起点。在这一过程中，夫妻双方通过离婚逃债坑害债权人，与夫妻一方和“债权人”合伙虚构债务坑害前妻或前夫的现象交替出现。可见离婚夫妻共同债务的认定、清偿，深刻影响了债权人与夫妻另一方的利益平衡。

最后，目前夫妻共同债务的有关规定仍存在矫枉过正、平衡过当的隐患。一个较为明显的问题是，若夫妻一方从事经营，则其对外所负债务是否仅由个人承担？比较法上，德国、日本处理此类情形均让该夫妻一方个人承担，这是由于两国均实行夫妻分别财产制。我国实行的是夫妻共同财产制，生产经营收益是夫妻共同财产的重要组成部分。若直接效仿德国、日本，让从事经营的夫妻一方个人承担债务，则意味着该夫妻一方在婚姻关系存续期间赚的每一分钱都是夫妻共同财产，负的每一分债却都是自己的。这一结果显然有违公平，在实务中导致债权人利益的过分牺牲。对此，司法实践中浙江、江苏等地的法院曾尝试变通处理。比如，浙江高院把“家庭日常生活”认定额度大幅度提高为 20 万元，20 万元以内的债务都视为用于“家庭日常生活”。这相当于把绝大部分案件的情形都变成了“家庭日常生活”债务，不需要共同签字，从而规避有关规定的适用。

【相关案例】

应某某与张某某民间借贷纠纷案[①]

该案争论焦点为涉案债务是夫妻一方个人债务还是夫妻共同债务。张某某与应某某系夫妻关系。2007 年 1 月 18 日，张某某向杨某某借款 15 万元，并出具借条一份。经杨某某催讨后，张某某与应某某拒不归还。杨某某于 2009 年 5 月 25 日向原审法院提起诉讼，请求判令：张某某与应某某共同归还杨某某借款 15 万元。原审法院认为，张某某向杨某某借款 15 万元属实，现杨某某要求归还借款，理由正当，应予支持。张某某与应某某系夫妻关系，借款发生在夫妻关系存续期间，没有证据证明张某某与应某某实行财产约定制或约定上述债务为张某某的个人债务，故应某某应承担共同偿付责任。应某某不服，提起上诉。二审法院认为，根据我国《婚姻法》第 41 条的规定，夫妻共同生活是夫妻共同债务的内在本质，因此应当根据婚姻存续期间夫妻一方所负债务的性质、形式、范围及其负债原因、去向等因素，正确界定系夫妻共同债务或者个人债务。本案中张某某所

---

① （2009）甬奉商初字第 1976 号。

借的15万元，发生在张某某与应某某婚姻关系存续期间，所借的款项用于张某某的购房、炒股等经营活动，应属于家庭共同经营所需，故本案的15万元借款应属于张某某和应某某共同债务。依照《民事诉讼法》第153条第1款第1项之规定，判决驳回上诉，维持原判。

【关联法条】

《婚姻法》第41条，《最高人民法院关于适用〈中华人民共和国婚姻法〉若干问题的解释（二）》第24条，《最高人民法院关于适用〈中华人民共和国婚姻法〉若干问题的解释（二）的补充规定》，《最高人民法院关于审理涉及夫妻债务纠纷案件适用法律有关问题的解释》

（撰稿人：杨圣玥）

第一千零九十条　【离婚经济帮助】 离婚时，如果一方生活困难，有负担能力的另一方应当给予适当帮助。具体办法由双方协议；协议不成的，由人民法院判决。

【释义】

本条是对离婚经济帮助的规定，源自《婚姻法》第42条。[①] 相较于后者，本条的主要变化在于，把为生活困难方提供经济帮助的主体限定为“有负担能力的另一方”，并相应地删除了“从其住房等个人财产中给予适当帮助”的方式要求，笼统规定为“给予适当帮助”。

理解本条需要注意以下几点：

首先，离婚经济帮助是夫妻抚养义务的延伸。根据司法解释，“一方生活困难”是指依靠个人财产和离婚时分得的财产无法维持当地基本生活水平。[②] 由于历史的、现实的种种原因，离婚后夫妻双方的经济能力、生活水平可能呈现较大

---

① 《婚姻法》第42条规定，离婚时，如一方生活困难，另一方应从其住房等个人财产中给予适当帮助。具体办法由双方协议；协议不成时，由人民法院判决。

② 《最高人民法院关于适用〈中华人民共和国婚姻法〉若干问题的解释（一）》第27条规定，婚姻法第四十二条所称“一方生活困难”，是指依靠个人财产和离婚时分得的财产无法维持当地基本生活水平。一方离婚后没有住处的，属于生活困难。离婚时，一方以个人财产中的住房对生活困难者进行帮助的形式，可以是房屋的居住权或者房屋的所有权。

差距。实践中，通常是女方因婚姻存续期间将重心回归家庭而丧失了未来发展潜力，以致离婚后处境陷于窘迫。我国社会传统与道德文化讲究好聚好散、扶弱济贫。虽然离婚解除了男女双方的夫妻关系，基于婚姻存续作用于双方产生的不同后果，离婚时生活陷入困难的弱势方在道义上理应获得帮助。这不仅有助于消解离婚带来的负面影响，也有利于保障弱势方的离婚自由。

其次，离婚经济帮助系基于公平原则，性质并非赔偿请求权。《法国民法典》第 281 条规定了“在因共同生活破裂宣告离婚的情况下，主动提出离婚的一方完全负有救助义务”。[①] 相较之下，我国离婚经济帮助的法理依据是公平原则，在性质上并非赔偿请求权，不以帮助方有过错、有过失、主动提起离婚、在婚姻关系存续期间较少承担家庭义务等条件为前提，体现了对弱势方的特别保护。不过，这种经济帮助仅在离婚时一方生活困难的情况下成立，如果是一方在离婚后生活陷入困难，则不受到本条约束；此外，另一方本人必须有负担能力，若其谋生自顾不暇，法律亦不能强人所难。

最后，离婚经济帮助的形式不局限于帮助方的个人财产救助。《民法典》摒弃了“从其住房等个人财产中给予适当帮助”的要求，意味着拓宽了离婚经济帮助的方式。只要帮助方有负担能力，不论是在离婚财产分割时让渡更多的夫妻共同财产，还是给予诸如工作机会等并非财物形式的救助，都可以视为离婚经济帮助。这扩大了法院行使自由裁量权时的选择范围，有利于切实保障弱势方利益。

【相关案例】

徐某（女）与王某（男）离婚纠纷案[②]

该案争论焦点为离婚时一方生活困难，有负担能力的另一方是否应当给予适当帮助。徐某（女）与王某（男）于 2009 年登记结婚，生育一女王某某。2013 年 8 月，徐某发生交通事故，其多处损伤分别构成二级、四级、十级伤残。事故发生后，徐某父母与王某就徐某的治疗问题发生激烈矛盾。2013 年 12 月，徐某父母将徐某带回自己家中照料至今。2015 年 3 月，徐某被评定为智力残疾壹级。2017 年 4 月，徐某父亲徐某某向法院申请变更徐某的监护人，后法院确认徐某的监护人由王某变更为徐某某。2017 年 12 月，徐某提起扶养费纠纷诉讼，要求王

① 罗结珍译：《法国民法典（上册）》，法律出版社 2005 年版，第 260 页。

② 2019 年度江苏法院婚姻家庭十大典型案例之五。

某每月支付扶养费5000元。后法院判决王某每月支付徐某扶养费400元。王某于2017年7月、2019年1月两次诉至法院，要求与徐某离婚，法院均判决不准许双方离婚。2019年10月，王某再次诉至法院，要求与徐某离婚。法院认为，双方在多次判决不准许离婚后，仍未能修复感情，结合徐某在发生交通事故后，被父母接回家中生活至今，双方互不往来等情形，认定双方感情确已破裂。鉴于徐某在婚姻关系存续期间因事故致残，生活不能自理，其依法有获得经济帮助的权利。经过承办法官与家事调解员的多次调解，徐某某最终同意徐某与王某离婚。法院判决准许双方离婚、徐某某由徐某自行抚养、王某每月支付徐某500元。判决作出后，王某及时支付了费用。

【关联法条】

《婚姻法》第42条，《最高人民法院关于适用〈中华人民共和国婚姻法〉若干问题的解释（一）》第27条

（撰稿人：杨圣玥）

第一千零九十一条　【离婚损害赔偿制度】 有下列情形之一，导致离婚的，无过错方有权请求损害赔偿：

（一）重婚；

（二）与他人同居；

（三）实施家庭暴力；

（四）虐待、遗弃家庭成员；

（五）有其他重大过错。

【释义】

离婚损害赔偿制度是我国2001年《婚姻法修正案》所确立的一种婚姻救济制度，旨在“制裁实施重婚、姘居、家庭暴力等行为的有过错当事人，保护无过错方的权益”。[①] 本条源自《婚姻法》第46条，并进行了相应修改。

① 胡康生主编：《中华人民共和国婚姻法释义》，法律出版社2001年版，第181页。

（一）离婚损害赔偿请求权的构成要件

1. 配偶一方存在法定重大过错行为

关于法定过错情形，相较于《婚姻法》第 46 条，本条的重大变化在于立法技术上从列举主义改采例示主义，在吸收《婚姻法》第 46 条四种过错情形的同时，增加兜底条款“（五）有其他重大过错的”。这意味着离婚损害赔偿制度适用情形的扩大。《婚姻法》第 46 条下，诸如长期通奸行为、长期卖淫嫖娼行为、夫妻一方意图杀害他方或他方直系亲属等行为完全被排除在离婚损害赔偿请求权的适用情形之外，而无过错方受到的伤害并不必然小于《婚姻法》第 46 条所列举的四种情形，故《婚姻法》第 46 条的列举主义不足以涵盖对无过错方当事人造成严重伤害的重大过错行为，有违公平原则。兜底条款的增加为上述重大过错情形适用离婚损害赔偿制度提供了空间。

其中，关于“与他人同居”的理解，根据《最高人民法院关于适用〈婚姻法〉若干问题的解释（一）》第 2 条的规定，应当是“有配偶者与婚外异性，不以夫妻名义，持续、稳定地共同居住”。意即非临时短暂性的共居一处。至于对同居关系的居住期限如何把握，应从双方共同生活的时间长短、双方关系的稳定程度等方面进行考虑。[①]

2. 另一方无法定重大过错

依本条规定，只有“无过错方”才有权向过错方主张离婚损害赔偿。那么如何理解“无过错方”？这首先涉及对于“过错”的理解。应当认为，“离婚过错赔偿”所指的“过错”是有特定的含义的，并不是一种主观的过错，而是一种客观的行为过错，即行为人实施了本条所例示的行为，而不能将其理解为导致夫妻之间感情不和并最终离婚的一般过失。[②] 这是因为婚姻家庭生活具有复杂性，夫妻任何一方都很难保证就离婚原因没有任何主观过错。若将“无过错方”理解为“对于离婚原因没有任何主观过错的一方”，无异于基本否定了离婚损害赔偿请求权的存在与适用。因此，应对“无过错方”作限缩解释，理解为“没有实施本条所规定的重大过错行为的配偶一方”。

在配偶双方均存在法定重大过错的情形下，夫妻任何一方均无权请求离婚损害赔偿，因此也没有适用过失相抵规则的余地。《最高人民法院关于适用〈婚姻法〉若干问题的解释（三）》第 17 条遵循这一思路，明确“夫妻双方均有婚姻法第四十六条规定的过错情形，一方或者双方向对方提出离婚损害赔偿请求的，人

① 最高人民法院民事审判第一庭编：《婚姻法司法解释的理解与适用》，中国法制出版社 2002 年版，第 17 页。

② 王利明：《婚姻法修改中的若干问题》，载《法学》2001 年第 3 期。

民法院不予支持”。

3. 因配偶一方存在法定重大过错行为而导致离婚

关于该构成要件，主要有两点说明：其一，无过错方离婚损害赔偿请求权的产生，以婚姻关系的解除即离婚为必要条件，故《最高人民法院关于适用〈婚姻法〉若干问题的解释（一）》第29条第2款、第3款明确规定：“人民法院判决不准离婚的案件，对于当事人基于婚姻法第四十六条提出的损害赔偿请求，不予支持。在婚姻关系存续期间，当事人不起诉离婚而单独依据该条规定提起损害赔偿请求的，人民法院不予受理”。至于婚姻关系的解除方式，并不影响离婚损害赔偿责任的承担，故离婚损害赔偿既适用于诉讼离婚，也适用于登记离婚。依《最高人民法院关于适用〈婚姻法〉若干问题的解释（二）》第27条规定，协议离婚的，除当事人在协议离婚时已经明确表示放弃离婚损害赔偿请求的外，可在办理离婚登记手续1年内提起该项请求。其二，配偶一方的法定重大过错行为应是导致婚姻关系解除的原因，即配偶一方存在法定重大过错行为与双方婚姻关系的解除之间有因果关系。

4. 无过错配偶方受有损害

即为损害赔偿，应以损害的存在为前提。在此需要讨论的是“损害事实”是由法定重大过错行为本身给无过错配偶方所造成的损害，抑或离婚本身给无过错配偶方所造成的损害。这涉及“广义离婚损害”的分类。传统民法理论认为，所谓离婚损害可分为两种：一种是离因损害，即夫妻一方的行为是构成离婚原因的侵权行为时，他方可请求因侵权行为所生的损害赔偿，如因杀害、伤害而侵害对方的生命健康权，或因重婚、通奸等贞操义务的违反而侵害对方的配偶身份权等属于离因损害；另一种是离婚损害，又称离异损害，即离婚本身所构成的对夫妻一方的损害。① 关于本条中规定的“损害赔偿”是指离因损害赔偿还是狭义的离婚损害赔偿，抑或二者兼而有之，我国学者对此认识不一。有关这一点的讨论还与“婚内损害赔偿的承认与否”“离婚损害赔偿的范围”“离婚损害赔偿制度的存废”等讨论交杂在一起，而且直接影响后些讨论的立场。例如，有学者将本条中的“损害赔偿”定义为“法定过错行为本身给无过错配偶方所造成的损害”，结合“无过错方离婚损害赔偿请求权的产生以婚姻关系的解除即离婚为必要条件”这一认识，进而得出“《婚姻法》否认婚内损害赔偿”这一结论。② 也有学者基于离因损害赔偿的定位，认为“我国法律上并

---

① 林秀雄：《婚姻家庭法之研究》，中国政法大学出版社2001年版，第114～115页。

② 孙若军：《论离婚损害赔偿制度》，载《法学家》2001年第5期。

不否认夫妻间的侵权构成损害赔偿责任，利用一般侵权法救济无过错当事人，并无任何障碍”,① 进而检讨离婚损害赔偿制度存在的必要性和合理性。而部分主张狭义离婚损害赔偿说学者的主要论据之一便是如此定位可以使得本条避免下述指责：只有起诉离婚才可以对婚内侵权行为主张侵权责任，从而使受害人处于两难境地。② 除此之外，他们还认为“离因损害赔偿”定位的一大硬伤是：虐待、遗弃配偶之外的家庭成员的行为，显然不属于对于无过错的配偶一方的侵权行为，无过错的配偶一方之所以能请求离婚损害赔偿，是因为有过错配偶的行为导致的离婚本身对无过错配偶一方造成了损害。③ 需要说明的是，多数学者持离因损害赔偿说。④ 审判实践中，支持损害赔偿主张的判决多是在认定过错方存在法定过错行为并导致双方婚姻关系的解除之后，直接支持无过错方的离婚损害赔偿请求，并不会对离婚损害赔偿的数额构成加以分析，也因此避免了论及“损害赔偿”是因离婚本身而生抑或过错行为而生。⑤ 有的判决则直接言明支持的离婚损害赔偿系针对过错行为所导致的损害。⑥

（二）离婚损害赔偿请求权的行使

离婚损害赔偿请求权的行使主体系无过错的配偶一方，应无疑义。上文已就“无过错方”的认定作出说明，不再赘述。需要注意的是，离婚损害赔偿请求权的相对人仅为有过错的配偶方，即承担损害赔偿责任的主体是配偶中有过错的一方，而不包括婚姻关系之外的三人。《最高人民法院关于适用〈中华人民共和国婚姻法〉若干问题的解释（一）》第 29 条第 1 款对此予以明确。

---

① 马忆南、贾雪：《婚姻法第四十六条实证分析——离婚损害赔偿的影响因素和审判思路》，载《中华女子学院学报》2016 年第 2 期；马忆南：《离婚救济制度的评价与选择》，载《中外法学》2005 年第 2 期。

② 梁小平：《离婚损害赔偿制度研究》，武汉大学 2013 年博士学位论文，第 34 页。

③ 余延满：《亲属法原论》，法律出版社 2007 年版，第 362 页；朱凡：《论离婚损害赔偿中“损害”的认定》，载陈苇主编：《家事法研究》（2009 年卷），群众出版社 2010 年版，第 240 页。

④ 蒋月主编：《婚姻家庭与继承法》，厦门大学出版社 2014 年版，第 250 页；薛宁兰：《我国离婚损害赔偿制度的完善》，载《法律适用》2004 年第 10 期；孙若军：《论离婚损害赔偿制度》，载《法学家》2001 年第 5 期；黄建水：《离婚过错损害赔偿制度的理论与实践》，载《当代法学》2002 年第 8 期；于东辉：《离婚损害赔偿制度研究》，载《政法丛论》2002 年第 3 期；郗伟明：《论婚内一般侵权责任制度的建立——兼评离婚损害赔偿制度》，载《南京大学学报》2010 年第 3 期；张竞芳：《离婚损害赔偿适用中的若干问题》，载《当代法学》2002 年第 6 期。

⑤ 例如，（2015）昌中民一终字第 289 号民事判决中，法院的表述即为“考虑到马某乙在婚姻关系存续期间过错明显，未尽到丈夫和父亲应尽的责任，本院酌定马某乙向马某甲支付损害赔偿金 20000 元”，并未言明损害赔偿的构成。又如，（2012）琼民一终字第 47 号民事判决中，法院的表述即为“原告主张被告支付离婚的精神损害赔偿 5 万元，有事实和法律依据，被告抗辩其已在财产分割中给予原告多分的照顾的理由不充分，对原告的该项请求，本院予以支持”。

⑥ （2005）穗中法民一终字第 2851 号、（2020）辽 01 民终字第 746 号。

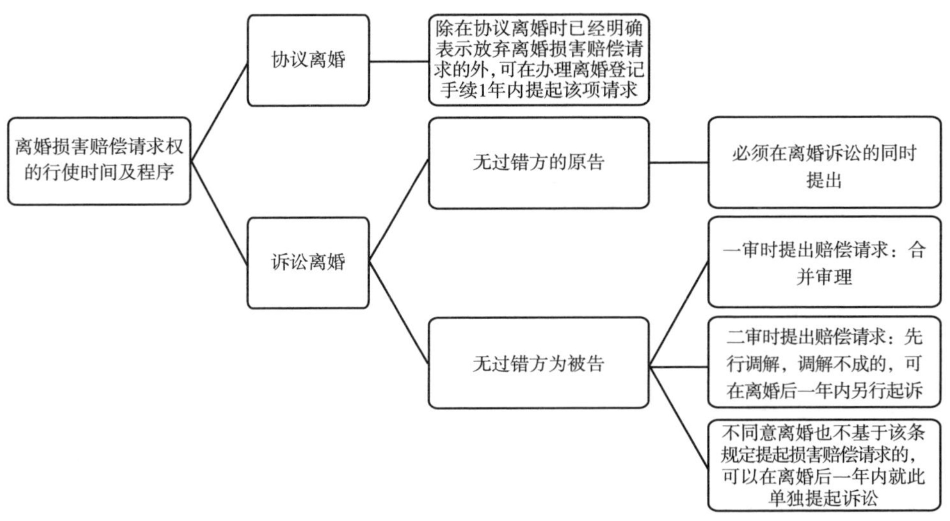

关于离婚损害赔偿请求权的行使程序及时间，相关司法解释已作出详细说明。《最高人民法院关于适用〈中华人民共和国婚姻法〉若干问题的解释（一）》第30条规定："人民法院受理离婚案件时，应当将婚姻法第四十六条等规定中当事人的有关权利义务，书面告知当事人。在适用婚姻法第四十六条时，应当区分以下不同情况：（一）符合婚姻法第四十六条规定的无过错方作为原告基于该条规定向人民法院提起损害赔偿请求的，必须在离婚诉讼的同时提出。（二）符合婚姻法第四十六条规定的无过错方作为被告的离婚诉讼案件，如果被告不同意离婚也不基于该条规定提起损害赔偿请求的，可以在离婚后一年内就此单独提起诉讼。（三）无过错方作为被告的离婚诉讼案件，一审时被告未基于婚姻法第四十六条规定提出损害赔偿请求，二审期间提出的，人民法院应当进行调解，调解不成的，告知当事人在离婚后一年内另行起诉。"《最高人民法院关于适用〈中华人民共和国婚姻法〉若干问题的解释（二）》第27条规定："当事人在婚姻登记机关办理离婚登记手续后，以婚姻法第四十六条规定为由向人民法院提出损害赔偿请求的，人民法院应当受理。但当事人在协议离婚时已经明确表示放弃该项请求，或者在办理离婚登记手续一年后提出的，不予支持。"

（三）离婚损害赔偿的范围

依《最高人民法院关于适用〈中华人民共和国婚姻法〉若干问题的解释（二）》第28条的规定，《婚姻法》第46条规定的"损害赔偿"，包括物质损害赔偿和精神损害赔偿。涉及精神损害赔偿的，适用最高人民法院《关于确定民事侵权精神损害赔偿责任若干问题的解释》的有关规定。

需要说明的是，理论上，上述"离因损害赔偿与狭义离婚损害赔偿之争"还影响到此处离婚损害赔偿范围的界定。其中，离因损害赔偿定位下的物质损害赔偿范围和精神损害赔偿范围均无太大争议。例如，因重婚、姘居行为而直接侵害配偶另一方的共同财产权而造成的直接财产损失，实施家庭暴力侵害配偶另一方人身权而造成的医疗费、误工费等损失，以及因重婚、姘居、实施家庭暴力、虐待、遗弃等法定过错行为造成对方的精神痛苦等。狭义离婚损害赔偿定位下的精神损害赔偿问题也无多少特殊性，但对于“物质损害”究竟指的是什么，理论认识不一。有学者将其界定为离婚的信赖利益损失，意指无过错方主观上预期婚姻关系将会持续而单独行为或与双方共同行为或同意对方的行为时，因离婚而遭受的物质损失。例如，夫妻一方以个人财产为夫妻双方的将来旅行合同支付了定金，由于离婚而没有成行；夫妻双方解除婚姻住所的租赁合同而支付的违约金等。[①] 有学者则认为因离婚而导致的物质损害主要源于夫妻财产关系的终止，包括了夫妻共同财产制的终止以及夫妻扶养义务的终止。夫妻财产关系的终止可能导致无过错方遭受如下财产上之不利后果：共同财产因强制清算、分割而贬值，不再享有夫妻法定财产制而导致生活水平下降，扶养义务终止导致原来依靠配偶扶养的一方生活失去经济保障等。[②] 在此仅作简要介绍。

比较法上，《瑞士民法典》第151条、《法国民法典》第266条、我国台湾地区“民法”第1056条均有类似规定，但在“损害事实是由何者而生”这一问题上的表述更为明确。以《法国民法典》第266条为例，该条规定，在唯一因一方配偶的过错宣告离婚的情况下，该一方对另一方配偶因解除婚姻所受到的物质上与精神上的损失，得受判负损害赔偿责任。但是，另一方配偶仅在进行离婚诉讼之时，始得请求损害赔偿。[③]

【相关案例】

邸某与哲某涉刑离婚精神损害赔偿纠纷案[④]

本案的争议焦点为因家庭暴力导致双方离婚的，施暴方在被追究刑事责任后受害方可否请求物质损害赔偿和精神损害赔偿?

原告、被告是高中同学，2000年10月9日自愿登记结婚，婚后未生育子女。双方婚前感情尚可，婚后，被告曾多次对原告实施了家庭暴力，造成原告身体受

---

① 张学军：《离婚损害赔偿制度辨析》，载《政治与法律》2008年第2期；梁小平：《离婚损害赔偿制度研究》，武汉大学2013年博士学位论文，第131页。

② 朱凡：《论离婚损害赔偿中“损害”的认定》，载陈苇主编：《家事法研究》（2009年卷），群众出版社2010年版，第246页。

③ 罗结珍译：《法国民法典》（上册），法律出版社2005年版，第246页。

④ （2005）穗中法民一终字第2851号。

伤，共花费医疗费7420.7元及交通费2600元、法医鉴定费300元（注：二审另查明，一审时被上诉人就其主张提交了其为治疗面部及性病而支出治疗费和交通费的单据。其中，面部治疗的金额为3088.7元，性病治疗费金额为4332元，交通费金额为2600元）。2004年3月22日，广东省口腔医院出具诊断证明书，证明原告需要住院手术治疗右侧髁状骨折，大约需费用10000元。

二审法院另查明：2004年8月2日，广州天河区人民检察院就被告殴打原告的行为向一审法院提起公诉，指控被告犯故意伤害罪。该案审理期间，原告提起了附带民事诉讼。2004年9月21日，一审法院作出（2004）天法刑初字第1019号刑事判决，认定被告故意伤害他人身体、致人轻伤的行为已构成故意伤害罪，决定判处其有期徒刑九个月。同日，一审法院作出（2004）天法刑初字第1019号刑事附带民事裁定，认定原告在婚姻关系存续期间提出损害赔偿请求没有法律依据，裁定驳回原告的起诉。

关于离婚损害赔偿，一审法院经审理认为：关于原告要求被告赔偿因被告对其实施家庭暴力而产生的医疗费、交通费、法医鉴定费共计10320.7元，被告同意赔偿，本院予以确认；广东省口腔医院出具证明，证明原告要施行治疗右侧髁状骨折手术，约需费用10000元，本院予以确认，被告应予以赔偿；被告的暴力行为给原告的身心造成了一定的伤害，结合原告所受到的伤害后果以及被告的经济状况，被告应酌情赔偿原告精神损害抚慰金20000元。被告哲某不服提起上诉。就离婚损害赔偿事项，二审法院经审理认为，上诉人的暴力行为不仅给被上诉人造成了物质损失，同时也使被上诉人的身心受到了伤害。对此，根据《最高人民法院关于适用〈中华人民共和国婚姻法〉若干问题的解释（一）》第28条的规定，被上诉人有权请求物质损害赔偿和精神损害赔偿。因此，原审判决上诉人向被上诉人赔偿精神损害抚慰金、右侧髁状骨折手术费用并无不当，故维持一审法院就精神损害赔偿的判决、右侧髁状骨折手术费用，仅判决变更赔偿被上诉人医疗费、交通费、鉴定费损失共5988.7元。

【关联法条】

《最高人民法院关于适用〈中华人民共和国婚姻法〉若干问题的解释（一）》第28条、第29条、第30条，《最高人民法院关于适用〈中华人民共和国婚姻法〉若干问题的解释（二）》第27条，《最高人民法院关于适用〈中华人民共和国婚姻法〉若干问题的解释（三）》第17条

（撰稿人：金佳莉）

第一千零九十二条　【一方侵犯他方财产共有权的处理】夫妻一方隐藏、转移、变卖、毁损、挥霍夫妻共同财产，或者伪造夫妻共同债务企图侵占另一方财产的，在离婚分割夫妻共同财产时，对该方可以少分或者不分。离婚后，另一方发现有上述行为的，可以向人民法院提起诉讼，请求再次分割夫妻共同财产。

【释义】

夫妻共同财产性质上属于共同共有，在离婚时原则上应当均等分割。然而，实践中存在夫妻一方在离婚诉讼期间或离婚诉讼前，隐藏、转移、变卖、毁损、挥霍夫妻共同财产，或伪造债务企图侵占另一方财产的情形，既严重威胁他方的合法财产权益，也在一定程度上对诉讼秩序造成了妨害，损害了司法权威。本条即对上述情形的规制，源自《婚姻法》第 47 条并进行了相应的修改。

关于一方侵犯他方财产共有权的情形，本条在吸收《婚姻法》第 47 条“隐藏、转移、变卖、毁损夫妻共同财产”“伪造夫妻共同债务企图侵占另一方财产”的基础上，增添了“挥霍夫妻共同财产”这一行为方式，与本法第 1066 条所列举的“严重损害夫妻共同财产利益”的典型行为保持一致。隐藏是指将财产藏匿起来，不让他人发现，使另一方无法获知财产的所在从而无法控制；转移是指私自将财产移往他处，或将资金取出移往其他账户，脱离另一方的掌握；变卖是指将财产折价卖给他人；毁损是指采用打碎、拆卸、涂抹等破坏性手段使物品失去原貌，失去或者部分失去原来具有的使用价值和价值；挥霍是指对夫妻共有的财产没有目的的，不符合常理的耗费致使其不存在或者价值加速；伪造债务是指制造内容虚假的债务凭证，包括合同、欠条等，并将所涉共同财产据为己有。[①] 其中，实施上述行为应以“故意”为主观要件，方可构成本案的适用情形。

本条对《婚姻法》第 47 条规定的语序和表述进行了些许调整，将“离婚时”从句首移至句中，并将其扩充为“在离婚分割夫妻共同财产时”。原表述所可能造成的歧义为，本条适用于一方于“离婚时”实施上述侵犯他方财产共有权行为

① 黄薇主编：《中华人民共和国民法典婚姻家庭编解读》，中国法制出版社 2020 年版，第 239 ~ 240 页。

的情形。[①] 这种理解显然极大地限缩了本条的适用情形，无助于本条立法目的的实现。故据笔者理解，为了避免可能造成的歧义，使得语义更为清晰，本条作如上修改以明确本条的规制情形：一方于婚姻关系存续期间（离婚诉讼前或者离婚诉讼期间）实施上述侵犯他方财产共有权行为的情形。在上述情形下，在离婚分割夫妻共同财产时可以对该方少分或者不分。其中，“在离婚分割夫妻共同财产时”具体是指离婚诉讼时。

在此还需要说明的是对于“可以少分或者不分”的理解。首先，本条规定的是“可以”而非“应当”，与《最高人民法院关于人民法院审理离婚案件处理财产分割问题的若干具体意见》第 21 条的规定有所不同，应以本条为准；其次，针对“可以少分或者不分”所对应的夫妻共同财产的范围是指夫妻共同财产的全部，还是指被隐藏、转移、变卖、毁损、挥霍或者伪造的债务所侵占的那一部分财产，本条并未予以明确。一方面，从威慑力度和制裁力度来看，将其理解为“夫妻共同财产的全部”显然更为合适，尤其是在举证对方有此类违法行为难度较大的情况下，可以更好地威慑配偶一方避免采取此类违法行为，也有利于减少司法资源的浪费；但另一方面，如此理解之下，适用“不分”情形的可能性几乎为零，因其对当事人或许过于严苛，导致的共同财产毁损，不应适用该条规定。最高院指出，这条规定中的少分或不分，是指夫妻共同财产中被隐藏、转移、变卖、毁损或者伪造债务所侵占而涉及的部分，而不是全部的夫妻共同财产。[②] 部分判决[③]即仅针对被隐藏、转移、变卖、毁损、挥霍或者伪造的债务所侵占的那一部分财产适用少分或者不分，其中包括最高人民法院于 2016 年 9 月 19 日发布的指导案例 66 号（详细案情见【相关案例】）。[④] 而对于何种情形下适用“少分”“不分”，以及“少分”的具体份额或比例，本条并未予以明确规定，给予了法院根据案件具体情况作出处理的自由裁量空间。审判实践中，具体分割比例多按照侵犯他方财产共有权行为情节的恶劣程度、双方财产状况、对家庭的付出等因素

---

① 正是由于此前表述所可能造成的歧义，曾存在如何解释“离婚时”的讨论：一种观点主张将“离婚时”解释为从提起离婚诉讼时至离婚诉讼结束的一段时间；另一种观点主张“离婚时”应指一段时间，其起止点是离婚诉讼前一段时间至离婚诉讼结束并且执行法院判决书关中于夫妻离婚财产分割内容完毕。这种讨论显然是完全没有必要的，因其从根本上对本条的适用情形产生了错误理解。此种讨论参见张珀景：《我国〈婚姻法〉第 47 条探析》，载《法制博览》2017 年第 6 期。

② 最高人民法院民事审判第一庭：《婚姻法司法解释理解与适用》，中国法制出版社 2002 年版，第 109 页。

③ （2020）冀 01 民终 2081 号，吴某文与傅某珍离婚后隐瞒转移夫妻共同财产案（北大法宝印证码 CLI. C. 24932）。

④ 需要强调的是，该指导案例的裁判要点并不在于澄清“可以少分或者不分”所对应的夫妻共同财产的范围，而是如何理解《婚姻法》第 47 条中“离婚时”的表述，故针对此处问题的参考力度并不大。

予以确定。[①] 因本条规定的是“可以少分或者不分”，故也存在法院在部分案例中考虑本案的实际情况，认为仍以平均分配为宜的情形，但并未言明有关实际情况的考虑具体为何。[②] 至于法院在何种情形下会认为“不分”更为适宜，则有待进一步案例检索方可得出。

可能存在的情形是，离婚案件审理审理终结后，一方才发现另一方存在上述行为。这种行为已经导致了对一方合法权益的侵害，理应依法对其进行救济。本条第2句即对该种情形予以回应，规定“离婚后，另一方发现有上述行为的，可以向人民法院提起诉讼，请求再次分割夫妻共同财产”，关于少分或者不分的原则仍应适用。

与此同时，本条将《婚姻法》第47条第2款的规定予以删除。这是因为“对妨碍民事诉讼的行为依照民事诉讼法的规定予以制裁”属于程序法调整的内容，《民法典》作为实体法不应当直接规定。

本条作为指导法院在离婚诉讼中进行财产分割的一大原则，与本法第1087条第1款后半句所规定的“照顾子女、女方和无过错方权益”的原则并行不悖。

【相关案例】

雷某某与宋某某离婚纠纷案[③]

本案的争议焦点为被上诉人雷某某是否转移夫妻共同财产以及被转移共同财产应如何分割。2014年，雷某某曾起诉宋某某要求离婚，被法院驳回。2015年，雷某某再次以感情破裂为由诉至法院要求离婚。一审法院判决离婚，并对双方的财产和债务问题进行了处理。宋某某因对财产分割结果不服提起上诉，并申请法院调取被上诉人雷某某中国工商银行账户（尾号为4179）自2012年11月26日开户后的银行流水明细。该账户内存款为夫妻关系存续期间的收入，明细显示雷某某曾于2013年4月30日通过ATM转账及卡取的方式将该账户内的19.5万元转至案外人雷某齐名下。被上诉人雷某某称该笔款项已用于夫妻共同开销，后

① （2018）浙0381民初7206号民事判决中，原告对部分共同财产予以隐藏（瞒），被告则在夫妻关系发生危机时，未征得原告的同意，擅自将夫妻大额财产诸如安置房指标、车辆转移变卖，法院认为在夫妻共同财产分割时，本院均可对原、被告各自隐瞒或处分的财产部分予以少分，但被告行为在性质上更为恶劣，并直接导致夫妻关系无法挽回，被告的过错程度更为明显，故综合酌情按6：4比例进行分割。（2019）苏02民终5249号民事判决中，法院在综合考量转移共同财产的情节、夫妻婚后共同生活及对家庭付出等各种因素确定按照45%、55%的分割比例。部分判决则直接确定分割比例，并不会对参考因素予以分析，如吴某文与傅某珍离婚后隐瞒转移夫妻共同财产案与（2020）冀01民终2081号民事判决。

② （2020）湘31民终620号。

③ （2015）三中民终字第08205号。

又称用于偿还其外甥女的借款，前后陈述明显矛盾，且雷某某对其主张均未提供相应证据证明，故对钱款的去向不能作出合理的解释和说明。结合案件事实及相关证据，二审法院认定雷某某存在转移、隐藏夫妻共同财产的情节，依照《婚姻法》第 47 条的规定，对于雷某某名下该账户内的存款，雷某某可以少分。因此判决对于雷某某转移的 19.5 万元存款，被上诉人雷某某补偿宋某某 12 万元。

【关联法条】

《最高人民法院关于人民法院审理离婚案件处理财产分割问题的若干具体意见》第 21 条，《最高人民法院关于适用〈中华人民共和国婚姻法〉若干问题的解释（一）》第 31 条

（撰稿人：金佳莉）

第五章 收 养

【导读】

本章规定了收养制度。作为婚姻家庭制度的一项重要内容，收养制度是调整发生拟制的父母子女关系的法律规则。随着收养制度单行立法模式的结束，《民法典》在立法体系上将收养制度纳入婚姻家庭编加以规范，实现了收养法律制度对婚姻家庭的“回归”。对其理解，总体上应当把握以下几点：

第一，本章总体沿用了1998年《收养法》的立法条文。在章节框架中，为保证《民法典》体系的完整性，本章删去了现行《收养法》“总则”“法律责任”和“附则”相关条文，并将“总则”中有关收养法的基本原则纳入本编第一章“一般规定”之中。为顺应“全面二孩”政策，本法相应删去现行《收养法》有关“计划生育”的条文规定。在具体结构中，本章由三节共计26个条文组成，第一节为“收养关系的成立”，条文内容大致沿用现行《收养法》第二章规定，为彰显逻辑性，本节对条文顺序作了较大调整；第二节和第三节分别规定了“收养的效力”和“收养关系的解除”，条文内容大致采用现行《收养法》第三章和第四章规定，未作顺序调整。

第二，由于收养为收养人与被收养人之间以发生亲子关系为目的之要式的法律行为，故涉及民事法律行为的成立、效力及解除。根据本章第一节规定，收养行为的成立应当具备实质要件和形式要件。实质要件包括被收养人、送养人及收养人的条件和收养合意，且针对特殊情况下的收养适当放宽收养条件；形式要件即须履行一定的收养程序，收养关系才能成立，我国收养采依行政程序而成立，一律实行登记制，且登记机关应当依法进行收养评估，从而将收养全部纳入政府监督体系。而收养协议、收养公正是当事人自愿选择的程序，为收养登记的必要补充。此外第一节针对外国人在中国收养子女的程序加以特别规定，须同时签订书面协议和亲自办理收养登记。根据本章第二节规定，我国采“完全收养”一说，收养关系成立将产生拟制效力和解消效力，即养子女与养父母之间成立拟制的父母子女关系，与养父母的近亲属之间成立法律拟制的近亲属关系，而养子女与其生父母及其他近亲属之间的权利义务关系消除。第二节也通过接引《民法典》

总则编及本编的条文，对收养行为无效的情形加以规定。根据本章第三节规定，收养关系可由当事人协议解除，协议解除收养关系的，须办理解除收养关系登记。在不能协议解除时，当事人亦可诉讼解除。收养关系的解除将直接导致养子女与养父母及其他近亲属间的权利义务消除，未成年养子女与生父母及其他近亲属的权利义务自行恢复，成年养子女与生父母及其他近亲属的权利义务可协商确定是否恢复。收养关系的解除也涉及抚养费的补偿、生活费的给付。

第三，本章在条文内容上较现行《收养法》原有规定作了部分调整。其一，扩大了被收养人的范围，对被收养的未成年人不再作年龄限制，相应将“弃婴和儿童”的表述更改为“未成年人”；其二，对被收养人的条件予以重新规范，现行《收养法》只规定了“无子女”的情形，而本法考虑到“全面二孩”政策，新增“只有一名子女”的情形，相应将“收养人只能收养一名子女”改为“无子女的收养人可以收养两名子女；有子女的收养人只能收养一名子女”。为充分保护被收养人利益，新增收养人具备“无不利于被收养人健康成长的违法犯罪记录”的要求。为体现本法及本章的体系性，将“抚养、教育”能力改为“抚养、教育和保护”能力；其三，对于无配偶者收养异性子女的，现行《收养法》仅限定男性收养女性，年龄须相差四十周岁以上，本法取消性别限制，规定无配偶者收养异性子女均须年龄相差四十周岁以上，符合男女平等的原则；其四，在收养关系成立中，根据本法第19条关于限制民事行为能力人的规定，将收养合意中征得被收养人同意的年龄调整为“八周岁以上”；其五，新增收养评估制度，对收养人抚养教育被收养人能力进行科学判断，更好贯彻落实收养制度，以实现有利于被收养人的原则。

（撰稿人：易聪）

第一节 收养关系的成立

第一千零九十三条 【被收养人的范围】下列未成年人，可以被收养：

（一）丧失父母的孤儿；

（二）查找不到生父母的未成年人；

（三）生父母有特殊困难无力抚养的子女。

【释义】

收养是指自然人领养他人的子女为自己的子女，依法创设拟制血亲亲子关系的身份法律行为。在收养的身份法律行为中，当事人分别是收养人、被收养人和送养人。收养人为养父或养母，被收养人为养子或养女，送养人是抚养被收养人的生父母或者其他人。本条规定的是被收养人的条件。

我国古代的收养制度包括“立嗣”和“岂养”两种。立嗣，即古代亲属之间的收养，指无子的人许立他人之子为嗣。立嗣只许立辈分相当的侄子为嗣子，不得立女子为嗣，也不得立异姓子而乱宗。岂养是指非亲属的收养。古代收养的主要目的是维护宗法制度下的家族利益，而目前我国收养制度的主要目的一方面是保障未成年人的健康成长，另一方面也是减轻政府机构的收养困难。1998 年《收养法》实施以来，推动了我国未成年人收养事业的发展，使部分孤儿、弃婴和残疾儿童等得到了收养。此次《民法典》修订，扩大了被收养人的范围，删除被收养的未成年人仅限于不满十四周岁的限制，修改为符合条件的未成年人均可被收养。从各国的立法情况来看，《德国民法典》分别规定了对未成年人的收养与对成年人的收养，其中对未成年人的收养并无年龄限制。《法国民法典》规定了简单收养和完全收养两种类型。在简单收养中，被收养人的年龄不受限制，但在完全收养中，被收养人的年龄应在十五岁以下。我国台湾地区“民法”第 1076 条规定了子女被收养应征得父母之同意，未规定被收养的未成年人年龄的限制。我国澳门地区民法规定，被收养人为未成年人。

在我国，收养的对象仅限于未成年人，并无对收养成年人的相关立法规定。扩大被收养人的范围，删除被收养的未成年人仅限于不满 14 周岁的限制，有利于更大限度地发挥收养制度的功能。一方面，过去将被收养人的年龄限于不满 14 周岁，主要是考虑到十四周岁以上的被收养人已经基本心智成熟，具备一定的判断力，可能不易于与养父母之间建立感情，不利于各方当事人家庭关系的和谐稳定。但从我国的实际情况来看，收养十四周岁以上的未成年人，并不必然导致上述家庭关系不和谐的情况。而且，上述理由并不适用于丧失父母的孤儿与查找不到生父母的未成年人，仅以年龄限制而否定十四周岁以上的未成年人被收养的可能性，不利于未成年人的成长，有违收养应当遵循最有利于被收养人的原则，保障被收养人和收养人的合法权益。[①] 另一方面，在过去的司法实践中，有大量案

① 《民法典》第 1044 条。

例是因被收养人的年龄不符合规定而导致法院判决收养无效，大大限制了收养制度作用的发挥。放宽对被收养人年龄的限制，为符合收养条件的未成年人提供了更好的制度保障，符合收养法保护被收养人的立法目的。

除对被收养人的年龄限制外，本条规定了可以作为被收养人的三种情况：第一，丧失父母的孤儿。其中“丧失父母”，包括父母已经死亡或者已经被宣告死亡的情况。[①] 父母被宣告失踪的，可以根据实际情况适用本条第 2 项的规定，从而作为“查找不到生父母的未成年人”适用收养。“父母”既包括生父母，也包括养父母以及与被收养人有抚养关系的继父母。第二，查找不到生父母的未成年人。“查找不到”是指通过各种方式，经过有关部门的查找，在一定期间内仍无法找到生父母的情况。具体期限的限制需要结合实际情况进行判断，我国法律并没有做出明确的规定。此外，《民法典》修订扩大了本条的适用对象，将本条中“弃婴和儿童”修改为“未成年人”。将除查找不到生父母的弃婴和儿童外，因其他原因而查找不到生父母的未成年人囊括在被收养人的范围之内，如因被拐卖而在被解救之后无法找到生父母的未成年人，以使他们可以通过被收养的途径得到一个稳定的家庭，有利于他们的健康成长。第三，生父母有特殊困难无力抚养的子女。其一，本项中仅限于生父母有特殊困难无力抚养子女的情况，不包括继父母、养父母。其目的在于最大限度地保护被收养人的利益，将送养的权利以及重新送养的选择权仅赋予生父母。在继父母或养父母因特殊困难而无力继续抚养子女的情况下，可以通过与生父母协商解除收养关系，由生父母决定是否再次送养。其二，本项中的“特殊困难”，包括经济上的困难以及身体上的困难，无论是何种特殊困难，必须达到在客观上导致生父母丧失对未成年子女抚养能力的程度。

实际适用中应当注意认定被收养人的条件是否符合法定的要求，不符合条件的被收养人与收养人，会导致收养行为的无效。另外，应当注意本法溯及力的问题，本法施行之前的收养，被收养人属于十四周岁以上的未成年人，不符合《收养法》规定的年龄要件的，但在本法施行之后符合条件的，人民法院应当认定收养关系为有效，依法予以保护。其原因在于，与《收养法》相比，本条的规定更有利于保护被收养人的利益，符合我国《立法法》第 93 条关于法律溯及力问题的规定。

---

① 《民政部关于在办理收养登记中严格区分孤儿与查找不到生父母的弃婴的通知》第 1 条。

【相关案例】

吴某与舒某确认收养关系纠纷案[①]

本案的争议焦点在于，原告与被告之间是否存在收养关系，能否得到法律保护。

一审法院认为，原告吴某与被告舒某按农村风俗订立收养协议时被告已年满十四周岁，亦未到民政部门办理收养登记，且原告夫妇是在已收养一名子女的情况下又收养一名子女，不符合收养的法律构成要件，故双方的收养行为无效，被告对此亦不持异议。原告要求确认收养行为无效的请求，法院应当予以支持。被告辩称要求原告给付经济补偿，因未提供相关证据予以佐证，故不予采信。据此，一审法院根据《收养法》第4条、第6条、第8条、第15条、第25条之规定，判决原告吴某收养被告舒某的行为无效。一审宣判后，被告不服，提起上诉。二审法院认为原审判决认定事实清楚，判处适当，应予维持，最终驳回上诉，维持原判。

【关联法条】

《收养法》第4条，《最高人民法院关于学习、宣传、贯彻执行〈中华人民共和国收养法〉的通知》第2条，《立法法》第93条，《民法典》第1044条

（撰稿人：李辰宇）

第一千零九十四条　【送养人的范围】 下列个人、组织可以作送养人：

（一）孤儿的监护人；

（二）儿童福利机构；

（三）有特殊困难无力抚养子女的生父母。

【释义】

收养涉及送养人、收养人和被收养人等多方主体，只有各方主体均符合法定

① （2015）六民一终字第00704号。

条件，履行了法定的收养程序，收养关系才能有效成立。从各国的立法情况来看，对送养人条件的规定有分散型立法模式和集中型立法模式两种。分散型立法模式，是指将有关送养人条件的规定分散在数个不同的条文中，法国民法典分别规定了父母、亲属会议及法院可以作为送养人。①《德国民法典》规定了送养行为原则上必须得到被送养人父母的同意，特殊情况下家庭法院可以代父母一方做出同意送养的意思表示。② 我国采取的是对送养人条件的集中规定，且与被收养人条件的规定一一对应，以便清晰明确地界定不同情况下可以作出送养决定的主体。各国对送养人条件的规定虽然不尽相同，但其中仍存在一些共性。其一，可以送养的主体并不限于个人，一些社会组织或者法院在一定条件下也可以作为送养人；其二，对送养人的规定，倾向于照顾被收养人的生父母的利益，具体体现在送养需征得生父母的同意；其三，对送养人条件的限制以保护被收养人的利益为原则，送养一定年龄以上的未成年人的，需要征得被收养人本人的同意。

从本条规定的内容来看，包括三种类型的送养人：第一，孤儿的监护人。此种情况的送养人对应的是本法第 1093 条第 1 项的规定，即丧失父母的孤儿可以作为被收养人。孤儿是指其父母死亡或人民法院宣告其父母死亡的不满十四周岁的未成年人。③《民法典》将被收养人的年龄限制放宽至不满十八周岁的未成年人，因此“孤儿”的范围应该相应地扩大为“其父母死亡或人民法院宣告其父母死亡的未成年人”。孤儿的监护人需依照本法第 27 条、第 32 条的规范进行确定。根据本法第 1096 条的规定，监护人送养孤儿的，应当征得有抚养义务的人同意，有抚养义务的人不同意送养，监护人不愿意继续履行监护职责的，应当依照总则编的规定另行确定监护人。上述公民或组织在担任监护人期间，可以依法送养未成年人。需要注意的是县级以上人民政府及其民政部门承担临时监护责任时，并不具备送养人的资格，需要送养的，应当依照《未成年人保护法》第 43 条的相关规定。

第二，儿童福利机构可以作为送养人。此种情况的送养人对应的是本法第 1093 条第 2 项的规定，即查找不到生父母的未成年人可以作为被收养人。本项规定的是社会组织作为送养人的情形，《民法典》将《收养法》第 5 条第 2 项规定的“社会福利机构”改为“儿童福利机构”。社会福利机构是指国家设立的对于孤儿、弃儿等进行监管看护的机构，在我国主要是指各地民政部门主管下的收容、养育孤儿和查找不到生父母的未成年人的社会福利院。本法这一修改使表述

---

① 《法国民法典》第 348 条、第 348 条之一、第 348 条之二。

② 《德国民法典》第 1747 条、第 1748 条。

③ 《民政部关于在办理收养登记中严格区分孤儿与查找不到生父母的弃婴的通知》第 1 条。

更为准确，体现出送养人是国家设立的从事有关未成年人监管看护的福利机构，同时也与《未成年人保护法》《残疾人保障法》中“儿童福利机构”的表述保持一致。

第三，有特殊困难无力抚养子女的生父母。此种情况对应的是本法1093条第3项中规定的生父母有特殊困难无力抚养的子女可以作为被收养人的情形。对于本项的理解需要注意以下几点：其一，父母因有特殊困难无力抚养子女而决定送养的，送养人仅限于生父母，不包括继父母与养父母。“特殊困难”包括经济困难与身体困难。参照本法1093条第3项的理解，此处不再赘述。其二，根据本法第1097条的规定，生父母送养未成年子女的，需要生父与生母双方共同决定。当生父母一方不明或者查找不到，才可以单方送养。其三，根据本法第1108条的规定，配偶一方死亡，另一方送养未成年子女的，死亡一方的父母有优先抚养的权利。

本条规定的三种送养人分别对应本法第1093条规定的三种被收养人，在实际适用中应当注意区分不同类型的送养，进而认定送养人是否符合法定的条件，送养人不符合法定条件的，会导致收养行为的无效。

【相关案例】

刘某、王某与苏某1、周某1确认收养关系纠纷案[①]

本案争议的焦点在于二被告收养第三人苏某2的行为是否有效。

一审法院查明，二原告系夫妻关系，育有一女（即苏某2）。1995年年底，原告刘某之父将该女孩送给二被告领养。二被告在未依法办理收养登记的情况下于1996年为苏某2进行了户口登记，且于2003年办理了独生子女证。另查，二被告于1995年年底领养苏某2时，其年龄分别为24岁和26岁，未达到收养子女的法定年龄。一审法院认为，根据1991年12月29日公布的于次年4月1日施行的《收养法》第6条第（3）项规定收养人应满三十五周岁；1999年4月1日修改后的现行的《收养法》亦规定收养人应年满三十周岁，而二被告的收养行为发生在1995年年底，二被告当时的年龄均未达到法定的收养人的年龄，故其认为属事实上的收养关系，无法律依据，不予采信。最终一审判决二被告收养苏某2的收养关系无效。一审宣判后，二被告不服，提起上诉。二审法院认为，二被告收养苏某2时，《收养法》已于1991年12月29日公布并于1992年4月1日施行，

① （2017）苏12民终1090号。

二被告的收养行为应符合1992年4月1日施行的《收养法》的相关规定。该法第4条规定，下列不满十四周岁的未成年人可以被收养：（1）丧失父母的孤儿；（2）查找不到生父母的弃婴和儿童；（3）生父母有特殊困难无力抚养的子女。该法第5条规定：下列公民、组织可以作送养人：（1）孤儿的监护人；（2）社会福利机构；（3）有特殊困难无力抚养子女的生父母。该法第6条规定，收养人应当年满三十五周岁。该法第15条第2款规定，收养应当由收养人、送养人依照本法规定的收养、送养条件订立书面协议，并可以办理收养公证；收养人或者送养人要求办理收养公证的，应当办理收养公证。该法第25条规定，违反《中华人民共和国民法通则》第55条和本法规定的收养行为无法律效力。本案中，苏某2生父母尚在，并无证据证明生父母有特殊困难无力抚养，现有证据亦证明苏某2并非其生父母送养，而上诉人在收养时亦未达到法律规定的年龄，且收养并未订立书面协议。无论是被收养人、送养人、收养人还是送养的形式均违反法律规定。上诉人收养苏某2的收养行为无法律效力。最终二审判决驳回上诉，维持原判。

【关联法条】

《民法典》第27条、第32条、第1096条、第1097条、第1099条、第1103条、第1108条，《未成年人保护法》第43条

（撰稿人：李辰宇）

第一千零九十五条 【监护人送养】未成年人的父母均不具备完全民事行为能力且可能严重危害该未成年人的，该未成年人的监护人可以将其送养。

【释义】

本法第1094条集中规定了送养人的条件，其中对于未成年人的父母尚在，但没有监护、抚养能力的情况，并未作出其监护人可以作为送养人的规定，因此，本条是关于送养人的特殊规定。本条源于《收养法》第12条，本法将其完善为“未成年人的父母均不具备完全民事行为能力且可能严重危害该未成年人的，该未成年人的监护人可以将其送养。”该表述将原本的监护人不得送养，但特殊情况下存在例外，修改为在特殊情况下监护人可以送养的正面规定，进一步明确了

对于父母尚存，但由他人担任监护人时[①]未成年人的送养问题。

结合各国对于送养人的规定，倾向于照顾被收养人生父母的利益，具体体现在送养需征得其生父母的同意。以本法第1094条为例，孤儿的监护人、儿童福利机构可以作为送养人的前提在于，该未成年人的生父母已经死亡或者查找不到。若父母尚在，则只能由因特殊困难而无力抚养未成年子女的生父母作为送养人，其暗含的是，在未成年人生父母尚在的情况下，送养需要征得其生父母的同意。因此，本条规定的实质在于，即使未成年人的生父母尚在，但父母双方均不具备完全民事行为能力且存在严重危害该未成年人的可能性，此时监护人可以送养该未成年人，而无须征得其生父母的同意，在特殊情形下赋予监护人以送养人资格，符合最有利于被收养人的原则。从比较法上来看，不同国家对于送养无须征得生父母同意的情况，也分别作了规定。《德国民法典》第1748条规定了三种父母一方的允许可以被代替的情况：其一，父母一方持续不断地严重违反其对子女的义务，或以其行为表明对子女漠不关心，且不收养会招致对子女的极大不利益的。其二，父母一方因特别严重的心理疾患或特别严重的精神上或心灵上的残疾，致使长期无能力照顾和教育子女，且子女如不被收养就不能在家庭中成长，其发展会因此受到严重危害的。其三，在《德国民法典》第1626a条第2款的情形下，如不收养就会招致对子女的极大的不利益的。《法国民法典》第348－6条规定，在生父母已完全放弃照管该儿童，从而使儿童面临身体与精神伤害之危险的情况下，父母双方或者其中一方拒绝将该儿童交他人收养时，如法院认为这种拒绝行为完全是一种滥用行为，得宣告对该儿童予以收养。

从本条规定的内容上看，监护人可以送养未成年人而无须取得其父母同意的，需要同时满足两个条件：其一，未成年人的父母均不具备完全民事行为能力；其二，可能严重危害该未成年人。对此，可以从以下几个方面理解：第一，父母双方均不具备完全民事行为能力，根据本法第21条、第22条，不具备完全民事行为能力的成年人包括无民事行为能力与限制民事行为能力两种，即不能辨认自己行为的成年人与不能完全辨认自己的成年人。本条中的“父母”应做狭义理解，仅指未成年人的生父母。如果存在因养父母均不具备完全民事行为能力且可能严重危害该未成年人的情况，可以依照本法第1114条之规定解除收养关系。第二，“可能严重危害该未成年人”是监护人可以送养的重要条件之一，这也是各国对此立法规定上的共性。其一，“严重危害”包括身体与精神两个方面的危

---

① 《民法典》第27条规定，未成年人的父母已经死亡或者没有监护能力的，由下列有监护能力的人按顺序担任监护人：祖父母、外祖父母；兄、姐；其他愿意担任监护人的个人或者组织，但是须经未成年人住所地的居民委员会、村民委员会或者民政部门同意。

害，具体表现为肉体摧残、精神摧残、虐待、体罚等严重危害子女发展的情形。严重程度应当以未成年子女的合法权益为根本性的判断标准。其二，本条规定的严重危害是一种可能性，即使危害没有实际发生，只要存在因未成年人的父母均不具备完全民事行为能力而导致严重危害该未成年人的可能性的，就满足本条规定的监护人送养的条件。在此种情况下，若不赋予监护人以送养人的资格，则可能导致未成年人无法获得一个健康、安全的成长环境，违背了收养法最有利于被收养人的原则。第三，本条与本法第1094条之间是一般规定与特别例外规定的关系，依本条规定而实施送养行为的主体，仅限于未成年人的监护人，从而排除了本法第1094条规定的适用。第四，根据本条的规定，监护人“可以”送养，而非“应当”送养。在此情况下，法律赋予了监护人可以送养未成年人的权利，监护人可以选择送养，或者依照本法总则编的规定另行确定监护人。

【相关案例】

隆某芝与龙某跃等变更抚养权纠纷案①

本案的争议焦点在于原告隆某芝与隆某洋的收养关系是否成立。

一审法院查明，2013年3月18日被告龙某跃、杨某满在某镇卫生院生育一名男婴，随后被告杨某贵把男婴送给原告家抚养。2013年10月28日原告家为男婴登记入户，与原告隆某芝登记为一户，户主为原告父亲隆某福，登记监护人父亲为隆某强，监护人母亲为隆某芝。为男婴取名隆某洋。被告龙某跃与被告杨某满二人生育隆某洋时，均未成年，被告杨某贵、龙某香为杨某满的法定监护人。原告抚养隆某洋至今未依法办理收养手续。原告向法院起诉要求四被告领回隆某洋抚养。一审法院认为，根据《收养法》第15条的规定，“收养应当向县级以上人民政府民政部门登记。收养关系自登记之日起成立。”第12条的规定：“未成年人的父母均不具备完全民事行为能力的，该未成年人的监护人不得将其送养，但父母对该未成年人有严重危害可能的除外。”本案中，被告龙某跃、杨某满生育隆某洋时均系未成年人，不具备完全民事行为能力，未被证实存在严重危害隆某洋的可能，其任意一方监护人均不得擅自将隆某洋送养，且送养未经县级人民政府部门登记。最终一审法院认定，原告隆某芝与隆某洋的收养关系不成立。

---

① （2015）花民初字第725号。

【关联法条】

《民法典》第 21 条、第 22 条、第 27 条，《德国民法典》第 1626a 条、第 1748 条，《收养法》第 12 条，《法国民法典》第 348 - 6 条、第 349 条、第 350 条

（撰稿人：李辰宇）

第一千零九十六条　【监护人送养孤儿的特殊规定】监护人送养孤儿的，应当征得有抚养义务的人同意。有抚养义务的人不同意送养、监护人不愿意继续履行监护职责的，应当依照本法第一编的规定另行确定监护人。

【释义】

本条是关于监护人送养孤儿的特殊规定，来源于《收养法》第 13 条，有别于本法第 1095 条规定的监护人对未成年人的送养，除了需要监护人送养的意思表示外，还须征得对该孤儿有抚养义务的人的同意。本条删去了孤儿的“未成年”一词前缀，因第 1093 条已经将被收养的孤儿范围限定在未成年人，故不再赘述，语言更加精简。

本条包含以下几点理解：

首先，既然已明确是孤儿的监护人，则本条规定的监护人范围应适用本法第一编第 27 条第 2 款，即“未成年人的父母已经死亡或者没有监护能力的，由下列有监护能力的人按顺序担任监护人：（一）祖父母、外祖父母；（二）兄、姐；（三）其他愿意担任监护人的个人或者组织，但是须经未成年人住所地的居民委员会、村民委员会或者民政部门同意”。此外，若是父母双亡前已为该未成年子女在遗嘱中指定了监护人，则依照本法第一编第 29 条规定，该遗嘱指定可以对抗第 27 条的法定监护。当对监护人的确定有争议的，可依照本法第一编第 31 条确定最终的监护人。

其次，本条规定的“有抚养义务的人”，应作广义理解。若从文义解释的角度理解，“抚养”指长辈对晚辈的抚育、教养，结合本法第一编第 26 条第 1 款规定：“父母对未成年子女负有抚养、教育和保护的义务”，本编第 1072 条第 2 款规定：“继父或者继母和受其抚养教育的继子女间的权利义务关系，适用本法关

于父母子女关系的规定”及第1074条第1款规定：“有负担能力的祖父母、外祖父母，对于父母已经死亡或者父母无力抚养的未成年孙子女、外孙子女，有抚养的义务”，可知对于孤儿而言包含两类人：对其进行了抚养教育的继父母；有负担能力的祖父母、外祖父母。而从目的解释的角度，之所以规定监护人送养孤儿需要征得有抚养义务的人的同意，是因为：第一，从送养的需求看，有抚养义务的人如果能够承担保护、抚养和教育该孤儿的职责，从而满足孤儿的利益，则无须送养；第二，从送养带来的影响看，一旦被送养，收养关系成立，根据有关收养效力的规定，养子女与生父母以及其他近亲属间的权利义务关系即刻消除，诸如继承、赡养、扶养等权利义务均不能再要求享有或承担，可知送养也涉及有抚养义务的人的利益，因此，需要征得其同意；第三，有抚养义务的人对于该孤儿而言，往往是其在人世间仅剩的关系相对密切的近亲属，一般与孤儿之间存在亲密的感情联系，监护人未经其同意将孤儿送养，也不利于子女的抚养、成长。既然是从这三方面加以考虑，符合上述三方面的人还应当包括有负担能力的兄、姐，根据第1075条的规定：“有负担能力的兄、姐，对于父母已经死亡或者父母无力抚养的未成年弟、妹，有扶养的义务。由兄、姐扶养长大的有负担能力的弟、妹，对于缺乏劳动能力又缺乏生活来源的兄、姐，有扶养的义务。”以及第1127条关于法定继承的范围包括兄弟姐妹的规定。事实上，在民法典的学者建议稿中，[①] 也的确曾建议将本条的“抚养”修改为“扶养”，实际上就扩大了“有抚养义务的人”的范围，但并没有得到采纳。所以，本条的“抚养”应作扩大解释，还包括同辈之间的扶养，“有抚养义务的人”准确来说，包含三类：对孤儿进行了抚养教育的继父母；有负担能力的祖父母、外祖父母；有负担能力的兄、姐。

再次，孤儿的监护人和对其有抚养义务的人一般情况下是同一人，此时征得同意也就不成为难题，送养的意思表示直接表明其同意；本条约束的主要是监护人与有抚养义务的人不为同一人时，为防止原监护人仅为自己利益、逃避监护责任而送养或与收养人串通等，须征得有抚养义务的人的同意。盖收养关系成立后，收养人即为养子女的监护人，而受监护人常为监护人之意思所左右，且受监护人之财产易被侵蚀之故。

不过，以上考虑皆建立在“有抚养义务的人”为善意的前提之下，若是“有抚养义务的人”虽然具有负担能力，但对孤儿而言仅仅构成温饱状态的生活，将

---

① 王利明：《中国民法典学者建议稿及立法理由・人格权编、婚姻家庭编、继承编》，法律出版社2005年版，第347页。

其送养能够使其收获更高水平的成长和教育，且孤儿本人亦已愿意、同意，有抚养义务的人或纯粹为了自己的私益如传承宗祠等而不同意将其送养，或者可能严重危害该孤儿的，在这两种情况下，征得有抚养义务的人的同意依旧成为送养的前提条件就有待质疑了。比较法上，也大多无此特殊规定（指“应当征得有抚养义务的人的同意”这一规定）。此外，本条的“同意”应理解为仅包含明示，而不包含默示。根据本法第一编第 140 条第 2 款规定，沉默只有在有法律规定、当事人约定或者符合当事人之间的交易习惯时，才可以视为意思表示。《中国公民收养子女登记办法（1999）》第 6 条第 1 款规定，送养人应当向收养登记机关提交下列证件和证明材料……（二）收养法规定送养时应当征得其他有抚养义务的人同意的，并提交其他有抚养义务的人同意送养的书面意见。《民政部关于规范生父母有特殊困难无力抚养的子女和社会散居孤儿收养工作的意见》中也规定，生父母以外的监护人作为送养人的，应当提交其他有抚养义务的人（祖父母、外祖父母、成年兄姐）出具的经公证的同意送养的书面意见。是故建议增加例外规定，参照我国台湾地区“民法”第 1076 条之一，① 有下列情形之一者，无须征得有抚养义务的人的同意：（1）有抚养义务的人对孤儿未尽保护教养义务或有其他显然不利孤儿之情事而拒绝同意；（2）有抚养义务的人事实上不能为意思表示。

最后，本条第二句属于准用性规则，参照本法第一编对监护制度的规定来变更监护人。具体应当适用本法第一编第 36 条的规定：“监护人有下列情形之一的，人民法院根据有关个人或者组织的申请，撤销其监护人资格，安排必要的临时监护措施，并按照最有利于被监护人的原则依法指定监护人：（一）实施严重损害被监护人身心健康的行为；（二）怠于履行监护职责，或者无法履行监护职责且拒绝将监护职责部分或者全部委托给他人，导致被监护人处于危困状态；（三）实施严重侵害被监护人合法权益的其他行为。本条规定的有关个人、组织包括：其他依法具有监护资格的人，居民委员会、村民委员会、学校、医疗机构、妇女联合会、残疾人联合会、未成年人保护组织、依法设立的老年人组织、民政部门等。前款规定的个人和民政部门以外的组织未及时向人民法院申请撤销监护人资格的，民政部门应当向人民法院申请”。若无经过法定程序，原监护人不履行监护职责、擅自变更监护的，依照本法第一编第 31 条第 4 款和第 34 条第 3 款的规定，不免除原监护人的责任，应当承担相应的法律责任。

---

① 参见我国台湾地区“民法”第 1076 条之一规定，子女被收养时，应得其父母之同意。但有下列各款情形之一者，不在此限：（1）父母之一方或双方对子女未尽保护教养义务或有其他显然不利子女之情事而拒绝同意。（2）父母之一方或双方事实上不能为意思表示。前项同意应作成书面并经公证。但已向法院声请收养认可者，得以言词向法院表示并记明笔录代之。第一项之同意，不得附条件或期限。

【相关案例】

锦州市社会福利院与北镇市救助管理站申请变更监护人纠纷案[①]

被监护人张某系张某甲与郭某的非婚生女儿。由于张某甲、郭某下落不明，未对被监护人履行监护职责，且张某的祖父母及外祖母均已过世，其外祖父也已年迈，无抚养能力亦无抚养意愿。2018 年 6 月 25 日，北镇市救助管理站作为申请人请求撤销张某甲、郭某的监护人资格，法院于 2018 年 10 月 20 日判决撤销张某甲、郭某对张某的监护人资格，同时指定北镇市救助管理站作为张某的监护人。2018 年 12 月 5 日，北镇市救助管理站将被监护人张某送入锦州市社会福利院，被监护人张某现在锦州市社会福利院生活。申请人锦州市社会福利院向法院提出申请，要求变更申请人锦州市社会福利院为张某的监护人。被申请人锦州市社会福利院是国家举办的由锦州市民政事务中心主管的隶属于锦州市人民政府的公益机构，也称锦州市儿童福利院，业务范围包括："三无"人员收养；孤儿与弃婴收养；家庭无力照管残疾儿童收养；老人收养；收养人员护理与康复治疗；收养人员教育与委托管理。

法院认为，确定监护人时应考察其监护能力、监护条件等因素是否更有利于被监护人的生活、学习和健康成长。关于监护权纠纷，应从有利于被监护人的身心健康、保障被监护人的合法权益出发，结合申请人、被申请人双方的监护能力和监护条件以及机构的职能职责的情况妥善解决。本案中，被监护人张某系未成年人，其父母下落不明，祖父母及外祖母均已过世，其外祖父也已年迈，无抚养能力亦无抚养意愿，被申请人北镇市救助管理站经本院判决指定为张某的监护人，但被申请人系临时救助机构，无长期抚养教育未成年人的职能和能力，不能履行监护职责，而申请人锦州市社会福利院既能对被监护人提供收养照顾，在取得监护权后，又能安排被监护人到辽宁省孤儿学校进行学习，综合考虑各方因素，认为指定申请人锦州市社会福利院作为被监护人张某的监护人更有利于张某的生活和学习。

【关联法条】

《民法典》第 27 条、第 29 条、第 31 条、第 34 条、第 36 条、第 1072 条、第

---

① （2019）辽 0782 民特 3 号。

1074 条、第 1075 条，《中国公民收养子女登记办法》第 6 条，《民政部关于规范生父母有特殊困难无力抚养的子女和社会散居孤儿收养工作的意见》

（撰稿人：赖如一）

第一千零九十七条　【生父母送养】生父母送养子女，应当双方共同送养。生父母一方不明或者查找不到的，可以单方送养。

【释义】

本条是关于生父母送养的规定，来源于《收养法》第 10 条，包含以下几点理解：

首先，须明确，根据本法第 1094 条的规定，此处的生父母仅仅指有特殊困难无力抚养子女的生父母，包括具有婚姻关系的生父母、离婚的生父母以及非婚生子女的生父母，否则易导致生父母故意逃避法定抚养义务。若是生父母均不具备完全民事行为能力且对被收养人有严重危害可能的，依据本法第 1095 条，可以由被收养人的监护人作为送养人。也即，当生父母存在导致其不具备完全民事行为能力或可能严重危害未成年子女的特殊困难时，从体系解释的角度，双方共同送养并非禁止性规定，在没有生父母双方一致同意的情况下，收养并非无效，监护人的送养意思可以代替生父母双方的同意。

其次，何为特殊困难，《收养法》中并无具体规定，致使实践中经常反映对生父母有特殊困难无力抚养的子女的认定过于原则、不好把握。于是民政部在 2014 年发布的《关于规范生父母有特殊困难无力抚养的子女和社会散居孤儿收养工作的意见》中对判断生父母是否无力抚养子女进行了界定，主要指：（1）重特大疾病；（2）重度残疾；（3）因有期徒刑以上刑罚失去人身自由。确因其他客观原因无力抚养子女的由乡镇人民政府、街道办事处进行判断。

再次，送养子女须经生父母双方协商一致均同意送养。生父母中有一方不同意的，收养关系不能成立，系基于父母子女身份关系之本质使然，父母和子女之间存在最亲密、最直接的血缘关系，收养关系的成立将对父母双方和子女产生重大的影响：（1）收养的本质将导致生父母与子女间血浓于水的情感联系被切断，离婚尚不至割断该情感联系；（2）完全收养的强大效力将会使生父母与子女间的权利义务关系消除。本法第一编第 26 条、第 27 条及本编第 1070 条分别规定了父母对未成年子女负有抚养、教育和保护的义务，成年子女对父母负有赡养、扶助和保护的义务；父母是未成年子女的监护人；父母和子女有相互继承遗产的权利。收养关系一旦成立，生父母与子女间的权利义务消除，养父母遂取代生父母的法律地位。因此，收养当事人的意志对收养关系的顺利建立意义重大，只有各方当事人形成合意才能正式启动收养程序。

然而，本条第二句规定当生父母一方不明或查找不到时，可以单方送养，是因为在这些情形下，生父母双方无法进行协商，作出共同送养的意思表示。是故依照立法目的，可以单方送养的情形还应当包括：生父母一方死亡或被宣告死亡、被宣告失踪、无民事行为能力或限制行为能力等事实上不能为意思表示以及被剥夺亲权这一法律上不能为意思表示的情形。被剥夺亲权说明生父母一方存在损害子女利益的严重过错行为而不具备为人父母的资格，从而无须其同意。而在学者的建议稿中也提出过此项修改建议，[①] 却并未得到采纳。本法第一编第 52 条已经规定了："被宣告死亡的人在被宣告死亡期间，其子女被他人依法收养的，在死亡宣告被撤销后，不得以未经本人同意为由主张收养行为无效。"实际上，变相承认了生父母一方死亡或被宣告死亡后的单方送养行为有效。《中国公民收养子女登记办法（1999）》第 6 条也规定了因丧偶或者一方下落不明由生父母单方送养的，还应当提交配偶死亡或者下落不明的证明。事实上也认可了被宣告失踪的单方送养效力。但是，对于一方不具备完全民事行为能力或者被剥夺亲权这两种情形并无规定。是故，建议日后对本条第二句进行补充。

最后，本法第 1108 条规定，配偶一方死亡，另一方送养未成年子女的，死亡一方的父母有优先抚养的权利。这是否意味着死亡配偶一方的父母如果不同意送养，本条第二句规定的生父母一方的单方送养行为无效？对此，《最高人民法院关于贯彻执行〈中华人民共和国民法通则〉若干问题的意见（试行）（1988）》第 23 条规定，夫妻一方死亡后，另一方将子女送给他人收养，如收养对子女的健康成长并无不利，又办了合法收养手续的，认定收养关系成立；其他有监护资格的人不得以收养未经其同意而主张收养关系无效。这表明死亡一方的父母的优先抚养权利并不能对抗生父母合法的单方送养，除非该收养对被收养人的健康成长不利。但该条针对的是已经成立的收养关系，而在收养关系还未成立时，死亡一方的父母能否在生父母一方送养子女之前，向人民法院起诉确认其优先抚养权，从而制止生父母一方的送养行为呢？在《最高人民法院民事审判庭关于夫妻一方死亡另一方将子女送他人收养是否应当征得愿意并有能力抚养的祖父母或外祖父母同意的电话答复（1989.8.26）》中，最高人民法院认为："在审判实际中对不同

---

① 王利明：《中国民法典学者建议稿及立法理由·人格权编、婚姻家庭编、继承编》，法律出版社 2005 年版，第 342 页。

情况的处理，需要具体研究……夫妻一方死亡，另一方有抚养子女的能力而不愿尽抚养义务，以及另一方无抚养能力，且子女已经由有抚养能力，又愿意抚养的祖父母、外祖父母抚养的，为送养子女发生争议时，从有利于子女健康成长考虑，子女由祖父母或外祖父母继续抚养较为合适。”由此看来，在收养关系尚未成立之时，死亡一方的父母以优先抚养权为由提起确认之诉似乎能够对抗生父母的单方送养行为，否则第1108条的规定有形同虚设之嫌。

【相关案例】

谢某与石某甲、张某甲等确认收养关系纠纷案[①]

该案争议焦点之一为被告与原告子女间的收养关系是否有效。原告谢某与高某婚后生有一子，后被高某未经谢某同意擅自送养给被告石某甲、张某甲夫妇，取名石某乙。本案中，被告在收养石某乙时并不具备收养人的条件，也未办理收养登记手续。一审法院因此认定被告与原告的婚生子女间的收养关系无效。被告不服，提起上诉，主张其对石某乙的收养已征得高某和谢某双方同意。

但二审法院认为石某甲、张某甲未能举证证明，高某作为送养方之一，亦未能提供谢某同意送养的相应证据，故原审认定高某单方送养不符合法律规定。根据《收养法》第10条的规定，生父母送养子女，须双方共同送养。高某的送养行为和被告的收养行为违反法律规定，收养关系无效，维持原判。

【关联法条】

《民法典》第52条、第1094条、第1095条，《中国公民收养子女登记办法》第3条、第6条，《民政部关于规范生父母有特殊困难无力抚养的子女和社会散居孤儿收养工作的意见》，《最高人民法院关于贯彻执行民事政策法律若干问题的意见》（1984）第27条，《最高人民法院关于贯彻执行〈中华人民共和国民法通则〉若干问题的意见（试行）（1988）》第23条

（撰稿人：赖如一）

第一千零九十八条　【收养人的条件】收养人应当同时具备下列条件：

① （2015）通中民终字第0221号。

（一）无子女或者只有一名子女；

（二）有抚养、教育和保护被收养人的能力；

（三）未患有在医学上认为不应当收养子女的疾病；

（四）无不利于被收养人健康成长的违法犯罪记录；

（五）年满三十周岁。

【释义】

本条是关于收养人条件的规定，来源于《收养法》第6条。收养人应当同时具备这五项条件，若缺少其中任何一项，收养关系都无法成立，或是虽然成立但是无效。收养制度在历史上经历了三个发展阶段，从为延续家族血统的“家本位”到为收养人个人利益、养儿防老的“亲本位”再到为保护子女利益的“子女本位”,① 现代社会的收养制度必然对收养人提出更严苛的要求，以保障被收养人的健康成长和合法权益。收养人应当具备的条件，可以分为积极条件和消极条件两类。积极条件是指收养人应当具备的条件，非有此类条件，不得成为收养人。世界各国法律通常在收养人的年龄、收养人与被收养人间的年龄差距等方面设立限制，目的皆是保障收养人具有抚养教育被收养人的能力。本条的第1项、第2项、第5项即属于收养人的积极条件。消极条件是指收养人不得具备的条件，如有此等条件，不得成为收养人。关于收养人的消极条件，多数国家的法律未作规定，少数国家和地区对此进行了规定。例如，《俄罗斯家庭法典》第127条第1款规定了被法院认为是无行为能力或限制行为能力、被剥夺或限制亲权、被排除在监护人义务之外、在确立收养时对公民的生命健康具有故意犯罪前科的人等，皆不能成为收养人。② 本条的第3项、第4项即属于收养人的消极条件。

本条包含以下几点理解：

首先，本条第1项的“无子女”是指收养人因生理上的原因含疾病等引起的

---

① 林秀雄：《论“收养法”之修正》，载《月旦法学杂志》2007年第151期。

② 参见《俄罗斯家庭法典》第127条第1款：“成年男女均可成为收养人，但以下人除外：被法院认定为无行为能力的人或者限制行为能力的人；被法院认定夫妻一方为无行为能力人或者限制行为能力人的夫妻；由法院剥夺亲权或者限制亲权的人；因不适当履行法律规定的义务，而被排除在监护人义务之外的人；法院按照原收养人的过错取消收养的原收养人；因身体状况不能实现亲权的人。某人患有的使其不能收养儿童、不能使儿童受监护、不能达到家庭收养目的的疾病的种类，由俄联邦政府决定；在确立收养时不具有保障被收养儿童生活必需的最低收入的人，该生活必需的最低收入由收养人所居住地域的俄联邦主体确定；不具有经常居住地，以及不具有符合卫生和技术要求住所地的人；在确立收养时具有对公民的生命或健康故意犯罪前科的人。”

不能生育，或者虽有生育能力但不想生育或还未生育，以及生育的子女已经死亡的情形；子女既包括婚生子女，也包括非婚生子女和养子女。比较法上大多对收养人有无子女和其子女人数多少并无限制，《意大利民法典》第 291 条第 1 款确有规定“没有婚生子女或者准正子女”，[①] 法国在曾经的《拿破仑民法典》中规定收养时需无婚生子女或直系卑亲属，但现行《法国民法典》已经删去了这一规定，原德意志共和国也曾规定收养人应当无子女，包括婚生和非婚生子女，而现行《德国民法典》中也已没有此规定，[②] 英美法系国家更是从未规定过收养人无子女的条件。本项规定实则是基于我国宪法和婚姻法关于计划生育的要求，原来的《收养法》只规定了“无子女”的情形，而本法新增了“只有一名子女”的情形，拓宽了收养人的范围，正是顺应了计划生育从独生子女政策到“全面二孩”政策的变迁。因此，本项规定带有较强的政策性色彩，不排除其日后随着计划生育进一步放开或废止，再次被修改甚至删除的可能，从世界各国的收养法制度沿革来看，删除收养无子女的要求也是大势所趋。但根据本法第 1099 条第 2 款及第 1100 条第 2 款的规定，华侨收养三代以内旁系同辈血亲的子女以及收养对象为孤儿、残疾未成年人或儿童福利机构抚养的查找不到生父母的未成年人可以不受本项限制。

其次，本条第 2 项所说的能力，是就其总体而言，而不是就某一方面而言。衡量是否具有抚养、教育和保护被收养人的能力时，不能仅考虑收养人的经济负担能力，还要考虑在思想品德、健康状况等方面有无抚养、教育和保护能力。在处理具体问题时，收养人的能力的要求，一般应不低于对监护人的监护能力的要求。与原《收养法》的规定相比，本项在“抚养、教育”之后增加了“保护”未成年人能力的要求。“保护”一词，从文义解释的角度，指“尽力照顾、使不受损害”，[③] 这意味着本法在一定程度上提高了对收养人的义务要求，即收养人不仅要尽到一般的抚养、教育义务，还要尽力照顾收养人，更重要的是有义务使收养人免受伤害，此改动符合收养最有利于被收养人的基本原则。同时，这也是本法将《收养法》纳入婚姻家庭编，置于《婚姻法》之后，为保持与本编一般规定中的第 1041 条“保护妇女、未成年人、老年人、残疾人的合法权益”，以及婚姻法部分第 1068 条所规定的“父母有教育、保护未成年子女的权利和义务”的体系一致性所作出的合理调整。

---

① 参见《意大利民法典》第 291 条第 1 款：在成年人较之拟被收养之人至少年长 18 岁的情况下，允许年满 33 岁的、没有婚生子女或者准正的子女的成年人实行收养。

② 蒋新苗：《比较收养法》，湖南人民出版社 1999 年版，第 79 页。

③ 中国社会科学院语言研究所词典编辑室编：《现代汉语词典（第 6 版）》，商务印书馆 2015 年版，第 45 页。

再次，本条第三项规定“未患有在医学上认为不应当收养子女的疾病”，一般认为是考虑到收养人如果患有严重精神疾病或其他疾病，则无法很好地履行抚养教育义务，不利于被收养人的身心健康和正常生活需要；[①] 或者患有严重传染病等，允许其成为收养人很可能将此等疾病传染给被收养人，难以保障收养人的健康成长。[②] 而对于“医学上认为不应当收养子女的疾病”具体指哪些疾病，目前仍存在争议。从科学的角度上讲，公示影响收养子女的疾病是困难的，随着医学的发展，发现的病态基因就越多，而治疗疾病的方法也在日新月异地更新和进步，法律和行政法规的稳定性、滞后性，致使列举医学上认为不应当收养子女的疾病成为不能。[③] 虽然本法第1051条对于婚姻无效的情形删去了与本项类似的“患有医学上认为不应当结婚的疾病”的情形，而是改为婚前故意隐瞒疾病能够产生撤销婚姻的法律效果，但是本项却并没有被删去。盖婚姻自由乃公民为宪法所保障的基本权利，过度干预实为侵犯私益，因此把是否认可婚姻效力的权利交由对方当事人自我决定。然而，现代收养立法以养子女的利益最大化为出发点，具有较强的国家监督主义色彩，以此保障收养目的的实现。[④] 因此，本项不仅涉及收养人与被收养人的私益，更涉及国家作为“大家长”对未成年子女的保护公益，故予之保留。

另外，本条第4项为新增内容，明确规定收养人应当无不利于被收养人健康成长的违法犯罪记录。例如，有性侵未成年人犯罪记录的人收养异性未成年人的、有故意伤害、虐待等暴力犯罪记录的人，都会被排除在收养人范围之外，这有利于维护被收养人的合法权益，为一大进步。实践中，一些基层民政机关在本法颁布前已经出台规定，要求办理收养登记时需提交由公安机关出具的无违法犯罪记录证明等材料。[⑤]

最后，本条第5项是对收养人年龄的限制，不满30周岁的不能作为收养人。对于收养人的最低年龄，许多国家均有规定，这主要是从子女利益出发所作的限制。一般而言，年满30周岁的成年人在家庭、事业等方面都开始进入一个较为稳定的阶段，能够更好地承担起对子女的抚养教育责任。且我国法定婚龄为男子22

① 蒋月：《婚姻家庭与继承法》，厦门大学出版社2014年版，第191页；余延满：《亲属法原论》，法律出版社2007年版，第421页。

② 王利明：《中国民法典学者建议稿及立法理由·人格权编、婚姻家庭编、继承编》，法律出版社2005年版，第337～338页。

③ 孙若军：《疾病不应是缔结婚姻的法定障碍——废除〈婚姻法〉第7条第2款的建议》，载《法律适用》2009年第2期。

④ 戴炎辉、戴东雄、戴瑀如：《亲属法》，台湾大学法学院福利社2010年版，第360页。

⑤ 王姝：《民法典婚姻家庭编丨收养拟增“无违法犯罪记录”限定条件》，载《新京报》2019年6月25日。

周岁，女子20周岁，无法生育子女的夫妻在婚后10年左右，盼得子女的欲望逐渐转变为收养子女的愿望，也符合人们的一般养育心理。基于我国“晚婚晚育”的人口政策，规定年满30周岁始得收养子女也是比较适宜的。

【相关案例】

吴某甲等与吴某乙、韩某某收养关系纠纷案[①]

该案的焦点是原告子女与被告是否成立收养关系，被告的收养行为是否有效。原告吴某甲、付某某夫妻于2011年12月5日生育女儿吴某丙（已做了DNA亲子鉴定）。由于两原告当时无稳定工作，无固定住所，为了女儿吴某丙能有稳定的生活、进入幼儿园读书，原告与两被告商量，两被告同意收养吴某丙，并于2012年5月28日将吴某丙入户到两被告的家庭户籍里。被告吴某乙与原告吴某甲是堂兄弟关系，两被告是夫妻关系。现两原告已有稳定的工作，也有固定的住所，经其与两被告商量，要求两被告放弃吴某丙的收养，由其接回吴某丙抚养，故请求法院判决确认两被告收养两原告的女儿吴某丙的行为无效。

法院认为，根据《收养法》第6条第1项的规定，收养人应当同时具备下列条件：（1）无子女……但两被告于2012年5月28日收养吴某丙时，已生育了四个子女，两被告对吴某丙的收养违反了收养的形式要件；同时，根据《收养法》第15条第1款规定，收养应当向县级以上人民政府民政部门登记。收养关系自登记之日起成立。但两原告对吴某丙的送养及两被告的收养没有到有关部门办理登记，故两被告对吴某丙的收养行为无效，判决确认被告吴某乙、韩某某与吴某丙的收养关系无效。

本案的收养行为其实是本法第1107条规定的“抚养”，也即俗称的“寄养”，依据规定：孤儿或者生父母无力抚养的子女，可以由生父母的亲属、朋友抚养；抚养人与被抚养人的关系不适用本章规定。两原告与两被告存在亲属关系，因原告当时无力抚养，故交由被告抚养，但并非成立收养关系。

【关联法条】

《民法典》第1041条、第1068条、第1099条、第1100条

（撰稿人：赖如一）

---

① （2016）粤0883民初978号。

第一千零九十九条 【收养三代以内旁系同辈血亲子女的特殊规定】收养三代以内旁系同辈血亲的子女，可以不受本法第一千零九十三条第三项、第一千零九十四条第三项和第一千一百零二条规定的限制。

华侨收养三代以内旁系同辈血亲的子女，还可以不受本法第一千零九十八条第一项规定的限制。

【释义】

本条是关于收养三代以内旁系同辈血亲子女的特殊规定，来源于《收养法》第7条，为收养限制之例外。这类收养关系在我国古代被称为“立嗣”，早在先秦，随着宗族制度的形成该现象就出现了，源长久远。历代立嗣的条件和限制很多，但基本都规定了：立嗣必须选择本宗昭穆（辈分）相同者，即同姓侄辈为嗣，原则上不可立异姓；立嗣应该按照法定顺序，首先在近亲中择立，如果没有近亲侄子，再在远房侄辈中择立。[①] 是故本条规定是对我国古代传统的沿袭，符合历史法学派的法学家萨维尼曾提出的“两个不可能”——不可能破坏有活力的发展之中的法学理论和文化，以及不可能改变现存的法律关系的性质，[②] 保留了历史的智慧和经验，肯定了时代之间无法割裂的联系，具有浓厚的本土色彩。

本条包含以下几点理解：

首先，“三代以内旁系同辈血亲的子女”的概念如何界定？“旁系血亲”是指具有间接血缘联系的亲属，如兄弟姐妹同源于父母，伯、叔、姑与自己同源于祖父母，舅、姨、表兄弟姐妹与自己同源于外祖父母，故均为旁系血亲。辈分，是指亲属间的世代次第，按世代来划分，以一世代为一辈分。所以，“旁系同辈血亲”是指与自己处于同一世代的具有间接血缘联系的亲属。依照我国采取的世代计算法，在计算旁系血亲时，需根据旁系血亲之间的同源关系确定，同源于母的，为两代以内旁系血亲；同源于祖父母、外祖父母的，为三代以内旁系血亲，依此类推。[③] 故“三代以内旁系同辈血亲的子女”指的就是收养人兄弟姐妹的子

① 程维荣：《嗣子继承权的历史形态》，载《法学研究》2005年第5期。

② 薛军：《蒂堡对萨维尼的论战及其历史遗产——围绕〈德国民法典〉编纂而展开的学术论战评述》，载《清华法学》2003年第2期。

③ 余延满：《亲属法原论》，法律出版社2007年版，第97~99页。

女、堂兄弟姐妹的子女和表兄弟姐妹的子女。

其次，本条第1款对国内公民收养三代以内旁系同辈血亲子女适当放宽了收养条件，具体包括：(1) 其生父母无特殊困难、有抚养能力的子女，也可以成为被收养人，其生父母亦可为送养人；(2) 无配偶者收养异性子女的，收养人与被收养人的年龄可以不必相差四十周岁以上，也即年龄差距可以小于四十周岁。在原《收养法》中，还曾规定“不受被收养人不满十四周岁的限制”，有学者认为这实际上认可了成年收养，然绝大多数学者认为这应当理解为可以收养年满十四周岁的未成年人，因《收养法》第2条明确规定：“收养应当有利于被收养的未成年人的抚养、成长”。但是，自本法的室内稿开始，删去了这一放宽条件，[①] 盖本法第1093条已经删去了被收养的未成年人“不满十四周岁”的限制，只要符合法定情形的未成年人，皆可成为被收养人，而不必小于十四周岁。因此，《收养法》中规定的“不受被收养人不满十四周岁的限制”应作上述第二种观点的理解，本条第1款删去这一规定符合体系的一致性。

最后，本条第2款规定华侨收养三代以内旁系同辈血亲的子女，除享有以上的放宽条件外，还可以不受无子女或只有一名子女的限制，也即收养人自己的子女无论数量多少，均可以收养三代以内旁系同辈血亲的子女。根据《归侨侨眷权益保护法》的规定，“华侨”是指定居在国外的中国公民。对于华侨收养三代以内旁系同辈血亲的子女作放宽规定，有利于密切华侨同祖国大陆的联系。

【相关案例】

王某1、夏某某与王某2继承纠纷案[②]

该案的争议焦点之一是原告王某2与王某3之间是否形成收养关系。吴某某生育有六个子女，即王某1、夏某某、王某3、王某4、王某5、王某6。其中王某3、王某4、王某5、王某6均已过世，王某2是王某3的养女。因对吴某某及王某3死亡后剩余的331600元的分割发生纠纷，王某2与王某1、夏某某发生争议并起诉到人民法院。一审法院认为，原告王某2与王某3之间形成了养父女关系，适用法律关于父母子女关系的规定，对于王某3因工伤死亡后的工亡赔偿金剩余的300000元，应当由本案的王某2和已经死亡的吴某某进行平均分配。被告夏某某和王某1不服，提起上诉。二审法院查明，王某2是王某4之女，王某4夫妻

① 参见《民法典婚姻家庭编（草案）》(2017年9月26日室内稿）第53条。
② （2016）陕09民终171号。

去世后，王某2则与王某3及吴某某共同生活，由二人抚养长大，并于2004年办理了户籍登记。

法院认为，基于以上事实，表明王某2与王某3已形成事实上的收养关系，而王某3作为王某2的亲属收养王某2并不受年龄相差40岁的限制。但是，因未依法在县级以上人民政府民政部门办理收养登记，王某3与王某2之间的收养关系依法不能成立。然王某2与王某3共同生活多年，王某3的死亡对王某2造成精神损害，加之王某2作为养女与用工单位签订工亡补偿协议，协议赔偿款中包含王某2份额，故该笔工亡赔偿金应当由吴某某与王某2二人享有。现吴某某已死亡，该款由吴某某应得部分与吴某某的保险金额一起，作为吴某某遗产应由其继承人分割。而王某2长期与吴某某共同生活，由吴某某抚养照顾，依照《继承法》第13条之规定，王某2作为王某4的代位继承人可以多分。综合本案的实际情况，原审给王某2分割150000元合情合理，判决维持原判。

【关联法条】

《民法典》第1093条、第1094条、第1098条、第1102条，《归侨侨眷权益保护法》第2条，《国务院侨办关于界定华侨外籍华人归侨侨眷身份的规定》

（撰稿人：赖如一）

第一千一百条　【收养子女的人数】无子女的收养人可以收养两名子女；有子女的收养人只能收养一名子女。

收养孤儿、残疾未成年人或者儿童福利机构抚养的查找不到生父母的未成年人，可以不受前款和本法第一千零九十八条第一项规定的限制。

【释义】

本条是关于收养子女人数的规定，来源于《收养法》第8条，第1款与本法第1098条第1项关于收养人的条件的规定相呼应，第2款则是对人数限制的例外情形的规定。

本条包含以下几点理解：

首先，本条第1款关于被收养人的人数的限制，是同我国计划生育的要求相适应的，其由“收养人只能收养一名子女”到“无子女的收养人可以收养两名子女；有子女的收养人只能收养一名子女”的修改既顺应了“全面二孩”政策的放开，也拓宽了收养渠道。国外立法例多无对收养子女人数的限制，盖收养本为社会福利之事，应尽可能鼓励，以实现被收养人利益的最大化。

其次，本条第2款规定的是对于收养人数限制的例外情形，也即符合下列特殊情形的，可以不受本条规定和本法第1098条第1项的约束，无论其自身是否生育，都可以收养数名子女：（1）收养孤儿；（2）收养残疾未成年人；（3）收养儿童福利机构抚养的查找不到生父母的未成年人。之所以规定这一例外，是对儿童利益最佳原则的贯彻，为了让儿童回归家庭，得到父母的关爱和良好的教育。仅就民政部统计的数字，截至2019年，全国共有孤儿34.3万人，通过收养让孤儿回归家庭是目前公认的对孤儿最好的保障方式。① 考虑到孤儿和残疾儿童的特殊情况，如孤儿可能有兄弟姐妹，并且愿意在一起生活；残疾儿童更容易受到抛弃、抚养成本较健康儿童高而致使其难于找到收养人等，且当前我国社会福利体系并不健全，所以，适当放宽收养人的条件，既可为国家减轻负担，也有利于孤儿和残疾儿童的生活和成长。②

【相关案例】

丁某与郑州市金水区人口和计划生育委员会计划生育行政管理案③

该案的争议焦点是原告收养的两子女是否构成《河南省人口与计划生育条例》（2002年）第38条规定的违法收养。原告丁某、张某于2003年9月再婚，再婚前张某与前妻曾生育一个女孩张某甲；丁某与前夫曾共同收养一个女孩岳某，离婚后又独自收养一个男孩丁某甲，所收养子女均系弃婴。二原告再婚后于2005年6月24日又生育一个女孩丁某乙。2007年10月12日，被告郑州市金水区人口和计划生育委员会作出金计生征字［2007］009号征收决定书，认定二原告系政策外生育第四个子女，根据《河南省人口与计划生育条例》（2002年）第38条的规定，决定分别征收社会抚养费70932元，共计141864元。

一审法院认为，《收养法》第8条第2款规定，收养孤儿、残疾儿童或者社会福利机构抚养的查找不到生父母的弃婴和儿童，可以不受收养人无子女和收养

① 张帅：《民政部：目前全国共有孤儿34.3万人》，载“大公网”2019年1月25日，http：//www.takungpao.com/news/232108/2019/0125/240502.html，2020年8月4日访问。

② 参见《民政部婚姻司对收养法的解答》，1992年4月1日由民政部颁布并生效。

③ （2009）郑行终字第37号。

一名的限制。丁某再婚前收养两名弃婴，符合法律规定，均属合法收养，被告将合法收养的子女一并记入政策外生育子女人数计算征收社会抚养费，与《河南省人口与计划生育条例》（2002 年）第 38 条第 2 款的规定矛盾，由此被告的征收决定对违法事实及性质认定不当，适用法律法规错误。根据《行政诉讼法》第 70 条的规定，判决撤销被告 2007 年 10 月 12 日作出的金计生征字［2007］009 号征收决定书。被告不服，提起上诉。

二审法院认为，丁某再婚前收养两名弃婴，符合《收养法》第 8 条第 2 款的规定，且郑州市民政局的收养证也可以证明被上诉人收养的两个子女均系合法收养，故被告的征收决定系适用法律错误，判决维持原判。

【关联法条】

《民法典》第 1098 条

（撰稿人：赖如一）

第一千一百零一条 【共同收养】有配偶者收养子女，应当夫妻共同收养。

【释义】

本条是关于共同收养的规定，来源于《收养法》第 10 条第 2 款。按照收养人的人数为标准，收养可划分为共同收养和单独收养。共同收养是指夫妻双方收养子女的行为，非夫妻者不能共同收养。单独收养是指收养人为一人的收养，主要是指无配偶者的收养与继父母对继子女的收养。夫妻必须共同收养的目的主要是维护养亲家庭的和睦，因一方收养会对配偶另一方的婚姻家庭造成影响，为维持夫妻关系的稳定、家庭的和睦以及有利养子女的健康成长，因而设立，世界多数国家也均如此规定。

本条包含以下几点理解：

首先，共同收养是指夫妻双方须均作出收养的意思表示，根据《中国公民收养子女登记办法》第 4 条第 2 款："夫妻共同收养子女的，应当共同到收养登记机关办理登记手续；一方因故不能亲自前往的，应当书面委托另一方办理登记手续，委托书应当经过村民委员会或者居民委员会证明或者经过公证。"

其次，所谓有配偶者，是指收养时有配偶者，对于收养时为独身而后结婚者，其收养关系仍继续存在，收养人后来的配偶除对该养子女亦为收养以外，只与该养子女发生姻亲关系。[①]

最后，值得注意的是，部分立法例皆规定当配偶一方下落不明或缺乏行为能力时，则无须其收养同意，即夫或妻一方可代替另一方作出收养的意思表示。在本法婚姻家庭编于2018年4月的征求意见稿中，[②] 曾经增加了这一例外情形，但在2019年10月31日发布的草案三次审议稿中被删去了，[③] 此后也没有再重新添回。故本条并未明文规定这一例外，但正如本法第1097条第二句规定的“生父母一方不明或者查找不到的，可以单方送养”，配偶一方下落不明或欠缺行为能力同样使得共同收养成为不可能，因此，在司法实践中，只要这种单方收养对养子女并无不利，应予以准许。

【相关案例】

杨某与程某离婚纠纷案[④]

该案的争议焦点之一是杨某甲与原告程某之间是否形成了收养关系，程某是否应承担必要的抚养、教育费。原告程某与被告杨某于1991年10月1日在桃源县原尧河乡人民政府登记结婚，婚后未生育子女。因感情不和，2008年12月14日，程某向法院提起离婚诉讼，2009年2月16日法院判决不准离婚。在法院判决不准离婚后，夫妻关系仍未改善。后程某再次向法院提起离婚诉讼，杨某同意离婚，但要求程某承担其养子杨某甲的抚养、教育费用。经查杨某甲的户籍登记资料上没有程某的相关信息，落户地并非程某、杨某现在户口所在地而是杨某原户籍所在地桃源县深水港乡子贤坡村九组，杨某没有提供程某要求并同意收养杨某甲的相关证据；程某始终不同意收养杨某甲，并且这一事实从法院对杨某的父亲杨某群的调查材料中得到证实。

一审法院认为，根据《收养法》第10条第2款的规定，有配偶者收养子女，须夫妻共同收养。因此，在程某始终不同意收养杨某甲且未与之共同生活的情况下，程某与杨某甲之间不形成收养关系，程某不应承担相应抚育费用。被告杨某不服，提起上诉。二审法院维持原判。

---

① 史尚宽：《亲属法论》，中国政法大学出版社2000年版，第600页。

② 参见《民法典婚姻家庭编（草案）》（2018年4月征求意见稿）第63条第2款：“配偶一方为无民事行为能力人或者被宣告失踪的，可以单方收养。”

③ 参见《民法典婚姻家庭编（草案三次审议稿）》（2019年10月31日社会公众征求意见稿）第881条。

④ （2014）常民一终字第340号。

【关联法条】

《中国公民收养子女登记办法》第 4 条

（撰稿人：赖如一）

第一千一百零二条 【无配偶者收养异性子女】 无配偶者收养异性子女的，收养人与被收养人的年龄应当相差四十周岁以上。

【释义】

本条是关于无配偶者收养异性子女的规定，来源于《收养法》第 9 条。《收养法》仅限定男性收养女性的，年龄须相差 40 周岁以上，该规定在执行过程中被认为具有性别歧视的意味，同时也不利于女性收养男性时，对未成年男性的保护。因此，本法作出修改，规定无配偶者收养异性子女均须年龄相差 40 周岁以上，这里就既包括男性收养女性，也包括女性收养男性，扩大了对单独收养人主体的限制，符合男女平等的原则，有利于保障男性被收养人和女性被收养人两者的合法权益。

本条包含以下几点理解：

首先，本条属于单独收养，具有特殊性。一般来说，由夫妻双方收养比无配偶者收养更能营造正常的家庭氛围、促进被收养人的健康成长，故部分国家对无配偶者收养会作出一定限制，如《瑞士民法典》第 264b 条第 1 款规定未婚者单独收养须收养人年满三十五岁，[①]《俄罗斯联邦家庭法典》第 128 条第 1 款规定未婚者单独收养须收养人与被收养人之间的年龄差距不小于 16 岁。[②] 但也有部分国家和地区对无配偶者收养并无特殊规定，如德国、法国、日本、英国、美国和我国台湾地区，其中法国和我国台湾地区对于收养普遍规定了收养人与被收养人之间的年龄差距，无论是单独收养还是共同收养，都必须满足，法国是不小于 15 周岁，[③] 我国台湾地区是不小于 20 周岁；[④] 而德国、日本、英国和美国则对年龄差

① 参见《瑞士民法典》第 264b 条第 1 款："未结婚者，如已满三十五岁，得单独收养。"

② 参见《俄罗斯联邦家庭法典》第 128 条第 1 款："未结婚者作为收养人的，与被收养人之间的年龄差距应不小于 16 岁。如果法院认为理由正当，可适度缩小年龄差距。"

③ 参见《法国民法典》第 344 条："收养人的年龄应当比其拟收养的子女的年龄大 15 岁以上，如拟收养的子女是收养人配偶的子女，仅要求收养人与被收养人的年龄相差 10 岁即可。"

④ 参见我国台湾地区"民法"第 1073 条："收养者之年龄，应长于被收养者二十岁以上。但夫妻共同收养时，夫妻一方长于被收养者二十岁以上，而他方仅长于被收养者十六岁以上，亦得收养。"

距并无限制。可以看出，本法对于无配偶者收养情形下，收养人与被收养人间的年龄差距规定是较为严格的，相对于其他立法例而言。在学者建议稿中，本条的立法理由阐述为："无配偶者收养异性子女是具有特殊性的。在夫妻双方共同收养子女的场合，无论被收养人是异性子女还是同性子女，被收养人遭受性侵犯的可能性并不大；在无配偶者收养异性子女的场合，被收养人就很有可能遭受收养人的性侵犯，因收养人无配偶，生理欲望难以满足且无其他家庭成员可对其侵犯进行内部干涉和阻止。"① 为了使被收养人的生理成熟期与收养人的生理旺盛期相脱节而不能并存，从而降低被收养人遭受收养人不法性侵犯的可能，故规定无配偶者收养异性子女的，须彼此年龄相差40周岁以上。但是，若从防止被收养人遭受性侵犯的角度出发，则收养同性子女亦有可能发生性侵犯。从"无配偶男性收养女性"到"无配偶者收养异性子女"的修改是一大进步，但仍存在进一步改进的空间。

其次，依据本法第1099条规定，收养三代以内旁系同辈血亲子女的可以不受本条限制，即该种情形下，无配偶者与被收养人之间的年龄差距可以小于四十周岁。

【相关案例】

陈某与陈某甲确认收养关系纠纷案②

1992年12月，原告陈某捡得一弃婴陈某甲。后原告陈某将被告陈某甲的户口登记在其户籍下，登记的出生时间为1992年12月16日。原告陈某没有在民政部门办理收养登记手续。现原告请求法院判决确认其与被告陈某甲的收养关系不成立。

法院认为，根据《收养法》第4条第2项的规定，下列不满十四周岁的未成年人可以被收养……（2）查找不到生父母的弃婴和儿童；第6条规定，收养人应当同时具备下列条件：（1）无子女；（2）有抚养教育被收养人的能力；（3）未患有在医学上认为不应当收养子女的疾病；（4）年满三十周岁；第9条规定，无配偶的男性收养女性的收养人与被收养人的年龄应当相差40周岁以上，以及第15条第1款关于收养登记的规定，本案原告陈某捡养被告陈某甲时，与被告陈某甲年龄相差不到40周岁，且未按规定到民政部门办理登记，该收养行为发生于

---

① 王利明：《中国民法典学者建议稿及立法理由·人格权编、婚姻家庭编、继承编》，法律出版社2005年版，第340~341页。

② （2020）渝0151民初1686号。

《收养法》施行之后，违反了法律的强制性规定，故原、被告之间的收养关系无法律效力，判决确认原告陈某与被告陈某甲的收养关系无效。

【关联法条】

《民法典》第 1099 条

（撰稿人：赖如一）

第一千一百零三条　【继父母收养继子女】继父或者继母经继子女的生父母同意，可以收养继子女，并可以不受本法第一千零九十三条第三项、第一千零九十四条第三项、第一千零九十八条和第一千一百条第一款规定的限制。

【释义】

本条是关于继父母收养继子女的特殊规定，来源于《收养法》第 14 条，属于单独收养，因继子女与其生父母之间已有自然血亲关系，无重为拟制之必要，但此收养仍须经继子女的生父母也即配偶另一方同意。

继父母子女关系是因子女的生父母一方再婚而形成的，在现实生活中，主要分为两类：姻亲性质的继父母子女关系和拟制血亲性质的继父母子女关系。前者仅仅因为生父母一方的再婚事实而形成，继子女并未受继父母的抚养教育，不适用法律关于父母子女关系的规定；后者不仅需具备生父母一方与继父母结婚的事实，还需继父母对继子女确有抚养教育的事实，因而形成的继父母与继子女间的关系在法律上等同于生父母与子女间的关系，受法律关于父母子女间的权利义务的调整。而在本编中，并未就继父母与继子女之间形成拟制血亲的具体标准予以明确规定，国外立法例多从抚养的事实性、连续性和人身性进行界定。鉴于确认继父母子女间由姻亲关系转变为拟制血亲关系的条件不明确，在实践中易发生纠纷，涉及当事人间的权利享有和义务履行，因此，本法通过鼓励继父母收养继子女的方式，以明确调整有抚养关系的继父母子女关系，并对继父母收养继子女的条件作了放宽规定。主要有：（1）不受被收养人的生父母有特殊困难无力抚养子女的限制，即生父母没有特殊困难，具有负担能力的也可以作为送养人，其子女亦可作为被收养人；（2）不受收养人无子女或只有一名子女的限制，即继父母即使已有亲生子女，仍可收养继子女；（3）不受收养人收养子女数量的限制，即继父母可以收养数名继子女。①

需要注意的是，一旦收养关系成立，根据本法第1110条的规定，继子女与其生父母间的权利义务关系消除，且继父母收养继子女仍需办理收养登记，收养关系方能成立并生效。

【相关案例】

陈某1、陈某2与韶山市永义乡永泉村方家村民组承包地征收补偿费用分配纠纷案②

该案的争议焦点是两原告陈某1、陈某2是否具有方家村民组的集体经济组织成员资格。两原告出生于广东省始兴县顿岗镇干净村大屋家组，系王某之子女。2012年6月王某与彭某再婚，彭某系方家村民组村民。2013年4月12日，由于彭某没有子女，两原告经彭某依法收养，于同年4月25日由公安机关依法迁入彭某的户口所在地。两原告户口迁入后，无论新农合、新农保等方面与其他村民同样付出，但是到了2013年老历年底，韶山市高新区每亩补产青苗费1000元，人平分配1360元，2014年人平分配1180元，2015年6月27日人平分配征收补偿款1900元。由于被告方家村民组的部分村民以子女带入的为由不能参加分配，导致两原告应该得到的收益分配款项不能得到。故两原告向人民法院起诉，请求法院判令被告返还两原告各项补偿款共计8880元。

法院认为，根据《收养法》第14条的规定，继父或者继母经继子女的生父母同意，可以收养继子女，并可以不受本法第4条第3项、第5条第3项、第6条和被收养人不满14周岁以及收养一名的限制。两原告作为彭某的继子女，已经办理了合法的收养登记证，该收养关系应受到国家保护。办理合法的收养登记后，两原告的户口迁入被告方家村民组处，两原告应当取得被告方家村民组的集体经济组织成员资格，因此判决被告方家村民组支付两原告青苗及土地征收补偿费用8880元。

【关联法条】

《民法典》本第1093条、第1094条、第1098条、第1100条

（撰稿人：赖如一）

---

① 王利明：《中国民法典学者建议稿及立法理由·人格权编、婚姻家庭编、继承编》，法律出版社2005年版，第351~352页。

② （2015）韶民一初字第156号。

第一千一百零四条 【收养合意】收养人收养与送养人送养，应当双方自愿。收养八周岁以上未成年人的，应当征得被收养人的同意。

【释义】

本条是关于收养合意的规定，源自现行《收养法》第11条。在条文内容上除根据本法第19条，征得被收养人同意的年龄限制改为“八周岁以上”外，未作其他变化；在位置安排中，本条较现行《收养法》作了较大调整，由于收养成立须符合实质要件和形式要件，实质要件包括符合收养主体的条件及收养合意，故将本条收养合意置于相关收养主体条文之后、收养成立的形式要件之前，顺应收养成立的过程，更具体系性。

收养是一种设立或变更亲属身份和民事权利义务的民事法律行为。在完全收养下，收养行为成立后使得收养人与被收养人产生法律拟制的父母子女关系，而被收养人与其生父母之间原有的权利义务关系随之消灭，因此收养对送养人、收养人及被收养人均具有重要意义。收养合意是收养行为成立的基础，对收养合意的规定，应充分体现《收养法》的两大基本原则——平等自愿原则和有利于被收养人原则。

本条包含以下几点内容：

第一，根据平等自愿原则，达成收养合意须收养人与送养人双方自愿。收养行为在性质上属于以发生亲子关系为目的的身份法上的契约，须双方意思表示一致才能成立，即收养人和送养人之间具有发生收养行为的合意。在实践中，只有在收养、送养双方当事人自愿的基础上，收养关系才能稳固，从而实现建立收养制度的根本目的。双方自愿体现在收养人的同意和送养人的同意，收养人的同意主要指符合收养条件的收养人的同意，如有配偶者收养子女须征得其配偶的同意；送养人的同意主要指被收养人的生父母（包括已离婚的父母）同意，对于丧失父母的孤儿及查找不到生父母的未成年人，须根据具体情况征得孤儿的监护人或儿童福利机构的同意。

第二，根据有利于被收养人原则，收养须经8周岁以上的被收养人同意。一方面，收养行为的成立将产生拟制效力和解消效力，因此收养行为与被收养人终身利益密切相关，另一方面，收养属于身份行为，身份行为原则不得代理，[①] 本

---

① 史尚宽：《亲属法论》，中国政法大学出版社2000年版，第592页。

法总则编规定8周岁以上的未成年人为限制民事行为能力人，可以独立实施与其年龄、智力相适应的民事法律行为，因此对8周岁以上未成年人，就是否接受被收养，应当征得被收养人的同意。对于未满8周岁的未成年人，因其无民事行为能力，不能自为意思表示及自受意思表示，故收养未满8周岁的未成年人，须征得其法定代理人的同意，此乃身份行为不得代理之例外。

第三，收养合意性质为达成收养契约的合意，故被收养人的同意不构成收养合意的意思表示，但被收养人的不同意，会对收养合意造成法律障碍。本条关于收养合意的规定，依条文表述，双方主体应为收养人与送养人，故该收养合意应解释为双方达成收养契约的合意，须严格区分收养契约关系与收养身份关系，收养契约关系的主体为收养人和送养人，而收养身份关系的主体为收养人和被收养人，收养契约关系的成立须经过收养登记才能在收养人与被收养人之间产生收养身份关系。因收养契约涉及被收养人的权利义务，故应征得被收养人的同意，根据《收养登记工作规范》第16条的规定，收养登记员要分别询问或者调查收养人、送养人、年满10周岁以上的被收养人和其他应当询问或者调查的人……特别是对年满10周岁以上的被收养人应当询问是否同意被收养和有关协议内容。结合本法第19条规定，此处应将10周岁理解为8周岁，故如果收养合意未征得被收养人的同意，会影响收养登记的办理，继而影响收养行为的成立。

【相关案例】

陈甲、陈乙、陈丙与陈E法定继承纠纷案①

该案争论焦点包括李某某与李乙、李丙之间是寄养关系还是收养关系。本案中，陈某去世时，齐某某年仅35岁，没有工作，带着7个尚未成年的子女，生活较为困难。遂将年仅4岁的李某某送至老家常州，交由李某某的大舅舅齐甲抚养。后齐甲见邻居李乙夫妇无子女，又特别喜欢李某某，便将李某某交给李家抚养，每月支付李家一定的生活费用。李某某成年后离开李家赴外地读书、工作，此时李乙夫妇生育了俩女儿。该事实有1992年李乙夫妇的声明和李某某的生母齐某某的陈述，李乙夫妇在邗江公证处的谈话笔录都证实了李某某是从小寄养在李家，陈甲代表兄弟姐妹亲笔出具的证明也证明了该事实。特别要指出的是，李乙夫妇确认每月收取齐家一定的生活费用，是认定收养与寄养的关键。

二审法院认为，收养是收养人按照一定的条件和程序，将他人的子女收养作

① （2012）沪二中民一（民）终字第530号

为自己的子女，使原来没有父母子女关系的人之间，产生法律拟制的父母子女关系。寄养是指未成年人的父母由于工作、生活的特殊条件或其他原因，不能与子女共同生活，将孩子寄托在他人家中，由生父母出资提供子女的生活抚养费，送养人、寄养人之间并无收养的合意。无论寄养时间多长，都不会引起父母子女关系的变化，生父母随时可以领回自己的子女。本案中齐某某和李乙夫妇之间从未达成送养和收养的合意，不符合事实上收养关系的构成要件。没有这个前提或原则，就谈不上收养。因此，李某某和李乙夫妇之间的关系不符合收养的法律特征。

【关联法条】

《民法典》第19条、第20条、第464条、第1040条

（撰稿人：易聪）

第一千一百零五条 【收养登记、收养公告、收养协议、收养公证、收养评估】 收养应当向县级以上人民政府民政部门登记。收养关系自登记之日起成立。

收养查找不到生父母的未成年人的，办理登记的民政部门应当在登记前予以公告。

收养关系当事人愿意签订收养协议的，可以签订收养协议。

收养关系当事人各方或者一方要求办理收养公证的，应当办理收养公证。

县级以上人民政府民政部门应当依法进行收养评估。

【释义】

本条是关于收养登记、收养公告、收养协议、收养公证、收养评估的规定。本条源于现行《收养法》第15条规定，在条文内容上增加收养评估制度，通过收养评估工作，对被收养人和送养人的情况进行了解把握，继而全面保障被收养儿童权益，故全面实行收养评估制度符合收养法有利于被收养人的基本原则。在体例安排上，本条涉及收养关系成立的形式要件以及收养成立后的程序性规定，列于有关收养关系成立实质要件的条文后符合逻辑性。

本条包含以下几条理解：

第一，收养登记为收养关系成立的形式要件，收养登记机关为县级以上人民政府民政部门。根据《民政部婚姻司对〈收养法〉的解答》第 12 问的规定，在办理收养登记时，收养人应当亲自到收养登记机关。有配偶者双方都应亲自到场，一方不能亲自到场的，须出具经公证的委托收养书。年满 10 周岁以上的被收养人，也须亲自到场。结合本法第 19 条，此处应将 10 周岁理解为 8 周岁。

收养登记制度存在历史遗留问题，1992 年《收养法》仅针对被收养人为“查找不到生父母的弃婴和儿童以及社会福利机构抚养的孤儿”及外国人在中国收养子女[①]规定了收养登记，现行《收养法》对收养登记制度加以修正，采国家监督主义，明确规定收养应当向民政部门登记。根据《最高人民法院关于学习、宣传、贯彻执行〈中华人民共和国收养法〉的通知》第 2 条规定，《收养法》施行前发生的收养关系，《收养法》施行后当事人诉请确认收养关系的，审理时应适用当时的有关规定；当时没有规定的，可比照《收养法》处理。对于《收养法》施行前成立的收养关系，《收养法》施行后当事人诉请解除收养关系的，应适用《收养法 》，因此对于《收养法》施行前即已存在收养关系的，可结合《最高人民法院关于贯彻执行民事政策法律若干问题的意见》第 28 条规定认定是否形成事实上的收养关系。

对于 1992 年《收养法》施行前的收养关系以及现行《收养法》施行前被收养人为“生父母有特殊困难无力抚养的子女”的收养关系是否构成事实收养关系，在司法实践中，应当考虑事实收养关系当事人是否“长期共同生活”，即以父母子女的身份长期发生抚养或赡养的生活关系，具体可表现为当事人相互间公开承认养父母子女关系，相互使用父母子女的称谓，或子女随父母姓氏，或有收养文书，或申报户口登记等，而“群众和亲友的公认”以及“基层组织的承认”是确认当事人事实收养的重要证据。此外收养协议、收养公证也能作为构成事实收养关系的辅佐性证据。

在 1992 年《收养法》实施后，对“查找不到生父母的弃婴和儿童以及社会福利机构抚养的孤儿”采收养登记制度，故此类被收养人若未办理收养登记，收养关系不成立[②]。在现行《收养法》实施后，收养应当办理收养登记，否则收养关系不成立。

第二，“查找不到生父母的弃婴和儿童”因没有送养人，从保护未成年人利

① 参见《收养法》（1992 年）第 15 条第 1 款、第 20 条第 2 款

② 参见（2016）陕民申 807 号。

益出发，办理登记的民政部门应在办理收养登记前通过公告查找其生父母。根据《中国公民收养子女登记办法》第 7 条第 2 款规定，自公告之日起满 60 日，弃婴、儿童的生父母或者其他监护人未认领的，视为查找不到生父母的弃婴、儿童。在司法实践中，存在办理登记的民政部门未进行收养公告而直接办理收养登记，属于违反法定程序，故由该民政部门作出的收养登记证，因程序违法，依法应当予以撤销，收养关系因此并不成立。[①] 此外，收养公告的主体为办理登记的民政部门，办理公告的主体、时间若不符合本条及《中国公民收养子女登记办法》第 7 条第 2 款规定的，而民政部门办理收养登记的，应当认定该收养登记行为违反了法定程序，应当予以撤销。[②]

第三，收养协议为有关身份协议，签订收养协议采任意主义，可由收养关系当事人自愿决定，收养协议不产生收养关系成立的法律效果，但对认定事实收养关系的成立具有辅证作用。收养协议是指收养人与送养人双方自愿订立的，表达送养和收养意愿，规范收养被收养人的权利义务的协议。收养协议一般包括收养关系当事人的基本情况，收养关系成立后收养人、送养人和被收养人的权利义务关系，办理收养登记，保护收养秘密，收养协议关系特定等内容。

由于收养协议系有关身份关系的协议，根据本法第 464 条规定，收养协议原则上适用有关该身份关系的法律规定；没有规定的，可以根据其性质参照适用合同编规定。因此收养协议具有特殊性：根据本条第 1 款规定，收养关系自登记之日起成立，故签订收养协议不能发生收养关系成立的法律后果；根据本法第 1111 条规定，收养关系成立后将产生拟制效力和解消效力，即收养关系的当事人存在法定亲属关系，故在签订收养协议时不得对当事人之间的亲属关系加以约定；根据本法第 1044 条第 2 款规定，禁止借收养名义买卖未成年人，故在收养协议中一般不得约定有关收养的付款报酬、给付金钱等内容，否则可能会导致收养变成一种买卖或变相买卖未成年人的关系，因违反社会公序良俗和本章禁止性规定而无效；[③] 本章对收养关系的成立、效力及解除均有明确规定，故签订收养协议原则上不得约定条件和期限。

尽管收养协议不存在产生收养关系成立的法律后果，但对认定事实收养关系的成立具有证明作用。上文已述，收养登记制度存在历史遗留问题，导致实践中存在很多事实收养关系，在司法实践中签订收养协议对于是否构成事实收养关系

---

① 观点可参见（2019）皖 1722 行初 2 号。

② 参见（2020）苏 06 行终 171 号。

③ 孙文灿：《浅析国内公民收养协议》，载《社会福利》2008 年第 2 期。

具有辅证作用[①]。

第四，收养公证由当事人自愿办理，但一方要求办理收养公证的，应当办理收养公证。收养公证不能替代收养登记、不产生收养关系成立的法律效果。根据《公证法》及《司法部关于贯彻执行〈中华人民共和国收养法〉若干问题的意见》相关规定，[②] 收养关系应当由本人办理公证，公证机构办理收养或解除收养关系公证，要重点审查当事人的身份、行为能力和意思表示是否真实，收养登记证或解除收养关系证明是否系有权机关签发。公证机构发现登记证内容违反收养法的，应当拒绝公证。夫妻共同收养，一方因故不能亲自到场，另一方到场并提交经过公证的配偶的委托书的，视为亲自到场。根据本条规定，收养公证不产生收养关系成立的法律效果，但在司法实践中，办理收养关系对事实收养关系的成立具有辅证作用。[③]

第五，增加收养评估制度。自第十三次全国民政工作会议提出的“完善儿童收养政策，建立收养评估制度”的要求后，民政部先后于 2012 年、2014 年在部分地区开展收养评估试点工作，并在《民法典》通过后，要求部机关各司（局）和有关直属单位要围绕《民法典》以及即将修订出台的《未成年人保护法》等法律涉及民政业务的规定，建立健全配套政策措施，全面落实离婚冷静期、收养评估、国家监护等制度[④]。建立收养评估制度具有重要意义[⑤]：一方面，根据现行《收养法》实施以来的实践证明当前被收养儿童生存权益保障问题已得到基本解决。随着经济社会发展和儿童福利保障的提高，收养制度需解决的问题已转变为更好实现被收养儿童成长权益问题。从国际通行做法以及国内个别地方的实践来看，建立完善收养评估制度，为被收养儿童寻找更为适合的收养家庭是适应当前形势发展需要的现实选择；另一方面，《民法典》第 1098 条第 2 项规定收养人应当具备有抚养、教育和保护被收养人的能力。抚养、教育和保护被收养人能力涉及收养人的婚姻家庭状况、性格心理，以及与被收养人的相适度等诸多方面，对其科学判断需要运用相关专业知识和方法，故通过建立收养评估制度，对收养人抚养教育被收养人能力进行科学判断，更好贯彻落实收养制度，以实现有利于被收养人的原则。

---

① 可参见（2019）冀 01 民终 12848 号，另可参见（2018）闽 0627 民初 1039 号。

② 参见《公证法》第 26 条，《司法部关于贯彻执行〈中华人民共和国收养法〉若干问题的意见》第 3 条。

③ 观点可参见（2019）京 03 民终 2199 号。

④ 参见《民政部关于开展收养评估试点工作的通知》《民政部办公厅关于确定第二批收养评估试点单位的通知》《民政部关于学习宣传贯彻〈中华人民共和国民法典〉的通知》。

⑤ 参见《民政部关于开展收养评估试点工作的通知》。

【相关案例】

张某英与吴某琼等继承权纠纷案①

该案争论焦点为张某英与吴某恕之间是否存在收养关系以及该收养关系是否已在事实上解除。本案中，张某英系吴某梅之女，吴某琼、吴某梅、吴某珍、吴某梅、吴某花与死者吴某恕之间系兄弟姐妹关系。1961 年，张某英 10 岁时经双方亲属协商过继给吴某恕并被收为养女，此后，张某英即与吴某恕一起共同居住生活，吴某恕并供给张某英上学。1968 年张某英以生父生病需要照顾为由回到景宁县标溪乡丰林口村生父处。1970 年张某英结婚后与其夫潘某荣一同回到桃源村，并将户口迁入与吴某恕同处的桃源村第三生产队落户，与吴某恕分户生活。在此期间，双方互有来往，张某英对吴某恕也尽有部分义务。1993 年 8 月，桃源村重修吴氏宗谱，吴某恕将张某英登入自己名下。2005 年 1 月 22 日，吴某恕病故，为办理丧事，张某英与吴某琼及其他亲属产生矛盾，吴某恕的丧事由张某英、吴某琼等人以及部分亲戚共同参与办理。一审另查明：吴某恕生前兄弟姐妹除吴某琼、吴某梅、吴某珍、吴某梅、吴某花之外，另有弟吴某竹、妹吴某梅二人，但该二人及其父母均已先于吴某恕死亡。诉讼中，张某英及吴某琼、吴某梅、吴某珍、吴某梅、吴某花均主张吴某恕生前未生有子女。在吴氏宗谱登人吴学恕名下除张某英外，尚有“某望”，经调查，“某望”名为梅某元，但其否认系吴某恕的亲生子，主张与吴某恕无血缘关系，并明确表示放弃继承吴某恕的遗产。

一审法院认为，由于吴某恕收养张某英的行为发生在 1992 年 4 月 1 日《收养法》施行之前，故法院审理本案时应当适用当时的有关规定作为判定依据。1984 年 8 月 30 日《最高人民法院关于贯彻执行民事政策法律若干问题的意见》第 28 条规定，亲友、群众公认，或有关组织证明确以养父母与养子女关系长期共同生活的，虽未办理合法手续，也应按收养关系对待。张某英于 1961 年在 10 岁时被过继给舅舅吴某恕并被收为养女后，即与吴某恕一起共同居住生活，吴某恕并供其上学，这一事实已被当地基层组织所承认，对方对此也并无异议，双方仅是对张某英与吴某恕的共同生活时间长短问题存在分歧，故张某英与吴某恕已形成事实上的收养关系，该收养关系自形成收养的事实且共同生活时成立，依法应受法律保护。虽然此后张某英曾以照看生病的生父为由一度离开过桃源村，1970 年在

① （2009）浙民再字第 13 号。

其结婚后又与其夫回到吴某恕处，并将户口从其生母处迁入吴某恕所在的桃源村第三生产队，与吴某恕分户生活，但双方并未以书面或口头协议的方式公开解除收养关系，且双方虽然分户居住生活，但互有来往，张某英对吴某恕也尽了部分义务，在1993年8月重修吴氏宗谱时，吴某恕将张某英登入自己名下，根据这些事实，可以认定张某英与吴某恕的养父女关系在事实上也并未解除。吴某琼、吴某珍、吴某梅、吴某花辩称，张某英并未随吴某恕的姓、平时与吴某恕以“舅舅”相称、婚后与吴某恕另立户口并未一起共同居住生活，且张某英对吴某恕也未尽到应有的赡养义务，因而主张张某英与吴某恕并不存在收养关系，张某英并非吴某恕的法定继承人。对此，《收养法》第24条规定，养子女可以随养父或者养母的姓，经当事人协商一致，也可以保留原姓。故张某英保留沿用生父的姓并无不可；虽然张某英基于原与吴某恕的舅甥关系而在其被收养后仍继续称吴某恕为舅舅、婚后与吴某恕分户居住生活的情况属实，但结合当地风俗习惯，该事实对双方业已形成的事实上的收养关系均不构成影响；此外，张某英是否已尽赡养义务及其程度也仅是吴某恕生前可以提起解除收养关系的理由，由于吴某琼等人并未提供双方已解除收养关系的证据，故对其所辩意见，不予采纳。

二审法院认为，“过继”子女与“过继”父母形成扶养关系的，即为养子女，互有继承权。张某华英提供的证据，只能证明其10岁时曾“过继”给吴某恕为女，而未能提供吴某恕与其长期共同生活，形成扶养关系的相关证据。二审中，张某英提供了雷某忠、朱某标、雷某忠、吴某芬等人的书面证词，用以证明其长期在桃源村生活，并在桃源、白鹤读书，但其提供的证据材料不符合《最高人民法院关于民事诉讼证据的若干规定》第41条、第55条相关规定，且不能证明其主张的事实。一审认定张某英10岁时“过继”给吴某恕并被收为养女，与吴某恕一起共同居住生活，吴某恕供给上学，缺乏依据。该院撤销景宁畲族自治县人民法院（2005）景民初字第136号民事判决。

后该案经浙江省人民检察院抗诉后由浙江省高级法院再审，再审法院认为，本案诉讼，张某英提供的证据尚未达到“高度盖然性”证明标准，而吴某琼等被申诉人提供的反驳证据进一步削弱了张某英证据的证明力，对本案事实收养关系成立的事实无法予以认定：第一，“长期共同生活”是指事实收养关系当事人之间以父母子女的身份长期发生抚养或赡养的生活关系，具体可表现为当事人相互间公开承认养父母子女关系，相互使用父母子女的称谓，或子女随父母姓氏，或有收养文书，或申报户口登记等。本案中，缺乏收养文书之类的直接证据，而且，张某英从未改姓吴，对吴某恕仍以“舅舅”相称而未使用“父亲”的称谓，结婚之前其户口仍在生父处，婚后虽然将户口迁至吴某恕所在的桃源村第三生产队，但是另立门户，无法反映其与吴某恕存在着何种关联。因此，张某英与吴某恕的关系在具体表现上并不符合收养特征。第二，收养关系当事人的亲友和乡邻对当事人之间是否以养父母与养子女关系长期共同生活的真实情况最为了解，“群众和亲友的公认”以及“基层组织的承认”是确认当事人事实收养的重要证据。本案中，吴某琼、吴某珍、吴某梅、吴某花本身是张某英的重要亲属，他们因为不承认吴某恕与张某英的事实收养关系而酿成本案纠纷，故亲友间对收养关系还存在着认识分歧。张某英在一、二审诉讼中提供了系列书面证言用以证明其主张，然而，就形式而言，绝大多数证人无正当理由未出庭作证，根据法律规定，其证言的证明力难以认定；就内容而言，许多书面证言并不明确具体，而且同一证人出具的书面证言也存在前后矛盾的情形，例如吴某尧在一审诉讼中出具书面证言证明“张某英给吴某恕当女儿，带到吴某恕身边抚养”的事实，在二审诉讼中又出具书面证言证明张某英与吴某恕是“外甥女与娘舅的关系，不是养女”，其证明力显然无法认定。针对张某英的主张及其证据材料，吴某琼等人在诉讼中也提供了系列反驳证据，虽然其反驳证据在形式上也有瑕疵，内容上不尽可靠，但至少进一步削弱了张某英提供的相关书面证言证明力。故张某英与吴某恕的事实收养关系也缺乏“群众公认”的条件。第三，基层组织作为群众自治性组织，负责当地群众的日常事务管理，对当事人间长期共同生活的关系性质有清楚的了解。作为本案当事人所在的基层组织，东坑镇桃源村民委员会曾就张某英与吴某恕的关系出具多份证明材料，但其内容前后矛盾，互相冲突，证明力同样无法认定。故本案张某英与吴某恕的事实收养关系也欠缺“基层组织承认”的相应证据。第四，诉讼中，张某英还提供了吴某恕父母墓碑照片及吴氏宗谱材料等其他证据材料用以证明其主张。但是，从墓碑照片看，立墓人中的“李某”是否确指张某英的丈夫无法确定，而且在形式上“李某”二字的字体及排列顺序与墓碑其他文字并不协调。至于吴氏宗谱，虽然将张某英作为“女儿”记入吴某恕名下，但结合吴某琼等人在再审提供的补强证据看，同时在“某恕”条目中，还载有“兄汤用皋赠子一女一”的内容，与其他具有“过继”关系的人员记载内容并不协调；而且，吴氏宗谱还将“某望”（即梅某元）作为吴某恕子女记载，但梅某元本人在诉讼中却明确否认其与吴某恕之间的父子关系，故在缺乏其他有力证据印证的情况下，吴氏宗谱对本案事实收养关系也不具有证明力。综上，张某英提供的证据不足以证明其主张，本院对其与吴某恕的事实收养关系难以认定，根据《最高人民法院关于民事诉讼证据的若干规定》第 2 条之规定，张某英应承担本案不利的后果。

【关联法条】

《民法典》第464条、第1098条，《中国公民收养子女登记办法》第7条，《最高人民法院关于学习、宣传、贯彻执行〈中华人民共和国收养法〉的通知》第2条

（撰稿人：易聪）

第一千一百零六条　【被收养人户口登记】 收养关系成立后，公安机关应当按照国家有关规定为被收养人办理户口登记。

【释义】

本条是关于被收养人户口登记的规定。本条基本继承现行《收养法》第16条的规定，在条文内容上仅将原《收养法》“公安部门”的表述改为“公安机关”；在位置安排上本条较原《收养法》未有变化，仍列于收养登记条文之后。

本条包含以下几点内容：

第一，我国实行户籍制度，建立户口登记制度以实现户籍制度的人口登记管理功能。收养关系的成立将使养父母与养子女之间产生拟制的父母子女关系，故收养会引起户口变动。为了加强养子女即是自己子女的观念，将养子女尽可能和亲生子女同等对待，在户籍上也尽可能做到亲生子女相近的记载。[①] 根据《户口登记条例》相关规定，公民因收养事由引起户口变动的时候，由户主或者本人向户口登记机关申报变更登记[②]。户口登记工作，由各级公安机关主管[③]。因此本条为户口登记制度在收养章中的体现，为使规范更具严谨性和体系性，《民法典》将现行《收养法》“公安部门”之表述修正为“公安机关”。

第二，明确规定办理户口登记是在“收养关系成立后”。根据本法第1105条“收养应当向县级以上人民政府民政部门登记。收养关系自登记之日起成立”，《中国公民收养子女登记办法》第8条“收养关系成立后，需要为被收养人办理户口登记或者迁移手续的，由收养人持收养登记证到户口登记机关按照国家有关

---

① ［日］我妻荣、有泉亨：《日本民法·亲属法》，夏玉芝译，工商出版社1996年版，第122页。

② 参见《户口登记条例》第19条。

③ 参见《户口登记条例》第3条第1款。

规定办理”，即户口登记须在收养登记后由收养人持收养登记证办理。因此需对户口登记和收养登记加以区分，收养登记为收养关系成立的形式要件，办理收养登记的法定机关为县级以上人民政府民政部门；而户口登记并不产生收养关系成立的效力，收养人若仅为被收养人办理户口登记而未办理收养登记，除非构成事实上的收养关系，否则收养关系并不成立[①]。

第三，被收养人的户口登记虽不产生收养关系成立的效力，但户口登记为收养人公法上之义务[②]，具有证明的效力，可用于进一步佐证当事人之间已形成事实上的收养关系[③]。如第 1105 条释义所述，由于收养登记制度存在历史遗留问题，若收养行为发生在收养法施行前，虽未办理相关收养手续，如确以养父母与养子女关系长期共同生活的，可认定为形成事实上的收养关系，而户口登记可作为当事人已形成事实上的收养关系的辅助证据。若收养行为发生在收养法施行后，则应根据《收养法》的规定办理相关收养手续[④]，若未办理相关收养手续，仅以户口登记不能证明收养行为具备收养法规定的收养的法律效力。

【相关案例】

王某 1 与王某 2 等遗产继承纠纷案[⑤]

该案争论焦点之一为王某 6 与王某 1 之间是否形成收养关系。本案基本案情为王某 1 母亲蒋某 2（曾用名：蒋某 1）与王某 6 于 1992 年 9 月 28 日登记结婚，王某 1 主张王某 6 与其形成收养关系的主要书证为 1998 年 9 月 15 日的登记内容为王某 6 为户主、王某 1 为养女的公安机关户口登记簿。法院审理认为，《收养法》于 1992 年 4 月 1 日起施行，1999 年 4 月 1 日起施行的《全国人民代表大会常务委员会关于修改〈中华人民共和国收养法〉的决定》对《收养法》进行了修正。王某 1 虽主张应适用《最高人民法院关于贯彻执行民事政策法律若干问题的意见》，但该意见于 1984 年 8 月 30 日起施行，而《收养法》于 1992 年 4 月 1 日起施行，根据法律优于司法解释性文件的原则，认定王某 6 与王某 1 之间是否形成收养关系，应当适用修正前的《收养法》。从法律施行的时间上看，认定王某 6 与王某 1 之间是否形成收养关系，应当适用修正前的《收养法》。依照修正

---

① 参见（2019）苏 1283 民初 8860 号，另可参见（2020）湘 0725 民初 1465 号、（2020）渝 0101 民初 7117 号。

② 史尚宽：《亲属法论》，中国政法大学出版社 2000 年版，第 605 页。

③ 参见（2018）最高法行再 58 号。

④ 参见《收养法》（1992 年）第 15 条，《收养法》（1998 年修正）第 15 条第 1 款。

⑤ 参见（2017）吉民申 191 号。

前的《收养法》第10条第1款“生父母送养子女，须双方共同送养。生父母一方不明或者查找不到的可以单方送养”、第14条“继父或者继母经继子女的生父母同意，可以收养继子女，并可以不受第四条第三项、第五条第三项、第六条和被收养人不满十四周岁的限制”及第15条第2款“除前款规定外，收养应当由收养人、送养人依照本法规定的收养、送养条件订立书面协议，并可以办理收养公证；收养人或者送养人要求办理收养公证的，应当办理收养公证”规定，王某6如收养王某1，应当由王某1的生父母共同送养，且应订立书面协议。但王某1未提供其生父王某7同意送养的证据，同时又认可王某6和王某1生父母王某7、蒋某1之间未签署过关于王某6收养王某1的书面协议，因此王某6与王某1并未履行修正前的《收养法》规定的收养手续。依照修正前的《收养法》第24条第2款“违反《中华人民共和国民法通则》第五十五条和本法规定的收养行为无法律效力”规定，虽然王某1提交公安机关户口登记簿、吉林省靖宇县靖宇镇河北社区证明及证人证言证明收养关系事实存在，但公安机关不是办理收养登记的机关，公安机关户口登记簿将王某1登记为养女不具备《收养法》规定的收养登记的效力；社区证明材料及证人证言均不足以证明王某6与王某1之间履行了修正前的《收养法》规定的收养手续，因此王某1所主张的收养行为并不具备《收养法》所规定的收养的法律效力。故王某6与王某1之间并未形成收养关系。

【关联法条】

《民法典》第1105条，《中国公民收养子女登记办法》第8条，《户口登记条例》第19条

（撰稿人：易聪）

第一千一百零七条　【生父母亲属、朋友抚养其子女】 孤儿或者生父母无力抚养的子女，可以由生父母的亲属、朋友抚养；抚养人与被抚养人的关系不适用本章规定。

【释义】

本条是关于生父母亲属、朋友抚养其子女的规定。本条保留现行《收养法》第16条的条文内容及位置体例。从章节结构中看，本条虽位于收养一章，但条文

内容仅涉及生父母亲属、朋友抚养其子女的规定，故采用此位置安排是为了彰显抚养制度与收养制度的区别，以指引司法裁判，故本条强调“抚养人与被抚养人的关系不适用本章规定”。从具体内容上看，本条将被抚养人限定为“孤儿或者生父母无力抚养的子女”、抚养人限定为“生父母的亲属、朋友”，抚养人与被抚养人之间存在由生父母引起的羁绊，抚养人往往是基于对亲属、朋友的情谊而代其抚养其子女，并不具有成立收养关系的意愿。

本条包含以下儿点内容：

第一，本条对抚养人及被抚养人的范围均作了限制，分别为“生父母的亲属、朋友”及“孤儿或者生父母无力抚养的子女”。前文所述，本条所规定的抚养系“熟人”间的抚养，基本为抚养人感念与被抚养人生父母的情谊而代其抚养子女的行为，故对于“查找不到生父母的未成年人”自不能成为本条被抚养的对象。

本条关于“朋友”之表述不属于法律用语，自不待言。关于“亲属”之表述，根据本法第1045条规定，包括配偶、血亲和姻亲。世界上多数立法例规定直系亲属之间相互扶养的义务①，而我国依据扶养权利义务人的辈分、年龄等不同，将扶养具体分为扶养、抚养和赡养三种情形。由于本编第三章明确规定②，除父母对子女具有抚养义务外，有负担能力的祖父母、外祖父母，对于父母已经死亡或者父母无力抚养的未成年孙子女、外孙子女，有抚养的义务；有负担能力的兄、姐，对于父母已经死亡或者父母无力抚养的未成年弟、妹，有扶养的义务。由此祖孙之间的抚养义务、兄弟姐妹间的扶养义务均为法定义务，具有强制性，而本条在表述上采用“可以”一词，表明抚养义务产生于协议约定，故应对本条“亲属”一词做限缩解释，排除“有负担能力的祖父母、外祖父母”及“有负担能力的兄、姐”。

第二，抚养与收养具有本质区别，抚养人和被抚养人间并未产生收养合意，抚养并不具备创设或变更亲属身份关系的法律效力。故被抚养人与抚养人间不因抚养行为的成立而产生拟制的父母子女权利义务关系，与抚养人近亲属也不产生法律上近亲属间的权利义务关系，被抚养人与其生父母及其他近亲属的权利义务也不因抚养行为的成立而消除。根据本法第27条第3款规定，抚养关系的成立将使抚养人成为被抚养人的监护人，承担监护责任。抚养与收养为两种不同的法律关系，抚养人及被抚养人的资格条件不受收养章节规定的限制。

---

① 参见《日本民法典》第877条，另可参见《德国民法典》第1601条。

② 参见《民法典》第1067条、第1074条、第1075条。

在立法体系中，除收养和抚养外，还存在家庭寄养制度。《家庭寄养管理办法》第2条规定，家庭寄养，是指经过规定的程序，将民政部门监护的儿童委托在符合条件的家庭中养育的照料模式。根据《家庭寄养管理办法》的规定，寄养对被寄养人及寄养人均做了条件限制，且成立家庭寄养关系须经过申请、评估、审核、培训、签约等一系列程序，故本条规定的抚养跟家庭寄养制度在主体、程序上存在明显不同，在司法实践中应加以区分。

第三，本条虽为生父母亲属、朋友抚养其子女的规定，但由于本条关于抚养人与被抚养人之间的权利义务关系不如收养人与被收养人之间拟制的父母子女关系稳固，故根据本条成立的抚养关系并不排斥未来可能存在的收养关系。如果抚养人与被抚养人符合收养人与被收养人的资格条件，且履行本章关于收养成立的实质要件和形式要件，抚养关系可依法变更为收养关系。如果被抚养人根据本章规定与第三人成立收养关系的，从更为完善地保护未成年人利益出发，笔者认为此时可类推适用《家庭寄养管理办法》第21条规定，在被抚养人依法被收养时，抚养人与被抚养人之间应当解除抚养关系。

【相关案例】

高某丽与高某长、郭某选收养关系纠纷案①

该案争论焦点为原、被告间的收养关系是否成立。本案中，被告因家庭困难无力抚养，自7岁起即被父母从河南老家送至二原告处抚养生活至23岁。另，被告系原告郭某的侄女。二原告视被告如己出，供其上学至大学毕业，并安排到国企电力系统工作。期间，二原告为其购买城市户口、交付购房首付款、单位集资款等支出大笔现金。后被告因与二原告缺乏交流、沟通，关系恶化，无法共同生活。2013年10月3日，原、被告因琐事再次发生争执，遂签订《脱离收养关系协议》。之后被告便回到青海，再未与二原告联系。二原告对被告彻底失望，故起诉被告履行上述协议。

一审法院认为原、被告间的收养关系发生在《收养法》施行后，该法规定收养人收养被收养人时应当无子女。而二原告收养被告时已育有一子，故原、被告间的收养关系不成立。《收养法》第17条“孤儿或者生父母无力抚养的子女，可以由生父母的亲属、朋友抚养。抚养人与被抚养人的关系不适用收养关系”，被告系原告郭某的侄女，被告生父母与原告郭某存在亲属关系，因而原、被告间形

① （2019）甘04民终120号。

成了事实上的抚养关系。

二审法院审理认为，根据《收养法》第17条认定上诉人与被上诉人之间形成了事实上的抚养关系，因此支持一审法院判决。

【关联法条】

《民法典》第1045条、第1067条、第1074条、第1075条，《司法部关于贯彻执行〈中华人民共和国收养法〉若干问题的意见》第1条

（撰稿人：易聪）

第一千一百零八条　【优先抚养权】配偶一方死亡，另一方送养未成年子女的，死亡一方的父母有优先抚养的权利。

【释义】

本条是关于优先抚养权的规定。本条沿用现行《收养法》第16条，未有变化。本条立法的根本目的在于保护未成年人合法权益。在《民法典》体系中，（外）祖父母在未成年（外）孙子女的生活中具有举重若轻的地位，如本法第27条规定（外）祖父母的法定抚养义务，又如第1074条规定（外）祖父母的第一顺位监护权。由于（外）祖父母与未成年人（外）孙子女属直系血亲，实际生活中，祖孙关系的密切程度往往不次于父母子女的关系。尤其在实行一对夫妻只生一个子女的情况下，更是如此。故一般而言，（外）祖父母较收养人，在抚养未成年人（外）孙子女上更为尽心尽力，从而充分保障了未成年人合法利益。本条立法也体现了对痛失子女老人的人文关怀，根据《收养法》相关规定，收养关系将产生解消效力，若未成年人（外）孙子女被收养，其与（外）祖父母不再存在亲属关系，使得本就失去子女的老人雪上加霜。因此在生存一方配偶送养未成年子女时，赋予死亡一方配偶的父母优先抚养权，彰显出《民法典》的人文情怀。

本条包含以下几点内容：

第一，行使优先抚养权的条件包括：1. 未成年子女的父母一方死亡，另一方送养其未成年子女而成为送养人，结合本法第1094条规定，生存一方父母应属于有特殊困难无力抚养子女的生父母，因此生存一方父母若具备抚养能力，不存在送养子女的行为，原则上由生存一方配偶担任未成年子女的法定监护人，并依法

履行抚养义务;[①] 2. 死亡一方配偶的父母具备监护和抚养能力，能抚养、教育和保护未成年子女；3. 死亡一方配偶的父母愿意抚养，由于优先抚养权为一项民事权利，权利人可根据自由处分的原则选择行使或放弃该项权利。

第二，从保护未成年人利益出发，优先抚养权的行使不仅需考虑死亡一方配偶的父母是否具备抚养能力和监护能力，原则上也须征得已满 8 周岁的未成年子女的同意。[②]

第三，死亡一方配偶的父母行使优先抚养权后将会与未成年人子女建立特殊的抚养关系。在亲属关系上，由于抚养不产生拟制效力，且直系亲属不能建立收养关系,[③] 死亡一方配偶的父母与未成年人子女之间仍为近亲属关系；由于抚养也不产生解除效力，生存一方配偶与未成年子女仍存在父母子女关系。在监护责任上，形成特殊抚养关系后，死亡一方配偶的父母将取代生存一方配偶的监护人地位，对该未成年子女承担监护责任。如上所述，生存一方配偶成为送养人的情形仅可能属于本法第 1094 条第 3 项规定之情形，即生存一方配偶属于有特殊困难无力抚养子女的生父母。根据本法第 27 条规定，未成年人的父母已经死亡或者没有监护能力的，由祖父母、外祖父母担任监护人。由于《民法典》未对监护能力加以解释，根据《最高人民法院〈关于贯彻执行〈中华人民共和国民法通则〉若干问题的意见（试行）》第 11 条规定，认定监护人的监护能力，应当根据监护人的身体健康状况、经济条件，以及与被监护人在生活上的联系状况等因素确定。因此对于生存一方配偶因特殊困难无力抚养子女而将其送养的，应认定为生存一方配偶没有监护能力。故在死亡一方配偶的父母行使优先抚养权与未成年子女建立特殊抚养关系，死亡一方配偶的父母取得该未成年子女的监护权。尽管生存一方配偶不再作为未成年子女的监护人，无需履行监护人的职责，但生存一方配偶与未成年子女仍存在父母子女关系，根据本法第 1067 条规定，生存一方配偶仍应履行对未成年人子女的抚养义务，如支付抚养费等。

第四，优先抚养权的行使在审判实际中对不同情况的处理，需要具体研究，但总体上须把握有利于未成年人利益的原则，从有利于未成年人的身心健康、保障未成年人的合法权益出发，并结合抚养人的抚养能力和抚养条件等具体情况进行处理。根据《最高人民法院关于贯彻执行〈中华人民共和国民法通则〉若干问题的意见（试行）》第 23 条规定，夫妻一方死亡后，另一方将子女送给他人收养，如收养对子女的健康成长并无不利，又办了合法收养手续的，认定收养关系

① 观点可参见（2015）辽民一终字第 300 号，另可参见（2015）永民初字第 01331 号。

② 参见（2015）齐赵民初字第 1123 号。

③ 参见《最高人民法院关于毛玉堂与毛新国的收养关系能否成立的复函》。

成立；其他有监护资格的人不得以收养未经其同意而主张收养关系无效。应当认为该条仅针对夫妻一方死亡，另一方将子女送他人收养，收养关系已经成立，其他有监护资格的人能否以未经其同意而主张该收养关系无效问题规定的，[①] 故优先抚养权制度并不要求生存一方配偶送养亲生子女时应当征得死亡一方配偶的父母的同意。

对于生存一方配偶无抚养能力，且子女已经由有抚养能力，又愿意抚养的死亡配偶一方的父母抚养的，为送养子女发生争议时，从有利于子女健康成长考虑，子女由祖父母或外祖父母继续抚养较为合适。[②]

对于收养关系已经依法成立，考虑到死亡一方配偶的父母与收养人之间的抚养能力、抚养条件有较大差距等具体情况，从有利于被收养未成年人的抚养成长、保障被收养人合法权益的原则，此时死亡一方配偶的父母不能以侵害其优先抚养权为由要求撤销收养登记。[③]

【相关案例】

邢某甲、王某甲与蒋某某变更抚养关系纠纷案[④]

本案基本案情为被告蒋某某系邢某乙（6 岁）、邢某丙（3 岁）的母亲，原告邢某甲、王某甲分别是两个小孩子的爷爷、奶奶。被告蒋某某与邢某大（两原告的长子）婚后生育两个小孩，分别为儿子邢某乙及女儿邢某丙，2014 年，邢某大因意外事故不幸死亡，为方便照顾两个小孩，被告蒋某某与邢某大的弟弟邢某二（两原告的次子）再婚，婚后因两人感情不和于 2016 年 9 月 19 日经法院调解离婚。被告蒋某某独立抚养两个孩子邢某乙、邢某丙。后由于被告蒋某某收入较低，无力抚养两个小孩，曾请求两原告帮忙抚养一个小孩，并答应每月送几百元的生活费，但遭两原告拒绝。后被告蒋某某通过其父亲转告原告邢某甲，要求两原告来被告家接小孩，如果不来接，就将小孩送养，但两原告没有去接，后被告蒋某某通过亲戚将女儿邢某丙送给湖南省麻阳县郭公坪乡的远房表哥李某陆抚养，目前正在办理相关的收养手续，两原告获悉后，想接回小孩遭拒绝，故起诉至法院，要求抚养两个小孩。法院认为本案属变更抚养权纠纷，对未成年人的抚

---

① 参见《最高人民法院民事审判庭关于夫妻一方死亡另一方将子女送他人收养是否应当征得愿意并有能力抚养的祖父母或外祖父母同意的电话答复》。

② 参见《最高人民法院民事审判庭关于夫妻一方死亡另一方将子女送他人收养是否应当征得愿意并有能力抚养的祖父母或外祖父母同意的电话答复》。

③ 观点可参见（2013）西行终字第 8 号。

④ （2017）湘 3123 民初 269 号。

养问题应该从有利于未成年人的身心健康，保障未成年人的合法权益出发，并结合抚养人的抚养能力和抚养条件等具体情况进行处理。而未成年人的父母是未成年人的法定监护人，在其父母没有能力或者未履行监护义务时，未成年人的祖父母、外祖父母可以担任未成年人的监护人。本案中，被告蒋某某是邢某乙、邢某丙的法定监护人，有法定的抚养义务，虽其能力有限，经济收入较低，但其仍有能力抚养一个孩子，故对原告邢某甲、王某甲要求变更两个孩子抚养权的诉讼请求，本院不予支持。但因被告蒋某某经济收入确实较低，没有能力同时抚养两个孩子，并且有将孩子送养的事实存在，而原告邢某甲、王某甲是邢某乙、邢某丙的爷爷、奶奶，且两个孩子与两原告一起生活过，有感情基础，加之两原告身体状况良好，有一定的经济收入，可以维持和照顾好一个小孩的生活，同时鉴于女孩随母亲生活更利于其身心健康成长，故邢某丙由被告蒋某某继续抚养较为适宜，而邢某乙由原告邢某甲、王某甲抚养较为适宜。

【关联法条】

《民法典》第 1067 条、第 1094 条，《最高人民法院〈关于贯彻执行〈中华人民共和国民法通则〉若干问题的意见（试行）》第 11 条、第 23 条

（撰稿人：易聪）

第一千一百零九条　【外国人在华收养子女】外国人依法可以在中华人民共和国收养子女。

外国人在中华人民共和国收养子女，应当经其所在国主管机关依照该国法律审查同意。收养人应当提供由其所在国有权机构出具的有关其年龄、婚姻、职业、财产、健康、有无受过刑事处罚等状况的证明材料，并与送养人签订书面协议，亲自向省、自治区、直辖市人民政府民政部门登记。

前款规定的证明材料应当经收养人所在国外交机关或者外交机关授权的机构认证，并经中华人民共和国驻该国使领馆认证，但是国家另有规定的除外。

【释义】

本条是关于外国人在华收养子女的程序性规定，本条源于现行《收养法》第

21 条，承认涉外收养的合法性。因涉外收养较一般收养具有其特殊性，本条在体例安排上同现行《收养法》相比未有变化，仍列于一般收养条文之后，属于本节的倒数第二条。本条在内容上作了部分调整，现行《收养法》第 21 条规定“外国人依照本法可以在中华人民共和国收养子女”，本条将“依照本法”的表述修正为“依法”，结合目前我国规范涉外收养的法律法规已有《收养法》第 21 条、《涉外民事关系法律适用法》第 28 条、《外国人在中华人民共和国收养子女登记办法》和海牙国际私法会议《跨国收养方面保护儿童及合作公约》以及联合国《儿童权利公约》等[①]，将“依照本法”改为“依法”，扩大外国人在华收养子女所依据法律法规的范围，更为完善。本条删去了原《收养法》第 21 条第 3 款有关涉外收养公证的条款，因《民法典》关于涉外收养的规定仅有一条，为体现《民法典》的统领性，宜在本条规定涉外收养的主要内容，且涉外收养公证已由《外国人在中华人民共和国收养子女登记办法》加以规定[②]，故删去涉外收养公证的条款。

本条包含以下几点内容：

第一，对本条“外国人”的范畴应作扩大理解，不仅包括在中国境外的外国人在中国收养子女，也包括在中国境内外国人在中国收养子女。有学者[③]认为现行《收养法》第 21 条外国人收养我国儿童之规定的“外国人”仅指境外外国人。但根据《外国人在中华人民共和国收养子女登记办法》第 4 条第 3 款关于“在华工作或者学习连续居住一年以上的外国人在华收养子女”的规定，笔者认为宜将本条的“外国人”理解为包括中国境内外国人和中国境外外国人，以实现法律体系的完整性，符合涉外收养制度的设立目的。

第二，收养的条件，适用收养人和被收养人经常居所地法律。[④] 本条规定，“外国人在中华人民共和国收养子女，应当经其所在国主管机关依照该国法律审查同意”，对此学术上存在两种解释，第一种解释为对于收养人的身份和收养资格，应当适用的是收养人本国法，即适用属人主义[⑤]；第二种解释为，外国人在华收养子女的实质要件必须按照重叠适用法律的方式，既要遵守中国法律的规

---

① 蒋新苗：《我国涉外收养关系成立实质要件法律适用规范的重构》，载《时代法学》2019 年第 17 期。

② 参见《外国人在中华人民共和国收养子女登记办法》第 12 条。

③ 童立雪：《我国涉外收养的法律适用问题——从收养关系的成立和生效要件谈起》，载《法制与社会》2010 年第 1 期。

④ 参见《涉外民事关系法律适用法》第 28 条。

⑤ 童立雪：《我国涉外收养的法律适用问题——从收养关系的成立和生效要件谈起》，载《法制与社会》2010 年第 1 期。

定，同时又必须符合其所在国法律的规定[①]。笔者赞同第二种解释，根据《跨国收养方面保护儿童及合作公约》中对收养的实质要件作出规定，要求其应同时适用被收养儿童原住国法和收养国法。[②] 故重叠适用法律是当今世界收养立法中对跨国收养实质要件规定的主流。根据《外国人在中华人民共和国收养子女登记办法》第3条规定，我国采取以适用被收养人本国法即中国法为主，并以适用收养人的本国法为辅的法律适用方式，也顺应了国际上的这一主流，有利于维护我国儿童的权益。

第三，收养的手续，适用收养人和被收养人经常居所地法律。[③] 外国人在华收养子女的，该收养人应当与送养人订立书面协议，亲自向省级人民政府民政部门登记。一般收养关于是否签订收养协议采任意主义，可由收养关系当事人自愿决定。[④] 收养协议为当事人经收养合意，设立收养法律关系的载体，具有法律效力，签订书面收养协议能更好地将当事人的权利义务及责任承担固定下来。根据《外国人在中华人民共和国收养子女登记办法》第10条规定，收养关系当事人办理收养登记时，应当填写外国人来华收养子女登记申请书并提交收养协议。故订立书面收养协议为办理收养登记的前提。同一般收养相比，收养登记制度也存在差异：其一，办理涉外收养的登记机关为省一级人民政府民政部门，因涉外收养具有跨国性，故同办理一般收养的登记机关相比层级更高。值得注意的是，收养人夫妻一方为外国人，在华收养子女，也应根据本条办理登记[⑤]；其二，涉外收养登记须由收养人与送养人亲自办理，根据相关法规，对于夫妻共同收养的，一方因故不能来华的，应书面委托另一方，且委托书应经所在国公证和认证。[⑥] 其三，收养人提供由其所在国有权机构出具的有关其年龄、婚姻、职业、财产、健康、有无受过刑事处罚等状况的证明材料，原则上须经过收养人所在国外交机关或者外交机关授权的机构及中华人民共和国驻该国使领馆双方认证，才具有效力。

综上可见，外国人在华收养子女在程序上较国内的收养程序更为复杂，盖因涉外收养具有跨国性，应从有利于被收养人原则出发，最大程度保护被收养人的合法利益。

---

① 蒋新苗：《我国涉外收养关系成立实质要件法律适用规范的重构》，载《时代法学》2019年第17期。

② 参见《跨国收养方面保护儿童及合作公约》第17条。

③ 参见《涉外民事关系法律适用法》第28条。

④ 参见《民法典》第1105条。

⑤ 参见《外国人在中华人民共和国收养子女登记办法》第2条第2款。

⑥ 参见《外国人在中华人民共和国收养子女登记办法》第8条。

【相关案例】

周某、周某某与吴某某法定继承纠纷案[1]

本案争议的焦点为，两原告先后于80年代分别被他们在x国的亲戚收养为儿子或女儿，因此两原告对其生父即被继承人的遗产是否享有继承权？本案基本案情为被继承人周某某与前妻董某婚生一子一女，即两原告。1971年8月1日董某死亡注销户口。被告于1982年10月与前夫杜某某在原xx区人民政府登记离婚，双方约定所生之子即第三人杜某某由被告抚养，杜某某的父亲每月给付抚养费15元……1985年2月，被告与被继承人结婚，再婚后未生育子女，也未收养子女。2011年3月6日，周某某死亡，原、被告及第三人均称被继承人生前无遗嘱，被继承人的父母已先于其死亡。法院认为，两原告自认并有相应的证据证明，他们于80年代分别被他们在法国的亲戚所收养，该收养关系适用x国的法律。现两原告为继承被继承人的遗产而在我国进行的诉讼，应当适用我国的有关法律规定。我国法律规定，自收养关系成立之日起，养父母与养子女间的权利义务关系，适用法律关于父母子女关系的规定；养子女与养父母的近亲属间的权利义务关系，适用法律关于子女与父母的近亲属关系的规定。养子女与生父母及其他近亲属间的权利义务关系，因收养关系的成立而消除。因此，两原告与其生父间的权利、义务关系已消除，同时两原告也不存在有符合我国《继承法》规定的可以分得适当遗产的情形，故两原告对被继承人主张以单纯收养的规定要求继承被继承人的房产，缺乏法律依据，不予支持。

【关联法条】

《涉外民事关系法律适用法》第28条，《外国人在中华人民共和国收养子女登记办法》第3条，《跨国收养方面保护儿童及合作公约》第17条

第一千一百一十条 【保守收养秘密】收养人、送养人要求保守收养秘密的，其他人应当尊重其意愿，不得泄露。

[1] （2011）徐民一（民）初字第3305号。

【释义】

本条是关于保守收养秘密的规定，沿用现行《收养法》第22条的条文内容及体例安排，未作改变。由于我国收养制度采完全收养模式，收养关系的成立直接导致被收养人与其生父母及其他近亲属之间的权利义务关系消除，且我国收养制度将被收养人的条件限定为未成年人。由于收养在收养人与被收养人之间产生拟制的父母子女关系，相较于血亲关系，更易受外界影响。在实践中，存在被收养人得知系被收养后，与亲生父母一方来往过于频繁，导致收养关系恶化的案例①。故为具体落实有利于被收养人的原则，规定收养保密义务，以维护养亲家庭的稳定，从而保障被收养人和收养人的合法权益，实现收养制度的根本目的。

本条包含以下几条内容：

首先，收养秘密属于个人隐私，隐私权作为一项具体人格权受法律保护，任何组织和个人不得侵害②。收养关系的成立将产生拟制效力和解消效力，涉及收养人、送养人及被收养人的身份关系变动，根据本法第1032条规定，属于隐私的范畴。本条未就“收养秘密”一词加以限定，通常认为收养秘密指收养人和送养人不愿公开的，有关收养关系当事人的信息和收养发生的事实，其中有关收养关系当事人的信息包括被收养人的背景信息和收养过程中的信息、收养人的条件信息、送养人的信息等。③ 为全面保障收养秘密不被泄露，本条采用“其他人”的表述泛指包括收养登记人、当事人在内的所有知情人员。此外，本条虽以“收养人、送养人要求保守收养秘密”为前提，但根据本章相关规定，收养登记过程中当事人须向登记机关提交大量有关收养资格条件的证明文件，由于在收养过程中知情人并非特定，要求收养人或送养人向每位知情人提出保密要求并不现实④，且收养秘密涉及收养家庭和送养家庭的私人生活安宁，因此收养保密义务的前提并不在于收养人、送养人提出明确保密要求，而在于相关人员是否知情，故除非收养人、送养人明确作出相反意思表示，相关知情人员不得任意泄露收养秘密。

其次，在收养人、送养人要求保守收养秘密的，其他人违反保密义务的，应

---

① 参见（2019）豫0804民初1254号。

② 参见《民法典》第990条。

③ 孙文灿：《浅析收养秘密的保守与公开——谈对〈中华人民共和国收养法〉第22条的理解》，载《社会福利》2007年第7期。

④ 孙文灿：《浅析收养秘密的保守与公开——谈对〈中华人民共和国收养法〉第22条的理解》，载《社会福利》2007年第7期。

承担侵犯隐私权的法律责任。隐私权是公民享有的私人生活安宁与私人信息有效保护的一种人格权，法律保护公民的隐私不被他人非法侵扰、知悉、搜集和公开。收养人、送养人要求保守收养秘密的，收养关系是以其意愿不为外人知晓的隐私，该隐私状态是其私人生活安宁的一种利益，不违反法律的强制性规定，法律应当保护其不被他人非法公开。隐私权侵权责任的归责原则，应当适用本法第1165条过错责任原则，且侵害隐私权的行为应造成一定的损害后果。故对于知情人不具有泄露收养秘密的过错，且相关收养主体也未因此产生一定的损害后果，相关知情人不承担侵犯隐私权的法律责任。① 值得注意的是，我国就收养登记机关及收养登记人违反收养保密义务的法律责任加以特别规定，根据《收养登记工作规范》第48条规定，收养登记机关及其收养登记员泄露当事人收养秘密并造成严重后果的，对直接负责的主管人员和其他直接责任人员依法给予行政处分。故对于收养登记机关及收养登记员泄露收养秘密并造成严重后果的情形，不仅收养登记机关及收养登记员须承担侵害隐私权的民事责任，相关责任人员也应承担行政责任。

再次，收养秘密作为隐私信息，受隐私权的保护，但隐私权的行使具有边界，不能以侵犯自己的隐私权为由否定他人通过合法途径行使自己的合法权益，如在继承纠纷案中，认定收养关系是否成立为被收养人是否享有继承收养人遗产的关键，故此时被收养人不能以侵犯自己隐私权为由否定他人通过合法途径（诉讼）行使其合法继承权。② 隐私权的保护也应受到公共利益的限制，由于隐私权具有可克减性，如果与隐私权相对的公共利益足够重要，那么隐私权是可以克减的、是受到限制的。③ 如收养中若存在养父母虐待养子女的行为，从保护未成年人利益及有利于被收养人原则出发，知情人有节制的披露相关收养信息，并不构成侵害隐私权。

最后，收养保密义务跟被收养人的知情权可能存在冲突。本法第1105条规定，收养8周岁以上未成年人的，应当征得被收养人的同意，客观上也是对于被收养人知情权的一种事先保护。《联合国儿童权利公约》第21条规定凡承认和（或）许可收养制度的国家应确保以儿童的最大利益为首要考虑，中国作为该公约缔约国未对该条款进行保留，故应遵循以儿童的最大利益为首要原则加以解释，在被收养人为未成年人时，为了避免破坏收养家庭甚至是送养家庭的安定和对儿童的成长造成极大的伤害，在不剥夺被收养人知情权的前提下，应当加强对

---

① 观点可参见（2019）浙0105民初4532号。

② 参见（2018）鲁14民终3078号。

③ 李峰主编：《民法学》，厦门大学出版社2008年版，第217页。

于收养人、送养人的隐私权保护，不应主动告知被收养人收养事实及生父母身份；如被收养人已经获知自己被收养的身份，并要求了解具体收养事实时，则应充分保障其知情权；当被收养人已经成年时，此时其身心已经成熟，此时应当优先保护被收养人的知情权，使其能充分了解收养关系的形成过程以及其生父母的真实身份。①

【相关案例】

施某庭等与徐某尧网络举报行为侵权纠纷案②

该案争论焦点包括徐某尧未经许可，擅自对外发布施某庭的养子身份信息是否侵害原告施某庭、张某霞、桂某聪隐私权。原告张某霞、桂某聪系原告施某庭的生母和生父，2013 年 6 月 3 日，经安徽省来安县民政局收养登记后，施某庭由施某斌、李某琴夫妇收养。2015 年 4 月 3 日，被告徐某尧在其新浪微博上公开施某庭遭受虐待的事实，内容涉及男童被收养的信息，上传的同一组 9 张照片中有 3 张反映了人的头面部，两次上传照片时均对头面部进行了模糊处理，9 张照片已不具有明显的可识别性。2015 年 4 月 5 日，公安机关以涉嫌故意伤害罪将李某琴刑事拘留，后变更为取保候审。南京市浦口区人民检察院以李某琴涉嫌犯故意伤害罪，向南京市浦口区人民法院提起公诉，该案正在审理期间。2015 年 4 月 5 日，施某庭由政府相关部门交由其生父母桂某聪、张某霞临时监护。2015 年 9 月，原告以被告网络举报行为侵害其肖像权、名誉权、隐私权为由，向南京市江宁区人民法院提起诉讼。针对被告徐某尧是否侵害原告施某庭、张某霞、桂某聪隐私权争议焦点，南京市江宁区人民法院审理后认为，徐某尧对相关信息的披露是节制的，对相关照片也进行了模糊处理，没有暴露受害儿童的真实面容，也没有披露施某庭的姓名和家庭住址，其目的是揭露可能存在的犯罪行为。徐某尧所发微博的内容虽出现收养的词语，但微博文字与照片结合后，社会上的第三人不能明显识别出微博中的受害儿童即为施某庭。徐某尧所发微博的内容未涉及张某霞、桂某聪的任何信息资料，至于徐某尧发表微博后，网民对张某霞、桂某聪进行搜索导致其相关信息被披露，不应由徐某尧承担责任。故施某庭、张某霞、桂某聪主张徐某尧侵害其隐私权不能成立。因此为保护未成年人利益和揭露可能存在的犯罪行为，发帖人在其微博中发表未成年人受伤害相关信息，所发微博的内

① 游紫薇：《关于〈收养法〉中保密义务规定的评析》，载《武汉冶金管理干部学院学报》2018 年第 28 期。

② （2015）江宁少民初字第 7 号。

容与客观事实基本一致，符合未成年人最大利益原则和《未成年人保护法》的相关规定，该网络举报行为不构成侵权。

【关联法条】

《民法典》第1032条、第1033条，《收养登记工作规范》第10条、第48条

（撰稿人：易聪）

第二节 收养的效力

第一千一百一十一条 【收养的拟制效力和解消效力】 自收养关系成立之日起，养父母与养子女间的权利义务关系，适用本法关于父母子女关系的规定；养子女与养父母的近亲属间的权利义务关系，适用本法关于子女与父母的近亲属关系的规定。

养子女与生父母以及其他近亲属间的权利义务关系，因收养关系的成立而消除。

【释义】

收养拟制效力，意指收养关系的成立导致收养人与被收养人之间发生父母子女的权利义务关系，以及被收养人与收养人的近亲属发生相应的亲属关系等法律后果。收养的解消效力，是指收养关系的成立导致被收养人与其生父母之间消除父母子女权利义务关系，以及被收养人与其生父母的其他近亲属间的权利义务关系也随之消除等法律后果。[①] 本条即对收养的拟制效力和解消效力的规定，源自《收养法》第23条，并未作任何实质性修改。

（一）收养的拟制效力：养子女与养父母及养父母的近亲属间的权利义务关系

根据本条第1款前半句规定，自收养关系成立之日起，养父母与养子女间的权利义务关系，适用本法关于父母子女关系的规定。即收养成立后，收养人与被收养人之间即确立养父母与养子女的身份关系，养子女取得了相同于养父母婚生

① 杨大文主编：《婚姻家庭法》，中国人民大学出版社2015年版，第198～199页。

子女的身份与地位，养父母取得了相同于养子女生父母的身份与地位，相互间产生父母子女间的权利和义务关系。结合本编第二节和《继承编》的相关规定，具体而言，主要有以下几个方面：(1) 养父母有扶养教育养子女的权利和义务，不得虐待、遗弃养子女。当养父母不履行扶养义务时，未成年的或者不能独立生活的养子女有要求养父母给付扶养费的权利。(2) 养父母有教育和保护未成年养子女的权利和义务。未成年人养子女对他人造成损害的，养父母应当依法承担民事责任。(3) 养子女对养父母有赡养扶助的义务。成年养子女不履行赡养义务时，无劳动能力或者生活困难的养父母有要求成年养子女给付赡养费的权利。(4) 养父母与养子女有相互继承遗产的权利，互为第一顺序法定继承人。

养子女取得了相同于养父母婚生子女的身份与地位，相应地，与养父母的近亲属之间也存在亲属关系。故本条第 1 款后半句规定，养子女与养父母的近亲属间的权利义务关系，适用本法关于子女与父母的近亲属关系的规定。

（二）收养的解消效力：养子女与生父母以及其他近亲属间的权利义务关系

以养子女与其生父母是否终止权利义务关系为标准，可分为完全收养和不完全收养。前者是指在收养关系成立之后，养子女与其生父母之间的权利义务关系完全终止，后者则意味着养子女与生父母在收养成立后仍保留一定权利义务。根据本条第 2 款的规定，养子女与生父母以及其他近亲属间的的权利义务关系因收养关系的成立而消除，可见我国采完全收养制度。

采完全收养制度一方面可以保护保护养子女利益，如减轻养子女的负担，另一方面也是为了保护收养人的利益。① 具体而言，因为如果养子女与生父母仍保持原来的亲属关系，收养人可能会担忧养子女本生家人的干扰，丧失安全感，同时又恐其财产经由养子女的继承而流入养子女本生亲属的手中，甚至泄露收养的秘密。因此，大多数收养人希望，收养子女后，养子女能完全脱离其本生家庭。②同时，完全收养制度也有利于促进被收养人与收养家庭的融合。比较法上，完全收养制度因为在保护未成年被收养人利益方面的价值而基本为大多数国家所普遍采用。③

关于本条第 2 款，在此还有两点需要特别说明。第一，被收养人与原有亲属间的自然血亲关系是客观存在的，并不受收养关系的影响，在法律上仍继续发生

---

① 余延满：《亲属法原论》，法律出版社 2007 年版，第 426 页。

② 林菊枝：《西德新收养制度之介绍》，载陈棋炎先生之秩华诞祝贺论文集《身份法之理论与实用》，台湾燕南彩色印刷有限公司 1980 年版，第 386 页，转引自余延满：《亲属法原论》，法律出版社 2007 年版，第 426 页。

③ 陈苇主编：《外国婚姻家庭法比较研究》，群众出版社 2006 年版，第 377 页。

作用，如本法第1048条关于禁止近亲结婚的规定，在被收养人与其直系血亲和三代内的旁系血亲间仍然适用。第二，针对继父母收养继子女的情形，依本款规定，继子女与生父母的权利义务关系亦因收养关系的成立而消除。然而有学者认为，这可能造成一个与法理和实际生活并不相符的局面，即在再婚家庭中，一方面养父或养母与养子女具有父母子女间的权利义务关系，另一方面该养子女与和其共同生活的生父或生母不存在任何法律上的父母子女权利义务关系，因此建议补充规定“收养人为继父或继母的，养子女与和其共同生活的生母或生父及其近亲属间的权利和义务仍然存在”。[①] 比较法上，《法国民法典》第356条、《德国民法典》第1755条、《瑞士民法典》第267条均有类似规定。根据法工委说明，本次立法过程中曾对类似意见予以研究，但最终仍未予以规定，主要理由为：即使不规定亲子关系解消效力的阻却效果，与子女共同生活的生父母与子女之间的关系亦会因收养关系的成立而继续适用本法有关父母子女关系的规定，从实质的效果来看，规定阻却效果与否并不影响最终亲子关系的法律适用。[②]

【相关案例】

郑某荣与洋浦经济开发区管理委员会房屋拆迁补偿纠纷案[③]

再审申请人郑某荣于1982年6月出生后被生父母郑某壮夫妇送养给郑某求夫妇，其户籍从出生至2004年前一直落户在养父母所在地，在养父母家生活22年，形成了事实收养关系。后来其养父母郑某求夫妇于1986年、2002年相继去世。2004年7月，郑某荣自行将其户籍迁至生父母所在的洋浦经济开发区。2012年9月，郑某壮家老房屋拆迁，郑某荣认为自己作为郑某壮的儿子应当属于拆迁户并得到安置。2014年，洋浦经济开发区管理委员会以郑某荣不符合原户安置的条件为由拒绝给予郑某荣搬迁安置，郑某荣对此不服并于2015年3月10日向海南省第二中级人民法院提起行政诉讼，请求判令洋浦经济开发区管理委员会按照原户的条件给予郑某荣搬迁安置。一审法院经审理后认为，郑某荣与其养父母成立事实收养关系，根据《收养法》第23条的规定，郑某荣与其生父母的权利义务关系因收养关系的成立而消除，故郑某荣在法律上已不是郑某壮的家庭成员，与相关财产权利没有法律上利害关系。同时还认定郑某荣不符合原户安置的其他条

---

① 王利明主编：《中国民法典学者建议稿及立法理由·人格权编、婚姻家庭编、继承编》，法律出版社2005年版，第359～360页。

② 黄薇主编：《中华人民共和国民法典婚姻家庭编解读》，中国法制出版社2020年版，第315－316页。

③ （2016）最高法行申4181号。

件，故判决驳回郑某荣的诉讼请求。二审法院支持一审判决。郑某荣对终审判决不服申请再审，被最高人民法院裁定驳回申请。

（撰稿人：金佳莉）

第一千一百一十二条　【养子女姓氏】养子女可以随养父或者养母的姓氏，经当事人协商一致，也可以保留原姓氏。

【释义】

根据本法第 1106 条的规定，收养关系成立后，公安机关应当按照国家有关规定为被收养人办理户口登记。伴随户口登记而来的一个问题便是养子女的姓氏选取问题。对此，本条确立的基本原则是：养子女可以随养父或者养母的姓氏，经当事人协商一致，也可以保留原姓氏。本条源自《收养法》第 24 条，并未作实质性修改。

《民法典·人格权编》第 1015 条第 1 款前半句规定：自然人的姓氏应当随父姓或者母姓。依本法第 1111 条的规定，收养关系成立后，收养人与被收养人之间即确立养父母与养子女的身份关系，养子女取得了相同于养父母婚生子女的身份与地位，养父母取得了相同于养子女生父母的身份与地位。故原则上养子女随养父或者养母的姓氏。这也有助于加强养子女与养父母之间的情感认同，便于养子女更快更好地融入收养家庭，在秘密收养的情形下，则更有利于对他人保守收养秘密，维护当事人的隐私权。[①]《民法典·人格权编》第 1015 条第 1 款后半句的但书规定，有下列情形之一的，可以在父姓和母姓之外选取姓氏：（1）选取其他直系长辈血亲的姓氏；（2）因由法定扶养人以外的人扶养而选取扶养人姓氏；（3）有不违背公序良俗的其他正当理由。如果收养人和送养人或被收养人在收养之初就姓氏问题作出了约定，当事人基于情感方面的考量就“养子女保留原姓氏”这一问题达成一致，本条允许被收养人保留原姓氏。这体现了对各方意思自治的尊重，也符合《民法典·人格权编》第 1015 条第 1 款后半句的但书规定。

有学者则对此提出相反意见，认为不宜允许养子女保留原姓氏。主要理由有二：其一，没有遵循完全收养的原理，即被收养人与生父母的权利义务关系完全消除，而因收养关系的成立而消除的权利义务关系，不但包括被收养人与生父母的扶养义务和继承权等，也包括被收养人姓氏的变更；其二，不利于现实生活中

① 黄薇主编：《中华人民共和国民法典婚姻家庭编解读》，中国法制出版社 2020 年版，第 318 页。

收养关系的稳定，实质上是人为地在养父母与养子女之间设置了一道沟壑，并以此显示了养父母子女关系与亲生父母子女关系的区别，不利于真正培养起与亲生父母子女关系一样的感情。[①] 显然本条并未采纳该意见，在此仅对该意见予以呈现。

比较法上，《瑞士民法典》第267条第3款、《法国民法典》第357条、《德国民法典》第1757条第1款、《日本民法典》第810条、我国台湾地区“民法”第1078条对养子女姓氏问题作出了规定。

【关联法条】

《民法典》第1015条第1款

（撰稿人：金佳莉）

第一千一百一十三条 【瑕疵收养行为效力】有本法第一编关于民事法律行为无效规定情形或者违反本编规定的收养行为无效。

无效的收养行为自始没有法律约束力。

【释义】

关于瑕疵收养行为的效力，本条仅规定了收养的无效一种后果，与《收养法》相一致。依本条第1款的规定，两类情形下的收养行为将被认定为无效：一是存在本法总则编关于民事法律行为无效规定的情形；二是存在违反本编规定的情形。在此予以分别论述。

本法总则编专设“第六章 民事法律行为”，其中第三节就“民事法律行为的效力”作出了规定。收养行为的目的具有特殊性，即通过法律拟制的方式建立新的身份关系，但其本质仍是一种民事法律行为，故仍应受到总则编有关民事法律行为效力评价规定的约束。具体而言，本法总则编第144条、145条（无相应民事行为能力）、第146条（虚假意思表示）、第153条（效力性强制性规定、公序良俗）、第154条（恶意串通）是关于民事法律行为无效情形的规定。结合上述规定，可将收养行为因存在本法总则编关于民事法律行为无效规定的情形而被

---

① 王利明主编：《中国民法典学者建议稿及立法理由·人格权编、婚姻家庭编、继承编》，法律出版社2005年版，第363页。

认定为无效的情形梳理如下：（1）收养行为因行为人不具有相应的民事行为能力而无效；（2）收养行为因行为人以虚假的意思表示实施而无效，值得注意的是，此处的意思表示还应包括年满 8 周岁以上的未成年被收养人对收养表示的同意；（3）收养行为因违反法律、行政法规的效力性强制性规定而无效；（4）收养行为因违背公序良俗而无效；（5）收养行为因送养人和收养人恶意串通，损害他人合法权益而无效。

本法婚姻家庭编专设“第五章　收养”，其中第一节就“收养关系的成立”作出了规定，罗列了包括被收养人条件、收养人条件、送养人条件、被收养同意、收养人数等在内的实质要件和包括收养登记在内的成立要件。依本条规定，违反上述规定的，收养行为无效。存有疑问的是，依本法第1005 条的规定，收养关系自登记之日起成立，故未办理收养登记的法律后果是未成立抑或无效。根据法工委说明，未办理登记的，收养行为无效。[①] 除此之外，本法婚姻家庭编还于“第一章　一般规定”部分的第 1044 条明确了收养的原则“收养应当遵循最有利于被收养人的原则，保障被收养人和收养人的合法权益。禁止借收养名义买卖未成年人。”根据法工委说明，违反该规定的，收养行为也属无效。[②] 另外，根据本法第 52 条的规定，被宣告死亡的人在被宣告死亡期间，其子女被他人依法收养的，在死亡宣告被撤销后，不得以未经本人同意为由主张收养行为无效。

在此值得讨论的是，存在瑕疵的收养行为是否应当一律无效。从现行条文设计来看，收养行为在成立阶段存在的瑕疵必然影响收养的效力。但有学者认为，在日趋注重发挥收养制度“育幼”功能的今天，收养成立各项要件的设立本就服务于保护未成年被收养人利益这一中心，在依照这些条件对业已存在的收养关系加以审视并认定其效力时不能够忽略保护未成年被收养人利益这一基本准则。具体地说，在收养成立阶段即使确有瑕疵存在也不能因此断然认定该收养绝对无效，而必须结合被收养人在养亲家庭中的实际情况，从维护该被收养人利益的角度出发来作出最终认定。[③] 审判实践中亦存在此等适用情形，收养人在收养当时并不符合年龄条件，亦未办理收养登记/签订收养协议，[④] 但考虑到收养人付出的心血、被收养人的意愿、维护养亲家庭稳定等因素，法院驳回了送养人请求确认

---

① 黄薇主编：《中华人民共和国民法典婚姻家庭编解读》，中国法制出版社 2020 年版，第 322 页。

② 黄薇主编：《中华人民共和国民法典婚姻家庭编解读》，中国法制出版社 2020 年版，第 322 页。

③ 李俊：《无效收养制度的法律重构》，载陈苇主编：《家事法研究》（2005 年卷），群众出版社 2006 年版，第 224 页。

④ 1991 年《收养法》第 15 条规定，收养查找不到生父母的弃婴和儿童以及社会福利机构抚养的孤儿的，应当向民政部门登记。除前款规定外，收养应当由收养人、送养人依照本法规定的收养、送养条件订立书面协议，并可以办理收养公证；收养人或者送养人要求办理收养公证的，应当办理收养公证。

收养行为无效的诉讼请求（具体案情见【相关案例】)。[①] 主审法院的法官还进一步分析：法院之所以未能支持这一诉讼请求，不是因为案涉收养行为有效，而是因为认定其无效明显有悖收养法的立法目的及诚实信用等原则，认为“法院在认定收养关系的效力时，应从注重保护收养人与被收养人的合法权益的角度出发，审慎、灵活适用相关条文，以有利于被收养未成年人的成长为导向作出认定。”[②]

还需要补充的是部分学者相关的立法建议。可以看到，本条就瑕疵收养行为的效力仅规定了收养的无效一种后果。加之本法合同编于第 464 条开宗明义：“婚姻、收养、监护等有关身份关系的协议，适用有关该身份关系的法律规定；没有规定的，可以根据其性质参照适用本编规定。”可见我国针对瑕疵收养行为的效力采单一无效制，在目前并无撤销收养的法律依据。根据本法第 1104 条的规定，收养人收养与送养人送养应当双方自愿，故欺诈、胁迫情形下，收养行为因违反本编规定而无效。对此，部分学者主张补充“收养撤销制度”，其主要依据为：将不符合收养要件的行为一概规定为无效，未必是保护当事人利益的最佳选择。具体而言，在送养人基于种种目的而在有关收养的磋商中隐瞒了某种足以影响收养人作出收养决定的判断时，让收养人自己根据实际情况来选择是否撤销该收养，这本来就是对其合法利益的一种维护，而且，若收养人与被收养人已建立起了深厚感情，该收养关系依然无效，也无法体现对未成年被收养人利益的保护。[③]

本条第 2 款是对无效的收养行为的溯及力的规定：无效的收养行为自始没有法律约束力。这与本法总则编第 155 条的规定相一致：无效的或者被撤销的民事法律行为自始没有法律约束力。据此，收养行为被宣告无效后，养子女与亲生父母的权利义务关系自动恢复，但第三人已经取得的权利，不因此而受影响，如收养行为被宣告无效时，亲生父亲已死亡的，养子女对于亲生父亲的遗产无继承权。[④]

需要说明的是，本条并未明确瑕疵收养行为效力的认定程序以及有权请求确认收养行为无效的主体范围，且相较于《收养法》第 25 条第 2 款，本条删去“被人民法院确认（无效的）”的表述。结合《收养法》第 25 条第 2 款和《中国

---

① （2018）苏民监 598 号。

② 刘碧波、刘昌海：《亲子关系认定与收养行为的效力审查》，载《人民司法·案例》2019 年第 14 期。

③ 陈苇主编：《外国婚姻家庭法比较研究》，群众出版社 2006 年版，第 382～383 页；李俊：《无效收养制度的法律重构》，载陈苇主编：《家事法研究》（2005 年卷），群众出版社 2006 年版，第 227～228 页；冉克平：《论〈民法典婚姻家庭编（草案）〉的体系、内容及其完善》，载《武汉大学学报（哲学社会科学版）》2019 年第 6 期。

④ 余延满：《亲属法原论》，法律出版社 2007 年版，第 425 页。

公民收养子女登记办法》第12条,① 我国理论通说认为我国在收养无效的认定程序上实行“双轨制”，即人民法院和收养登记机关均可认定收养行为无效。② 部分学者在此基础上认为“如此重要的直接影响到一种法律上身份关系的确立的行为让行使行政管理职权的机关来作出最后的决断似乎显得过于草率”，主张统一由人民法院负责处理。③ 在此对该观点予以呈现。

【相关案例】

邵某等与崔某等收养关系纠纷案④

本案的争议焦点为违反《收养法》规定的收养行为是否一律被认定为无效?

被告崔某、徐某于1998年9月16日向原告邵某、陈某抱养一女孩，未办理收养登记，亦未签订书面协议，且两被告当时未达到法定收养年龄。女孩崔某某由被告抚育、培养至今，现已成年，目前在读大学。崔某某上高一时，原告与其相见，2013年3月3日，被告向原告邮寄女孩照片一张。2016年7月5日，原告邵某与被告崔某通电话，要求双方建立亲戚往来关系，遭到被告的拒绝。后原告向海安县人民法院起诉请求：(1) 确认原告与崔某某之间存在亲子关系；(2) 确认被告与崔某某收养关系不成立。另查明崔某某本人意见：(1) 本人与崔某、徐某自幼生活至今，已经形成事实上的收养关系，本人不同意改变现状，可补办收养登记；(2) 不同意改变目前的身份及亲属关系；(3) 不同意做亲子鉴定。

海安县人民法院经审理认为：因原告未能提供崔某某的出生证明等必要证据，且崔某某明确表示不同意做亲子鉴定，故而对于其确认亲子关系的诉讼请求难以认定；虽然被告与崔某某发生收养关系时，并未与原告签订书面收养协议，但其是否影响收养关系的成立，法律并没有作出规定，被告抚养崔某某至成年，已成客观事实，而且崔某某本人也明确表示与被告形成事实上的收养关系，不同意改变目前的身份及亲属关系，并愿意与被告补办收养登记。基于维护稳定的社会和家庭关系，保护被收养人的合法权益的考虑，一审法院驳回原告的诉讼请求。原告不服，向南通市中级人民法院提出上诉。二审法院经审理认为，被上诉

---

① 《中国公民收养子女登记办法》第12条规定，收养关系当事人弄虚作假骗取收养登记的，收养关系无效，由收养登记机关撤销登记，收缴收养登记证。

② 陈苇主编：《外国婚姻家庭法比较研究》，群众出版社2006年版，第382页；杨大文主编：《婚姻家庭法》，中国人民大学出版社2015年版，第201页；李俊：《无效收养制度的法律重构》，载陈苇主编：《家事法研究》(2005年卷)，群众出版社2006年版，第225页。

③ 陈苇主编：《外国婚姻家庭法比较研究》，群众出版社2006年版，第382页。

④ (2018) 苏民监598号。

人将崔某某抚养至成年，并仍在照料其学习生活，即便被上诉人当时不符合收养人的条件，也未办理收养登记，但崔某某明确表示愿意维持目前的身份关系。双方业已形成并愿意维持的稳定的家庭关系应予保护。故对上诉人要求确认收养关系不成立的上诉请求，不予支持。邵某、陈某不服终审判决，向江苏省高级人民法院申请再审。江苏省高级人民法院审查后认为，一、二审法院判决并无不当，裁定驳回邵某、陈某的再审申请。

【关联法条】

《民法典》第 52 条

（撰稿人：金佳莉）

第三节　收养关系的解除

第一千一百一十四条　【被收养人成年以前收养关系的解除】 收养人在被收养人成年以前，不得解除收养关系，但是收养人、送养人双方协议解除的除外。养子女八周岁以上的，应当征得本人同意。

收养人不履行抚养义务，有虐待、遗弃等侵害未成年养子女合法权益行为的，送养人有权要求解除养父母与养子女间的收养关系。送养人、收养人不能达成解除收养关系协议的，可以向人民法院提起诉讼。

【释义】

本条是对被收养人成年以前收养关系解除的规定。本条所规定的解除收养关系的方式有两种，分别是收养人与送养人直接协议解除收养关系（第 1 款）以及送养人在收养人有不履行抚养义务侵害未成年养子女合法权益时通过诉讼解除收养关系（第 2 款）。为了保护未成年的被收养人的利益，本条不允许收养人在没有和送养人达成协议的情况下解除收养关系。①

① （2018）渝 0119 民初 7721 号。

在对本条及本节的其他条文进一步展开解释之前，有一基础性的问题需要澄清，即被解除的收养关系，究竟是收养人与送养人之间的法律关系，还是收养人与被收养人之间的法律关系？通常认为，收养行为是收养人与被收养人之间的法律行为，其所产生的收养关系也是收养人与被收养人之间的法律关系，送养人是作为被收养人的代理人与收养人签订收养协议的。[①] 然而，这种理解与以私法自治为根基的民法体系之间存在矛盾。依《民法典》第1111条，自收养关系成立之日起，收养人与被收养人之间成立父母子女法律关系，送养人相应地不再具有法定代理人资格。既然如此，基于私法自治原则，此时送养人应无资格去解除收养人与被收养人之间的收养法律关系，无论是基于协议还是基于裁判。我们固然可以将本条看作一项“例外规定”，但这种不符合体系的例外规定无疑是对《民法典》整体融贯性和科学性的破坏。反过来，也可以将收养关系理解为收养人与送养人之间的法律关系。这种法律关系本身并不是一种亲属关系，而是收养人与被收养人之间拟制的父母子女关系产生的“原因”。依《民法典》第1117条，这种拟制的父母子女关系具有“有因性”，即当收养人与送养人之间的收养关系解除后，收养人与被收养人之间的父母子女关系也随之消灭。按照这种理解，既然送养人本人是收养关系的主体，那么无论是其基于协议还是基于收养人的不当行为对于收养关系的解除都可以在私法自治的体系内得到恰当的解释。然而，新的问题也随之产生。首先，如果收养关系是送养人与收养人之间的法律关系，《民法典》第1115关于成年养子女协议或诉讼解除收养关系的规定又当如何解释？其次，更为关键的问题在于，从司法实践来看，绝大多数民众和法官都将“收养关系”理解为收养人与被收养人之间的法律关系。例如，有的案件中，当送养人起诉收养人要求解除收养关系时，无论法官还是当事人都认为此时所解除的法律关系并非两造之间的法律关系，而是作为被告的收养人和被收养人之间的法律关系。[②] 如此，是否真的有必要为了体系的科学性和融贯性而对“收养关系”这一概念作出违背社会普遍认知的解释？

从上文的分析可以看出，无论将“收养关系”理解为收养人与被收养人之间的法律关系，还是理解为收养人与送养人之间的法律关系，都会面临困境。于此，不妨作折中解释，承认“收养关系”这一概念的多义性。具体而言，“收养关系”有双重含义，其一是“收养协议关系”，即收养人与送养人之间基于收养协议而产生的法律关系，其内容以双方的合意为基础，除了对收养本身进行约定

① 余延满：《亲属法原论》，法律出版社2007年版，第405~406页。

② （2019）赣10民终1185号。

之外，还可以包括关于抚养费等方面的约定；其二是“收养身份关系”，即收养人与被收养人之间的身份关系，与“收养协议关系”的意定性不同，这种“收养关系”具有法定性。此外需注意的是，“收养身份关系”不等同于收养人与被收养人之间的父母子女关系，而是作为一种更为基础的法律关系，被收养人与收养人及其近亲属之间的拟制亲属关系皆基于此而产生。这两种“收养关系”之间的关系是，一方面，“收养协议关系”成立并不必然意味着“收养身份关系”的成立，必须向县级以上人民政府民政部门登记，“收养身份关系”自登记之日起成立；另一方面，“收养协议关系”是“收养身份关系”的“原因”，且后者在被收养人成年之前具有“有因性”，即在被收养人成年之前，送养人对“收养协议关系”的协议（须登记）或裁判解除会同时导致“收养身份关系”的解消，进而发生养子女与养父母以及其他近亲属间的权利义务关系的消灭。

这样一种理解可以较好地调和前述两种解释所造成的问题。首先，即便送养人解除的是其与收养人之间的“收养协议关系”，在法律效果层面通过“有因性”作为纽带最终也指向被收养人与收养人之间的“收养身份关系”，不至于和社会普遍认知脱节。其次，将第 1114 条中的“收养关系”理解为“收养协议关系”，将第 1115 条中的“收养关系”理解为“收养身份关系”，同时又通过“有因性”将其连接，既实现了制度目的，又可以避免使法律关系之外的民事主体获得解除该法律关系的资格，从而维护了《民法典》体系的融贯性和科学性。最后，这种解释方案将意定的“收养协议关系”与法定的“收养身份关系”相分离，前者可以基于《民法典》第 464 条第 2 款参照适用合同编中的履行抗辩权、违约损害赔偿等相关规定，从而使送养人和收养人在订立收养协议时有更大的私法自治空间，因为这样一来，一方面明确了送养人法律关系中的主体地位，双方都不必担心其约定的内容因主体资格问题而无法获得法律强制力保障；另一方面由于“收养协议关系”与“收养身份关系”的分离，送养人和收养人基于“收养协议关系”基于产生的纠纷也不会对收养人和被收养人之间身份关系的影响，保证了身份关系的稳定性。

解决了基础性问题，现在回到关于本条具体规定的讨论。

在第 1 款中，虽然被解除的是收养人与送养人之间的收养协议关系，但由于被收养人与收养人之间的收养身份关系具有有因性，故收养协议关系的解除同样会对被收养人产生重大影响，因此从尊重被收养人意愿和保障被收养人利益的角度出发，适用第 1 款进行协议解除时，应征得 8 岁以上的被收养人的同意。此外，虽然收养协议关系可以参照适用合同编中的部分规范，但由于本条是为收养协议关系之解除专设的条款，因此排除了合同编中有关解除、终止等规范的适用。

第2款规定了送养人在收养人不履行抚养义务而有虐待、遗弃等侵害未成年养子女合法权益行为的情形下的解除权。此时，由于被收养人的身心健康已经受到了严重威胁，为了使被收养人的权益受到及时、有效的保护，本款中不再将八周岁以上的被收养人的同意作为要件。其理由在于，本款的适用环境和上一款大不相同，如果不能及时解除收养关系，被收养人的身心健康很可能将受到进一步的无法挽回的伤害，而此时被收养人尚未成年，我们无法期待其在拥有足以理性分析自己处境并作出符合自身长远利益的判断。在这里，适当的家父主义是必要的，送养人的解除必须诉至法院，由法院作为国家意志的体现来充当“善良家父”这一角色。

对于第2款的理解，应从两个方面把握。一方面，该款赋予了送养人在特定情形下解除收养关系的权利；另一方面，可能也是更重要的，通过严格的条件限制这一权利的行使。法律不能期待收养人成为“完美的父母”。任何人在照管、教育子女时都有自己的方式，且这些方式未必都是恰当的。“法不入家门”，父母对子女的正常管教只要在合理的限度内都属于“法外空间”，国家权力不应任意介入干预。当收养人在教育被收养人时采取体罚，或是收养人因疏忽或能力不足而未能妥善照管教育被收养人，只要未达到故意的“虐待”“遗弃”的程度，都不应动辄认可送养人对收养协议关系的解除。否则，可能产生的后果是，一方面，收养人对其养子女教育照管的自决权受到极大的限制，这对未成年人的成长并非好事；另一方面，稳定的父母子女关系对未成年人来说同样十分重要，如果动辄允许解除，养父母和养子女的亲子关系将处于一个十分不稳定的状态。

【相关案例】

熊某洋与孔某解除收养关系纠纷案①

该案争论焦点为送养人是否是本案适格原告？孔某、陈某辉将亲生女儿孔某琪（收养后更名熊某瑶）送养给熊某洋、何某莲，双方到民政部门办理了收养登记。收养熊某瑶后，熊某洋未能正确处理夫妻关系，其妻子何某莲于2012年因夫妻感情不和离家出走至今，熊某洋家庭不和睦。熊某洋及养女熊某瑶无主要生活来源，主要依靠政府低保金生活。且熊某洋经常因生活琐事用手、小木棍殴打熊某瑶。甚至在公安机关对其送达家庭暴力告诫书后，熊某洋依然没有改变其经常打骂小孩的陋习。原告孔某向一审法院诉请解除收养关系。一审法院认为关于孔

① （2019）赣10民终1185号。

某的诉讼主体资格，因熊某瑶的亲生母亲陈某辉已明确表示不参加本案诉讼，放弃其对熊某瑶的抚养权，故孔某是本案的适格原告。从家庭环境、家庭教育、生活水平诸多方面考虑，熊某洋不能为熊某瑶提供一个健康成长的生活环境。何某莲明确表示同意解除收养关系，熊某瑶本人也明确表示不愿意与养父熊某洋继续共同生活，愿意回到亲生父亲身边生活。孔某作为送养人，在熊某洋对熊某瑶经常殴打且无法保证熊某瑶正常生活、教育的情况下要求解除养父母即熊某洋、何某莲与养女熊某瑶的收养关系于法有据，一审法院予以支持。熊某洋不服，提出上诉。二审法院认为根据本案现有的证据，可以认定孔某是孔某琪的父亲，也是熊某瑶的送养人，是本案的适格原告。孔某要求解除收养关系的理由为熊某洋对熊某瑶有长期殴打、虐待行为，侵害熊某瑶的身心健康，对于自己的主张，孔某提供了六水桥派出所家庭暴力告诫书、临川四小情况说明、西大街居委会情况说明等证据予以证实，上述证据可以证实熊某洋在家庭环境、家庭教育、生活水平诸多方面不能为熊某瑶提供一个健康成长的生活环境。其要求解除收养关系于法有据。原判认定事实清楚，适用法律正确，应予维持。

【关联法条】

《收养法》第 26 条，《民法典》第 464 条、第 1111 条、第 1115 条、第 1117 条

（撰稿人：刘冲）

第一千一百一十五条 【养父母与成年养子女之间收养关系的协议解除和裁判解除】养父母与成年养子女关系恶化、无法共同生活的，可以协议解除收养关系。不能达成协议的，可以向人民法院提起诉讼。

【释义】

本条所规定的是养父母与成年养子女之间收养关系的协议解除和裁判解除。本条使用的主体仅限成年养子女。对未成年的养子女而言，不仅由于其通常尚不具有完全的理性能力，更由于其一直处于养父母的支配力之下而与养父母之间根本不存在平等谈判协商的可能性，因此不允许养父母与未成年的养子女协商解除

收养关系。此外，未成年人毕竟没有独立的生存能力，如果收养关系不是基于送养人的意志（协商或裁判）而解除，则无法保证在收养关系解除之后将成为被收养人的监护人的送养人有担任被收养人监护人的意愿，更无法保证其可以妥善履行监护人的职责，因此收养人和被收养人之间的裁判解除也是不允许的。另外，在前一条的释义中已经讨论过，此处所解除的，是法定的"收养身份关系"，而非意定的"收养协议关系"，在本条释义中，除非另作说明，否则"收养关系"指的都是"收养身份关系"。

本条的关键在于如何认定构成"关系恶化、无法共同生活"。在协议解除的情况下，既然收养人和被收养人一致认为双方不宜再维持父母子女关系，自然不生问题。而在裁判解除的情况下，通常是一方希望解除收养关系，而另一方则希望继续维持收养关系。从司法实践的情况来看，法官在适用本条进行裁判时有明显的倾向性，更注重保护因年老而往往在社会经济等方面处于弱势地位的收养人。具体而言，当收养人一方起诉解除收养关系时，法官通常较少驳回其请求，除非收养关系的解除可能导致年老的收养人无人赡养。[①] 不过，这也不是绝对的，如在"樊某焕与马某平解除收养关系纠纷案"中，尽管一审法院认为"多次发生家庭冲突，被告一家继续与原告共同居住显然不再适宜"，但是"原告樊某焕（收养人）已经七十九岁高龄，需要子女对其照顾、赡养，此时一时意气用事草率解除收养关系于原告不利"，最终并未判决解除收养关系；之后作为原告的收养人并不满意，又提起上诉，二审法院的处理更是巧妙，其一方面认可了一审法院的处理方式，"樊某焕年事已高，需要子女照顾赡养，一审未支持其解除收养关系的请求，处理并无不当"，另一方面又表示在二审过程中，法院对收养人进行了劝导，但收养人"要求解除收养关系态度坚决"，出于对收养人意愿的尊重，最终解除了双方的收养关系。[②] 甚至有的法院明确指出："双方关系恶化，无法共同生活的这一法定解除收养关系的条件，并不需要双方一致认可，只要收养人单方认定即可。"[③] 而当被收养人向法院申请解除收养关系时，情况则恰恰相反。此时法院几乎从不会支持被收养人的解除请求，除非在收养关系成立之后被收养人实质上并未与收养人共同生活。[④] 甚至法官常常对提出解除收养关系的被收养人进行道德上的谴责。"现王某山、柯某华（收养人）年事已高，子女（养子女）本应尽物质上赡养、精神上慰藉之义务，但王某典（被收养人）不但未尽精神上

---

① （2020）豫 0325 民初 474 号、（2018）京 01 民终 6686 号等。

② （2019）晋 01 民终 4221 号。

③ 渝民再 365 号。

④ （2016）闽 0502 民初 157 号。

慰藉之义务，反而在王某山、柯某华耄耋之年，提出解除收养关系之诉讼，有违社会主义道德”。这种倾斜保护收养人的裁判态度是合理的。收养制度尽管规定于《民法典》之中，但有很强的社会法色彩，其与《民法总则》《合同法》等较为纯粹的私法制度相比不同之处在于，收养制度并非一套可以抽象出来并具有普适性的规则，而是具有很强的本土性，其生命力厚植于社会传统之中，因此对于其运行而言，相比于教义，传统的社会伦理观念发挥着更大的作用。因此，尽管单纯从文义来看，本条并没有对收养人和成年的被收养人区别对待，但是裁判者对年老的被收养人普遍性的倾斜保护、几乎从不支持由收养人抚养长大的被收养人解除申请的裁判态度无疑是符合中国以“孝”为核心的家庭传统伦理的。

【相关案例】

樊某焕与马某平解除收养关系纠纷案①

该案争论焦点为原被告之间是否“关系恶化、无法共同生活”。1970年12月10日，原告樊某焕收养了山西省临县三交镇9个月大的被告马某平，在一起共同生活并抚养其长大。1986年被告在晋安化工厂参加工作，被告结婚后，原告曾帮助照顾他的妻子和孩子。2017年11月，被告全家搬到原告住处共同居住，期间，原告与被告的妻子因琐事发生过多次矛盾。2018年7月17日双方发生了争吵和拉扯，太原市公安局杏花岭分局民警为双方进行调解，达成现场治安调解协议书。2018年11月26日，被告的妻子和原告又产生矛盾，原告坚持要求解除与被告的收养关系。一审法院认为，被告马某平年幼即被原告樊某焕收养，双方互相照顾共同生活多年。2017年被告一家搬到原告住处共同居住期间，原告与被告妻子因家庭琐事产生矛盾，导致双方关系紧张，多次发生语言及肢体冲突。在原被告共同生活的多年间，一直母慈子孝和谐共处，仅在被告妻子患病后与原告共同生活期间与被告妻子发生矛盾，被告从未有过不当行为。现原告樊某焕已经79岁高龄，需要子女对其照顾、赡养，此时一时意气用事草率解除收养关系于原告不利。鉴于多次发生家庭冲突，被告一家继续与原告共同居住显然不再适宜，被告宜搬出为妥。据此判决驳回原告的其他诉讼请求。二审法院认为，双方当事人在上诉人樊某焕住处共同居住期间，樊某焕与被上诉人马某平妻子因家庭琐事产生矛盾，多次发生语言和肢体冲突，导致双方关系紧张。考虑到双方此前关系尚可，且樊某焕年事已高，需要子女照顾赡养，一审未支持其解除收养关系的请求，处理并无不当。樊某焕提起上诉

① （2019）晋01民终4221号。

后，二审亦进行了劝导和释明，但樊某焕要求解除收养关系态度坚决。鉴于此，本院尊重当事人意愿，对双方之间的收养关系予以解除。但樊某焕要求马某平补偿其生活费、教育费，理由并不充分，不予采纳。

【关联法条】

《收养法》第27条

（撰稿人：刘冲）

第一千一百一十六条 【当事人协议解除收养关系应办理登记】 当事人协议解除收养关系的，应当到民政部门办理解除收养关系登记。

【释义】

本条是关于当事人协议解除收养关系的情况下应办理登记的规定，是国家监督主义的在收养关系中的体现。收养关系的解除同收养关系的成立一样，都与未成年人身心健康、家庭的和睦和社会的安定息息相关，具有很强的公共性；而且往往在收养人和送养人设立或解除收养关系时，要么是被收养人尚未满8周岁故而其意志完全无从体现，要么作为未成年人的被收养人尽管已满8周岁，但处于送养人或收养人的支配之下，即便收养的成立或解除会对其构成伤害，可能也很难在实际上违背收、送养人的一致意思，因此国家权力对收养关系成立和解除的介入都是十分正当且必要的。《民法典》第1105条规定，收养关系登记成立时，县级以上人民政府民政部门应当依法进行收养评估，此为保障被收养人的权益不会因收养关系的成立而受到伤害的必要条件，也是国家采取积极措施保护公民基本权利的体现。出于同样的原因，县级以上人民政府民政部门也应当对收养人和送养人解除收养关系进行实质评估，因为收养人和送养人对收养关系的协议解除与设立都意味着作为未成年人的被收养人的监护人的改变，都有可能对被收养人权益造成重大侵害。因此，对收养人和送养人对收养关系的协议解除也不能仅仅通过形式上的登记要件对其进行控制，而有必要要求国家机关对其进行实质性的审查。《中国公民收养子女登记办法》第10条规定："收养登记机关收到解除收养关系登记申请书及有关材料后，应当自次日起30日内进行审查；对符合收养法规定的，为当事人办理解除收养关系的登记，收回收养登记证，发给解除收养关系证明。”依上述精神，此处的审查不应仅仅是对合法性的形式审查，而应对收养人、送养人的家庭社会情况以及被收养人自身情况进行实质的调查，并据此作出判断。因此，在未进行登记的情况下，收养人和送养人对收养关系的协议解除无效。

收养关系的协议解除包括两种情况：（1）在被收养人成年以前，收养人和送养人对收养协议关系的协议解除；（2）在被收养人成年以后，收养人和被收养人之间对收养身份关系的协议解除。细心的读者可能已经注意到，上文的讨论仅仅局限在第一种情况而未涉及第二种情况。那么，收养人和被收养人之间对收养身份关系协议解除究竟是否应当纳入本款的适用范围呢？笔者认为，收养人和成年的被收养人协议解除的，当然也可以进行登记，但登记仅仅起到类似公证的证明效力，而且此时不必对其解除进行实质审查，其收养关系的解除也不以登记作为发生效力的时点，而是自双方达成合意时发生收养关系解除的效力。如前所述，以登记作为解除之形式要件的目的在于通过国家权力的介入来保障未成年被收养人的权益免受侵害，《民政部婚姻司谈收养登记的意义、范围和程序》亦明确表示这一目的在收养登记制度中居于核心地位。收养人和已经成年的被收养人协议对收养身份关系进行解除的情况下，双方当事人都是具有完全民事行为能力的成年人，此场景下，不需要国家权力介入进行特别保护。如果此时还要求民政部门进行实质审查，并以登记作为解除的生效要件，一方面会造成财政资源的不必要浪费，另一方面会构成对收养人和被收养人意思自治的过度干预。

本条并未将收养人和被收养人之间对收养身份关系的协议解除与收养人与送养人之间收养协议关系的协议解除进行效力上的区分，这确实会在司法实践中带来了诸多问题。首先，实践中有很多收养关系是成立在《收养法》实施之前，当时收养关系的成立并不以登记为要件，而在实践中，民政部门常常对未登记的收养关系不予办理解除登记，当事人在民政部门受到阻力之后，往往也就不再另寻救济途径，而是放弃办理，或认为既然当年收养时就没有登记，今天解除时也不必登记。① 此时如果否认收养人和被收养人之间为登记的协议解除的效力，显然不合理。其次，收养关系协议解除的效力问题在实践中往往会涉及继承纠纷。例如，有的案例中，收养人与被收养人已经达成了解除收养关系的协议，但并未进行登记，之后双方也并未以父母子女关系的身份生活。事实上，因疏忽甚至“不想见面”等种种原因，收养人和被收养人协议解除收养关系未办理登记的情况并不少见，如果否认此解除的效力，则收养人去世之后，被收养人则具有继承人的

---

① 相关案例如（2019）京02民再42号。

资格，这通常既违背收养人的意志，也违背真正继承人的预期，更违背社会一般观念，平白增加社会矛盾，并不妥当。[①] 目前已经有法院明确将登记和协议解除的效力区分开，“原、被告于2013年1月15日经人民调解委员会调解后协议解除收养关系，具有法律效力，双方的收养关系已经解除，但应当到民政部门办理解除收养关系登记”。[②] 这种做法值得鼓励和借鉴。

【相关案例】

胡某1与胡某2、胡某3继承纠纷案[③]

该案争论焦点为被告胡某4是否为被继承人王某花的继承人。1977年，原告胡某1和王某花收养了被告胡某4，2010年3月12日，原告胡某1、王某花、被告胡某4签署《解除收养关系协议书》，但未在登记机关登记。法院认为，本案为继承纠纷，但被继承人范围并不明确。被告胡某4是否有权继承王某花名下财产，需要首先厘清被告胡某4与原告、王某花的身份关系，而该身份关系的认定须另循法律途径解决。故对于原告提起的继承纠纷之诉，依法驳回起诉。

【关联法条】

《民法典》第1105条、《收养法》第28条、《中国公民收养子女登记办法》第10条

（撰稿人：刘冲）

第一千一百一十七条　【收养关系解除之后身份关系的变动】

收养关系解除后，养子女与养父母以及其他近亲属间的权利义务关系即行消除，与生父母以及其他近亲属间的权利义务关系自行恢复。但是，成年养子女与生父母以及其他近亲属间的权利义务关系是否恢复，可以协商确定。

---

① （2019）粤0303民初15394号。

② （2017）湘0528民初1278号。

③ （2019）粤0303民初15394号。

【释义】

本条是对收养关系解除之后身份关系变动的规定。关于本条的适用，有以下问题值得探讨：（1）收养关系的解除对身份关系的影响是否具有溯及力；（2）已经成年的被收养人与收养人解除收养关系，其相互之间的父母子女关系固然消灭，但是否会必然影响到因收养而产生的其他近亲属关系；（3）协商未定的情况下，成年养子女与生父母以及其他近亲属间的权利义务关系是否恢复。

对于第一个问题，应当认为收养关系的解除对于身份关系的影响不具有溯及力。从比较法来看，各立法例多明确规定收养关系的解除仅向将来发生效力。例如，《德国民法典》第 1764 条第 1 款明确规定："收养关系的废止只向着将来发生效力"，《法国民法典》第 370－2 条对简单收养的解除亦明确采取这一态度。这样规定是合理的，否则，如果对收养关系的解除有溯及力，则即便在收养关系尚未解除期间，基于收养关系而具有亲属关系的当事人时刻要担心其当前的亲属关系会因未来的收养关系的解除而受到影响，从而严重影响家庭和谐与社会稳定。在实践中存在争议的是，夫妻双方共同收养的情况下，夫妻一方先去世，此后并没有进行遗产分割，而后夫妻中的另一方与被收养人解除收养关系，此时被收养人是否丧失对已经去世一方的继承权？[①] 法院的观点是，在世的收养人与被收养人解除收养关系后，收养人所享有的权利义务即行消除，丧失了对去世的被收养人的继承权。法院的这种观点是错误的。法院的观点是基于对于继承权的错误理解，此时虽然遗产尚未分割，但被收养人已经确定取得了继承权，此时其继承权已经从期待权性质转化为支配权性质，收养关系的解除并不会使被收养人丧失其继承权。

第二个问题之所以会产生，其根源同本节中其他许多问题一样，也是在于没有对收养协议关系和收养身份关系进行区分（详见第 1114 条评注）。收养人、送养人对收养协议关系的解除与收养人和被收养人对收养身份关系的解除一样，都会导致收养人和被收养人父母子女关系的消灭，但这两种解除的社会意义却迥然不同，对被收养人的影响也大有区别。在被收养人尚未成年时，收养人、送养人解除收养协议关系后，被收养人仍然需要受到监护、照管，其所生活的家庭必然发生变化，而不再居于被收养的家庭的亲属网络之中，因此使被收养人与养父母以及其他近亲属间的权利义务关系即行消除，并无不妥。而当被收养人成年之

① （2018）辽 07 民终 1449 号。

后，其与养父母解除收养关系所依据的是《民法典》第1115条，以“养父母与成年养子女关系恶化、无法共同生活”为前提条件，从原因层面来看并不涉及其他近亲属。此时被收养人可能已经在收养人的家庭网络中生活数十年之久，其可能与祖父母、外祖父母、兄弟姐妹等近亲属产生了深厚的亲情羁绊，而且作为成年人的被收养人并不必然需要监护照顾，收养关系解除之后也不需要完全脱离原来的家庭网络而重新进入一个新的家庭网络之中。因此，仅仅因被收养人与其养父母之间的矛盾而不留余地地否认被收养人与家庭网络中其他近亲属的亲属关系，并不妥当，应当允许被收养人与收养人家庭中的其他近亲属协议保留亲属关系。

对于第三个问题，通常情况下从尊重当事人意思自由的角度出发，在成年的被收养人与生父母以及其他近亲属协商不成的情况下，法律不宜强行改变现状，即应当认为其亲属关系没有恢复。当部分近亲属和被收养人达成合意恢复亲属关系，而另一部分未与被收养人达成协议时，因为部分亲属关系的恢复并不会对其他近亲属产生负面外部性，故而应当准许达成协议的近亲属恢复亲属关系。实践中构成例外的情形是，收养人可能在办理收养登记之后，并未与被收养人共同生活，被收养人实际上仍是由其生父母抚养长大，此时从权利义务相一致的角度出发，不应允许被收养人以“未恢复亲属关系”为由逃避对其生父母的赡养义务。

【相关案例】

郑某荣与洋浦经济开发区管理委员会案①

郑某荣于1982年6月出生后，其生父母郑某壮、陈某川将其送给儋州市中和镇五里居委会五里村郑某求、许某尾夫妇收养。郑某荣的户籍从出生至2004年前一直落户在养父母所在的儋州市中和镇五里村。郑某荣的养母许某尾于1986年左右去世，其养父郑某求于2002年去世。2004年7月，郑某荣将其户籍迁至洋浦经济开发区。2014年因洋浦经济开发区管理委员会认为郑某荣不符合原户安置的条件拒绝给予郑某荣搬迁安置。法院以郑某荣未提供任何证据证明其与养父母已解除收养关系，也没有提供证据证明其与生父母已协议恢复父母子女关系。因此，郑某荣与其养父母已成立的事实收养关系至今仍未解除，郑某荣与其生父母的权利和义务关系也没有自然恢复，同时还认定郑某荣不符合原户安置的其他条件为由，判决驳回郑某荣的诉讼请求。

法院认为，上述人郑某荣与生父母郑某壮、陈某川之间的权利义务关系因收

---

① （2016）最高法行申4181号。

养关系的成立而消除。现虽郑某荣的养父母许某尾、郑某求均相继去世，但基于后去世的郑某求去世时，郑某荣已满18周岁的事实，且其养父母生前均未主张解除收养关系，即使上诉人郑某荣的户籍在其养父母去世后自行迁回生父母所在的洋浦经济开发区，但其与生父母之间的权利义务并不当然恢复。另根据《收养法》第29条关于“收养关系解除后，养子女与养父母及其他近亲属间的权利义务关系即行消除，与生父母及其他近亲属间的权利义务关系自行恢复，但成年养子女与生父母及其他近亲属间的权利义务关系是否恢复，可以协商确定”的规定，只有在收养关系解除后成年养子女方可与生父母协商是否恢复权利义务关系。因此，二审法院关于郑某荣与生父母及其他近亲属间的权利义务关系并未恢复、其不能作为郑某壮家庭成员的一名享有相关权利的认定有事实根据和法律依据。退言之，即便郑某荣与生父母郑某壮、陈某川经重新协商恢复相互间权利义务关系，也不能发生溯及既往的法律效力，亦不能对此之前的既有法律事实产生新的影响。

【关联法条】

《民法典》第1115条、《收养法》第29条、《中国公民收养子女登记办法》第10条

（撰稿人：刘冲）

第一千一百一十八条　【收养关系解除之后抚养费、生活费等财产关系的调整】收养关系解除后，经养父母抚养的成年养子女，对缺乏劳动能力又缺乏生活来源的养父母，应当给付生活费。因养子女成年后虐待、遗弃养父母而解除收养关系的，养父母可以要求养子女补偿收养期间支出的抚养费。

生父母要求解除收养关系的，养父母可以要求生父母适当补偿收养期间支出的抚养费；但是，因养父母虐待、遗弃养子女而解除收养关系的除外。

【释义】

本条是对收养关系解除之后抚养费、生活费等财产关系的调整。

本条第1款第一句规定了缺乏劳动能力又缺乏生活来源的养父母在收养关

系解除的情况下对其抚养长大的成年养子女的生活费请求权。对于“缺乏劳动能力又缺乏生活来源这一标准”的判断不应绝对化，而应在司法实践中灵活把握。例如，即便收养人有低保收入，但由于身患疾病，其低保收入过于微薄而无法满足其日常生活和医疗的需求，此时收养人仍有权请求其抚养长大的养子女向其支付生活费。第二句规定了因养子女成年后虐待、遗弃养父母而解除收养关系的情况下，收养人对收养期间支出的抚养费有补偿请求权。在实践中，通常收养人无法证明抚养费的具体金额，需要法院酌情裁定。法院在确定被收养人对收养人抚养费的补偿时，通常考虑以下因素：当地城镇居民生活及教育成本、[①] 被告的收养年龄和受教育程度、[②] 双方现实经济状况、[③] 过错程度[④]以及货币贬值和物件因素。[⑤] 需注意的是，对抚养费的补偿并不意味着是对抚养费的返还，更不意味着是溯及既往地消灭收养关系，收养关系的消灭仍然仅仅是向未来发生效力，此处抚养费的返还仅在养子女成年后虐待、遗弃养父母而解除的情况下发生，其目的在于惩罚未善待养父母的被收养人，是传统道德观念在法律中的体现。

本条第二款规定了在生父母解除收养关系的情况下养父母对于收养期间支出的抚养费的补偿请求权。同上款一样，此处抚养费通常也无法确证，只能依靠法官在实践中基于种种因素进行裁量。在收养人和送养人协议解除的情况下，可能收养人和送养人对于抚养费之补偿已有约定，此时司法自无干涉之必要，只有双方未进行约定并发生争执诉至法院的情况下才有干涉之必要。如果并非协议解除，而是由送养人诉至法院裁判解除，依《民法典》第 1114 条第 2 款规定，此时通常存在收养人不履行抚养义务，虐待、遗弃未成年养子女的情形，因此法院在裁判解除时通常不会支持养父母的抚养费补偿请求权。

【相关案例】

戴某华与戴某解除收养关系纠纷案[⑥]

戴某华与其妻子甘某和（现已过世）结婚后未生育子女。1986 年，他人将刚出生三天的戴某送给戴某华夫妇收养，戴某的户口登记在戴某华处。戴某华未到

---

① （2015）连少民终字第 00028 号。
② （2012）永冷民初字第 1187 号。
③ （2012）永冷民初字第 1187 号。
④ （2016）黑 0102 民初 6362 号。
⑤ （2016）黑 0102 民初 6362 号。
⑥ （2017）湘 06 民终 75 号。

湘阴县民政局办理收养手续。2002 年，戴某初中毕业后即外出务工。××××年××月初六，戴某与案外人赵承光登记结婚，案外人赵某光入赘至戴某华家，婚礼由戴某华负责操办。戴某结婚后，戴某夫妇与戴某华夫妇共同生活。2009 年，戴某华夫妇与戴某因生活琐事产生纠纷后戴某及其丈夫赵某光搬出戴某华家。此后，戴某很少回去看望戴某华夫妇。2009 年 11 月 4 日，戴某华在村上发布了一份“解除养父女关系的声明”，湘阴县石塘乡双桥村江武组村民均在该声明上签名，至此，戴某华、戴某关系开始恶化。由于戴某华、戴某家庭关系恶化，戴某华所在村组在征地款分配时没有同意戴某夫妇享有分配权。2013 年，戴某夫妇曾就征地款分配纠纷向一审法院提起诉讼。2014 年 2 月和 2014 年 6 月，戴某华妻子甘某和因心脏病两次住院接受治疗，在此期间，戴某未到医院进行探望、照顾，也未支付医疗费。2014 年农历 12 月 8 日，戴某华妻子甘某和因病去世，戴某夫妇在其养母过世之后回家奔丧，因未取得戴某华谅解只得中途离开。2015 年至 2017 年期间，戴某以继承纠纷以及分家析产纠纷等案由多次起诉戴某华，戴某华、戴某的关系进一步恶化。戴某养母过世后，戴某华、戴某之间基本无往来，戴某也未向戴某华支付过赡养费，双方故酿成纠纷。

本院认为，养父母和养子女间的权利义务适用《婚姻法》对父母子女间权利义务的规定。《婚姻法》第 21 条第 1 款规定，父母对子女有抚养教育的义务；子女对父母有赡养扶助的义务。戴某华夫妇收养戴某后，不仅将出生只有几天的戴某扶养成人，而且供其上学，让其享受了受教育的权利，后又为戴某操办婚礼。所有这一切，应当认定戴某华夫妇已完全尽到了抚养、教育戴某的义务。戴某成年后，依法也应负有赡养老人的义务。经审理查明，2009 年，戴某华夫妇与戴某因生活琐事产生纠纷后戴某及其丈夫赵某光搬出戴某华家。此后，戴某很少回去看望戴某华夫妇。此事实表明双方当事人生活联系程度已存在疏远的可能性。2014 年 2 月和 2014 年 6 月，养母甘某和因心脏病两次住院接受治疗，在此期间，戴某未到医院进行探望、照顾，也未支付医疗费。2014 年农历 12 月 8 日，养母甘某和因病去世，戴某夫妇在其养母过世之后回家奔丧，因未取得戴某华谅解只得中途离开。此事实不仅表明戴某与戴某华关系已经疏远恶化，同时也说明戴某并未尽到对其养母的赡养义务。戴某辩称养母病重时，其未接到任何人通知，本院认为，该辩称内容不论属实与否，均直接说明戴某与戴某华的父女感情及生活联系已经疏远恶化的事实。妻子去世后，戴某华孤身一人生活。戴某没有证据证明其此间给予了戴某华物质上、生活上的帮助和精神上的安慰。故一审判决认定戴某对戴某华存在遗弃情形并无不当。上述事实，势必恶化双方当事人父女感情，现戴某华已不愿意与戴某共同生活及维持收养关系，对戴某华要求解除收养关系的请求，本院应当准许。同时，收养关系解除后，戴某华有权要求戴某补偿戴某华在收养期间支出的生活费和教育费。

【关联法条】

《民法典》第1114条、《收养法》第30条

（撰稿人：刘冲）

继 承 编

第一章　一般规定

【导读】

本章是对于继承编的一般规定。相较于自1985年实施至今的《继承法》，本编除表述更加科学、精确外，更有许多重大的制度创新。另外，自《继承法》生效以来的这段时间，恰好是中国改革开放，经济腾飞的时期。随着经济的发展，各种新型的财产关系、财产类型不断增多；城市化等因素的影响，也使得城市和农村的家庭结构悄然改变。这一系列社会经济领域的变化，亦是1985年制定《继承法》时所难以预料的。因此，本章作为继承编的一般规定，尽管与《继承法》相比并未作出特别重大的调整，而是以吸收过往立法、司法经验为主，但是在理解适用时必须与社会经济发展的时代背景相结合。

本章关于继承制度的一般规则，其内容包括继承编的调整范围、国家对继承权的保护义务、继承开始的时间、遗产范围、继承方式、继承与遗赠的接受与放弃、继承权与受遗赠权的丧失与恢复等内容。

第一千一百一十九条　【继承编适用对象和范围】本编调整因继承产生的民事关系。

【释义】

本条属于新增条款，取代了过去《继承法》立法目的的条款，后者在整体编纂进入民法典后，已由《民法典》第一编“总则”第1条所吸收，由此使得继承编的立法目的与民法典整体融为一体。性质上属于说明性条文，其意义不是直接对民事主体赋权或设定义务，而是对继承编的适用对象和范围加以说明。因此其适用本身具有独特性，旨在发挥对于相关事项做出甄别或确定的指引效应。

本条包含了以下几点理解：

首先，明确规定继承编的调整对象和范围是因继承而产生的民事关系，在学理上可以简称为继承关系。《民法典》区分了物权关系、合同关系、人格权关系、婚姻家庭关系、继承关系、侵权责任关系六种民事关系类型，这些不同基本类型的民事法律关系，其内部在价值基础和规范事项上总体相同或者相近，各自因此都形成了属于自己的规范适用系统，此即为各分编。[①]

其次，本条采取了抽象的概念式的规定方式，因此具体含义还需要进一步阐明。例如，“继承”是指什么则有待于进一步界定。继承一词的原意既包括财产的继承，也包括身份的继承（如英国《王位继承法》），在《民法典》条文之中，并未对“继承”的内涵与外延进行准确定义。有学者曾建议应专条规定继承的定义为：“按照法律规定或者遗嘱指定将自然人死亡时遗留的个人合法财产转移给其近亲属所承受的法律制度。”[②] 但并未被采纳。《民法典》采取了总分的体系，通过多个条文相结合，分别从正面与反面对继承进行定义，《民法典》第 124 条第 2 款：“自然人合法的私有财产，可以依法继承。”第 992 条：“人格权不得放弃、转让或者继承。”以及继承编的第一章对继承作出一般规定来对继承进行定义。结合以上规定，“继承”一词应作狭义理解，仅指私有财产权的继承，排除了人格、身份等其他权利。因此，本条后半句“因继承产生的民事关系”中的“民事关系”也应限定为财产性的民事关系，在整个《民法典》的体系中，则是涉及债权编、物权编和其他编中财产相关的内容。

再次，“调整因继承产生的民事关系”，应作广义理解。本编所调整的内容，既包括直接的财产继承关系，也包括与继承相关的遗嘱与遗赠扶养协议的形式、效力等。此外，还有条文规定了无主财产的处理方式等问题。所以，继承编所调整的民事关系是关于继承全方位的规定，不单限于继承财产在家庭内的流转。

最后，适用价值在于用来甄别或者确定何种意义的民事关系可以适用于本编规定，反之则不得适用于本编规定。这种适用范围的确定，可以使得在民法典不同编之间做出适用区划，使得不同民事关系纳入不同编之内加以适用。意思自治作为民法的基本原则，其适用必然会贯穿于整部《民法典》，在继承编中，无论是对于继承人的选任、财产的分配，自然人都有着充分的自由，从财产法的角度来说，继承是自然人对其死亡后财产所作的安排，遗嘱也可以认为是一种单方的附条件的合同（条件为自身死亡），虽然与财产法有着许多相似之处，但继承编

---

① 这种基于法律关系理论的体系和区划思想，来自德国著名民法学家、历史法学派创始人萨维尼。参见［德］萨维尼：《当代罗马法体系 I：法律渊源 · 制定法解释 · 法律关系》，朱虎译，中国法制出版社 2010 年版。

② 王利明：《中国民法典学者建议稿及立法理由 · 人格权编、婚姻家庭编、继承编》，法律出版社 2005 年版，第 458 页。

仍有充足的独立存在的价值。第一，继承除保护个人财产外，还具有维系家庭生活的功能，具体体现在继承编不仅仅规定权利，而且规定义务，如第 1141 条："遗嘱应当为缺乏劳动能力又没有生活来源的继承人保留必要的遗产份额。"便是对家庭生活的保护，保证养老育幼功能的实现。与财产法相比，继承编具有浓重的"人"法的特点。第二，遗嘱作为一种单方合同的形式，其特点之一是生效时当事人已经死亡，在解释上基本不可能探明原意，而且适用场景较为有限，绝大多数人一生只有一份遗嘱生效（甚至没有遗嘱），所以，在遗嘱的规定上与合同近乎完全相反，合同法中的合同成立门槛非常低，不仅大部分合同没有形式上的限制（《民法典》第469 条），对于内容也只需满足最低的限制，有大量的条款对约定不明的合同内容加以补充（《民法典》第 510 条，第 511 条）；在继承编中，对遗嘱的内容与形式均有严格的限制，《民法典》第 1134 条至第 1143 条规定了多种遗嘱的形式及有效要件，不满足要件的后果均为无效，可谓相当严格。财产法与继承法虽然都有着相似的流转财产的目的，但是其侧重的价值却处于两极，财产法注重交易的效率，因此尽可能让合同有效，而继承法则注重准确表达被继承者的本意，所以用各种严格的形式确保遗嘱反映真意。两种不同的价值目的，也是继承编应独立成编的根源所在。所以，涉及继承关系的遗嘱，必须用继承编中相关规定加以理解，而不可以使用合同编中的规范进行阐释。

【相关案例】

毛某清、龙某臣与梅某仙遗赠扶养协议纠纷案①

出家人毛某清、龙某臣二人与其侄女梅某仙签订"遗嘱"，由梅某仙负责二人生前生活和安葬，自立字据之日起房屋所有权归梅所有，并进行了公证，公证名为"赠与书"。协议签订后二人即将房屋交付给了梅某仙，但并未将房屋转移进行登记，后双方关系恶化，毛、龙二人起诉要求解除协议。

一审法院认为，该协议为赠与合同，梅某仙未尽合同所附条件，判处合同废止，房屋归还给毛某清、龙某臣二人。二审法院认为，未判断合同性质，因原房屋已拆毁无法返还原物，判决梅某仙享有对新建房屋所有权，对原房折价赔偿。二审法院再审认为，三人签订的协议是附条件民事法律行为，所附条件未达成，协议不生效，梅某仙不享有房屋所有权，判决梅某仙返还房屋。

高级人民法院提审认为，该赠与书应是附条件的赠与合同，梅尽到扶养义

① （1998）黔民再字第 25 号。

务，房屋所有权已经转移给了梅某仙，因此房屋所有权归梅所有，梅继续承担生养死葬义务。

最高人民检察院再进行抗诉，高院再审认为，该赠与书实为遗赠扶养协议，由于房屋的转移未经登记该房屋所有权尚未发生转移，由于梅未尽到生养死葬义务，因此该协议无效，梅应当返还房屋。

本案经过了多次审理，也突出了遗赠抚养协议与附条件赠与合同在实践中认定的困难。从形式上看，两者并没有清晰的界限，从实质内容来看，只有协议涉及一方的生养死葬与另一方的抚养义务，才符合遗赠扶养协议的特征，采用继承编的相关规定。既然遗赠扶养协议具有继承编的内容与合同的形式，对于其法律适用则要适用继承编与合同编的规定，对于其主体、成立、效力等方面除非继承编有特殊规定，统一适用合同编的相关规定，而对于其内容的控制则由继承编完成，两者相互配合，共同实现对协议的调整。

【关联法条】

《民法典》第 1 条、第 142 条

（撰稿人：黄帅）

第一千一百二十条 【国家保护继承权】国家保护自然人的继承权。

【释义】

继承制度为私有财产制度之反映，在不认私有制度之社会则无可继承之标的物[①]。我国曾长期不承认私有财产存在，继承制度的适用范围自然也就不大。2004 年私有财产正式入宪，宪法修正案中明确规定“公民合法的私有财产不受侵犯”，为继承制度的充分适用奠定了宪法基础。本条可以从以下几方面进行理解：

首先，本条在性质上属于宣示性条文，不是直接对民事主体赋予权利义务，也无法直接适用，而是表明立法者对于继承权保护的态度。从比较法上来看，德国、法国等国家民法典中并无此类条文，我国特意用了一个条文来强调对继承权的保护，是因为我国的市场经济起步较晚，对于私有财产的保护较发达国家来说

---

① 史尚宽：《继承法论》，中国政法大学出版社 2000 年版，第 3 页。

发展处于相对滞后阶段，需要使用此类宣示性的条款强调对于财产权的保护，以进一步给予市场主体信心，促进市场经济的发展。

其次，从立法沿革的角度来讲，本条原属于《继承法》第1条："根据《中华人民共和国宪法》规定，为保护公民的私有财产的继承权，制定本法。"在纳入民法典时，前半句内容纳入总则编中，后半句纳入本条，但在措辞上进行了改变，其一是将公民改为自然人，其二是将私有财产的继承权改为继承权。公民是政治生活中的用语，强调政治权利，与民法的精神不符，所以在纳入民法典时采取了自然人这一市民生活中的用语，也与总则中的民事主体的内容相契合；继承的含义通过前后条文已经可以被限定在私有财产的领域，所以无须再用私有财产的继承权这一较为重复的用语，而是直接使用了继承权这一简练的用语。

再次，本条通过自然人的继承权这一用语，进一步明确了本编的适用范围。《民法典》总则编中规定了自然人、法人、非法人组织等多种民事主体，总则编与各分编按照总分的结构进行编纂，由总则编统领各分编，从逻辑结构上来说，总则中规定的民事主体也应适用于之后的各分编，且我国采取了民商合一的编纂方法，不存在单独的商法总则，总则编同时调整商事关系，而继承编调整的则是纯粹的民事法律关系。因此，通过本条文，划定了继承编的适用范围，即仅调整因自然人死亡而产生的财产的继承关系。商事活动中公司的终止、解散，在财产关系上会产生与自然人死亡相类似的效果，但此类效果不得准用本编的相关规范，而是使用其他财产法的规范进行调整。

复次，从保护的内容上来看，保护的是完整意义上的继承权。继承权可分为继承期待权与继承既得权①，前者是指自然人依照法律的规定或者遗嘱的指定，继承被继承人遗产的资格，后者指继承人在继承法律关系中实际享有的继承被继承人遗产的具体权利，是一项现实的权利，两者结合共同构成了完整意义上的继承权。

最后，从保护的方式来看，对继承权保护主要体现在以下方面：（1）在遗产的范围上，尽可能多的将自然人生前的私有财产纳入遗产，《民法典》继承编第1122条规定："遗产是自然人死亡时遗留的个人合法财产。依照法律规定或者根据其性质不得继承的遗产，不得继承。"通过反面列举的方式将不得继承的财产做特别规定，从而保障绝大多数财产能够由继承人所继承，从实质上保护自然人的继承权。（2）在继承人方面，遗嘱继承中，在不违反公序良俗的前提下，被继承人可以通过遗嘱的形式自由对自己的财产进行处分；法定继承中，明确规定法

① 张玉敏：《继承法律制度研究》，法律出版社1999年版，第50~53页

定继承人的范围，让自然人的遗产尽可能在家族内部流转，本次民法典的编纂过程中，继承编进一步扩大了法定继承人的范围，第1128条第2款增加了："被继承人的兄弟姐妹先于被继承人死亡的，由被继承人的兄弟姐妹的子女代位继承。"减少了无人继承财产的情况，防止财产归国家所有。（3）严格限制剥夺继承权的条件，《民法典》第1125条仅规定了五种剥夺继承权的条件，此外不存在剥夺继承权的兜底条款，且除故意杀害被继承人与为争夺遗产而杀害其他继承人两类特别严重的情形外，均可以由被继承人表示宽恕而继续继承。通过对剥夺继承权的限制来达到对继承权的保护。（4）在继承权受到侵害时，继承权人可向侵害人直接要求停止侵害、恢复原状，或向人民法院起诉以获得法律保护。

【相关案例】

王某1与王某2继承纠纷案[①]

王某1于1987年被被继承人孙某及其妻王某2抱养，在抱养时并未签订收养协议，亦未在民政部门登记。被继承人孙某去世后，王某1主张以养子身份继承遗产。案件争议焦点在于王某1是否具有养子身份。

一审法院根据《收养法》之规定认为孙某收养王某1的行为欠缺签订书面协议、向民政部门登记的要件，故收养关系不成立。而终审法院认为，本案中，王某2与王某1的收养关系广泛被群众、亲友认可，且亦有村委会出具的"收养证明"，且在孙某生病期间，王某1仍以女儿身份照顾孙某。故王某2、孙某、王某1依据《最高人民法院关于贯彻执行民事政策若干问题的意见》之相关规定，认定收养关系成立。

本案中，虽然未办理形式上的收养协议，但由于对王某1进行了养育，已经形成了实质上的收养关系，所以王某1的继承权不应因为没有协议而被剥夺，法院如此审判虽然不符合收养的形式要件，但符合《继承法》的精神，体现了对继承权的充分保护。

【关联法条】

《宪法》第13条，《民法典》第1122条、第1125条、第1128条

（撰稿人：黄帅）

---

① （2018）苏07民终2508号。

第一千一百二十一条　【继承开始时间】 继承从被继承人死亡时开始。

相互有继承关系的数人在同一事件中死亡，难以确定死亡时间的，推定没有其他继承人的人先死亡。都有其他继承人，辈份不同的，推定长辈先死亡；辈份相同的，推定同时死亡，相互不发生继承。

【释义】

根据《最高人民法院关于贯彻执行〈中华人民共和国继承法〉若干问题的意见》第1条的规定，本条中的“死亡”既指自然死亡，也指宣告死亡。关于自然死亡的时间，学说上有不同的理解，存在脉搏停止说、心脏搏动停止说、呼吸停止说、脑死亡说等多种观点，从科学性的角度来说，脑死亡意味着死亡的不可逆转性①，但许多脑死亡的人仍保持有心跳，若将仍有心跳的人直接判定为死亡，与公众的情感标准不符，所以我国司法实践中还是以呼吸停止与心脏搏动停止作为生理死亡的时间。在具体的死亡认定时间上，则按照《民法典》总则编第15条的规定：“自然人的出生时间和死亡时间，以出生证明、死亡证明记载的时间为准；没有出生证明、死亡证明的，以户籍登记或者其他有效身份登记记载的时间为准。有其他证据足以推翻以上记载时间的，以该证据证明的时间为准。”

本条第2款来源于《最高人民法院关于贯彻执行〈中华人民共和国继承法〉若干问题的意见》第2条，只在用词上略有变化，将“推定没有继承人的人先死亡”改为了“没有其他继承人的人先死亡”，确立了无法确定死亡时间时的死亡顺序推定规则。死亡时间推定规则的适用有一定的前提条件，具体体现在以下几方面：第一，必须有两个以上的人在同一事件中死亡，且难以确定死亡时间，如果在不同事件中死亡，即使不能确定死亡时间，也不能采用本条推定规则。第二，必须能够确认自然人已经死亡，如果仅仅是因为下落不明等原因，不能寻找到该人，则只能采用法院宣告失踪或者宣告死亡的方式确定死亡时间，不能直接进行死亡时间推定。第三，死者必须是互相享有继承权的人，本条是继承编中确定的在继承之中推定死亡时间的规则，如果死者互相不享有继承权，即使其死亡

① 蒋继贫、王心强、黎桦：《脑死亡标准的司法认定与反思》，载《医学与法学》2020年第1期。

事件对其权利义务有影响，也不能类推适用本条推定规则。

本款确定了三大推定规则，即“无其他继承人先死亡规则”“长辈先死亡规则”，以及同辈的“同时死亡规则”，推定规则是在无法确定真实死亡时间下所做的假设，其目的不是探求死亡时间的真实情况，而是对死者的遗产做出最妥善的安排以满足继承制度的价值追求，所以在推定中未考虑当事人的生理状况，不是一种立法缺陷①，而是一种刻意的制度安排。第一，若将无其他继承人的死者推定为最后死亡，则其继承的遗产与其本身的遗产将成为无主物，归国家所有，不符合继承制度中将财产保留于家庭内部的初衷，所以设置了“无其他继承人先死亡”的推定规则。第二，“长辈先死亡规则”，继承制度的最大目的是使得财产向下传递，如我国台湾地区“民法”，《日本民法典》《瑞士民法典》都将子女或直系卑血亲作为第一顺位继承人，将父母作为第二顺位继承人，所以在长辈与晚辈同时死亡时，推定长辈先死亡，使得晚辈能先继承长辈的遗产，促进财产的向下传递。第三，同辈“同时死亡规则”，同辈之间相互具有继承关系，一般为配偶或兄弟姐妹，推定同辈的同时死亡且不进行财产继承，可使各自财产留在自己家庭之中，且可以防止财产继承过程中所产生的不必要成本。

确定继承开始的时间具有以下意义：第一，继承开始的时间是确认遗产范围的时间，《民法典》第 1122 条规定：“遗产是自然人死亡时遗留的个人合法财产。”因此，死亡时间不同，遗产范围也不同。第二，继承开始的时间是确定继承人范围的时间界限，在被继承人死亡之前死亡的继承人，无法继续继承遗产。第三，继承开始的时间是被继承人实际取得继承权的时间，确定被继承人死亡时间后，继承人所享有的继承期待权转换为继承既得权。第四，继承开始的时间是继承人选择是否接受继承的时间界限。第五，继承开始的时间是继承权 20 年最长诉讼时效的起算时间。第六，继承开始的时间是遗嘱生效的时间界限以及遗嘱是否能执行的时间界限，根据死亡的时间不同，遗嘱中的部分财产权利人可能已经发生变化。

关于继承开始的效力，根据《继承法》第 25 条的规定：“继承开始后，继承人放弃继承的，应当在遗产处理前，作出放弃继承的表示。没有表示的，视为接受继承。受遗赠人应当在知道受遗赠后两个月内，作出接受或者放弃受遗赠的表示。到期没有表示的，视为放弃受遗赠。”《物权法》第 29 条：“因继承或者受遗赠取得物权的，自继承或者受遗赠开始时发生效力。”可解释出我国原偏向于采

---

① 陈历幸：《同时遇难的死亡时间推定问题研究》，载《上海市社会科学界第七届学术年会文集（2009 年度）政治·法律·社会学科卷》2009 年。

用的是直接继承主义，即被继承人死亡，继承开始后物权直接由继承人继受，这种继承方式简单有效，适用于单个继承人、法律关系较为简单的情况，但随着市场经济的发展，此种直接继承的方式不利于对其他继承人或者债权人的保护，所以本次编纂民法典的过程中，加入了遗产管理人制度，首先由遗产管理人对遗产进行管理，处理债权债务关系，之后再由遗产管理人将遗产分配给继承人，实现了直接继承主义向间接继承主义的转变。

【相关案例】

郁某与政某然、郁某琦、张某英物权确认纠纷案[①]

郁某与政某辉为非婚同居关系，张某英、政某然分别为政某辉的母亲与女儿，郁某与政某辉共同购买一套房屋，未办理房屋登记。后政某辉因病去世，因房屋的归属产生争议，郁某将张某英，政某然诉至法院，要求分得该房屋份额，一审法院判决确认该房屋归张某英、政某辉所有，并要求郁某支付占有房屋的使用费。

就房屋使用费的起算，双方产生争议，张某英、政某然上诉要求该使用费自2015年10月1日起（郁某在政某辉死后搬入案涉房屋的时间）支付房屋占有使用费，而并非一审判决所确定的2017年11月30日（张某英、政某然实际取得不动产权证书之日）。二审法院驳回了上诉，仍按照一审认定标准判决了房屋占有使用费。

本案的判决理由为“因为案涉房屋的权属及属于遗产范围的份额、归属等事由均处于待定状态，也就没有侵害张某英、政某然的权利。”本判决理由实际上误解了继承开始的效力，按照《继承法》第2条的规定：“继承从被继承人死亡时开始。”一旦政某辉死亡，该房屋的继承便开始，权利已经转移，遗产范围份额、归属处于待定状态，只是因为“未查明”而不是因为“不存在”，按照本案中的判决，2015年10月1日至2017年11月30日期间，本房屋实际上是没有权利人的，这显然不符合民法逻辑。因此，应支持房屋使用费自房屋权利实际受到侵害之日起算。

【关联法条】

《物权法》第29条，《民法典》第15条、第230条

（撰稿人：黄帅）

---

① （2015）鼓民初字第6338号。

第一千一百二十二条　【遗产的范围】遗产是自然人死亡时遗留的个人合法财产。

依照法律规定或者根据其性质不得继承的遗产，不得继承。

【释义】

本条是对自然人遗产范围的规定，来源于《继承法》第3条，但废弃了《继承法》第3条列举加概括式的规定方式，改采概括式的立法模式，第1款确立了自然人个人合法财产可继承的原则，第2款则规定了个人合法财产不得继承的例外情形。

遗产指的是个人合法财产，非法财产不得继承，最典型的如犯罪分子非法获得的财产不属于继承人可继承的遗产。[①] 人身权利也无法继承，著作权等知识产权既包括人身权利，又包括财产权利，其中的发表权、署名权、修改权、保护作品完整权等人身权利无法继承，其中的发行权、出租权等财产权利可以得到继承。股权、合伙人在合伙中的财产份额为财产权，自然属于遗产范围，但有限责任公司股权、股份有限公司股权、合伙人财产份额的继承规则存在差异，有限责任公司的章程、合伙协议可分别就股权继承、合伙财产份额继承问题作出其他规定，而股份有限责任公司章程不得就股权继承问题作出限制。一般认为，通过家庭承包的土地承包经营权等权利属于承包户所享有，不存在继承自然人的土地承包经营权的问题，家庭承包所取得的收益可为自然人继承，但林地的承包人死亡时，其继承人可以继续承包，[②] 此外，通过其他方式取得土地经营权的经营权人死亡时，继承人可以继续承包。在制定最初规定继续承包的《继承法》时，立法机关提出，继续承包不同于继承，按照遗产继承的办法，同一顺序的几个继承人，不管是否务农，不管是否有条件，都可主张均等承包，对于农业生产不利。[③] 由此，农户对林地的承包经营权以及通过其他方式取得的经营权似乎亦无法继承，但继承人继续承包仍没有解决土地承包经营权可继承所带来的数个继承人承

① 黄薇主编：《中华人民共和国继承编解读》，中国法制出版社2020年版，第16页。

② 《民法典》虽然删除了《继承法》第4条“个人承包应得的个人收益，依照本法规定继承。个人承包，依照法律允许由继承人继续承包的，按照承包合同办理。”但《农村土地承包法》第32条、第54条存在相似规定，《最高人民法院关于审理涉及农村土地承包纠纷案件适用法律问题的解释》第25条也存在相似规定。

③ 参见全国人大常委会秘书长、法制工作委员会主任王汉斌关于《中华人民共和国继承法（草案）》的说明。

包的问题，与承认继承并无实质差异，继续承包并未否定农户对林地承包经营权及通过其他方式取得的经营权的可继承性。[①] 土地承包经营权人流转产生的土地经营权已经突破了身份属性限制，自然也不存在否定其可继承性的理由，应当允许其被继承。较为棘手的问题在于通过家庭承包方式获得的土地承包经营权的继承问题，现行法甚至并未规定继承人可以继续承包，鉴于《农村土地承包法》允许土地承包经营权的转让，否定土地承包经营权的可继承性将会导致土地承包经营权流转规则的体系冲突，从解释论而言，可将继承解释为《农村土地承包法》第 36 条所规定的其他流转方式，或结合《农村土地承包法》第 33 条、第 34 条、第 36 条类推得出土地承包经营权可继承的结论。[②]《民法典》第 127 条将网络虚拟财产的保护交由其他法律作出规定，阻碍虚拟财产可继承性的因素包括虚拟财产涉及死者隐私、网络服务协议对虚拟财产可继承性的否定，这些理由不足以否定虚拟财产的可继承性，排除继承人对虚拟财产继承权的网络服务协议可能违反格式条款订入控制规范而未订入合同或违反内容控制规范而归于无效，[③] 隐私权本质上保护的是自然人对于私密空间不受侵犯的精神利益，在自然人已经死亡后，允许继承人继承并不构成对死者隐私的侵犯，反而有助于维护死者隐私，[④] 本条中的合法财产宜解释为包括虚拟财产。

第 2 款是对不得继承的遗产的规定，法律规定不能继承的遗产往往是出于特殊的法政策考量，自然应当按照特别法的规定，例如，《最高人民法院关于审理人身损害赔偿案件适用法律若干问题的解释》第 18 条第 2 款规定，精神损害赔偿请求权在赔偿义务人书面承诺履行赔偿义务或权利人向人民法院提起诉讼之前，若受害人已经死亡，继承人不得继承精神损害赔偿请求权。根据性质不能继承的遗产主要体现为具有较强人身性的财产，如以演奏某一钢琴曲为内容的合同义务按其性质无法被继承。[⑤]

---

① 汪洋：《土地承包经营权继承问题研究——对现行规范的法构造阐释与法政策考量》，载《清华法学》2014 年第 4 期。

② 汪洋：《土地承包经营权继承问题研究——对现行规范的法构造阐释与法政策考量》，载《清华法学》2014 年第 4 期；最高人民法院物权法研究小组编著：《〈中华人民共和国物权法〉条文理解与适用》，人民法院出版社 2007 年版，第 386 页。

③ 梅夏英、许可：《虚拟财产继承的理论与立法问题》，载《法学家》2013 年第 6 期。

④ 黄忠：《隐私是阻碍网络虚拟财产继承的理由吗》，载《财经法学》2019 年第 4 期。

⑤ 黄薇主编：《中华人民共和国继承编解读》，中国法制出版社 2020 年版，第 19 页。

【相关案例】

李某祥与李某梅继承纠纷案①

本案的争议焦点是通过家庭承包方式取得的农村土地承包经营权是否可以继承。被告与原告系姐弟关系。农村土地实行第一轮家庭承包经营时，原、被告及其父、母共同生活。当时，其父所在家庭取得了6.68亩土地的承包经营权。此后原、被告相继结婚并各自组建家庭。至1995年农村土地实行第二轮家庭承包经营时，当地农村集体经济组织对其父所在家庭原有6.68亩土地的承包经营权进行了重新划分，原告家庭取得了1.8亩土地的承包经营权，被告家庭取得了3.34亩土地的承包经营权，其父母亲家庭取得了1.54亩土地的承包经营权。2004年11月3日和2005年4月4日，原、被告父母相继去世。原告诉至法院主张继承父母家庭取得的土地承包经营权。一审法院认为，根据《农村土地承包法》第31条第2款、第50条的规定，林地承包的承包人死亡，其继承人可以在承包期内继续承包。以其他方式承包的承包人死亡，在承包期内，其继承人也可以继续承包。但是，继承人继续承包并不等同于继承法所规定的继承。而对于除林地外的家庭承包，法律未授予继承人可以继续承包的权利。当承包农地的农户家庭中的一人或几人死亡，承包经营仍然是以户为单位，承包地仍由该农户的其他家庭成员继续承包经营；当承包经营农户家庭的成员全部死亡，由于承包经营权的取得是以集体成员权为基础，该土地承包经营权归于消灭，农地应收归农村集体经济组织另行分配，不能由该农户家庭成员的继承人继续承包经营。本案中土地承包经营权属于其父母家庭，系家庭承包方式的承包，且讼争土地并非林地，因此，原、被告父母死亡后，讼争土地应收归当地农村集体经济组织另行分配，不能由继承人继续承包，更不能将讼争农地的承包权作为遗产处理。

【关联法条】

《著作权法》第19条，《继承法》第3～4条，《农村土地承包法》第32～34条、第36条、第54条，《合伙企业法》第50条，《公司法》第75条，《海域使用管理法》第27条，《个人独资企业法》第17条，《合伙企业法》第50条、第80条，《台湾同胞投资保护法》第5条，《社会保险法》第14条，《保险法》第

① 载《最高人民法院公报》2009年第12期（总第158期）。

42 条，《最高人民法院关于审理人身损害赔偿案件适用法律若干问题的解释》第 18 条，《最高人民法院关于审理涉及农村土地承包纠纷案件适用法律问题的解释》第 25 条

（撰稿人：杨勇）

第一千一百二十三条　【继承的方式】继承开始后，按照法定继承办理；有遗嘱的，按照遗嘱继承或者遗赠办理；有遗赠扶养协议的，按照协议办理。

【释义】

该条是法定继承、遗嘱继承、遗赠、遗赠扶养协议适用顺序之间的相关规定，在被继承人有遗嘱、遗赠或者是遗赠抚养协议的情况下，优先于法定继承，这也是《民法典》总则编第 5 条自愿原则的体现，尊重被继承人的意思自治来分配他的遗产。但被继承人如果没有对自己的遗产做出安排，法律则推定该被继承人希望自己的遗产按照法定继承来处理。

该条体现了继承法的特点，继承法是当事人意思自治与继承的社会功能以及伦理性的公序良俗三者之间的调和。常为情感衡量而非利益衡量，具有强行法与任意法的双重性格。一方面是与总则编中意思表示的规定相适应，其中遗嘱、遗赠或者是遗赠抚养协议的优先效力更是体现出《民法典》继承编中相关条文尊重当事人的意思自治；另一方面也体现出该编政策性的考量，具有强行法的特征：在当事人没有对自己遗产进行处分，无效处分或者处分存在瑕疵的情况下，法定继承作为兜底的制度，其相关规定保护了公民财富所有权，是私有财产保护制度的体现，激发了人民创造财富的热情，[①] 家庭成员之间相互继承遗产也能更好地保证家庭关系的稳定和养老育幼职能的实现。[②]

该条承继了《继承法》第 5 条的相关规定。所以相关的司法解释和指导意见仍然存在一定的指导价值。《最高人民法院关于贯彻执行〈中华人民共和国继承法〉若干问题的意见》规定了被继承人生前与他人订有遗赠扶养协议，同时又立有遗嘱的，继承开始后，如果遗赠扶养协议与遗嘱没有抵触，遗产分别按协议和遗嘱处理；如果有抵触，则按照协议处理，与协议抵触的遗嘱全部或部分无效。

---

① 蒋月：《婚姻家庭与继承法》，厦门大学出版社 2014 年版，第 281 ~282 页。

② 郭明瑞、房绍坤：《继承法》，法律出版社 1996 年版，第 30 页。

该意见规定了遗赠抚养协议优先于遗嘱适用，较为明确，在后文介绍遗赠抚养协议时会详细介绍，在此不多赘述。据此，遗赠抚养协议、遗嘱和遗赠、法定继承三者的适用顺序就十分清晰了。事实上在司法适用中的问题不是三者之间的矛盾，而是遗嘱、遗赠、遗赠抚养协议本身的效力常常出现争议。尤其是《民法典》第1158条规定地较为模糊，没有明确详细的标准，常常引起纠纷，对此可以适用《民法典》总则编第6章的相关规定。

【相关案例】

邱某甲与薛某某等分家析产、遗嘱继承纠纷案①

该案的争议焦点在于被继承人存在遗嘱，有遗嘱的，按照遗嘱继承。本案中案外人殷某某经被继承人邱某文委托、在见证人姚某芬在场的情况下，书写代书遗嘱一份，内容为："我叫邱某文，请殷某某作代书人，请姚某芬做见证人，在我百年之后，我的一切财产（包括位于延吉二村×××号×××室房屋中属于我的份额）由邱某甲和邱某乙二人继承，邱某甲继承三分之二，邱某乙继承三分之一，属于他们的个人财产。"被继承人邱某文在该份代书遗嘱上签字并捺手印。审理中，原告递交了该份代书遗嘱形成经过视频一份及邱某文签署遗嘱的照片资料，并申请代书人殷某某出庭作证。被告邱某丙对遗嘱的真实性不予认可，要求继承系争房屋1%的产权份额。另邱某文名下的定期存款应当多于原告主张100，000元，均应由原、被告按法定继承分割。

法院认为，根据《继承法》第5条的规定，公民的继承权受法律保护。继承开始后，有遗嘱的，按照遗嘱继承或遗赠办理；没有遗嘱，按照法定继承办理。现被继承人邱某文留有遗嘱一份，已经其亲笔签名、捺印，原告同时提供了证人证言、视频及照片等证据予以佐证，符合相关法律规定的代书遗嘱的构成要件，对遗嘱的真实性予以确认，所以按照遗嘱来分割遗产。

【关联法条】

《民法典》第5条

（撰稿人：张正）

① （2015）杨民一（民）初字第6884号。

第一千一百二十四条 【继承的接受和放弃】 继承开始后，继承人放弃继承的，应当在遗产处理前，以书面形式作出放弃继承的表示；没有表示的，视为接受继承。

受遗赠人应当在知道受遗赠后六十日内，作出接受或者放弃受遗赠的表示；到期没有表示的，视为放弃受遗赠。

【释义】

本条是继承人和受遗赠人接受和放弃遗产的规定，对《继承法》第 25 条进行了一定的调整。根据《民法典》第 1161 条，我国采取的是概括继承主义，这就意味着继承人在继承遗产的过程中不仅要继承相关的财产，也有可能负担相应的义务。所以应当赋予继承权人放弃继承的权利。

该条有很多的注意点，首先放弃继承的时间要在继承开始后，遗产处理前：若在遗产处理之后再表示放弃，放弃的是所有权而非继承权；若在继承开始之前就表示放弃继承的，因继承是死因行为，相关财产的所有权还未转移到继承人，继承人放弃相关的财产属于无权处分；同时继承兼具财产关系和身份关系的双重属性，具有一定的人身专属性，无法事先放弃。其次关于放弃形式，继承人放弃继承应当以书面形式表示，来源于《最高人民法院关于贯彻执行〈中华人民共和国继承法〉若干问题的意见》第 47 条第 1 款；同时该条第 2 款规定，用口头方式表示放弃继承，本人承认，或有其他充分证据证明的，也应当认定其有效。虽然《民法典》没有承继该条第 2 款，但该形式符合民事诉讼法的自认以及第六章证据的相关规定，可以明确得知当事人具有放弃继承的意思表示，在司法实践中应当继续沿用，放弃的表示对象可以是其他继承人，也可以针对遗产管理人、遗嘱执行人和法院。放弃继承的，效力追溯到继承开始时。对于继承人，没有表示的视为接受继承；对于受遗赠人，在知道受遗赠后六十日内没有表示的视为放弃接受遗赠，这也表明了亲人之间的继承是常态而遗赠则是例外。最后关于放弃继承和受遗赠的效力，若放弃遗嘱继承，遗产中的有关部分按照《民法典》第 1154 条法定继承办理，若放弃法定继承部分，其应继份归属于同一顺位其他法定继承人。

因为继承权的放弃是意思表示行为，要适用《民法典》总则篇关于意思表示的相关规定，这也意味着未成年人不得做出放弃的意思表示。同时《最高人民法院关于贯彻执行〈中华人民共和国继承法〉若干问题的意见》第 8 条也规定了法定代理人一般不能代理被代理人放弃继承权和受遗赠权，这是从保护未成年人的角度出发，规定其不得损害被代理人的利益。那么对于未成年人而言，法官要承担一个理性者的角色，综合分析放弃继承对该未成年人的影响，判断未成年人的法定代理人代理行使未成年人的继承权是否损害继承权人的利益，以无效为原则，有效为例外。

关于放弃继承权行为的效力，《最高人民法院关于贯彻执行〈中华人民共和国继承法〉若干问题的意见》第 46 条规定："继承人因放弃继承权，致其不能履行法定义务的，放弃继承权的行为无效。"民法典并未承继该规定，可见全国人大对此的态度还存在一定的暧昧；学者大多赞同最高人民法院的观点，认为这一规定是以防继承人利用该制度不履行法定义务，所谓的法定义务主要包括：清偿被继承人生前因继承人不尽赡养、扶养义务，为生活所需而负债务的义务；支付被继承人丧葬费用的义务；赡养或扶养其他继承人的法定义务等。对于非法定义务，如继承人放弃继承权会影响债权人的债权，那么债权人能否根据《民法典》第 538 条规定的债权人撤销权，撤销继承人放弃继承行为，对此有不同的立法例，理论界也存有分歧：如意大利民法典就支持撤销继承人放弃继承的行为，《意大利民法典》第 524 条中规定："如果因某人放弃继承一项遗产而使其债权人利益受到了损害，则该债权人可以为了用遗产进行清偿，请求准许以放弃继承的人的名义和顺序接受遗产，但是以满足债权额为限。"① 很多学者也持此观点：与其鼓励继承人违背诚信滥施放弃继承的自由，使其他继承人取得意外利益，不如赋予债权人撤销权，除非继承人提供充分担保；持否定说的学者则提出《民法典》第 558 条关于债权人撤销权的对象仅限于放弃债权以及无偿或不合理低价转让自己的财产，而放弃继承并不是放弃所谓的债权；更有学者认为，继承涉及一个人的人格自由和人格尊严，虽然放弃继承会损害债权人的利益但是债权人依然没有权利去撤销。②

在司法实践中，继承不允许部分接受或者附加条件接受，不能只接受财产而不负担相应的义务；同时继承权具有财产权和身份权双重属性，具有不可分性，这也意味着继承权不能部分放弃，国外的立法例大多也支持此观点。③ 最后放弃继承不得附条件、附期限，否则继承就处于一种不稳定的状态从而影响其他继承

---

① 费安玲等译：《意大利民法典》，中国政法大学出版社 2004 年版，第 135 页。

② 郭明瑞：《继承放弃行为辨析》，载《东方法学》2018 年第 4 期。

③ 参见《德国民法典》第 1953 条，《法国民法典》第 805 条，《意大利民法典》第 521 条，《日本民法典》第 939 条。

人和利害关系人的利益。[①] 实践中常发生的一个问题在于放弃继承的表示能否被撤销，这在立法过程中也存在一定的争论。笔者认为放弃继承的意思表示依旧适用《民法典》总则篇的相关规定，若继承人被欺诈和胁迫，应允许撤销其意思表示。

【相关案例】

黄某志等与黄某英等房屋继承权确认案[②]

该案的争议焦点在于未成年受遗赠人及其法定代理人没有在法定期限内明确作出接受或放弃遗赠的表示的，法院可否依据其他间接表明受遗赠人认可接受遗赠的证据认定遗赠有效。

被继承人黄某祥于1996年12月4日委托梧州市正立律师事务所律师代书立下遗嘱，自愿将该房屋属于自己的份额，在百年归老后赠给其孙子黄某志（即原告）。黄某祥去世后，三年多来，原告没有在讼争房屋居住，也没有在《继承法》规定的接受遗赠期限内作出接受或放弃遗赠的表示，被告认为依法应视为放弃遗赠。

法院认为，黄某祥于1996年12月4日立下遗嘱，该遗嘱明确表示“自愿将此屋属我产权所有的部分，在我百年之后交由我的孙子黄某志继承”。该遗嘱符合《继承法》第17条第3款的规定，是合法有效的遗嘱。同时，该遗嘱亦符合《继承法》第16条第3款的规定，为遗赠。黄某志在黄某祥立下遗嘱后即执有一份。黄某祥故后的两个月内，黄某志的法定代理人是否明确表示接受遗嘱，双方当事人虽说法不一，证人证明也前后矛盾，但是黄某英执笔填写并上报的私人住宅建设用地规划申请表清楚地填上黄某志为申请旧房改建申请人之一，这表明本案被申请人在发生纠纷之前并未排除黄某志为争议房屋的权利人，因而可以印证双方当事人已知黄某志接受了黄某祥的遗赠。该房屋原来属于黄某祥的产权部分，在黄某祥百年之后应为黄某志的个人财产。现黄某志根据遗嘱内容要求取得原属黄某祥所有的房屋份额，理据充分，应予支持。原二审判决以黄某志在黄某祥去世后，未在二个月内表示接受遗赠，视为放弃接受遗赠，违反了民法通则及继承法有关未成年人接受赠与的规定，应予纠正。综上，广西壮族自治区人民检察院的抗诉理由成立，应予支持。

---

① 房绍坤：《继承制度的立法完善》，载《东方法学》2018年第6期。

② （2006）梧民再字第17号。

【关联法条】

《民法典》总则编第六章、第 19 条、第 1154 条

（撰稿人：张正）

第一千一百二十五条　【继承权的丧失】继承人有下列行为之一的，丧失继承权：

（一）故意杀害被继承人；

（二）为争夺遗产而杀害其他继承人；

（三）遗弃被继承人，或者虐待被继承人情节严重；

（四）伪造、篡改、隐匿或者销毁遗嘱，情节严重；

（五）以欺诈、胁迫手段迫使或者妨碍被继承人设立、变更或者撤回遗嘱，情节严重。

继承人有前款第三项至第五项行为，确有悔改表现，被继承人表示宽恕或者事后在遗嘱中将其列为继承人的，该继承人不丧失继承权。

受遗赠人有本条第一款规定行为的，丧失受遗赠权。

【释义】

本条是对继承人丧失继承权、被继承人的宽宥行为、受遗赠人丧失受遗赠权的规定。“染血之手，不能为继承人”，[①] 继承人为与被继承人具有密切血缘关系的亲属或被继承人最为信赖之人，在被继承人未就遗产作出其他安排时，由继承人按照法定继承或遗嘱继承遗产，法定继承符合被继承人可推定的意思，遗嘱继承是对被继承人遗嘱自由的尊重，但在继承人实施以杀害被继承人为代表的不法、不道德行为时，赋予继承人以继承遗产的权利并不合理。本条针对此种情形规定了继承权的丧失，继承权的丧失可分为终局丧失与非终局丧失，终局丧失时继承人不因被继承人的宽宥而恢复继承权，非终局丧失则可因被继承人的宽宥而

① 翟云岭、刘耀东：《论继承权丧失制度——以我国〈继承法〉第 7 条的修改为中心》，载《北方法学》2012 年第 5 期；史尚宽：《继承法论》，中国政法大学出版社 2000 年版，第 99 页。

恢复继承权。①

第1款第1项、第2项属于继承权终局丧失事由，纵然被继承人嗣后宽宥继承人，继承人也不享有继承权。故意杀害被继承人意味着继承人过失致使被继承人死亡，并无本条适用空间。在故意杀害未遂、中止等未致使被继承人死亡的情形下，被继承人本可通过撤回遗嘱、通过订立遗嘱废弃实施杀害行为的继承人的继承权，似无适用本条的必要，但是，在被继承人未能订立遗嘱便已因其他原因死亡的场合下，本条仍存在实益，结合《最高人民法院关于贯彻执行〈中华人民共和国继承法〉若干问题的意见》第11条，对本条的解释仍应最大限度地尊重其文义，即便在继承人故意杀害未遂、中止等情形下，继承人也将丧失继承权。但是，若被继承人仍愿意由实施故意杀害行为的继承人继承，并订立遗嘱再次赋予继承人以继承权，虽然《最高人民法院关于贯彻执行〈中华人民共和国继承法〉若干问题的意见》第12条认定此时的遗嘱无效，但此种处理方式过度地干预了被继承人的遗嘱自由，并不合理，本条对此并未作规定，自解释论而言，应当认定本条并未否定此时的遗嘱效力。②

在因杀害其他继承人而丧失继承权时，继承人需为争夺遗产而杀害其他继承人，争夺遗产的目的实际上已经包含了继承人故意杀害其他继承人的要件，而争夺遗产目的也需借助于故意杀害行为进行判定。第1款第2项并未将其他继承人限定于先顺位的继承人或者与实施杀害行为的继承人处于同一顺位的继承人，因此，在继承人杀害后顺位的继承人时，也丧失继承权。在继承人杀害其他继承人未遂或中止时，出于对其行为的惩罚，也应认定丧失继承权。

第1款第3~5项属于非终局丧失事由，遗弃、虐待被继承人需达到情节严重的程度，对此，《最高人民法院关于贯彻执行〈中华人民共和国继承法〉若干问题的意见》第10条明确规定，需在个案中结合继承人的具体行为、所产生后果等因素综合判断。③

继承人伪造、篡改、销毁遗嘱时，应当要求其行为造成情节严重的后果，若其行为侵害了缺乏劳动能力又无生活来源的继承人的利益，造成其生活困难的，应界定为情节严重。

《继承法》第7条并未规定“以欺诈、胁迫手段迫使或者妨碍被继承人设立、

---

① 史尚宽：《继承法论》，中国政法大学出版社2000年版，第98页。我国也有学者将两种继承权的丧失情形分别称为绝对丧失与相对丧失，参见杨立新：《继承法修订入典之重点问题》，中国法制出版社2015年版，第199页。

② 杨立新：《继承法修订入典之重点问题》，中国法制出版社2015年版，第201页。

③ 翟云岭、刘耀东：《论继承权丧失制度——以我国〈继承法〉第7条的修改为中心》，载《北方法学》2012年第5期。

变更或者撤回遗嘱，情节严重”时继承人丧失继承权，本条新增这一规定，通过欺诈、胁迫手段迫使或者妨碍被继承人设立、变更或撤回遗嘱的，根据第1143条第2款的规定，因受欺诈或胁迫所订立的遗嘱无效，但仅仅令遗嘱无效并不能有效遏制欺诈、胁迫等行为，继承人仍然可能享有法定继承权或遗嘱所赋予的继承权，而通过剥夺继承人的继承权，可有效避免继承人通过欺诈或胁迫方式要求被继承人订立、变更或撤回遗嘱。

本条第2款对被继承人的宽宥行为作了规定，这一规定可追溯至《最高人民法院关于贯彻执行〈中华人民共和国继承法〉若干问题的意见》第14条，继承人虽然存在虐待、遗弃、伪造遗嘱等行为，但这些行为相较于继承人杀害被继承人及其他继承人，其情节相对轻微，若继承人之后确有悔改表现，在被继承人表示宽宥继承人时，继承人将回复其继承权。[①] 按照第2款，宽宥发生法律效力的前提是行为人确有悔改表现，针对悔改表现可能存在两种理解：第一种，站在客观理性第三人的立场观察，行为人确实悔过自新；第二种，以被继承人对行为人是否已经悔改的主观感受为判断标准，出于对被继承人意思的尊重以及继承权丧失旨在保护被继承人的目的，应当以被继承人的主观感受为标准判断行为人是否已经悔过自新。[②] 宽宥行为属于感情表示，虽为准法律行为，无法完全类推适用有关民事法律行为的效力判断规则，[③] 有效的宽宥无须宽宥行为人具有民事行为能力，只需能够意识到宽宥之意义即可。[④]

本条区分继承人与受遗赠人分别规定继承权丧失事由，受遗赠人仅仅在杀害被继承人时丧失受遗赠权，受遗赠人无法通过杀害其他继承人而获得其他继承人可以继承的遗产，受遗赠人为法定继承人以外的主体，此时受遗赠人对被继承人不负有赡养义务，不存在遗弃、虐待被继承人的问题，只是在遗赠抚养协议中，受遗赠人可能会遗弃或者虐待被继承人，为保护被继承人的利益，此时本条第1款第3项存在类推适用的可能。在受遗赠人伪造、篡改、隐匿、销毁遗嘱之时，此时应主要通过下列方式对继承权人提供救济：伪造、篡改的遗嘱无效，适用法定继承规则。此外，在受遗赠人通过欺诈等方式迫使被继承人设立、变更、撤回遗嘱时，设立、变更、撤回的遗嘱归于无效。

---

① 林秀雄：《继承法讲义》，元照出版公司2018年版，第45～46页。

② 杨立新：《继承法修订入典之重点问题》，中国法制出版社2015年版，第200页。

③ 常鹏翱：《对准法律行为的体系化解读》，载《环球法律评论》2014年第2期。

④ 史尚宽：《继承法论》，中国政法大学出版社2000年版，第109页；林秀雄：《继承法讲义》，元照出版公司2018年版，第46页。

【相关案例】

王某某等与阎某某等继承析产案[①]

本案争议焦点是两原告是否丧失继承权。两原告系夫妻，生育两个儿子，即被继承人和案外人。被告与被继承人系夫妻。被继承人患十二指肠肿瘤在中山医院住院治疗。2009 年 1 月 29 日晚，被继承人经抢救恢复神志后主动在病房里写下自书遗嘱，并要求值班医生证明其神志清醒后在遗嘱上签名确认。后被继承人将该份文件交给在场的哥哥（本案案外人），被继承人于次日去世。案外人将该份文件交给两原告，两原告未告知被告，并将之烧毁。法院认为，依据《最高人民法院关于民事诉讼证据的若干规定》（2001 发布）第 75 条的规定，有证据证明一方当事人持有证据无正当理由拒不提供，如果对方当事人主张该证据的内容不利于证据持有人，可以推定该主张成立。原告自认被继承人生前自书的文书交给其保管，又称该份文书并非遗嘱，而被告对此毫不知情，故除非原告提供该份文书以证明并非遗嘱，否则本院推定该份文书系被继承人的自书遗嘱且内容有利于被告。继承法规定，伪造、篡改或者销毁遗嘱，情节严重的、丧失继承权。两原告在未告知被继承人妻女的情况下销毁遗嘱，不尊重被继承人的真实意思表示，本院认为其已经丧失了继承权。

【关联法条】

《最高人民法院关于贯彻执行〈中华人民共和国继承法〉若干问题的意见》第 10 ~ 14 条

（撰稿人：杨勇）

---

① （2009）浦民一（民）初字第 23387 号。

第二章 法定继承

【导读】

依继承是否基于被继承人的意思，有法定继承与遗嘱继承之分[①]。相对于遗嘱继承而言，法定继承由法律直接规定继承方式、继承人的范围、继承顺序、遗产分配原则，并不直接体现被继承人的意志。在我国的历史长河中，家族观念根深蒂固，家庭往往构成了社会上最小的单位，财产一般为家庭所共有，由家长管理。家长死后家产由其子女均分，我国至今有着这个传统，所以法定继承在我国继承法中依然发挥着十分重要的作用。

对于法定继承，应该把握如下三个特征：

（一）法定继承具有严格的身份性

民法的基本原则之一便是“意思自治”，而法定继承是由法律直接规定的继承方式，并不直接体现被继承人的意志，在一定程度上突破了该原则的限制，是因为法定继承体现了很强的亲属关系。

亲属关系是家事法律关系的本源，而继承法更由此关系衍生而来[②]：法定继承便是以特定的亲属关系为前提，各国关于法定继承人的范围无不基于此关系来确定。同时这种亲属的身份关系也存在于社会的伦理秩序之中，与财产关系和社会利益密不可分，法定继承的存在便是维护这种身份关系和社会秩序的稳定。

事实上，并不是所有的亲属关系都存在法定的继承权，针对法定继承人范围不同，这种身份关系有两种立法例：“亲属继承无限制主义”和“亲属继承限制主义”，我国显然采取的是后者。

（二）法定继承具有法律上的确定性

法定继承的继承范围、继承顺序、分配的原则，遗产的处理等方式都是由法律进行直接的规定，这一点与遗嘱继承有着最为本质的区别：遗嘱继承必须受到被继承人生前意志的支配，除缺乏劳动能力又无生活来源的法定继承人的应继份

① 史尚宽：《继承法论》，中国政法大学出版社 2000 年版，第 7 页。

② 张贤玉主编：《婚姻家庭继承法》，法律出版社 1999 年版，第 270 页。

和胎儿的必留份外，被继承人可以通过订立遗嘱的方式指定继承人和受遗赠人，分配自己的财产；而法定继承却不受被继承人意志的支配，具有法律上的确定性。

（三）法定继承是遗嘱继承的补充和限制

继承作为一种私法上的关系，当然适用《民法典》第 5 条规定的自愿原则，依旧遵循当事人的意思自治，在被继承人留有合法遗嘱的前提下，遗嘱继承优先于法定继承的适用，只有被继承人没有留下遗嘱或者遗嘱无效时，才应当适用法定继承。可以看出法定继承是对被继承人意志的一种推定。

同时，法定继承同样也限制着遗嘱继承的适用：对于继承人而言，被继承人只能在法定继承人的范围内指定遗嘱继承人，范围之外的人只能通过遗赠的方式获得遗产；许多国家的法律也规定了法定继承人的特留份和胎儿的预留份制度，这也是亲属关系对于被继承人意思自治的限制。

第一千一百二十六条　【男女平等原则】继承权男女平等。

【释义】

该条对男女平等享有继承权原则作出了规定。该原则是我国继承法的基本原则之一，是我国宪法和民法平等原则在继承法领域的具体体现。《宪法》第 48 条第 1 款规定："中华人民共和国妇女在政治的、经济的、文化的、社会的和家庭的生活等各方面享有与男子平等的权利。"《民法典》第 1061 条规定了"夫妻有相互继承遗产的权利"，第 1070 条规定了"父母和子女有相互继承遗产的权利"。以上法律中对男女平等原则的规定，体现在继承法中，便是本条所规定的继承权男女平等原则，即男性和女性在继承权上拥有同等的权利，不因性别而有区别对待。

所谓继承权，指的是公民依据法律规定或合法有效的遗嘱承受被继承人遗产的权利。继承权男女平等是法定继承的内容之一，具有强制性，在继承的过程中，任何基于性别的歧视都是违背法律而无效的。

继承权男女平等主要包含以下内容：首先，在法定继承人的范围上确定男女平等，任何人不能基于性别的原因而剥夺其他公民法定继承人的身份；其次，在继承的顺位上男女平等，我国继承法继承顺位的基石是血亲关系，实践中较多地根据当事人是否与被继承人存在血亲关系或拟制血亲关系，以及这一关系的亲疏远近来判断当事人是否属于法定继承人及继承的顺位。因此，继承顺位不因男女性别的不同而有所区别；再次，男女均享有代位继承的权利，在代位继承中，代位继承人可以是父系亲等，也可以是母系亲等；复次，在同一继承顺位中，继承人享有的继承份额不因性别的不同而有所不同；最后，继承权男女平等还包含夫妻享有平等的继承权、子女享有平等的继承权、儿媳和女婿享有平等的继承权等内容。

继承权男女平等原则是近现代发展起来的概念，在我国的传统社会中，女性的财产继承十分受限，原因有以下几个方面：首先，男尊女卑的传统思想限制了女性财产继承权的实施，女性在社会中不具有独立地位，依附于父权或夫权，因而不能作为平等主体享受继承权利；其次，长久以来的习惯法对女性的继承权多有限制，中国传统社会是一种强调宗族秩序的社会，形成了“同居者共财”的习惯，对出嫁女而言，自然失去了继承父系或母系遗产的权利，而对于在室女，在男权社会的控制下，其继承权也会受限。

继承权男女平等原则是对男权社会中限制甚至否认女性继承权的根本否定，使得我国关于女性财产继承权的法律体系逐渐完善起来，进一步丰富和发展了我国女性权利保护制度。随着社会的进步和经济水平的提升，对女性在财产关系上的保护力度不断加强，因此，继承权男女平等这一法定继承原则调整的范围也不断增加，囊括了离婚时夫妻双方对于个人合法财产的保护、已婚女性对于夫妻共同财产的支配权、非婚生子女的继承地位等，这些均与女性应与男性享有平等的继承权密切相关，考虑到社会发展的现状，在日渐多样化的社会中，女性合法的继承权理应得到更有效的保护。

继承权男女平等原则在以下几个方面多有应用：

第一，在农村，已出嫁的女儿的遗产继承问题。一方面，在实践中常常出现的情形是，女性出嫁后，父母过世，几位兄弟均分父母遗产而不告知出嫁女，或向法院隐瞒出嫁女作为继承人的情况，进而引发纠纷；另一方面，也存在一部分出嫁女迫于社会压力或自身权利保护意识的薄弱而被迫放弃继承权，如有相当一部分农村地区的已婚女性不知道其享有法定的继承权，更谈不上保护该种权利。对此，法院在审理涉及农村的继承案件时，应当格外注意，不能遗漏女性继承人，在遗产继承案件中，有初步证据证明存在未参加诉讼的继承人，法院应依职权进行追加；若未参加诉讼的继承人难以通知和找到，可以在保留其遗产份额的情况下先行分割，并同时指定遗产保留份额的保管人或保管单位。

第二，丧偶女性对亡夫遗产的继承权难以落实。这一问题在农村更为普遍，人们普遍认为如果女性在丈夫死亡后不改嫁，那么她就有权继承丈夫的遗产；一旦丧偶女性改嫁就不能继承遗产。事实上，根据继承法的规定，配偶为第一顺位继承人，对该丧偶女性而言，至丈夫死亡时，婚姻关系存在，该丧偶女性合法拥有对已故丈夫遗产的继承权，即使丧偶女性再婚，也并不因此丧失继承权。

第三，孙女（外孙女）的代位继承权难以保障。我国继承法明确规定，在父或母先于祖父母或外祖父母死亡的，孙子女或外孙子女有代位继承遗产的权利。但在实践中，常常出现的情况是由已故父或母的兄弟姐妹继承，剥夺了孙女（外孙女）代位继承的权利，即使在代位继承中，孙子（外孙子）的继承也优先于孙女（外孙女）。这显然违背了继承权男女平等原则。

第四，继承权男女平等原则并不意味着绝对的平等与平均，继承权男女平等与被继承人通过遗嘱处分遗产并不冲突。继承法规定，如果被继承人立有合法有效的遗嘱，那么继承应按照遗嘱进行，这体现了对死者生前意愿的充分尊重。因此，被继承人有权将其遗产全部留给其男性继承人或其女性继承人，或在男性和女性继承人之间做不均等分配。

【相关案例】

周某、柳某继承纠纷案①

该案争议焦点之一为法定继承人资格及继承份额。该案被继承人苗某英与周某平为夫妻关系，周某平于2002年死亡，苗某英于2017年1月死亡。该案二审上诉人（原审被告）柳某系苗某英的儿子，二审上诉人（原审原告）周某为苗某英与周某平婚后生育的女儿。因宜良县匡山片区棚户区改造，苗某英与周某平所有的宜良县房产属于该改造范围内，因而于2017年12月获得拆迁房屋补偿款177639.96元，随后原审被告柳某一次性领取了拆迁房屋补偿款177639.96元。

一、二审法院认为，被继承人苗某英和周某平共同共有的宜良县房产属于被继承人苗某英和周某平遗产，被继承人苗某英和周某平死亡前未立有遗嘱，因此按照法定继承由继承人继承，被继承人周某平抚养过原审被告柳某，原审被告柳某也赡养过被继承人周某平，被继承人周某平与原审被告柳某形成继父子关系，依法享有对被继承人继承周某平遗产的权利。原审原告周某和原审被告柳某为被继承人周某平和苗某英的第一顺序继承人，对被继承人周某平和苗某英遗产应平均继承，各享有50%的份额。因此，根据《继承法》第9条的规定，原审被告柳某应返还拆迁房屋补偿款的50%给原审原告周某。

---

① （2018）云01民终4291号。

【关联法条】

《宪法》第 48 条，《民法典》第 1061 条、第 1070 条，《妇女权益保障法》第 2 条、第 30 条、第 34 条、第 35 条

（撰稿人：张正）

第一千一百二十七条　【继承人范围及法定继承顺序】 遗产按照下列顺序继承：

（一）第一顺序：配偶、子女、父母；

（二）第二顺序：兄弟姐妹、祖父母、外祖父母。

继承开始后，由第一顺序继承人继承，第二顺序继承人不继承；没有第一顺序继承人继承的，由第二顺序继承人继承。

本编所称子女，包括婚生子女、非婚生子女、养子女和有扶养关系的继子女。

本编所称父母，包括生父母、养父母和有扶养关系的继父母。

本编所称兄弟姐妹，包括同父母的兄弟姐妹、同父异母或者同母异父的兄弟姐妹、养兄弟姐妹、有扶养关系的继兄弟姐妹。

【释义】

本条以法律明文规定的方式确定了继承人的范围和继承顺位，因此适用于法定继承的情形。

法定继承，属于遗产继承方式的一种，在实践中也被称为无遗嘱继承，指的是在被继承人没有对其遗产的处理立有遗嘱的情况下，由法律直接规定继承人的范围、继承顺序、遗产分配的原则。法定继承，法律上当然且直接归属于继承人，不以有继承人承认之意思为必要。[①]

（一）法定继承人的范围

继承法规定法定继承人范围的大小，表面体现的是何种亲属才有权继承被继承人的遗产，实际表明的却是国家对自然人私人财产特别是被继承人遗产的尊重

① 史尚宽：《继承法论》，中国政法大学出版社 2000 年版，第 3 页。

程度。继承法规定的法定继承人的范围越大，表明国家对私人财产以及自由支配私人财产的意志就越尊重。①

1. 配偶

配偶是男女因结婚而形成的亲属关系，配偶关系因合法的婚姻关系而产生，因离婚或一方的死亡而终止。其中，合法的婚姻，指的是夫妻双方按照法律规定的条件和程序，确立夫妻关系的法律行为，婚姻的成立需要满足实质要件和形式要件，实质要件即存在双方当事人，该双方当事人为异性且就缔结婚姻关系达成合意，形式要件即履行法定结婚手续——结婚登记。

对于现实中存在的事实婚姻问题，我国先后制定了指导思想并不相同甚至完全相反的若干司法解释和行政规章。自 1994 年 2 月 1 日《婚姻登记管理条例》施行后，自该日起未办理结婚登记即以夫妻名义同居生活的，仅为非婚同居关系，不具备婚姻的法律效力，而此前未办理结婚登记但以夫妻名义同居生活的，有条件地承认为婚姻关系。也就是说，1994 年 2 月 1 日以后的事实婚姻，并非合法的婚姻关系，以夫妻名义同居生活的双方不具有配偶身份，而在 1994 年 2 月 1 日之前的事实婚姻，以夫妻名义同居生活的双方可能具有配偶身份。

2. 父母、子女

父母、子女关系属于直系血亲的范畴，包含自然血亲和拟制血亲两种类型。

其中，自然血亲于相关当事人出生时发生，于相关当事人死亡时终止。拟制血亲的发生，原因之一是由于法律行为，如收养行为形成的养父母与养子女关系；原因之二是由于事实行为，如继子女与继父母有抚养教育事实而形成的继父母继子女关系，应当注意的是，这一关系的成立，不仅需要有父亲（或母亲）与继母（或继父）有再婚的合法法律行为，还需要有继父（或继母）对继子女的抚养教育事实。拟制血亲的终止原因较为多样化，有自然事件，如相关当事人死亡，也有法律行为，如解除收养关系等。

此外，关于非婚生子女的问题，非婚生子女是指男女双方在不具备合法的婚姻关系时所生的子女，由于非婚生子女与其父母之间存在着天然的血缘关系，因此男女结婚与否并不影响非婚生子女与其父母之间的血亲关系，故而《婚姻法》规定了非婚生子女与婚生子女享有平等的继承权。

3. 兄弟姐妹

兄弟姐妹属于旁系血亲的范畴，与上述父母、子女的概念相对应，兄弟姐妹应包括同父母的兄弟姐妹、同父异母或同母异父的兄弟姐妹、养兄弟姐妹和有抚

---

① 杨立新：《民法典继承编草案修改要点》，载《中国法律评论》2019 年第 25 期。

养关系的继兄弟姐妹。需要注意的是，因为在父母子女关系中，继父母与继子女强调抚养关系，在兄弟姐妹关系中，被继承人的继兄弟姐妹与其存在抚养关系才可取得继承权，否则不能拥有继承权。

4. 祖父母、外祖父母

祖父母、外祖父母属于直系血亲的范畴。《民法典》婚姻家庭编第 1074 条规定："有负担能力的祖父母、外祖父母，对于父母已经死亡或者父母无力抚养的未成年孙子女、外孙子女，有抚养的义务。有负担能力的孙子女、外孙子女，对于子女已经死亡或者子女无力赡养的祖父母、外祖父母，有赡养的义务。"基于该条规定，根据权利义务相一致的原则，祖父母、外祖父母与孙子女、外孙子女之间有继承关系。这里的祖父母、外祖父母的继承权，既指祖父母、外祖父母对其亲生子女的子女的继承权，也指对其亲生子女的养子女、具有抚养关系的继子女的继承权，还指对其养子女、具有抚养关系的继子女的子女、养子女的继承权。

（二）法定继承的顺位

法定继承的顺位是指不同的法定继承人在参与继承被继承人遗产时的先后次序。由于法律将各个法定继承人按照他们在物质经济生活以及与被继承人的血缘关系远近程度及抚养关系等方面做出了不同的划分，因此在被继承人死亡后，并非所有的法定继承人都可以获得被继承人的遗产，顺位在先的继承人要优先于顺位在后的继承人获得被继承人的遗产，顺位在后的继承人只有在顺位在先的继承人主动自愿放弃或者发生法律规定的丧失继承权的情形时才可获得法定继承的资格和权利。

（三）法律适用

在法定继承人的范围和法定继承顺位中，应注意因为婚姻或感情状态的不稳定可能对继承产生影响，列举以下两种情形。

1. 在被继承人死亡之前，其已经依据《婚姻法》第 32 条向法院提出离婚申请，但法院尚未进行调解或审理，此时已经受理的法院不应终止审理，而应对离婚诉讼进行审理，该诉讼由被继承人除配偶以外的继承人或其诉讼代理人代为参加，若法院宣告二人婚姻关系解除，则被继承人的生存配偶不再享有继承权。若在被继承人死亡之前，离婚诉讼由其生存配偶提出，则原告不得撤诉，法院应依法审理并作出判决。

2. 夫妻双方的分居问题。《婚姻法》第 32 条第 2 款第 4 项规定："有下列情形之一，调解无效的，应准予离婚……（四）因感情不和分居满二年的。"因此，在生存配偶的继承权问题中，也应考虑到这一问题，即若被继承人死亡时，其配偶已与其因感情不和而分居满二年，则即便双方在被继承人生存期间均未提出离婚申请，被继承人的配偶也不应再享有继承权。

【相关案例】

王某1、王某2继承纠纷案[①]

该案的争议焦点之一为被继承人王某宝两套房产的继承归属问题。本案原告为被继承人王某宝与妻子卫某兰的三个婚生女王某1、王某2、王某3。在王某宝与卫某兰婚姻关系存续期间，王某宝购买了一栋74.49平方米的房改房并办理了产权登记。2003年卫某兰去世，随后王某宝与本案被告李某登记结婚，并于2007年购买了一栋建筑面积为103.81平方米的房屋且完成登记。2018年7月的一天，王某宝留下自书遗嘱，表示103.81平方米的房屋、74.49平方米的房改房全部由李某继承。对此，三原告主张应对父母亲的遗产进行继承分割。

一、二审法院认为，王某宝的遗嘱符合《继承法》第17条的形式要件，因此具有法律效力。对于103.81平方米的房屋，因该处房屋系王某宝与李某在婚后购置的夫妻共同财产，王某宝在遗嘱中指定属于自己的部分由李某继承符合法律的规定。而对于74.49平方米的房屋，因该处房产系王某宝与其前妻卫某兰的夫妻共同财产，由于继承于被继承人去世时发生，且卫某兰未留下遗嘱，应按照法定继承的规定，王某宝、王某1、王某2、王某3为卫某兰的第一顺位继承人，对该房产属于卫某兰部分的继承份额各为12.5%，故王某宝对该处房屋享有62.5%的份额，王某宝在自书遗嘱中对该处房屋的处分仅限于其享有的份额。因此，根据法定继承中继承人的范围和顺位的规定，王某1、王某2、王某3从其母亲卫某兰处各继承12.5%的份额。

【关联法条】

《民法典》第1129条

（撰稿人：张正）

第一千一百二十八条　【代位继承】 被继承人的子女先于被继承人死亡的，由被继承人的子女的直系晚辈血亲代位继承。

---

① （2019）鄂03民终3484号。

被继承人的兄弟姐妹先于被继承人死亡的，由被继承人的兄弟姐妹的子女代位继承。

代位继承人一般只能继承被代位继承人有权继承的遗产份额。

【释义】

该条承继了《继承法》第 11 条的规定。代位继承也称作代袭继承或承祖继承，是指法定继承人在继承开始前死亡或丧失继承权时，由其直系晚辈血亲或者是兄弟姐妹代位继承其应继份。[①] 该制度起源于罗马法典中关于按股继承制度的相关规定，用以确定先于被继承人死亡或受家父权免除的继承人的子女能够取得其父的应继份，并逐渐由直系血亲卑亲属扩展延伸到旁系血亲，如继承人兄弟的直系血亲卑亲属，并为近代各国立法所沿用。我国历史上的《唐律疏义》也有“兄弟之者，子承父兮”的说法，而后在明清时期律令乃至民国政府的民法中亦有体现。

该条出于社会家庭结构以及传统道德伦理等因素的考虑，保护了直系血亲卑亲属的利益，在特定支系中发生继承人非正常顺序死亡的情况时，相应支系的应继份额仍然可以由该支系血亲卑亲属继承。有学者主张，“代位继承的本质在于对被继承人直系卑血亲继承期待权的尊重。”[②]

关于代位继承，各国存在三种不同的立法例：（1）法国民法典以被代位人先于被继承人的死亡作为代位继承发生的原因。[③]（2）日本、韩国、意大利以及中国台湾地区的法律规定了被代位人先于被继承人死亡或者是丧失继承权都可引起代位继承。[④]（3）德国、瑞士以及中国的澳门特别行政区的法律规定了被继承人死亡、丧失、放弃继承权都可发生代位继承。[⑤] 通过文义解释可以看出我国依旧沿袭了《继承法》第 11 条规定只有被继承人死亡，代位人才可以继承遗产，属于第一种立法例，同时《最高人民法院关于贯彻执行〈中华人民共和国继承法〉

---

① 史尚宽：《继承法论》，中国政法大学出版社 2000 年版，第 83 页。

② 江平：《民法学》，中国政法大学出版社 2007 年版，第 810 页。

③ 例如，《法国民法典》第 744 条规定：不得对生存的人为代位继承，仅得对已去世的人为代位继承。得替代其遗产已由继承人放弃继承的被继承人的地位。就行使代位权而言，法律并不区分婚生子女与非婚生子女。

④ 例如，《日本民法典》第 887 条规定“被继承人的子女，在继承开始前已经死亡，或者适用于第八百九十一条的规定，抑或因废除而丧失其继承权时，由被继承人的子女代袭为继承人”。《意大利民法典》第 467 条规定“于尊亲属不能或者不欲承认继承或遗赠的一切场合，使婚生或者非婚生的卑亲属居于其尊亲属的地位和亲属的继承”。

⑤ 杨立新主编：《中国民法典释义与案例评注：继承编》，中国法制出版社 2020 年版，第 132 页。

若干问题的意见》第28条规定，继承人丧失继承权的，其晚辈直系血亲不得代位继承，进一步体现出在我国的司法实践中被继承人死亡是发生代位继承的唯一原因。但该规定对代位人过于苛刻，仅因继承人丧失继承资格就剥夺了该支继承的资格，不利于法定继承中公平和育幼功能的实现。很多专家学者认为应采取第二种立法例，在被继承人死亡或者丧失继承资格时，代位人都可以继承被继承人的遗产，有着极强的社会意义。

事实上我国之所以采取第一种立法例，归根结底还是立法者认为代位继承的本质是法定继承人的直系晚辈血亲和兄弟姐妹代位继承人代表死去的继承人取得应继份额。如果被代位继承人丧失继承权，其直系卑亲属便无法代位继承，学理上称此为“代表说”；与“代表说”相对应的是“固有权说”，固有权说认为代位继承人参与继承并获得被继承人的遗产，这是其依照与被继承人的身份、血缘关系所产生的固有的权利，由此代位继承人是基于自己的权利继承被继承人的遗产，无论被代位继承人是否享有继承权，代位继承人的权利并不因此转移。上述的第二、三种立法例都是采取“固有权说”的观点。

关于代位继承的对象，《民法典》扩张了《继承法》的范围，被继承人的子女和兄弟姐妹的直系卑亲属都可以作为代位人。对于直系卑亲属，要做宽泛的理解：被继承人的子女和兄弟姐妹所有的晚辈直系血亲都有代位继承的资格。例如，被继承人的子女和孙子女也先于被继承人死亡时，被继承人的曾孙子女有权继承其祖父母应继承的遗产份额。

在司法实践中，要注意以下几个问题：首先，我国依然采取上述第一种立法例，采取“代表说”，被继承人的子女和兄弟姐妹在丧失继承权和放弃继承权的时候，并不会发生代位继承；其次，遗嘱继承并不适用代位继承的相关规定，《民法典》第1154条规定了遗嘱继承人、受遗赠人先于遗嘱人死亡和终止之后按照法定继承处理，按照此规定，代位继承并不能适用于遗嘱继承。最后，代位继承权与法定继承的顺位无关，第一顺位的代位继承人依然优先于第二顺位的法定继承人继承遗产。

【相关案例】

王某学等与王某德继承纠纷案[①]

争议焦点：被继承人的子女先于被继承人死亡的，其子女的晚辈直系血亲是

① 载《最高人民法院公报》1985年第4期。

否享有代位继承权?

被继承人王某远、李某岭夫妇分别于1963年、1984年死亡，被继承人婚生王某学、王某芳、王某昌、王某贤、王某刚五名子女。王贵芳于1954年死亡，有配偶和婚生子女王某德、王某文和王某霞。1967年，王贵芳之妻带三名子女改嫁，但在被继承人李某岭在世时，履行了赡养义务。其他继承人认为：王某德之父对被继承人未尽赡养义务，王某德兄妹系晚辈血亲，无权继承被继承人的遗产。

哈尔滨市中级人民法院审理认为：被上诉人之父王贵芳，虽然先于被继承人死亡，但在生前对被继承人尽到了赡养义务，因此，王某德兄妹应当享有继承权利。

【关联法条】

《民法典》第1154条

（撰稿人：张正）

第一千一百二十九条　【丧偶儿媳和丧偶女婿的继承权】丧偶儿媳对公婆，丧偶女婿对岳父母，尽了主要赡养义务的，作为第一顺序继承人。

【释义】

本条规定了丧偶儿媳对公婆，丧偶女婿对岳父母若尽了主要赡养义务，享有第一顺序继承人的资格。本条承继了《继承法》第12条，把姻亲规定为法定继承人，该规定具有中国特色。

根据本条，可以看出儿媳和女婿要作为第一顺位继承人有如下两个要件：

（1）必须存在丧偶的情形。丧偶儿媳对公婆，丧偶女婿对岳父母实际上没有法律上的抚养赡养义务，仅仅具有道德上的义务，法律是对他们履行该道德义务的嘉奖，赋予了他们第一顺位继承人的地位，符合中国的传统美德。若不存在丧偶的情形，儿媳和女婿可以通过在世的继承人基于夫妻共同财产获得遗产，只有在丧偶的情形下才有可能以自己的名义作为继承人继承遗产，至于丧偶儿媳和女婿是否再婚，在所不问。

（2）丧偶的儿媳和女婿须尽主要赡养义务。若丧偶的儿媳和女婿未尽道德上的义务，那法律也无须对其进行褒奖，其也就不具有法定继承人的地位。

但是，早在继承法时代，学界便从法定继承体系的角度出发，对该条提出异议：持废除《继承法》第12条的学者认为将丧偶儿媳、丧偶女婿纳入法定继承人的做法实属不妥，与世界各国的立法相脱节。他们认为法定继承要与被继承人存在一定程度上的亲属关系，需要依照血缘或婚姻关系作为法定继承范围的基础，而姻亲显然不在此列，该条规定会破坏整个继承法的体系，而丧偶儿媳对公、婆或丧偶女婿对岳父、岳母尽了主要赡养义务，形成事实上的抚养关系，可以依关于继承人以外的人可适当分得遗产的规定给予适当补偿。[①] 另有学者主张[②]，对于岳父母或公婆尽了主要赡养义务的儿媳或女婿，其是否可以作为第一顺序继承人却取决于其是否丧偶，这个规定对未丧偶的儿媳或女婿并不公平，不能激励他们对公婆和岳父母尽主要的赡养义务，与立法的原意相悖。[③] 持保留态度的学者依然从社会效果出发，认为其能够弘扬社会主义价值观。[④] 也有学者持折中的态度，认为丧偶儿媳、丧偶女婿可以纳入第一顺位的法定继承人，但须尽主要赡养义务，并且没有代位继承人。[⑤]

各学者之所以对该条意见颇多，最关键的还是该条对整个法定继承的体系发起了挑战。立法者想要通过赋予丧偶儿媳和丧偶女婿第一顺位继承人的地位以激励他们对老人进行赡养。但事实上，无论丧偶与否，儿媳对公、婆或女婿对岳父、岳母都无法律上的义务，仅有道德上的义务。有学者总结这样的规定实际上是将本应由道德规范调整的问题纳入了法律规范调整的范围，是立法上的失误。完全可以根据《民法典》第1131条酌情分得遗产权的规定：丧偶儿媳和丧偶女婿作为继承人以外的对被继承人扶养较多的人分给其适当的遗产。[⑥]

不过本书从另一个角度解读，认为该条其实并没有混淆法律和道德的界限：子女赡养父母是法定义务，若不履行，可以诉至法院要求强制履行；而儿媳或女婿不履行该义务，只是失去法定继承人的资格而已，并不会强制要求其履行。那么丧偶女婿和儿媳在法律上并无强制抚养自己公婆和岳父母的义务，所以该条只是结合我国现状对丧偶女婿和儿媳所作的特殊的规定，未强加给该主体法律上的义务。

在司法实践中，要注意与代位继承相协调。有学者认为，代位继承和丧偶儿媳、女婿的继承并不会产生冲突，不论有无代位继承人代位继承，均不影响丧偶

---

① 李红玲：《继承人范围两题》，载《法学》2002年第4期。

② 屈茂辉、沈洁：《我国继承法修改的几个疑难问题探讨》，载《法治研究》2013年第5期。

③ 王汉斌在《关于〈中华人民共和国继承法〉（草案）的说明》中认为：丧偶儿媳赡养公、婆直至其死亡，丧偶女婿赡养岳父、岳母直至其死亡，为第一顺序继承人。这些规定都是为了有利于更好地赡养老人。

④ 马新文：《法定继承人的范围和顺序的调整与修改的法律思考》，载《华北水利水电学院学报》2005年第1期。

⑤ 郭明瑞：《完善法定继承制度三题》，载《法学家》2013年第4期。

⑥ 杨立新主编：《中国民法典释义与案例评注：继承编》，中国法制出版社2020年版，第142页。

儿媳、女婿作为第一顺位继承人。[①] 有相关的释义也同样持此看法：丧偶的儿媳、女婿是因为其负担了第一顺位继承人的法定义务，而代位继承人则是继承了被代位人所应继承的份额。[②] 本书认为该解释存疑，若二者兼得，该支便可能得到两份遗产（丧偶儿媳、女婿一份，代位继承人一份），而法定继承人若在世便只能分到一份遗产，存在很大的道德风险，也不符合法定继承中“按支分配”的原则。若丧偶的儿媳、女婿确实赡养较多，完全可以根据《民法典》第1130条第3款的规定：对被继承人尽了主要扶养义务或者与被继承人共同生活的继承人，分配遗产时，可以多分，对该丧偶的儿媳女婿多分相应的财产。

【相关案例】

王某荣等与刘某玲继承纠纷案[③]

争议焦点：丧偶儿媳能否作为第一顺位继承人继承遗产。

王某升与赖某秀夫妇生前共养育五子女，儿子王某兴，王某厚、王某金，女儿王某凤、王某香。王某金于2008年因矿难死亡，矿方一次性赔偿死亡补偿金20万元。王某金生前未婚且无子女，父亲王某升先于王某金死亡。王某金的母亲赖某秀作为第一顺序唯一继承人继承了王某金的死亡赔偿金。2009年8月2日赖某秀死亡。儿子王某厚与儿媳刘某玲生育三子女：长女王某丽，二女王某花，三子王某雄。儿子王某兴与儿媳龚某琴生育四子女：王某荣，王某峰，王某俭，王某艳。王某厚、王某兴均先于赖某秀死亡。

法院认为，继承从被继承人死亡时开始。被继承人赖某秀死亡后，因无遗嘱，应当按法定继承处理。其子女即为其法定继承人，而其子王某厚和王某兴先于其死亡，其子的晚辈直系血亲可代位继承，故王某厚的子女和王某兴的子女享有同等的代位继承权。

被告刘某玲与被继承人赖某秀属于丧偶儿媳与公婆的关系，被告刘某玲对被继承人赖某秀提供了主要经济来源，在劳务等方面给予了主要扶助，应当认定其尽了主要赡养义务，我国《继承法》第12条明确规定：“丧偶儿媳对公、婆，丧偶女婿对岳父、岳母，尽了主要赡养义务的，作为第一顺序继承人。”故刘某玲因对被继承人赖某秀尽了主要赡养义务享有参与继承财产的权利。

---

① 杨立新主编：《中国民法典释义与案例评注：继承编》，中国法制出版社2020年版，第144页。

② 中国审判理论研究会民事审判理论专业委员会编著：《民法典继承编条文理解与司法适用》，法律出版社2020年版，第52页。

③ （2010）紫民初字第00644号。

【关联法条】

《民法典》第1130条

（撰稿人：张正）

第一千一百三十条 【遗产分配规则】 同一顺序继承人继承遗产的份额，一般应当均等。

对生活有特殊困难又缺乏劳动能力的继承人，分配遗产时，应当予以照顾。

对被继承人尽了主要扶养义务或者与被继承人共同生活的继承人，分配遗产时，可以多分。

有扶养能力和有扶养条件的继承人，不尽扶养义务的，分配遗产时，应当不分或者少分。

继承人协商同意的，也可以不均等。

【释义】

本条是对继承人分配遗产的规定。基于继承权平等原则，同一顺序的继承人继承遗产的份额应当均等，不因血亲和姻亲而作区别对待。①

第2款是对于必留份的规定，针对生活困难且缺乏劳动能力的继承人，在分配遗产时应当对其予以照顾，体现了遗产对家庭成员的扶助、生存保障功用。②必留份区别于比较法上的特留份制度，后者旨在一定程度范围内限制遗嘱自由。必留份份额并不存在一项固定的比例，应交由法官在司法实践中结合案件具体情况作自由裁量，所应考量的因素包括年龄、遗产数额、必留份权利人生活困难程度、劳动能力丧失程度、当地生活水平，等等。③《最高人民法院关于贯彻执行〈中华人民共和国继承法〉若干问题的意见》第37条第2款明确继承人缺乏劳动

① 黄薇主编：《中华人民共和国继承编解读》，中国法制出版社2020年版，第62～63页。

② 李贝：《民法典继承编引入“特留份”制度的合理性追问——兼论现有“必留份”制度之完善》，载《法学家》2019年第3期。

③ 李贝：《民法典继承编引入“特留份”制度的合理性追问——兼论现有“必留份”制度之完善》，载《法学家》2019年第3期。

能力又没有生活来源的判定时点为遗嘱生效时，但更为合理的判定时点为分配遗产时，其原因在于：从文义解释来看，本条第 2 款确定是否需保留必留份的时间点为分配遗产时，而非遗嘱生效时。即使遗嘱生效时继承人缺乏劳动能力且无生活来源，但在分配遗产时，若其已经不满足第 2 款所规定条件，则不宜再对该继承人予以照顾。① 必留份为保障生存困难的继承人而设，基于生存价值优先的考量，除继承费用与共益债务外，优先于其他债权。② 必留份仍属遗产继承权③，其可被必留份权利人放弃，并适用第 1124 条第 1 款关于放弃继承的规定。在必留份权利人实施第 1125 条第 1 款中的故意杀害被继承人等不当行为时，也将丧失获得必留份的权利。

按照《最高人民法院关于贯彻执行〈中华人民共和国继承法〉若干问题的意见》第 30 条，对被继承人生活提供了主要经济来源，或在劳务等方面给予了主要扶助的，应当认定其尽了主要赡养义务或主要扶养义务。本条第 3 款将与被继承人共同生活的继承人也列为可多分遗产的对象，共同生活不仅指与被继承人在同一家庭生活，还应指继承人确实对被继承人尽到扶养义务，若与被继承人一同生活的继承人未能尽到扶养义务，则应适用本条第 4 款的规定。虽然第 3 款仅仅规定继承人对被继承人尽到主要扶养义务，扶养包括父母、祖父母、外祖父母等长辈对子女、孙子女、外孙子女应尽到的抚养义务，夫妻之间的相互扶养义务，晚辈对长辈应尽的赡养义务。第 3 款的法律后果是可以向尽到主要扶养义务或者与被继承人共同生活的继承人多分遗产，不具有强制约束力，在个案中应否适用取决于继承人尽扶养义务的情况。

针对尽到主要扶养义务的继承人可向其多分遗产，与此相对应，在有扶养能力和扶养条件的继承人未尽扶养义务时，则应少分遗产。第 4 款规定的法律效果是应当少分遗产，法官在个案中不得选择不少分遗产。

基于当事人对自身继承权的处分，在继承人协商同意不均等分配遗产时，自无不可。

---

① 李贝：《民法典继承编引入“特留份”制度的合理性追问——兼论现有“必留份”制度之完善》，载《法学家》2019 年第 3 期。

② 汪洋：《遗产债务的类型与清偿顺序》，载《法学》2018 年第 12 期。《最高人民法院关于贯彻执行〈中华人民共和国继承法〉若干问题的意见》第 61 条也规定：“继承人中有缺乏劳动能力又没有生活来源的人，即使遗产不足清偿债务，也应为其保留适当遗产，然后再按继承法第三十三条和民事诉讼法第一百八十条的规定清偿债务。”

③ 杨立新、和丽军：《对我国继承法特留份制度的再思考》，载《国家检察官学院学报》2013 年第 4 期。

【相关案例】

李某1、李某2继承纠纷案①

本案的争议焦点是原告是否可主张适当多分遗产。被继承人与其丈夫育有五个子女，被继承人于2006年9月27日死亡。马鞍山市雨山区鑫福家园64栋204号房屋登记权利人为被继承人及其丈夫。原告主张依法分割马鞍山市雨山区市鑫福家园64栋204号房屋，现各方因上述房产分割，与其他继承人产生争议，诉至法院。一审法院认为，涉案房屋为被继承人与其配偶共有，其中50%份额为配偶所有，剩余50%份额为遗产，依法应由其继承人继承，第一顺序的法定继承人共六位。原告在离家期间对被继承人未尽扶养义务，在被继承人去世时亦未尽孝，故应少分遗产。被继承人配偶生前与其共同生活，尽到主要扶养义务，且年事已高，劳动能力相对缺乏，故对其配偶可适当予以多分。综上，酌定由原告享有案涉房产5%份额，其他继承人各享有8%份额，剩余13%份额由被继承人配偶享有。原告不服提出上诉，二审法院经审理驳回上诉，维持原判。上诉人后申请再审。再审法院认为，按照《继承法》第13条规定，再审申请人称离异多年，身患多种疾病，没有固定收入和住所，日常生活完全依靠每月430元的低保补助，按照上述法律规定，分配遗产时，应当予以照顾。但其同时也存在长期不回家探望父母，在母亲生病时未给予照顾，母亲去世时不帮助料理后事等情况，按照上述法律规定，即分配遗产时，应当不分或者少分。综合考虑上述情况，酌情确定申请人对涉案房屋中属于陶某的产权份额享有5%份额，并无不当。申请人申请再审称被继承人有稳定收入，不需要儿女尽更多的扶养义务，因扶养义务并不仅仅体现在经济上，还可以通过对被继承人的探望、陪伴，在被继承人体弱生病时的关心、照料等方式体现，而后者与扶养人、被扶养人的经济状况均无关系，故申请人该项再审申请理由，不能成立。

【关联法条】

《最高人民法院关于贯彻执行〈中华人民共和国继承法〉若干问题的意见》第37条

（撰稿人：杨勇）

---

① （2020）皖05民申12号。

第一千一百三十一条　【遗产酌给份】 对继承人以外的依靠被继承人扶养的人，或者继承人以外的对被继承人扶养较多的人，可以分给适当的遗产。

【释义】

遗产酌给请求权是指继承人以外的自然人，基于与被继承人生前的扶养关系，因客观需要而依法从被继承人处分得适当遗产的权利。关于遗产酌给请求权的性质存在争议，本书认为，遗产酌给请求权为法定遗赠，可以定性为债权。权利人仅以获得相应金额的份额便可，非以获得遗产实物为必要。

继承通常限定在与被继承人有血缘关系和婚姻关系的法定继承人中，这使得继承主体的范围过于狭窄。被继承人欲将遗产赠给法定继承人以外的人，可以通过遗赠的方式。在没有遗嘱的情形下，有些应当从遗产中受益的人，尤其是依赖被继承人生前扶养的或者对被继承人扶养较多的人，在被继承人死后，他们从被继承人处接受的抚养扶助行为是否需要延续，或其对被继承人的抚养扶助行为是否应得到回报等问题，就需要遗产酌给制度来补充解决。实务中的非法定扶养扶助行为（如远亲或熟人扶养）、事实婚姻中的扶养扶助行为、部分姻亲间的扶养扶助行为，都可以由遗产酌给制度调整。

享有遗产酌给请求权的主体，一般是法定继承人以外的人，也可以是后顺位没有继承既得权的法定继承人，可以分为以下两类：（1）依靠被继承人生前扶养的人；（2）对被继承人扶养较多的人。《继承法》第 14 条规定，依靠被继承人扶养的人，需为“缺乏劳动能力又没有生活来源”的人，此次《民法典》则没有作明文限制。酌情分给由被继承人扶养的人适当的遗产，主要基于死后扶养的思想，目的在于被继承人死后，受扶养的人能够继续维持正常的生活。因此，《民法典》虽未明确规定，但将受扶养的人限制在“缺乏劳动能力又没有生活来源”这一范围内，更加符合规范目的。[①] 分给对被继承人扶养较多的人部分遗产，是出于对他们扶养行为的回报，有利于彰显公平正义。《最高人民法院关于贯彻执行〈中华人民共和国继承法〉若干问题的意见》第 30 条规定，对被继承人生活提供了主要经济来源，或在劳务等方面给予了主要扶助的，应认定其尽了主要赡养义务或主要扶养义务。此处“扶养较多”可作相同理解。

酌给份额为“适当份额”，不是固定数额，取决于与被继承人生前抚养关系

---

① 张平华、刘耀东：《继承法原理》，中国法制出版社 2009 年版，第 217 页。

及依赖程度。最高份额一般不得高于应继承人应继份，但《最高人民法院关于贯彻执行〈中华人民共和国继承法〉若干问题的意见》第 31 条规定，根据不同情况，酌给份额可多于或少于继承人。但若被继承人生前已有相当的遗赠或遗嘱进行利益安排，不再酌给遗产或者严格控制数额比例，以满足生活基本需求为限。

继承开始后，权利人可向继承人或遗产管理人主张遗产酌给请求权，在其权利受到侵犯时，有权向人民法院提起诉讼。但在遗产分割时，明知而未提出请求的，一般不予受理；不知而未提出请求，在二年以内起诉的，应予受理。对由被继承人生前扶养的人的酌给，是满足生存需要的酌给，因而在受偿顺序上应等同于必留份。

遗产酌给制度规定在法定继承一章中，根据体系解释方法可推知，该制度仅仅适用于法定继承。然而，对于这一问题的判断学术界百家争鸣。有学者认为酌分制度是对遗嘱订立人遗嘱自由的一种限制，与必留份和特留份制度相较，其都是通过限制遗嘱自由来保护与被继承人有特殊关系的特定主体的利益。还有的学者认为酌给制度产生的依据是酌分遗产请求权人和被继承人之间形成的特定扶养关系，而不是基于继承权。司法实践中，也有部分案件将其适用在遗嘱继承当中。

从表面上看，遗产酌分制度和必留份、特留份制度在保护与被继承人有特殊关系的主体，但是在实质上，它们之间有着很大的差别。比如，在制度适用的主体上，无论是我们国家的必留份制度还是大部分国家都已设立的特留份制度，权利的主体本都限于被继承人的近亲，他们之间本身就存在法定的扶养权利义务关系，法律为了保护其在继承权利上获得优待，才对被继承人的遗嘱自由设定了限制。但是遗产酌分制度的权利主体是继承人以外的人，他们之中有些与被继承人有亲属关系（但这种亲属关系比较远），有些甚至与被继承人没有任何关系。因此，在没有法定关系或义务的前提下，尚缺乏足够重要的理由使之突破遗嘱自由这一重要原则。况且，被继承人订立遗嘱也是经过多种因素的考量抉择，既然没有为酌分权人保留一定的份额，在一定程度上也表明了其没有对被扶养人进行继续扶养的意思也不愿意对扶养人的行为进行回报。如果酌分遗产权利人与被继承人之间的扶养关系真的特别重要，那么被继承人生前自然就会用某种方式（包括赠与或者遗赠）对其利益作出特别的安排。

因此，无论从现行法律规范还是学理上的探究来看，遗产酌分制度都仅在法定继承或者无人承受遗产这两种情况下适用。

【相关案例】

常某等与王某1继承纠纷案①

陈某华与其丈夫王某清生育有一女，名王某珍。陈某华及其丈夫在生前因与原告关系不好，早年前将原告逐出家门。女儿长期未照料她，她的生活起居都是由其外孙媳妇罗某英长期照顾；罗某英不是陈某华的法定继承人，原告王某珍之母陈某华所立公证遗嘱系陈某华将其个人享有的上述财产，即本案讼争房产的3/4份额遗赠与被告罗某英。根据《继承法》第25条第2款“受遗赠人应当在知道受遗赠后两个月内，作出接受或者放弃受遗赠的表示。到期没有表示的，视为放弃受遗赠”的规定，罗某英在2003年11月4日收到屏山县公证处向其送达的遗嘱公证书时，就已经知道本案遗赠事实，但她未在两个月内明确作出是否接受或者放弃遗赠的意思表示，应视为已放弃接受遗赠，陈某华的遗产应按法定继承处理。

王某珍为陈某华的法定第一顺序继承人，且无丧失继承权之法定情形，因此原告对陈某华所留遗产依法享有继承权；被告罗某英多年来照顾陈某华的生活，对陈某华尽了主要扶养义务，根据《继承法》第14条“……继承人以外的对被继承人扶养较多的人，可以分给他们适当的遗产”的规定，被告应当适当分得陈某华所留遗产。

法院综合案件情况，酌情确定对陈某华的遗产（即本案讼争房产的75%）原告享有60%，被告享有40%。

【关联法条】

《最高人民法院关于贯彻执行〈中华人民共和国继承法〉若干问题的意见》第30～32条

（撰稿人：张正）

第一千一百三十二条　【遗产分割】 继承人应当本着互谅互让、和睦团结的精神，协商处理继承问题。遗产分割的时间、办法和份额，由继承人协商确定；协商不成的，可以由人民调解委员会调解或者向人民法院提起诉讼。

① （2019）京01民终10181号。

【释义】

该条是对多名继承人的共同继承问题基本处理方式的明确规定，即在遗产处理问题上，体现互谅互让、和睦团结的精神，由继承人协商确定时间、办法和份额，并在协商不成的情形中规定了调解及提起诉讼两种补充解决方式。

对于涉及多名继承人的遗产分割问题，首先，要尊重被继承人的意思表示，即如果被继承人对于财产分割问题有明确的表示，则应先按照被继承人的遗嘱进行财产分割，而遗嘱须合法有效。其次，如果被继承人并未对遗产分割进行表示，则根据本条规定，由继承人对遗产分割的时间、办法和份额进行协商确定，而在协商的过程中，也应体现互谅互让、和睦团结的精神。最后，如果共同继承人就财产分割无法达成协议，则继承人可采取调解方式或向人民法院提起诉讼。

本条并未对遗产分割的时间进行明确规定，而在此处须将继承开始时间与遗产分割时间进行分别对待。在继承开始后，继承人有权随时请求分割遗产，这就是“遗产分割自由原则”，在继承之后的任何时间内，继承人都有权要求分割遗产，极大的尊重继承人的意思自治。若继承人人数为多人，可以在继承开始后，对遗产分割时间进行协商确定，协商不成则采用调解及提起诉讼的方式。若继承人协商在一定期间内不分割遗产，这种遗产的共有状态将会一直存续下去。

在司法实践中要注意区分继承开始时间与遗产分割时间：（1）继承开始时间是法律直接规定的，根据《民法典》第1121条规定，继承从被继承人死亡时开始，不因继承人或其他任何人的主观意思而转移。（2）继承开始的时间是一个具体的时间，十分精确，遗产分割时间可以是一段时间。（3）继承开始时，继承人还未享有遗产的所有权，只有等遗产分割完毕之后，继承人才享有该遗产的所有权，才能对其处分。

【相关案例】

韩某与孙某、毛某继承纠纷案①

韩某全系1966年10月3日出生。2014年12月30日，韩某全与孙某登记结婚。2019年8月30日，韩某全死亡。2019年9月1日，孙某、韩某、毛某以继承人身份签订《韩某全遗产分配》，对韩某全遗产进行分配，遗产范围包括：韩

① （2020）吉24民终647号。

某全名下银行存款、人参和人参地、住房、保险、生前债务及农用拖拉机。2019年9月6日，经孙某、韩某申请，吉林省敦化市公证处出具（2019）吉延敦化证内民字第1440号《公证书》，内容包括韩某全遗产范围及上述遗产由孙某、韩某共同继承。

法院认为，本案系法定继承纠纷，根据《继承法》第15条“继承人应当本着互谅互让，和谐团结的精神，协商处理继承问题。遗产分割的时间、办法和份额，由继承人协商确定。协商不成的，可以由人民调解委员会调解或者向人民法院提起诉讼”的规定，韩某全死亡后，孙某、韩某作为法定继承人，享有对被继承人韩某全生前遗留财产进行分割并确定各自份额的权利，双方签订《韩某全遗产分配》，并申请《公证书》，对继承分割财产内容进行约定系双方的真实意思表示，不违反法律和行政法规的规定，具有法律效力。

【关联法条】

《民法典》第1120条

（撰稿人：张正）

第三章 遗嘱继承和遗赠

【导读】

本章重点规定了遗嘱继承和遗赠的含义、自书遗嘱、代书遗嘱、打印遗嘱、录音录像遗嘱、口头遗嘱、公证遗嘱、不能作为遗嘱见证人的人员、必留份、遗嘱的撤回与变更、遗嘱的无效、附有义务的遗嘱继承和遗赠等内容。对其理解，总体上应当把握以下几个关键点：

第一，关于遗嘱、遗嘱继承和遗赠。遗嘱即公民生前按照法律规定的方式，对其个人财产及与财产相关的其他事务进行预先的处分，并于其死后发生效力的单方民事法律行为。遗嘱继承是指被继承人指定的法定继承人在继承开始后按照被继承人生前所立的合法有效的遗嘱来继承遗产的继承方式。遗赠是指自然人以遗嘱方式将其个人财产赠与国家、集体或法定继承人以外的自然人，而于其死亡后发生法律效力的单方民事法律行为。遗嘱继承和遗赠都具有单方性、死因性、无偿性、财产性、要式性等特征。

第二，关于遗嘱形式。《继承法》第17条规定了公证遗嘱、自书遗嘱、代书遗嘱、录音遗嘱、口头遗嘱共5种遗嘱形式，随着经济社会的发展，人们逐渐积累了更多的财富，并且也逐渐通过遗嘱处分自己的财产，信息技术的普及也为设置遗嘱提供了更多的技术方案。《民法典》继承编在《继承法》的基础上，设置了自书遗嘱、代书遗嘱、打印遗嘱、录音录像遗嘱、口头遗嘱、公证遗嘱共6种遗嘱形式，以适应社会实践的发展。同时，在不同形式遗嘱之间的效力上，《民法典》继承编删除了《继承法》第20条“自书、代书、录音、口头遗嘱，不得撤销、变更公证遗嘱”的规定，保留了《继承法》“立有数份遗嘱，内容相抵触的，以最后的遗嘱为准”的规定，毕竟赋予公证遗嘱在适用效力上的优先性且不允许遗嘱人以其他形式的遗嘱撤回或者变更公证遗嘱将限制遗嘱人的自由，违背了遗嘱自由原则和遗嘱制度的宗旨，《民法典》继承编所做的上述改变取消了公证遗嘱的优先效力并确立了“遗嘱设立在后效力优先”原则。[①] 最后，《民法典》

---

① 张鸣起：《民法典分编的编纂》，载《中国法学》2020年第3期。

继承编也吸收了《最高人民法院关于贯彻执行〈中华人民共和国继承法〉若干问题的意见》第39条的规定，即立遗嘱后，遗嘱人实施与遗嘱内容相反的民事法律行为的，视为对遗嘱相关内容的撤回。①

第三，关于必留份制度。《民法典》继承编继受了《继承法》关于必留份制度的规定，即遗嘱应当为缺乏劳动能力又没有生活来源的继承人保留必要的遗产份额。与必留份制度类似的是比较法上的特留份制度，《法国民法典》第913～930条，《瑞士民法典》第470～480条、第522～533条，《瑞士债务法》第240条，《日本民法典》第1028条等均规定了特留份制度，即法定继承人不能被侵害的法定应继份。特留份制度具有限制被继承人滥用遗嘱自由、扶助法定继承人、维护社会道义等特征，我国《民法典》继承编并未规定特留份制度而设置了必留份制度与之对应，两者的区别主要有：1. 功能定位不同，特留份制度侧重保护特定法定继承人最低限度的继承利益，而必留份制度则侧重于扶助法定继承人中有特殊困难的人；2. 主体范围不同，特留份权利人一般是与遗嘱人关系密切、顺序靠前的法定继承人，而必留份权利人主要是缺乏劳动能力、没有生活来源的继承人；3. 权利优先性不同，遗嘱人的债权人的利益优先于特留份权利人的利益，而必留份权利人的权利则优先于遗嘱人债权人的利益，在遗嘱人遗产不足以清偿债务时依然需要为必留份权利人保留必要的财产。我国《民法典》继承编之所以没有规定特留份制度是因为在社会主义条件下凡是有劳动能力的法定继承人均可以通过自己的劳动来保障自己的生活需要，只有缺乏劳动能力又没有生活来源的法定继承人才应当依法保障其基本生活需求，在对遗嘱人遗嘱自由的限制方面我国的规定更为宽松。②

第四，关于遗嘱的效力。遗嘱属于单方民事法律行为、要式民事法律行为、死因民事法律行为，因此在遗嘱人死亡之前，遗嘱并未生效，此时可以通过遗嘱人的意思表示和行为撤回、变更自己先前的遗嘱，这是遗嘱自由原则的必然要求。作为民事法律行为，遗嘱的有效也应当符合民事法律行为有效的条件，即行为人具有相应的民事行为能力、意思表示真实、不违反法律、行政法规的强制性规定、不违背公序良俗。因此，具有以下情况的，遗嘱无效：1. 遗嘱人不具有遗嘱能力，无民事行为能力人或者限制民事行为能力人所立的遗嘱无效；2. 遗嘱并非遗嘱人的真实意思表示，遗嘱人因受欺诈、胁迫所立的遗嘱和伪造、被篡改的遗嘱均不是遗嘱人的真实意思表示，遗嘱无效；3. 违反法律、行政法规的强制性规定，违背公序良俗的遗嘱无效。

（撰稿人：彭怀）

---

① 黄薇：《中华人民共和国民法典继承编解读》，中国法制出版社2020年版，第102页。

② 王利明：《中国民法典学者建议稿及立法理由·人格权编、婚姻家庭编、继承编》，法律出版社2005年版，第530页。

第一千一百三十三条 【自然人可以立遗嘱处分其财产】 自然人可以依照本法规定立遗嘱处分个人财产，并可以指定遗嘱执行人。

自然人可以立遗嘱将个人财产指定由法定继承人中的一人或者数人继承。

自然人可以立遗嘱将个人财产赠与国家、集体或者法定继承人以外的组织、个人。

自然人可以依法设立遗嘱信托。

【释义】

基于遗嘱自由原则，自然人死亡之后的财产既可以不设立遗嘱而通过法定继承的方式进行分配，也可以基于自然人设立的遗嘱由法定继承人继承，亦可以基于自然人自愿设立的遗嘱将其赠与国家、集体或法定继承人以外的组织、个人。遗嘱人在继承的对象、份额、方式、条件等方面有较大程度的自主权。

自然人可以立遗嘱将个人财产指定由法定继承人中的一人或者数人继承，即遗嘱继承，也可以立遗嘱将个人财产赠与国家、集体或者法定继承人以外的组织、个人，即遗赠。遗嘱继承与遗赠都具有单方性、死因性、无偿性、财产性等特征，二者主要区别在于：1. 受遗赠人与遗嘱继承人范围不同，受遗赠人只能是法定继承人以外的人，而遗嘱继承人包括第一顺序法定继承人中的配偶、子女、父母以及对公婆、岳父母尽了主要赡养义务的丧偶儿媳和丧偶女婿，第二顺序法定继承人中的兄弟姐妹、祖父母、外祖父母，甚至被继承人的子女、兄弟姐妹先于被继承人死亡的，被继承人子女的直系晚辈血亲和被继承人兄弟姐妹的子女也能够代位继承；2. 继承权的行使方式不同，继承开始后，继承人放弃继承的，应当在遗产处理前，以书面形式作出放弃继承的表示，没有表示的视为接受继承；受遗赠人应当在知道受遗赠后六十日内，作出接受或者放弃受遗赠的表示，到期没有表示的视为放弃受遗赠。①

自然人可以立遗嘱将个人财产指定由法定继承人中的一人或者数人继承，也可以立遗嘱将个人财产赠与国家、集体或者法定继承人以外的组织、个人。因

---

① 蒋月：《婚姻家庭与继承法》，厦门大学出版社 2014 年版，第 367 页。

此，自然人除可以决定对于其个人财产按照遗嘱继承的方式进行分配外，也可以通过遗赠的方式进行处分，同时自然人还可以对遗产分配的原则、份额、方式、条件等内容进行规定，这体现了遗嘱自由原则。遗嘱自由原则即公民生前均享有通过订立遗嘱处分自己死后财产的自由。遗嘱自由原则不仅是当今世界各主要法系继承法的一项重要原则，也是意思自治原则在继承法中的体现和贯彻。遗嘱自由原则具有积极的社会意义，实行遗嘱自由有助于保护公民的个人财产，即对公民财产的保护自生前延长至其死后，同时实行遗嘱自由还有利于更好地发挥家庭职能、促进养老育幼、发展社会福利事业。但是，绝对的遗嘱自由原则也有其弊端，如遗嘱可能损害法定继承人的利益、违反法律、社会道德、公共利益等，因此需要法律进行规定在一定程度上限制遗嘱自由。① 大陆法系国家对遗嘱自由的限制主要体现在“特留份制度”上，即法定继承人不能被侵害的法定应继份，特留份制度具有限制被继承人滥用遗嘱自由、扶助法定继承人、维护社会道义等特征，我国《民法典》继承编并未规定特留份制度而设置了必留份制度与之对应。我国《民法典》继承编对遗嘱自由的限制主要体现在以下几个方面：1. 遗嘱不能违反法律、行政法规的强制性规定，不违背公序良俗。遗嘱作为民事法律行为应当符合民法典总则编对于民事法律行为效力的规定，即具有完全民事行为能力、意思表示真实、不违反法律、行政法规的强制性规定、不违背公序良俗；2. 遗嘱必须采取《民法典》继承编规定的形式订立，即自书遗嘱、代书遗嘱、打印遗嘱、录音录像遗嘱、口头遗嘱、公证遗嘱这 6 种遗嘱形式；3. 遗嘱应当为缺乏劳动能力又没有生活来源的继承人保留必要的遗产份额；4. 继承法意义上的遗嘱处理的主要是财产性事务的内容，非财产性事务并非继承法意义上遗嘱应处理的内容。②

遗嘱执行人是指按照遗嘱人的意愿使遗嘱实现的人或组织，其职责主要有管理遗产、处理遗嘱人债权债务、依据遗嘱或法律规定分割遗产等，继承开始后遗嘱执行人便为遗产管理人，遗嘱执行人既可以是法定继承人，也可以是法定继承人以外的人。我国目前对于遗嘱执行人制度，相关法律并未有明确详细的规定，如在遗嘱执行人的产生方式、主要职责等方面均缺乏相应规定，造成实际生活中遗嘱执行人制度缺乏可操作性，如遗嘱执行人的产生方式，通常各国立法均认可遗嘱人在遗嘱中指定遗嘱执行人或者委托他人代为指定遗嘱执行人，我国《继承法》和《民法典》继承编虽未明确规定遗嘱人可以委托他人代为指定遗嘱执行人，但解释上也应当予以肯定。③

---

① 刘春茂：《中国民法学·财产继承》，中国人民公安大学出版社 1990 年版，第 328 页。

② 黄薇：《中华人民共和国民法典继承编解读》，中国法制出版社 2020 年版，第 76 页。

③ 杨立新、朱呈义：《继承法专论》，高等教育出版社 2006 年版，第 140 页。

《民法典》继承编在遗产处理部分规定了遗产管理人制度，继承开始后遗嘱执行人即为遗产管理人，有学者认为二者在一定意义上属于同种性质①，但也不能忽视二者之间的区别：1. 适用范围不同，遗嘱执行人以遗嘱人立有遗嘱为前提，而遗产管理人在遗嘱继承、遗赠、法定继承及无人继承遗产的情形中均能够行使职责，遗产管理人的范围更广泛；2. 行为依据不同，遗嘱执行人除了分配遗嘱必留份、酌给份、胎儿必留份等主要依据遗嘱来履行职责，遗产管理人在有遗嘱时主要按照遗嘱或者法律规定履行职责，在无遗嘱的遗产管理中主要依据法律规定履行职责；3. 具体职责不同，遗嘱执行人的管理权限仅限于与遗嘱有关的遗产，与遗嘱无关的遗产自不属于其管理范围内，而遗产管理人的管理范围更为宽广，遗嘱之外的遗产也可在其管理范围之内。遗嘱执行人在执行遗嘱时并不以管理分配遗产为唯一职责，还有可依遗嘱废除继承人的继承权以及对非婚生子女的认领等与身份行为相关的职权，《民法典》继承编对遗产管理人职责的规定限于与管理遗产有关的必要行为，并未明确规定该“与管理遗产有关的其他必要行为”是否包括前述身份行为。比较法上对于遗嘱执行人和遗产管理人的立法模式主要有分立式和统一式两种，分立式指在有遗嘱的继承中管理遗产的为遗嘱执行人，而在无遗嘱的继承中管理遗产的则为遗产管理人，大陆法系主要采用这种模式，并对遗嘱执行人和遗产管理人分别规定了相关内容。统一式是指无论遗嘱继承还是非遗嘱继承，被继承人的财产都由遗产管理人负责管理，遗嘱执行人只是在任命“个人代理人”时具有优先权，遗嘱执行人只是遗产管理在不同阶段的不同称谓，英美法系采用这种模式。② 综合来看，我国实际上是将遗嘱执行人作为遗产管理人制度中遗产管理人的产生方式之一，从我国目前对遗嘱执行人和遗产管理人制度的立法趋势上看，详细规定遗嘱执行人制度已不太可行，立法者之本意也应不在于此，因此今后以进一步完善遗产管理人制度为重点（如明确遗产管理人可以行使与身份行为相关的职权）较为合理，即统一式的改进方式更为合理。

遗嘱信托是指遗嘱人通过遗嘱的方式设立信托以处分身后遗产的制度，是跨越继承法、信托法两个法域的制度。遗嘱信托具有三方当事人，即委托人（遗嘱人）、受托人、受益人（继承人或受遗赠人），打破了继承活动仅限于家族内部的旧制而使得继承活动公开化。③ 遗嘱人设立遗嘱信托的，应当遵守《民法典》继

① 梁慧星：《中国民法典草案建议稿附理由：继承编》，法律出版社 2013 年版，第 151 页。

② 张玉敏：《继承法律制度研究》，法律图书出版社 1999 年版，第 95 页。

③ 王利明：《中国民法典学者建议稿及立法理由·人格权编、婚姻家庭编、继承编》，法律出版社 2005 年版，第 533 页。

承编和《信托法》的相关规定，如《信托法》第8条规定：采取遗嘱等其他书面形式设立信托的，受托人承诺信托时，信托成立；又如《信托法》第13条规定：遗嘱指定的人拒绝或者无能力担任受托人的，由受益人另行选任受托人，受益人为无民事行为能力人或者限制民事行为能力人的，依法由其监护人代行选任。

【相关案例】

张某某与蒋某某遗赠纠纷案①

本案的争议焦点为遗赠人黄某某将财产赠与上诉人张某某的遗赠行为本身是否具有合法性和有效性。蒋某某与黄某某于1963年5月登记结婚，婚后夫妻关系较好。双方未生育，收养一子黄某。1990年7月，被告蒋某某因继承父母遗产取得顺城街67号房屋，面积为51平方米。1995年，因城市建设该房被拆迁，由拆迁单位将77.2平方米的住房一套作为换房安置给了被告蒋某某，并以蒋某某个人名义办理了房屋产权登记手续。1996年，遗赠人黄某某与原告张某某相识后，二人便一直在外租房非法同居。2000年9月，黄某某与蒋某某将蒋某某继承所得的房产以80000元的价格出售给陈某，但约定在房屋交易中产生的税费由蒋某某承担。2001年春节，黄某某、蒋某某夫妇将售房款中的30000元赠与其子黄某，供其在外购买商品。2001年年初，黄某某因患肝癌病晚期住院治疗，于2001年4月18日立下书面遗嘱，将其所得的住房补贴金、公积金、抚恤金和卖房所获款的一半40000元及自己所用的手机一部，赠与原告张某某所有。2001年4月20日，公证处对该遗嘱出具了公证书。2001年4月22日，遗赠人黄某某去世，原、被告双方即发生讼争。一审法院经审理后认为，公民的民事行为不得违反公共秩序和社会道德，黄某某与张某某在非法同居关系下所立遗嘱，是一种违反公序良俗、破坏社会风气的违法行为；且该遗嘱虽是黄某某的真实意思表示，形式上合法，但实质赠与财产的内容违法，故依法驳回了张某某的诉讼请求。判决后被告不服，上诉至泸州市中级人民法院。二审法院认为，遗赠人黄某某的遗赠行为虽系其真实意思表示，但其内容和目的违反了夫妻之间互相忠实、互相尊重等我国现行社会道德标准，也违反了《婚姻法》第3条“禁止有配偶者与他人同居”的法律规定，根据《民法通则》第58条规定，民事行为违反法律和社会公共利益的无效，黄某某的遗赠行为应属无效民事行为。因此，二审法院判决驳回上诉，维持原判。

① （2001）泸民一终字第621号。

【关联法条】

《继承法》第16条，《信托法》第8条、第13条，《民法典》第1124条、第1127条、第1128条、第1129条、第1145条、第1147条

（撰稿人：彭怀）

第一千一百三十四条 【自书遗嘱】 自书遗嘱由遗嘱人亲笔书写，签名，注明年、月、日。

【释义】

本条是关于自书遗嘱的规定，《继承法》第17条规定了公证遗嘱、自书遗嘱、代书遗嘱、录音遗嘱、口头遗嘱共5种遗嘱形式。

《民法典》继承编保留了《继承法》第17条关于自书遗嘱的规定，自书遗嘱是指由遗嘱人亲手书写制作的遗嘱，因为自书遗嘱具有制作方便、不易伪造篡改、不需要遗嘱见证人等特点，所以自书遗嘱在实践中属于最简易、最常见、数量最多的遗嘱形式。但正是由于自书遗嘱制作简易、无须见证，遗嘱本身的真实性也较难证明，如遗嘱人有可能遭到胁迫、诱骗而立下遗嘱或者遗嘱在一定程度上被伪造等，因此自书遗嘱如果要有效成立需要符合以下要求：

（一）遗嘱人必须亲笔书写遗嘱内容

遗嘱人必须亲笔书写遗嘱的全部内容，如果遗嘱的全部或部分内容不是遗嘱人亲笔书写，则不构成自书遗嘱。遗嘱人亲笔书写意味着遗嘱人只能用笔书写遗嘱而不能使用打字机、影印机、传真机、电脑等其他方式书写，同时也不能由他人代写遗嘱，除非第三人仅负责扶持遗嘱人的手臂支持其书写遗嘱而不影响其自由书写。① 遗嘱人通过箭头图标等形式设立遗嘱的，不符合自书遗嘱的要求，因为其缺乏个人笔迹无法确认真实性，同理，盲人用盲文进行书写由于不能确认作者的身份也不构成自书遗嘱。自书遗嘱也不强制要求有“遗嘱”字样，根据《最高人民法院关于贯彻执行〈中华人民共和国继承法〉若干问题的意见》第40条的规定，公民在遗书中涉及死后个人财产处分的内容，确为死者真实意思的表

---

① ［德］弗兰克、［德］海尔姆斯：《德国继承法》，王葆莳、林佳业译，中国政法大学出版社2015年版。

示，有本人签名并注明了年、月、日，又无相反证据的，可按自书遗嘱对待。这一规定表明我国对于自书遗嘱采取实质上的判断而非仅仅是形式上的判断，只要在实质上判断遗嘱人有处分其身后财产的真实意思且符合了形式上的要求，那么就可以构成自书遗嘱。[①]

（二）遗嘱人必须亲笔签名

自书遗嘱必须由遗嘱人亲笔书写其姓名，遗嘱人在遗嘱上签名以表明对遗嘱内容的确认，并反映遗嘱是基于遗嘱人的真实意思表示，如果遗嘱上没有遗嘱人的签名则无法确定遗嘱内容是否为草稿或者最终决定。遗嘱人的亲笔签名不能被盖章或者指印替代，毕竟与亲笔签名相比，盖章更容易复制，指印也可能是遗嘱人无意识或被强迫而强行按上的，这些都可能增加遗嘱被伪造的风险，因此遗嘱人亲笔签名不能被盖章或指印替代。遗嘱人所签的姓名虽然并非户籍上的姓名，而代以通常使用的别名、雅号、艺名、昵称，足以表示其本人的也应当允许。[②]根据《德国民法典》第2247条的规定：在个案中，若通盘考虑之后可以准确无误地确定遗嘱人的身份及其意愿，也可以使用别名、昵称或者艺名作为签名，但必须足以确认其身份并表明严肃性。[③]

（三）遗嘱人必须注明设立遗嘱的年月日

如果遗嘱人没有在遗嘱中注明设立遗嘱的年月日，则无法确定遗嘱内容是否是遗嘱的草稿或是最终决定，注明遗嘱设立的年月日具有以下作用：1. 在遗嘱上注明日期之前，由于遗嘱尚未生效，遗嘱人可以撤回、变更自己所立的遗嘱；2. 在遗嘱上注明日期之后，遗嘱人实施与遗嘱内容相反的民事法律行为的，视为对相关内容的撤回；3. 遗嘱人设立数份遗嘱且日期不同的，内容相抵触的，以最后的遗嘱为准；4. 在遗嘱人设立遗嘱时，如果遗嘱人属于无民事行为能力人或限制民事行为能力人的，所立的遗嘱无效。

（四）关于自书遗嘱中的涂改、增删问题

对遗嘱内容进行涂改、增删是在改变原有遗嘱的内容，对于遗嘱人和继承人均有重要的影响，虽然《民法典》继承编对遗嘱涂改、增删问题没有具体规定，但是仍应当基于自书遗嘱的形式要件来判断涂改、增删内容的法律效力，即自书遗嘱中涂改、增删内容符合以下要件方为有效：1. 涂改、增删部分内容是否是遗

---

① 王利明：《中国民法典学者建议稿及立法理由·人格权编、婚姻家庭编、继承编》，法律出版社2005年版，第558页。

② 史尚宽：《继承法论》，中国政法大学出版社2000版，第435页

③ ［德］弗兰克、［德］海尔姆斯：《德国继承法》，王葆莳、林佳业译，中国政法大学出版社2015年版。

嘱人亲笔书写；2. 遗嘱人是否在涂改、增删部位签名确认并注明涂改、增删的年月日。符合这些要件方能证明自书遗嘱中的涂改、增删部分是遗嘱人的真实意思表示，这样涂改、增删部分方能有效。①

（五）司法实务中自书遗嘱形式瑕疵的效力认定

因为自书遗嘱发生法律效力是在遗嘱人死亡之后，此时已经失去与遗嘱人核实该遗嘱内容是否系其真实意思表示的可能性。故设立自书遗嘱需要在形式上予以严格的要求。但现实中常有遗嘱人因为笔误、欠缺法律常识或基于突发状况等不可抗力因素导致其自书遗嘱不符合法律规定的形式要件，称为自书遗嘱形式瑕疵。自书遗嘱效力瑕疵主要包括日期瑕疵、签名瑕疵、增删涂改瑕疵等，实践中对这些不同的效力瑕疵类型有不同的处理态度：一种是严格按照相关法律对自书遗嘱的形式要求裁定，不认可日期瑕疵自书遗嘱的法律效力；另一种是因可通过其他正式文件证明该遗嘱年月日的，根据遗嘱内容、证人证言等可以大概判断遗嘱年份或年月的，该自书遗嘱为唯一遗嘱的，认为日期瑕疵不影响该自书遗嘱的效力。对于签名瑕疵，司法实务中普遍对具有签名瑕疵（没有签名或以盖章、捺印代替签名）的自书遗嘱不承认其效力。增删、涂改效力瑕疵，对于在增删、涂改处进行说明并另行签名的，认可其效力；对于增删、涂改不影响意思表示的，认可其效力；对于增删、涂改部分内容可以通过其他书面文字得到印证的，认可其效力；对于增删、涂改部分涉及遗嘱的核心内容，可以证明该增删、涂改由非遗嘱人作出的，不认可其效力。

在我国公民法律意识普遍不高的情况下，形式有瑕疵的遗嘱将在未来很长一段时间内普遍存在，若采用严格的形式主义，过分强调遗嘱的形式要件，不仅严重损害了遗嘱人的利益，而且不符合时代发展的潮流。笔者认为，实践中应遵循遗嘱自由原则，不能将不符合形式要件的遗嘱机械地认定为无效，应结合具体案情具体分析，从而在确保遗嘱真实性、有效性并且能够体现遗嘱人真实意思表示的前提下，更好地保护遗嘱继承人、受遗赠人的利益。

【相关案例】

袁某甲与袁某乙、杨某遗嘱继承纠纷案②

该案的争议焦点是自书遗嘱有涂改之处，遗嘱人在涂改处仅按手印是否有

---

① 曹守晔：《民法典继承编条文理解与司法适用》，法律出版社 2020 版，第 114 页。

② （2014）渝五中法民终字第 04591 号。

效。熊某甲与袁某乙于1988年9月12日登记结婚，婚后未生育子女。2010年9月30日，重庆市渝中区人民法院判决解除熊某甲与袁某乙的婚姻关系，重庆市渝中区解放西路×号房屋所有权归袁某乙、熊某甲所有。2013年3月10日，熊某甲立有遗嘱，载明："立遗嘱人：熊某甲，男，汉族，72岁。本人现在神志清醒，自愿立遗嘱如下：一、本人自有位于渝中区×号住房，本人自有部分遗赠给杨某，并归还杜某乙多次借他的伍万元，根据遗产的多少，适当还给予一定的补偿。二、本人去世后，单位支付的丧葬费，抚恤金由杨某领取，本人身后事宜也由此人办理。三、因本人前妻及继女未尽相应扶养，赡养义务，对本人所有财产均无继承权。熊某甲与杨某属于表侄关系。熊某甲2013年3月10日。"熊某甲生病期间由杨某照顾。2013年3月21日，熊某甲因病去世。杨某负责料理熊某甲的丧事。袁某乙2009年将房子卖给袁某甲，因袁某甲当时没钱故没有支付房款，2012年支付了相应房款给袁某乙且签订了合同。杨某向一审法院起诉袁某甲及袁某乙，要求重庆市渝中区×号房屋50%的份额由原告杨某继承。

一审法院经审理后认为重庆市渝中区×号房屋系袁某乙与熊某甲取得的夫妻共同财产。熊某甲对该房屋享有一半的所有权，其对该财产可以自由处分。现有证据表明，熊某甲并无其他继承人。熊某甲生前自书有遗嘱，该遗嘱的形式符合法律规定的形式，合法真实有效。袁某甲、袁某乙虽对遗嘱有异议，但未举示相反证据证明，故对该遗嘱予以采信。该遗嘱载明，重庆市渝中区×号房屋的一半份额由杨某继承。被告不服提起上诉。二审法院认为，熊某甲于2013年3月10日自书遗嘱，将位于重庆市渝中区解放西路×号住房的自有部分遗赠给杨某，该遗嘱系熊某甲自书，意思表示真实。该份遗嘱虽有涂改之处，但熊某甲均在涂改之处加盖了手印予以确认，故其形式合法。因此支持一审判决。

【关联法条】

《继承法》第16条，《最高人民法院关于贯彻执行〈中华人民共和国继承法〉若干问题的意见》第40条

（撰稿人：彭怀）

第一千一百三十五条　【代书遗嘱】代书遗嘱应当有两个以上见证人在场见证，由其中一人代书，并由遗嘱人、代书人和其他见证人签名，注明年、月、日。

【释义】

《继承法》第17条第3款规定："代书遗嘱应当有两个以上见证人在场见证，由其中一人代书，注明年、月、日，并由代书人、其他见证人和遗嘱人签名。"本条在《继承法》第17条第3款的基础上进行了修改和完善，将该款单独成条，体现对不同遗嘱形式的重视，同时新增规定"遗嘱人、代书人和其他见证人签名，注明年、月、日"，修改了之前遗嘱人和其他见证人只签名不用注明年、月、日的规定。

代书遗嘱是指由遗嘱人口述遗嘱内容，他人代为书写而制作的遗嘱。根据遗嘱自由原则，遗嘱人可以自由选择遗嘱形式制作遗嘱，如果遗嘱人自己没有书写能力或者自己不能或不愿书写遗嘱的，可以选择由他人代写遗嘱。代书遗嘱不适用代理制度，代书人只是将遗嘱人基于自己的真实意思表示处分死后遗产的内容代为书写下来，并不能独立做出其他处分财产的法律行为，更不能篡改、扭曲、伪造遗嘱。代书遗嘱的有效成立应满足以下要件：

（一）有两个以上见证人在场见证

代书遗嘱由于需要代书人代为书写遗嘱内容，无法像自书遗嘱一样通过字迹、签名、日期等确认遗嘱的真伪，因此需要无利害关系的见证人来判断遗嘱的真实性。见证人需要符合以下条件：1. 具有见证遗嘱真实性的能力，根据《民法典》第1140条的规定，无民事行为能力人、限制民事行为能力人不能作为遗嘱见证人；2. 具有中立性，根据《民法典》第1140条的规定，继承人、受遗赠人及与继承人、受遗赠人有利害关系的人不能作为遗嘱见证人。只有遗嘱见证人与继承人、受遗赠人没有利害关系，才能够确保见证人客观、公正地证实遗嘱内容；3. 见证人最少为两人，并由其中一个见证人代书。数量上的要求是为了确保遗嘱的真实性、减少纠纷的发生；4. 时空一致性，即遗嘱人口述、代书人代书、见证人见证的时空一致性。时间上的同步性意味着遗嘱人口述遗嘱内容、代书人代书遗嘱、见证人监督代书人是否履行代书职责等行为基本上是同时发生的，代书人同步将遗嘱人口述的遗嘱内容完整无误地记录下来，遗嘱见证人监督代书人代书的过程及代书遗嘱是否与遗嘱人的意思表示一致。空间上的一致性意味着遗嘱人口述遗嘱内容、代书人代书遗嘱、见证人监督代书人是否履行代书职责等行为基本上是在同一个场合同步进行的，不能在遗嘱人口述后代书人在其他场合再代书遗嘱内容，也不能在代书人完成遗嘱之后在其他场合找见证人见证，应该是遗嘱人边口述、代书人边听写、见证人边见证在一个场合同步发生。[①] 虽然法条并未明文规定时空一致性，但是由于代书遗嘱是他人代为书写，因此在程序上应更加严格，从而才能保证代书遗嘱的内容与遗嘱人意思表示一致且未被篡改、伪造。

（二）由其中一个见证人代书

代书人必须亲笔书写遗嘱的全部内容，如果遗嘱的全部或部分内容不是代书人亲笔书写，则代书遗嘱不发生效力。代书人亲笔书写意味着代书人只能用笔书写遗嘱而不能使用打字机、影印机、传真机、电脑等其他方式书写。代书遗嘱不适用代理制度，代书人只是将遗嘱人基于自己的真实意思表示处分死后遗产的内容代为书写下来，并不能独立做出其他处分财产的法律行为，更不能篡改、扭曲、伪造遗嘱。

（三）由遗嘱人、代书人和其他见证人签名并注明年、月、日

《民法典》继承编修改了《继承法》第 17 条关于代书遗嘱的规定，代书人书写完遗嘱后，需要遗嘱人、代书人和其他见证人签字并注明年、月、日。这样既可以通过签名表明遗嘱人、代书人和其他见证人的身份及对遗嘱内容和制作过程的确认，也可以通过日期来判断立遗嘱的具体时间，从而为判断遗嘱的真实性和有效性做参考。因此，如果遗嘱人、代书人和见证人没有在遗嘱上签名并注明日期，而是另外起草一份文件将订立遗嘱的过程进行描述并在该文件上签名并注明日期，该文件由于不符合《民法典》继承编规定的遗嘱形式而无效。遗嘱人、代书人、见证人未在遗嘱上签名或注明日期，或注明的日期缺少年、月、日其中的某些要素都会导致遗嘱无效。

【相关案例】

沈某 1 与沈某 2 等法定继承纠纷案[②]

本案的争议焦点是两位见证人并未全程见证订立遗嘱的过程，见证遗嘱是否有效。被继承人施某英与沈某龙生育沈某 1、沈某 2、沈某 3，沈某龙与前妻生育沈某 4、沈某 5、沈某 6。沈某龙已于 2003 年 7 月去世，施某英于 2013 年 1 月 11 日去世。2011 年，因崇明新城建设，被继承人施某英所在崇明城桥镇运粮村东江 6 队遇到拆迁，经有关部门审核，施某英户核定应安置人数为 1 人，原有证面积 60 平方米，核定应安置面积为 60 平方米。2011 年 4 月 2 日，被继承人施某英与

---

① 曹守晔：《民法典继承编条文理解与司法适用》，法律出版社 2020 年版，第 119 页。
② （2018）沪 02 民终 2104 号。

上海崇明新城建设发展有限公司签订《拆迁补偿安置协议》一份，明确施某英核定应安置建筑面积为60平方米，可获得货币补偿款等合人民币（以下币种均为人民币）计88000元。同日，被继承人施某英将所得货币补偿款88000元缴入上海好锦房屋拆迁有限公司，作为安置期房的预收房款。2011年4月11日，被继承人施某英立有代书遗嘱一份，将安置房指定大女儿沈某1继承，剩余房屋价款也由其补齐。落款处由立遗嘱人施某英捺指印，代书人朱某达、见证人郁某某和杨某某分别签名、盖章，并加盖了上海市崇明建设镇法律服务所的印章。现系争房屋已经交房。沈某2、沈某3认为，被继承人施某英所立的上述代书遗嘱不符合法律要件，应属无效，对系争房屋要求按照法定继承办理，故涉讼。在设立代书遗嘱时，施某英躺在病床上，两位证人均在其病房内，朱某达向其宣读遗嘱内容，遗嘱是事先写好带过去的，念完后由施某英按了手印，两位证人在遗嘱上作了签名，遗嘱上两位证人的印章确属两人所有，但当时如何盖章均记不清楚了。至于施某英具体如何向朱某达表达遗嘱意思，以及遗嘱如何形成的，两位证人均未在场见证、参与，也不知情。本案当事人对两位证人证言均表示无异议。

一审法院经审理认为，本案中，根据代书人、两位见证人的陈述，立遗嘱人施某英向代书人陈述遗嘱意愿、代书人书写遗嘱的过程，两位见证人均未在场见证，故法院认定，该代书遗嘱不符合法律规定的形式要件，应属无效，对系争房屋应当按照法定继承办理，本案沈某1、沈某2、沈某3、沈某4、沈某5、沈某6六人均有继承权。当事人不服提出上诉，二审法院认为，第一，被继承人的意思表示和遗嘱的形成，在时间上和空间上都存在非同一性。第二，两位见证人并未全程见证订立遗嘱的过程，无法确保遗嘱的内容系遗嘱人真实意思的表示，见证过程有明显瑕疵。故一审认定涉案遗嘱不符合代书遗嘱的形式要件，系无效遗嘱并无不当，本院予以认可。

【关联法条】

《民法典》第1140条，《继承法》第17条

（撰稿人：彭怀）

第一千一百三十六条　【打印遗嘱】打印遗嘱应当有两个以上见证人在场见证。遗嘱人和见证人应当在遗嘱每一页签名，注明年、月、日。

【释义】

随着科技的发展和信息技术的普及，用电脑输入、用打印机打印已经慢慢替代手写方式成为生活、工作当中的主流，电脑、打印机等电子设备也已经是触手可及的设备，通过电脑输入、打印机打印的遗嘱也逐渐出现，而原有的遗嘱形式已无法满足社会实践日益发展的需要，因此《民法典》继承编新增打印遗嘱并单独成条，作为遗嘱人制定遗嘱的参考。根据本条规定，打印遗嘱有效成立应符合以下要件：

（一）应当有两个以上的见证人在场见证

由于打印遗嘱的字体是电脑中已有的字体，不能通过字体来鉴定是否是遗嘱人所写，因此需要两个以上的见证人作为见证从而保证打印遗嘱内容体现遗嘱人的真实意愿。见证人应当有两人以上且应当符合《民法典》第1140条的规定，即见证人并非无民事行为能力人和限制民事行为能力人、不是继承人、受遗赠人及与其有利害关系的人员。同时，打印遗嘱的见证人也应适用代书遗嘱中关于订立遗嘱的时空一致性的要求[①]，打印遗嘱实际上包含两个步骤，一是在电脑上书写遗嘱，二是在打印机上将遗嘱打印出来。见证人应当全程参与这两个过程，即全程见证遗嘱在电脑上书写完成并全程见证遗嘱在打印机上打印出来，从而确保整个过程不存在伪造、篡改遗嘱的可能性。

（二）遗嘱人、见证人应当在遗嘱的每一页签名并注明年、月、日

打印遗嘱与手写遗嘱不同的地方就在于打印遗嘱使用的是电脑文字库中的文字，仅通过字迹不能判断真伪，因此如果遗嘱打印出来以后不止一页，需要遗嘱人、见证人在遗嘱的每一页都签名并注明年、月、日，这样才能确保遗嘱的每一页都没有经过篡改和伪造，真正确保遗嘱内容体现遗嘱人的真实意愿。如果遗嘱人、见证人没有在每一页签名或注明年、月、日，则不能认定打印遗嘱有效。

（三）关于打印遗嘱的效力

如果遗嘱是由遗嘱人本人亲自在电脑上输入完成并通过打印机打印出来，并且由两个以上的见证人见证并在遗嘱的每一页上签字、注明年月日，根据本条的规定该遗嘱完全符合有效成立的条件。如果打印遗嘱是由遗嘱人在电脑上制作完成，并由见证人之一负责打印出来，此时应当判断打印过程中遗嘱人是否全程参与并且遗嘱没有被修改，如果遗嘱人全程参与并且遗嘱未被修改那么应该认定该

---

① 曹守晔：《民法典继承编条文理解与司法适用》，法律出版社2020年版，第125页。

打印遗嘱有效，反之，如果遗嘱人并未参与打印的过程，根据遗嘱要式原则，应当认定该遗嘱无效。①

【相关案例】

陈某4等与陈某2继承纠纷案②

本案争议焦点是：在《继承法》未规定打印遗嘱这一遗嘱形式的情况下，遗嘱人所订立的打印遗嘱是否有效。王某云与陈某兴系夫妻关系，共育有子女四人，长子陈某3、次子陈某1、长女陈某4、次女陈某2。陈某兴于2006年8月26日去世，王某云于2014年2月18日去世。陈某兴去世后，王某云曾以析产继承纠纷为由将陈某3、陈某1、陈某4、陈某2诉至法院，法院经审理后作出（2008）朝民初字第05189号生效民事判决书认定：位于北京市朝阳区十八里店乡六道口村××号院内北房东数第一间、第二间房屋归王某云所有，该房向南所对应的院落由王某云管理使用。本案庭审中，陈某2提交《遗嘱》一份，欲证明王某云生前曾留下遗嘱指定陈某2继承其在××号院享有的相关权利。该《遗嘱》主文内容为打印字迹，落款处，立遗嘱人部分有手写签名王某云，并有手印按于其上；见证人部分有手写签名王某1、王某棋、夏某、王某2、张某、柳某，并分别按有手印。时间为2007年11月11日。陈某3、陈某4认可《遗嘱》，陈某1对《遗嘱》不予认可，并口头提出鉴定申请，但庭审过程中却拒不提供鉴定比对检材。另，本案审理过程中，陈某2申请证人王某1、夏某、王某2、张某、柳某出庭作证，法院予以准许，陈某3、陈某4对证人证言予以认可，陈某1对证人证言不予认可。

一审法院审理认为，根据本案查明的事实，王某云将其对北京市朝阳区十八里店乡六道口村××号院内北房东数第一间、第二间房屋及院落享有的权利交由陈某2继承应属王某云真实意思表示，且王某云通过遗嘱形式予以确定，具有相应的效力，法院依法予以认定。陈某1虽对《遗嘱》真实性提出异议，但经法院释明其拒不提交相应检材，应当承担举证不能的相关后果，法院对其异议不予采信。原审被告陈某1不服原判决提出上诉，二审法院认为，遗嘱的效力应以尊重被继承人真实意思表示为原则。陈某2出示的打印遗嘱由王某云签名捺印，并有六个见证人予以见证并签名。陈某1虽对该遗嘱的真实性持有异议，但经一审法

① 曹守晔：《民法典继承编条文理解与司法适用》，法律出版社2020年版，第126页。
② （2017）京03民终1883号。

院释明其拒不提交相应检材，故陈某1应当承担举证不能的法律后果。一审法院综合考虑陈某2对王某云的赡养情况、王某云的遗嘱形成过程、以及陈某1未能提供证据证明该遗嘱非王某云的真实意思表示等方面，对该打印遗嘱的法律效力予以认定，并无不当。

【关联法条】

《民法典》第1140条

（撰稿人：彭怀）

第一千一百三十七条　【录音录像遗嘱】以录音录像形式立的遗嘱，应当有两个以上见证人在场见证。遗嘱人和见证人应当在录音录像中记录其姓名或者肖像，以及年、月、日。

【释义】

《继承法》第17条第4款规定了录音遗嘱这一法定遗嘱形式，即“以录音形式立的遗嘱，应当有两个以上见证人在场见证”，录音遗嘱具有简单易行、可靠性强等特点，在社会实践中也适应了广大人民群众的现实需要。《民法典》继承编在《继承法》的基础上做了修改和完善，一是新增录像遗嘱这一新的遗嘱形式，毕竟随着社会的发展和信息技术的普及，手机、摄像机等电子设备的录像功能也得到越来越多的运用，与录音文件相比录像资料更加直观、全面，也更具可靠性，因此新增录像遗嘱这一遗嘱形式能够更好地满足科技发展和人民群众的实际需求；二是新增规定“遗嘱人和见证人应当在录音录像中记录其姓名或者肖像，以及年、月、日”，这是对遗嘱形式要件的规范，如果遗嘱人或见证人没有在录音录像中记录姓名或者肖像并注明日期，该遗嘱就不符合本条关于录音录像遗嘱的形式要件，应被确认为无效的遗嘱。

录音录像遗嘱包括录音遗嘱和录像遗嘱，录音遗嘱是遗嘱人口述遗嘱内容并用录音机、录音笔、录音带等录音的方式记录而成的遗嘱，录像遗嘱是指遗嘱人表达遗嘱内容并用录像机、照相机等录像的方式记录而成的遗嘱。录音遗嘱一般是通过遗嘱人口述的方式记录遗嘱内容，录像遗嘱除了由遗嘱人口述表达遗嘱内容之外，如果遗嘱人是聋哑人的也可以通过手语的形式表达遗嘱内容。不论是录音遗嘱还是录像遗嘱，遗嘱内容都应由遗嘱人亲自表达，而不能通过其他人代为表达，否则遗嘱应视为无效。由于信息技术的不断发展，录音录像遗嘱也可能通过剪辑技术被篡改或伪造，因此为了确保录音录像遗嘱的真实性和有效性，录音录像遗嘱应符合以下形式要件：

（一）有两个以上的见证人在场见证

录音录像遗嘱和代书遗嘱、打印遗嘱一样，也需要有两个以上的见证人，见证人应当符合《民法典》第 1140 条的规定，即见证人并非无民事行为能力人和限制民事行为能力人、不是继承人、受遗赠人及与其有利害关系的人员。见证人应当亲自参与制作录音录像遗嘱的过程，作为见证人全程到场见证，如果见证人本人委托他人进行见证，则受托人为见证人而委托人不得成为见证人。录音录像遗嘱的制作过程主要包括遗嘱人口述或用其他方式表述遗嘱内容、遗嘱人和见证人记录姓名或肖像、注明年月日、封存保管录音录像遗嘱等，见证人应当全程参与并见证整个过程。在录制的过程中也应该采取“一镜到底”的方式进行录制，即从录音录像遗嘱制作过程的开始到结束录音或录像都不能停止，在设备出现问题时应当重新录制。在用录像形式订立遗嘱时，遗嘱人和见证人清晰的特写镜头和订立遗嘱的全部环境场景的全景镜头也应有所体现。①

（二）遗嘱人和见证人应当在录音录像中记录其姓名或者肖像

根据本条规定，遗嘱人和见证人都应当在录音录像中记录其姓名或者肖像，遗嘱人和见证人可以选择在录音录像中记录姓名或者记录肖像，当然同时记录姓名和肖像更能减少日后纠纷的可能性。如果遗嘱人或者见证人没有在录音录像中记录姓名或者肖像，那么该录音录像遗嘱就不符合录音录像遗嘱的形式要件，应被认定为无效。遗嘱人和见证人都应当在录音录像中记录自己的姓名或者肖像，毕竟录音录像文件与书面材料不同，遗嘱人和见证人无法签名，因此需要在录音遗嘱或者录像遗嘱中记录自己的姓名或者肖像。在录音遗嘱中，遗嘱人和见证人应当清晰地说出自己的姓名，即清晰地说出自己在居民身份证或者户口簿上登记的姓名，为了能够更好地确认遗嘱人和见证人的身份，也可以同时念出自己的身份证号码从而更好地核对遗嘱人和见证人的个人信息。在录像遗嘱中，遗嘱人和见证人应当在录像中展示遗嘱人和见证人的肖像，遗嘱人和见证人的身体影像尤其是脸部图像应当清晰地录制下来，在记录肖像的同时遗嘱人和见证人可以用口述或其他方式表述其姓名，在记录姓名时应当按照顺序分别进行，并通过录像清晰地录制下来。

① 曹守晔：《民法典继承编条文理解与司法适用》，法律出版社 2020 年版，第 132 页。

（三）遗嘱人和见证人应当在录音录像中记录年、月、日

录音录像中的年、月、日是表明遗嘱真实性和有效性的重要因素，遗嘱人和见证人应当在录音或录像中清晰、完整地记录制作遗嘱的日期，年、月、日三者缺一不可。如果遗嘱人或者见证人没有在录音录像中记录年、月、日，或者遗嘱人和见证人在录音录像中记录的年、月、日缺少某一要素，该遗嘱都应被看作无效。遗嘱人和见证人没有在录音录像遗嘱中口述年、月、日，而是在封存遗嘱的材料上记录姓名和日期，应当认定为无效。

【相关案例】

Z某与赵某继承纠纷案①

本案的争议焦点是适用遗嘱继承还是法定继承，在《继承法》并未规定录像遗嘱这一遗嘱形式的情况下是否认可录像遗嘱的效力。被告赵某系被继承人张某颖的母亲。原告Z某与被继承人张某颖系夫妻关系，二人于2009年9月14日在中国大连登记结婚，无婚生子女。被继承人张某颖后于2013年9月17日在英国波尔德斯利市伯明翰哈特兰德医院去世。被继承人张某颖死亡时遗留的个人合法财产有：2008年12月9日登记的坐落于辽宁省大连市金州区友谊街道北山路31号××，面积为81.87平方米楼房一套。该套楼房现由被告赵某实际占有，原、被告双方均认可该房屋当前价值人民币五十万元。由于原、被告对遗产的继承问题没有达成一致意见，故原告向法院起诉，要求按被继承人张某颖的录像遗嘱继承其遗产楼房一套。另查，对被继承人张某颖的遗产进行法定继承的第一顺序继承人为原告Z某及被告赵某。又查，被继承人张某颖去世之前在英国就医治疗期间留下录像遗嘱一份，在立遗嘱过程中未有见证人在场见证。

一审法院审理认为，我国《继承法》第17条第4款规定了"以录音形式立的遗嘱，应当有两个以上见证人在场见证"。根据上述规定，我国法律规定了可以以录音形式立遗嘱。关于录音形式与录像形式的关系问题，录音即将声音信号记录在媒质上的过程。而录像则是将图像及声音信号记录在媒质上的过程。所以，录像形式中包含着录音形式即记录声音信号，故对此可以理解为以录像形式所立的遗嘱是一种符合我国法律规定的证明力加强型的录音遗嘱。但原告提供的录像遗嘱，并未有两个以上的见证人在场见证，不符合我国法律规定。因此，原告提供的录像遗嘱不具备法定的生效条件，属无效遗嘱。故本院对原告所提供的

① （2017）辽02民终7677号。

被继承人的录像遗嘱不予采信，亦对原告提出的要求按遗嘱继承的主张不予支持。原告不服原判提出上诉，二审法院认为遗嘱必须符合我国法律规定的形式要件。在本案中，上诉人Z某提供的视听资料不符合我国继承法对于录音遗嘱的规定，故一审法院未采信该份视听资料，并按照法定继承处理本案正确。

本案中，一审法院认可了录像遗嘱的效力，并没有采取严格的法定遗嘱形式观点，并对录音遗嘱进行了扩大解释，认为录像遗嘱属于录音遗嘱的“加强型”，二审法院则认为视听资料遗嘱不符合录音遗嘱的规定，不认同录像遗嘱的效力。在《民法典》继承编新增了录像遗嘱这一遗嘱形式后，这样的分歧便将不再发生。

【关联法条】

《继承法》第17条第4款，《民法典》第1140条

（撰稿人：彭怀）

第一千一百三十八条 【口头遗嘱】 遗嘱人在危急情况下，可以立口头遗嘱。口头遗嘱应当有两个以上见证人在场见证。危急情况消除后，遗嘱人能够以书面或者录音录像形式立遗嘱的，所立的口头遗嘱无效。

【释义】

口头遗嘱即为遗嘱人通过口述的形式设立的遗嘱，《继承法》第17条第5款规定了口头遗嘱的相关内容：“遗嘱人在危急情况下，可以立口头遗嘱。口头遗嘱应当有两个以上见证人在场见证。危急情况解除后，遗嘱人能够用书面或者录音形式立遗嘱的，所立的口头遗嘱无效。”《民法典》继承编第1138条在《继承法》口头遗嘱相关规定的基础上进行了部分修改，规定：“危急情况消除后，遗嘱人能够以书面或者录音录像形式立遗嘱的，所立的口头遗嘱无效。”关于口头遗嘱的规定包含以下理解：

（一）设立口头遗嘱的前提是遗嘱人处于危急情况

危急情况一般指遗嘱人生命垂危、遇到重大灾害和其他特殊情况，如战争等紧急情况，在这些危急情况下遗嘱人随时都有生命危险，来不及或无法用其他形式设立遗嘱。危急情况是设立口头遗嘱的前提条件，如果不是在危急情况下设立

的遗嘱无效，如在日常生活中口头表述遗嘱的无效。由于处于危急情况，遗嘱人通过口头表述遗嘱受益人、分配原则、遗嘱执行人等内容，而不用采取其他书面形式或录音录像形式。

（二）设立口头遗嘱应当有两个以上见证人在场见证

由于设立口头遗嘱是在危急情况下，遗嘱人无法通过其他书面或录音录像形式设立遗嘱，因此只能通过见证人在场见证从而确保遗嘱人处分个人财产的真实性和有效性。见证人应当符合《民法典》第1140条的规定，即见证人并非无民事行为能力人和限制民事行为能力人、不是继承人、受遗赠人及与其有利害关系的人员。与自书遗嘱、代书遗嘱、打印遗嘱、录音录像遗嘱不同，口头遗嘱不要求采用书面或者录音录像形式，也不要求遗嘱人、见证人签名、注明年月日等。见证人应当全程参与遗嘱人在危急情况下口头表述遗嘱的过程，不能由他人转述遗嘱人口头表述的内容，否则口头遗嘱无效。如果遗嘱人在设立口头遗嘱时只有一个见证人的，口头遗嘱由于不符合法定形式要件无效，只能按照法定继承的规则分配遗产。

（三）口头遗嘱的效力

如果遗嘱人在危急情况下设立了口头遗嘱后死亡，且口头遗嘱符合生效的形式要件，则口头遗嘱有效。如果遗嘱人在危急情况下设立了口头遗嘱之后没有死亡，在危急情况消除后口头遗嘱的应急功能即归于消灭，此时遗嘱人应当以其他书面形式或录音录像形式另立遗嘱，原有的口头遗嘱失去效力。在民法典立法过程中，对于口头遗嘱的规定经过了几次修正，《民法典》继承编草案（2018年4月征求意见稿）和《民法典》各分编草案（2018年9月5日社会公众征求意见稿）都规定了“危急情况消除后，遗嘱人能够用书面或者录音录像形式立遗嘱的，所立的遗嘱经过三个月无效”这一口头遗嘱的失效期限，但是由于口头遗嘱形式要件简单、容易被人遗忘、伪造和篡改，因此在危急情况解除后规定口头遗嘱失效可以促使遗嘱人用其他书面形式或录音录像形式制定遗嘱，同时也避免了口头遗嘱内容可能缺乏周密考虑的不利影响。最终《民法典》继承编删除了“经过三个月”的规定，即危急情况消除后，遗嘱人能够以书面或者录音录像形式立遗嘱的，所立的口头遗嘱无效。

根据以上的推论，若危急情况没有解除、遗嘱人去世且口头遗嘱符合法定形式要件的，口头遗嘱有效；若危急情况解除后、遗嘱人在世且能够以其他书面形式或录音录像形式设立遗嘱的，口头遗嘱无效。除此之外，如果危急情况虽然解除了，但是遗嘱人因为时间、客观条件等原因无法设立其他书面或录音录像遗嘱的，也应当认定口头遗嘱有效。1. 危急情况虽然解除，但是遗嘱人根本没有时间去设立其他形式的书面遗嘱或录音录像遗嘱，那么遗嘱人设立的口头遗嘱应当为有效的遗嘱；2. 危急情况虽然解除，但是遗嘱人由于客观条件限制无法设立其他形式的遗嘱，遗嘱人去世后应当认定口头遗嘱有效，如遗嘱人在危急情况解除后由于条件限制没有纸笔书写遗嘱、没有电脑和打印机来设立打印遗嘱、没有录音录像设备来录制遗嘱等，此时应当认定遗嘱人先前所设立的口头遗嘱有效；3. 如果遗嘱人在危急情况解除后，在没有上述时间、客观条件限制的情况下依然没有设立其他形式的书面遗嘱或录音录像遗嘱的，应当认定遗嘱人先前设立的口头遗嘱无效。①

综上所述，口头遗嘱的效力可以分为以下几类：1. 危急情况没有解除、遗嘱人去世且口头遗嘱符合法定形式要件的，口头遗嘱有效；2. 危急情况解除后、遗嘱人在世且以其他书面形式或录音录像形式设立遗嘱的，口头遗嘱无效；3. 危急情况虽然解除了，但是遗嘱人因为时间、客观条件等原因无法设立其他书面或录音录像遗嘱的，而后去世的，也应当认定口头遗嘱有效；4. 危急情况解除后、遗嘱人在世且能够以其他书面形式或录音录像形式设立遗嘱，没有另立其他遗嘱的，其遗产按照法定继承的方式分配。

【相关案例】

黄某某与裘某某等法定继承纠纷案②

本案的焦点之一是被继承人在死亡前30个小时之内神志清醒、精神正常，在死亡前30个小时所做的口头遗嘱是否有效。被继承人黄A于2012年11月9日19时23分死亡，被继承人尹A于2003年3月27日死亡。裘某某系黄A的徒弟，黄某某系黄A、尹A夫妻的养子，尹某系尹A的侄女。黄某某因家庭矛盾于1994年年初起与黄A、尹A断绝往来，黄A、尹A于1995年7月迁入上海市赤峰路×弄×号×室房屋（以下简称赤峰路房屋）居住，他们对外自称无子女，当地居委会以孤老对待。尹A去世后，黄A所立墓碑上写着“姑父母黄A、尹A之墓，侄女尹某公元二〇〇三年冬至立”。2012年11月8日中午，黄A突发疾病晕倒在路边，被送到医院抢救，其苏醒后要求联系的是当地居委会干部和裘某某。黄A去世后，其原工作单位的退管中心寻找到黄某某，告知黄A已去世。由于裘某某、黄某某为办理黄A丧事及遗产的处理上发生冲突，裘某某认为黄A生前留有口头遗嘱，故于2013年6月起诉至法院，要求依法继承被继承人名下遗产。

---

① 曹守晔：《民法典继承编条文理解与司法适用》，法律出版社2020年版，第137页。

② （2013）沪二中民一（民）终字第2117号。

原审法院认为，黄A的病历记载表明，黄A去世前将近30个小时是神志清醒，精神正常的，且有医生陪伴，因此不符合口头遗嘱所要求的“危急情况”。黄A完全可以立自书遗嘱，或立代书遗嘱，也可以立录音遗嘱等。因此，即使黄A立过口头遗嘱，在危急情况消除后，也是无效的。从裘某某与两位证人及黄A在医院的对话内容来看，黄A并非在立遗嘱，而是一种遗赠扶养协议的表示。两被继承人生前未留有遗嘱，其遗产本应由唯一的法定继承人即黄某某继承。然而，黄某某作为两被继承人的唯一养子，在两被继承人晚年时期非但未尽心尽力照顾两位老人的生活，而是以所谓的“家庭矛盾”与两位老人断绝来往。我国继承法规定“有扶养能力和有扶养条件的继承人，不尽扶养义务的，分配遗产时，应当不分或者少分。”故对于两被继承人的遗产，黄某某应当不分或者少分。我国继承法又规定“继承人以外的对被继承人扶养较多的人，可以分给他们适当的遗产”。判决三人分别按份共有房屋和存款。二审法院认定原审认定事实清楚，判决并无不当。

【关联法条】

《继承法》第17条第5款，《民法典》第1140条

（撰稿人：彭怀）

第一千一百三十九条　【公证遗嘱】公证遗嘱由遗嘱人经公证机构办理。

【释义】

《民法典》继承编保留了《继承法》第17条第1款关于公证遗嘱的规定，主要的变化在于：1.《民法典》继承编将公证遗嘱列为独立的一条，并将公证遗嘱的位置由原来《继承法》第17条第1款改为各种遗嘱形式的最后一条；2.《民法典》继承编删除了《继承法》第20条第3款“自书、代书、录音、口头遗嘱，不得撤销、变更公证遗嘱”的规定，保留了《继承法》“立有数份遗嘱，内容相抵触的，以最后的遗嘱为准”的规定，毕竟赋予公证遗嘱在适用效力上的优先性且不允许遗嘱人以其他形式的遗嘱撤回或者变更公证遗嘱将限制遗嘱人的自由，违背了遗嘱自由原则和遗嘱制度的宗旨，《民法典》继承编所做的上述改变取消了公证遗嘱的优先效力并确立了“遗嘱设立在后效力优先”原则。在民法典立法

过程中，公证遗嘱的规定也曾经几经变化，2017 年 7 月 28 日民法室室内稿、2018 年 4 月征求意见稿和 2018 年 9 月 5 日社会公众征求意见稿都规定了设立公证遗嘱的具体形式要件，即“公证机构办理遗嘱公证，应当由两个以上公证员共同办理。特殊情况下只能由一个公证员办理的，应当有一个以上见证人在场”，不过之后的征求意见稿和正式通过的《民法典》并未保留上述规定，毕竟关于遗嘱公证的具体程序已经在《公证法》《公证程序规则》《遗嘱公证细则》等法律、规章中有了详尽的规定，办理遗嘱公证时只需参考这些具体规定即可，《民法典》继承编不用再做重复规定。

公证是公证机构根据自然人、法人或者其他组织的申请，依照法定程序对民事法律行为、有法律意义的事实和文书的真实性、合法性予以证明的活动。遗嘱公证是公证处按法定程序证明遗嘱人设立遗嘱行为真实、合法的活动。经公证证明的遗嘱为公证遗嘱。根据以上法律、规章的规定，公证遗嘱的办理应符合以下要求：

（一）遗嘱人需要亲自申请办理

遗嘱人申办遗嘱公证需要亲自到遗嘱人住所地或者遗嘱行为发生地公证处提出申请，并提交：1. 居民身份证或者其他身份证件；2. 遗嘱涉及的不动产、交通工具或者其他有产权凭证的财产的产权证明；3. 公证人员认为应当提交的其他材料。遗嘱人亲自到公证处有困难的，可以以书面或者口头形式请求有管辖权的公证处指派公证人员到其住所或者临时处所办理。符合上述条件的，公证处应当受理申请，并由两名公证人员共同办理，由其中一名公证员在公证书上署名。因特殊情况由一名公证员办理时，应当有一名见证人在场，见证人应当在遗嘱和笔录上签名。同时，为保证公证遗嘱的真实性，遗嘱人与公证人员有近亲属身份关系的，公证人员应当回避，遗嘱人认为出场办理公证的人员有某种利害关系会影响公证的，有权要求公证人员回避。[1]

（二）公证处询问遗嘱人

公证人员询问遗嘱人，除见证人、翻译人员外，其他人员一般不得在场。谈话笔录应当着重记录下列内容：1. 遗嘱人的身体状况、精神状况；2. 遗嘱人家庭成员情况；3. 遗嘱所处分财产的情况，是否属于遗嘱人个人所有，以前是否曾以遗嘱或者遗赠扶养协议等方式进行过处分，有无已设立担保、已被查封、扣押等限制所有权的情况；4. 遗嘱人所提供的遗嘱或者遗嘱草稿的形成时间、地点和

① 杨立新：《中华人民共和国民法典释义与案例评注：继承编》，中国法制出版社 2020 年版，第 221 页。

过程，是自书还是代书，是否本人的真实意愿，有无修改、补充，对遗产的处分是否附有条件；5. 是否指定遗嘱执行人及遗嘱执行人的基本情况。如果遗嘱人属于年老体弱、危重病人、聋哑盲人、间歇性精神病患者等人群，谈话时应当录音或者录像。应当注意的是，对这类人群谈话时进行录音录像并不是遗嘱公证生效的必备要件，只是为了通过录音录像增强遗嘱公证的证明力、更好地保护遗嘱人的合法权益，因此如果当事人以未在谈话时录音或录像主张遗嘱公证无效的，一般不会予以支持。①

（三）遗嘱人在公证人面前确认遗嘱或由公证人代为起草遗嘱

遗嘱人提供的遗嘱，无修改、补充的，遗嘱人应当在公证人员面前确认遗嘱内容、签名及签署日期属实。遗嘱人提供的遗嘱或者遗嘱草稿，有修改、补充的，经整理、誊清后，应当交遗嘱人核对，并由其签名。遗嘱人未提供遗嘱或者遗嘱草稿的，公证人员可以根据遗嘱人的意思表示代为起草遗嘱，即遗嘱人向公证人表述遗嘱。公证人员代拟的遗嘱，应当交遗嘱人核对，并由其签名。

（四）公证处审查并办理遗嘱公证

符合以下情况的，公证处应当出具公证书：1. 遗嘱人身份属实，具有完全民事行为能力；2. 遗嘱人意思表示真实；3. 遗嘱人证明或者保证所处分的财产是其个人财产；4. 遗嘱内容不违反法律规定和社会公共利益，内容完备，文字表述准确，签名、制作日期齐全；5. 办证程序符合规定。不符合前款规定条件的，应当拒绝公证。公证遗嘱采用打印形式。遗嘱人根据遗嘱原稿核对后，应当在打印的公证遗嘱上签名。遗嘱人不会签名或者签名有困难的，可以盖章方式代替在申请表、笔录和遗嘱上的签名；遗嘱人既不能签字又无印章的，应当以按手印方式代替签名或者盖章。有前款规定情形的，公证人员应当在笔录中注明。以按手印代替签名或者盖章的，公证人员应当提取遗嘱人全部的指纹存档。

（五）公证遗嘱的效力

公证遗嘱如果违反了上述形式要件，将会导致公证遗嘱违反了法定公证程序而被撤销，如只有一名公证员负责办理公证遗嘱且无见证人在过程中见证，此时公证遗嘱便可以因违反程序性规定而被撤销。但是，公证遗嘱由于遗嘱人死亡或者丧失行为能力而终止，或者由于违反法定的形式要件而被撤销的，并不当然的按照法定继承的方式分配遗嘱人的遗产。根据《遗嘱公证细则》第19条的规定："公证处审批人批准遗嘱公证书之前，遗嘱人死亡或者丧失行为能力的，公证处应当终止办理遗嘱公证。遗嘱人提供或者公证人员代书、录制的遗嘱，符合代书

① 曹守晔：《民法典继承编条文理解与司法适用》，法律出版社2020年版，第146页。

遗嘱条件或者经承办公证人员见证符合自书、录音、口头遗嘱条件的，公证处可以将该遗嘱发给遗嘱受益人，并将其复印件存入终止公证的档案。公证处审批人批准之后，遗嘱人死亡或者丧失行为能力的，公证处应当完成公证遗嘱的制作。遗嘱人无法在打印的公证遗嘱上签名的，可依符合第十七条规定的遗嘱原稿的复印件制作公证遗嘱，遗嘱原稿留公证处存档。”由此可知，遗嘱人的死亡或者丧失行为能力是在公证处审批人审批之前，如果公证人员代书的遗嘱符合代书遗嘱有效的形式要件，或者遗嘱人提供的遗嘱符合自书、录音、口头等遗嘱形式有效要件的，则应按照该有效的遗嘱处理遗产。如果遗嘱人的死亡或者丧失行为能力是在公证处审批人审批之后，公证处可以继续完成公证遗嘱的制作，且具有法律效力。

【相关案例】

杜某冰、杜某珊法定继承纠纷案[①]

本案争议焦点为公证处在遗嘱人死亡之后批准公证申请的，涉案遗嘱是否有效。杜某金于2018年2月21日死亡，其生前有三段婚姻，第一次婚姻是与周某莲结婚，婚后生育了三个子女，分别是杜某冰、杜某珊、杜某南，双方于2004年1月10日经法院判决离婚。第二段婚姻是与陆某珍登记结婚，婚后未生育子女，双方于2006年5月10日登记离婚。第三段婚姻是与谢某珍登记结婚，婚后未生育子女。杜某金于2018年2月8日向佛山市禅城公证处申请遗嘱公证，该公证处的公证员杜某成及工作人员朱某成于同日与杜某金制作了谈话笔录，并进行了录像、拍照，且宣读了代为草拟的《遗嘱》，杜某金亦对《遗嘱》内容予以确认，公证处制作的《询问笔录》、录像、照片亦可印证遗嘱的真实性。由于杜某金将财产全部交由谢某珍继承，杜某冰等人便提起诉讼，认为案涉遗嘱无效。

一审法院认为，杜某金于2018年2月8日申请遗嘱公证，该公证处的公证员杜某成及工作人员朱某成于同日与杜某金制作了谈话笔录，并进行了录像、拍照，且宣读了代为草拟的《遗嘱》，杜某金亦对《遗嘱》内容予以确认，若公证处审批人完成批准手续时间是在杜某金死亡之前，则公证处出具的遗嘱公证书符合法律规定，杜某金所立遗嘱属公证遗嘱，合法有效。若公证处审批人完成批准手续时间是在杜某金死亡之后，则杜某金所立遗嘱符合代书遗嘱的构成要件，亦合法有效。因此，案涉遗嘱应为合法有效的遗嘱，法院对杜某冰等四人的上述主

---

① （2019）粤06民终2738号。

张不予采纳。原告不服提出上诉，二审法院认为，杜某金在公证处审批人批准遗嘱公证书之前三日已去世，按照《遗嘱公证细则》第 19 条的规定，应当终止办理公证遗嘱。而佛山市禅城公证处于 2018 年 2 月 8 日当日同时制作了另一份《遗嘱》，由公证处留存，上有落款为代书人：朱某成；在场人：朱某成、杜某成；立遗嘱人处有杜某金签章、按指模，并注明年、月、日，该遗嘱符合代书遗嘱的构成要件。该代书遗嘱能够充分反映遗嘱人的真实意思表示，因此应当按照代书遗嘱来分配遗嘱人的遗产，故驳回上诉、维持原判。

【关联法条】

《民法典》第 1142 条，《继承法》第 17 条第 1 款、第 20 条，《公证法》第 2 条、第 25 ~ 27 条、第 53 条，《遗嘱公证细则》第 3 条、第 5 ~ 7 条、第 12 ~ 14 条、第 16 ~ 19 条，《公证程序规则》第 11 条、第 14 条、第 17 ~ 19 条、第 36 条、第 41 ~ 42 条、第 48 条、第 50 条、第 53 条

（撰稿人：彭怀）

第一千一百四十条　【不能作为遗嘱见证人的情形】 下列人员不能作为遗嘱见证人：

（一）无民事行为能力人、限制民事行为能力人以及其他不具有见证能力的人；

（二）继承人、受遗赠人；

（三）与继承人、受遗赠人有利害关系的人。

【释义】

遗嘱见证人是指在现场亲历遗嘱人立遗嘱的过程，能够证明遗嘱真实性的人。为了确保遗嘱的真实性和有效性，本章规定的遗嘱形式有些需要遗嘱见证人全程参与见证，如代书遗嘱、打印遗嘱、录音录像遗嘱、口头遗嘱，根据《遗嘱公证细则》第 6 条的规定：“……因特殊情况由一名公证员办理时，应当有一名见证人在场，见证人应当在遗嘱和笔录上签名。见证人、遗嘱代书人适用《中华人民共和国继承法》第十八条的规定”，证明公证遗嘱在特殊情况下也需要见证人进行见证。遗嘱见证人见证的事项主要包括以下几个方面：1. 证明立遗嘱人具

有完全民事行为能力；2. 证明立遗嘱时的情况，主要是证明遗嘱人立遗嘱时是否出于自愿，有无不当影响，在口头遗嘱中，遗嘱见证人还应当证明遗嘱人当时所处的危急情况；3. 记录遗嘱内容，在代书遗嘱中，应当由其中一名见证人代书，该见证人应当记录遗嘱内容，在口头遗嘱中，也需要见证人记录遗嘱内容；4. 进行签名并注明年、月、日。在代书遗嘱、打印遗嘱中，有关见证人应当在代书的遗嘱与打印遗嘱的每一页上签名，并注明年、月、日，在录音录像遗嘱中，见证人应当在录音录像中记录姓名或者肖像以及年、月、日。[①]

《继承法》第 18 条规定了不能作为遗嘱见证人的人员，即无行为能力人、限制行为能力人，继承人、受遗赠人，与继承人、受遗赠人有利害关系的人。《民法典》继承编在《继承法》第 18 条的基础上做了部分修改，一是将无行为能力人、限制行为能力人修改为无民事行为能力人和限制行为能力人，以适应《民法典》对自然人行为能力概念的修正；二是在《继承法》第 18 条第 1 项的基础上新增了一项兜底性的条款“其他不具有见证能力的人”。其他内容《民法典》继承编的规定与《继承法》的规定并无不同。根据本条的规定，以下人员不得担任遗嘱见证人：

（一）无民事行为能力人、限制民事行为能力人以及其他不具有见证能力的人

本项从自然人民事行为能力是否完全以及自然人自身的身体状况是否允许的角度来对遗嘱见证人的资格进行限制。1. 无民事行为能力人、限制民事行为能力人主要包括：八周岁以上的未成年人（十六周岁以上以自己劳动收入为主要生活来源的除外）、八周岁以下的未成年人、不能辨认或者不能完全辨认自己行为的成年人，由于这些无民事行为能力人和限制民事行为能力人不具有或不完全具有辨认自己行为的能力，允许其作为遗嘱见证人见证遗嘱设立的过程并不能确保遗嘱的真实性、有效性，因此无民事行为能力人和限制民事行为能力人不能作为遗嘱见证人；2. 作为遗嘱见证人的完全民事行为能力人还需要具有见证能力。根据上述结论可知，只有完全民事行为能力人才能作为遗嘱见证人，但是这并不意味着只要是完全民事行为能力人就有作为遗嘱见证人的资格，在一些情况下，有的完全民事行为能力人并不具有事实上的见证能力，这需要根据个案的具体情况具体分析。比如，文盲或对遗嘱所使用的语言不了解的人无法对代书遗嘱、打印遗嘱、公证遗嘱等进行见证，盲人、耳朵失聪人员则不能对口头遗嘱、录音录像遗

① 杨立新：《中华人民共和国民法典释义与案例评注：继承编》，中国法制出版社 2020 年版，第 228 页。

嘱等进行见证，这些人员对于遗嘱具体内容的识别和理解存在一定的欠缺，如果允许他们作为遗嘱见证人可能会影响遗嘱的真实性和有效性。

（二）继承人、受遗赠人

为了确保遗嘱能够体现遗嘱人的真实意思表示，遗嘱见证人除了具有见证能力以外，还需要与遗嘱没有利害关系，否则在利益的驱使下遗嘱见证人很可能对遗嘱人施加压力，从而影响遗嘱的真实性和有效性。作为与遗嘱具有最直接利害关系的继承人与受遗赠人，应当从可作为遗嘱见证人的人员中排除。1. 受遗赠人。受遗赠人是遗嘱人在遗嘱中指定的接受其遗赠的法定继承人以外的人，是遗嘱的直接受益人，故不能作为遗嘱见证人。2. 继承人。关于此处规定的不能作为遗嘱见证人的继承人的范围有两种说法，一是所有的遗嘱人的法定继承人皆不能作为遗嘱见证人，如有法院判决认为见证人是遗嘱人的妹妹，“属于第二顺位的法定继承人，属于‘继承人’的范畴”[①]；二是只有遗嘱指定的继承遗产的法定继承人才不能作为遗嘱见证人，如辽宁省本溪市中院的一份二审判决书认为：“见证人之一虽为被继承人女儿但无继承的权利，两个见证人均无异议……本案遗嘱中的见证人身份并不影响该遗嘱的真实性”。[②] 笔者认为，遗嘱指定的继承人出于追求利益最大化的目的可能会对遗嘱人造成不利影响，自然不能作为遗嘱见证人，而遗嘱未指定继承遗产的法定继承人也可能出于防止利益进一步受损的目的对遗嘱人施加压力，从而减少遗嘱所分配出去的遗产，此时这些未被指定继承遗产的法定继承人也具有一定的利害关系，不能作为遗嘱见证人。因此，不能作为遗嘱见证人的继承人应当是遗嘱人的所有法定继承人，而非遗嘱继承人。

（三）与继承人、受遗赠人有利害关系的人

本条规定与继承人、受遗赠人有利害关系的人不能作为遗嘱见证人，是为了防止继承人、受遗赠人利用这些人给遗嘱人施加压力从而影响遗嘱的真实性和可靠性，因此这些人员应当被排除在遗嘱见证人的范围之外。关于利害关系的具体含义还需进一步明确，《最高人民法院关于贯彻执行〈中华人民共和国继承法〉若干问题的意见》第36条规定：“继承人、受遗赠人的债权人、债务人，共同经营的合伙人，也应当视为与继承人、受遗赠人有利害关系，不能作为遗嘱的见证人”，该规定具有一定的参考意义，可视为对本条的补充规定。除此之外，与继承人、受遗赠人有利害关系的人还应包括继承人、受遗赠人的近亲属，如配偶、子女、父母、兄弟姐妹、祖父母、外祖父母等。实务中对于有利害关系的人的范

---

① （2016）苏0583民初2102号。

② （2018）辽05民终497号。

围的看法还包括以下内容：1. 旁系血亲，一些法院判决认为继承人的旁系血亲与其存在利害关系，不能作为遗嘱的见证人。例如，江苏省徐州市中院的一份再审判决认为，见证人“作为舅舅与各外甥之间的亲疏远近不同，与继承人和被继承人之间均存在利害关系，不符合继承法规定的遗嘱见证人条件”。① 2. 姻亲，在一些案件中，法院将继承人的姻亲（如女婿、兄弟姐妹的女婿、外甥女婿、姑父等）认定为与其“有利害关系的人”，否认其作为遗嘱见证人的资格。② 3. 朋友，由于《继承法》未对“有利害关系的人”进行明确规定，一些案件甚至将与继承人没有亲属关系，也没有经济关系的朋友纳入了“有利害关系的人”之范畴，如“多年朋友”“母亲的好友”“妻子的同学”等。③ 笔者认为，由于近亲属是继承人、受遗赠人的法定继承人，遗嘱人的债权人债务人对遗产具有一定的利害关系，他们作为见证人可能影响对遗嘱作出客观公正的见证，因此要否认他们的见证人资格。至于继承人、受遗赠人的姻亲、旁系血亲、朋友、公司员工等，则不宜排除。因为当遗嘱人到临终之际，身边往往只有亲属或好友在场，如果否认其见证资格，则会出现难以找到合格见证人的情况。

【相关案例】

丁某1、丁某2法定继承纠纷案④

本案争议焦点是：2005年12月26日的见证遗嘱和2006年5月1日遗嘱的效力问题。被继承人辛某芹于2010年2月27日死亡，生前共生育子女五人，长女丁某1、二女丁某2、三女丁某3、长子尹某1、次子尹某2。法院查明，2005年12月26日，被继承人立有遗嘱：“立遗嘱人，辛某芹，女，1929年5月17日生，住崂山区中韩街道办事处山东头居委。我辛某芹与前夫丁某庆生育三个女儿、一个儿子。长女丁某1、次女丁某2、小女儿丁某3，儿子尹某1，我与后来的丈夫尹某财结婚后生育一子，取名尹某2。现在我与小儿子尹某2生活在一起，我的生活费主要靠小儿子尹某2，现在我决定将1994年我的弟弟辛某进赠与给我的现住房待我百年之后由我的小儿子尹某2继承，别人无权干涉。”见证人青岛崂山田丰法律服务所法律工作者孙某、代书人王某1在遗嘱上签字、辛某芹在遗嘱上

---

① （2016）苏03民再64号。

② （2014）威民一终字第495号、（2008）二中少民终字第4864号、（2017）京03民终12706号、（2016）川0122民初1447号。

③ （2017）京03民终12706号、（2011）常民一终字第9号、（2017）鄂05民终1162号。

④ （2018）鲁02民终9193号。

签字捺印。2006年5月1日，被继承人辛某芹又另立遗嘱："我现有房子，即山东头村798号，我在世时所有权归我，去世后，房屋由子女协议处理，之前所有承诺无效。"立遗嘱人辛某芹签字捺印。立字人韩某飞、见证人丁某2、丁某3、辛某1、辛某2。其中丁某2、丁某3为被继承人女儿，韩某飞为继承人的儿子，辛某1、辛某2为被继承人外甥及外甥女。尹某2取得了拆迁所得利益，因此丁某1、丁某2、丁某3、尹某1将尹某2诉至法院。

一审法院审理认为，2005年12月26日的见证遗嘱和2006年5月1日遗嘱均属代书遗嘱。从代书遗嘱的有效要件看，2005年12月26日被继承人辛某芹在青岛崂山田丰法律服务所，由法律工作者孙某和王某1作为见证人，由见证人王某1作为代书人，由立遗嘱人辛某芹签字确认。该遗嘱符合继承法规定的代书遗嘱的有效要件，故该遗嘱合法有效。2006年5月1日的遗嘱中有见证人丁某4、丁某3、辛某1、辛某2四人，代书人韩某飞。丁某2、丁某3系继承人，代书人韩某飞不仅是见证人之一，且是继承人的儿子。从见证人辛某1的陈述中，证明其在立遗嘱时不在现场，签字时也不知道其中的内容，故对辛某1作为见证人的身份，一审法院不予认可。综上，该遗嘱中，只有见证人辛某2一人符合见证人的条件。故2006年5月1日的遗嘱，因不符合继承法有关代书遗嘱的有效要件，不具有遗嘱的效力。当事人不服提出上诉，二审法院认为见证人须与继承遗产及遗产继承人无利害关系，两个见证人需在场见证遗嘱订立过程。具体到本案，立字人系韩某飞，属于见证人之一，但其系继承人的儿子，与继承人存在利害关系，因此，上诉人提交的代书遗嘱不符合继承法有关代书遗嘱的法定要件。一审法院认定被上诉人提交的代书遗嘱合法、有效正确，本院予以维持。

【关联法条】

《遗嘱公证细则》第6条，《继承法》第18条，《民法典》第17条、第18条、第19条、第20条、第21条、第22条，《最高人民法院关于贯彻执行〈中华人民共和国继承法〉若干问题的意见》第36条

（撰稿人：彭怀）

第一千一百四十一条　【必留份制度】 遗嘱应当为缺乏劳动能力又没有生活来源的继承人保留必要的遗产份额。

【释义】

本条是对必留份制度的规定，必留份制度是为保障缺乏劳动能力又没有生活来源的继承人的生存权益而设的制度，是对遗嘱自由原则的限制。

从条文表述来看，必留份的主体是“缺乏劳动能力又没有生活来源的继承人”，有学者认为这一界定过于狭窄，但在实际司法实践中法官对必留份主体的认定十分具有灵活性。对必留份主体的认定是把握必留份制度的关键，下文将重点结合司法实践展开详述。

对于“缺乏劳动能力”而言，法院认为主要是指“还不具备劳动能力的未成年人和因年老、疾病而丧失劳动能力的人”。[①] 通过对大量案例进行考察，笔者发现在涉及必留份的案件中被认为是“缺乏劳动能力”的主体，也确实不外乎上述法院所列举的这几种。此外，法院在具体认定“缺乏劳动能力”时，对于判别标准倾向于做宽松把握。法院认为，“缺乏劳动能力”并不是指在事实上完全不具备劳动能力，如对于已满16周岁的未成年人，依《劳动法》第15条，已经达到法定劳动年龄，但是如果并没有参加劳动而是还在上学，在没有其他生活来源的情况下，也应当认定为必留份的权利人。[②]

对“没有生活来源”这一要件而言，法院同样没有采取过于严格的认定方式。并非只要继承人有收入就否认其必留份权利人的资格，而是对继承人的实际收入情况、当地群众的平均生活水平等因素进行综合考量。[③] 例如，在杭州西湖区的一项判决中，虽然继承人每月都能获得股份分红等收入，但法院认为，由于原告“年老多病，腿脚不便，没有劳动能力，需要人照顾”“每月股份分红等款项，不足以满足其日常生活的需要”，因此判决原告享有份额为房产的22%必留份。[④]

在认定“没有生活来源”这一要件时，司法实践中还有一项疑难点在于，继承人其他扶养人的扶养是否属于“生活来源”。对于这一问题，不同的案例出现了分歧。山西省长治县人民法院在一项判决中认为“（继承人）其生活起居由其母亲徐某照顾，可见在吕方去世时，原告吕某1虽然缺乏劳动能力，但并非没有生活来源”，因此“不属于《继承法》规定的‘必留份额’的继承人”。[⑤] 广西壮

---

① （2018）闽02民终2034号。
② （2019）甘01民申42号。
③ （2017）桂11民终576号。
④ （2014）杭西民初字第32号。
⑤ （2017）晋0421民初889号。

族自治区贺州市人民法院则认为“没有生活来源应当是指本人无合法收入，不包括近亲属对他的赡养、抚养或扶养。因为这种必留份权和受扶养权是两种不同性质的权利，同时受法律保护”。[①]

笔者认为，从条文中“缺乏劳动能力又没有生活来源”这一表述，我们可以看出，必留份制度的目的，并非在于限制遗嘱自由，而是保障继承人的生存权益。因此，是否要保留必留份、必留份的份额大小，应以实现这一目的的实际需要为依据。因此，对于继承人其他扶养人的扶养是否属于“生活来源”这一问题，并不应当一刀切地看待，而应参考前文杭州西湖区法院的做法，对扶养人的扶养能力进行个案审查。如果扶养人并不具备相应扶养能力，则仍然要对继承人保留必留份。同样的道理，当继承人存在其他生活来源但其生活来源并不足以维持其在当地的基本生活时，也应当基于对该继承人生存利益的保障而为其保留适当的必留份。

与必留份适用的主体范围同样重要的是对必留份份额比例的认定。根据对于司法实践中具体案例的考察，不难发现，法官在确定必留份的份额时较为灵活，并无特定的份额或比例的限制。在有的案例中，必留份甚至高达 60 多万元[②]或者占遗产总额的 70%。[③] 具体而言，法院在确定必留份份额时通常考虑以下因素。首先，必留份权利人的实际生活需要。这又包括必留份权利人的年龄[④]、身体状况[⑤]、经济情况[⑥]、教育医疗等方面的需求[⑦]、是否有其他扶养人以及其他扶养人的身体经济状况[⑧]等诸多因素。例如，河南省三门峡市中级人民法院在确定必留份时，就对必留份权利人的实际生活需要进行了综合考量，“张某杰年龄尚小，目前正在上学期间，生活学习费用较大，其母亲张某英作为张某杰的供养人，又属下岗人员，张某杰的情况，符合《继承法》第 13 条第 2 款情况，所以在确定必留份额时，应给张某杰予以照顾”。[⑨] 其次，要考虑当地的生活水平。例如，广西壮族自治区贺州市中级人民法院就认为，必留份应当可以使继承人维持当地的“正常生活水平”。[⑩]

---

① （2017）桂 11 民终 576 号。

② （2015）浙湖商终字第 312 号。

③ （2009）三民终字第 652 号。

④ （2014）丰民初字第 03727 号，（2015）青民五终字第 1604 号。

⑤ （2015）青民五终字第 1604 号。

⑥ （2017）京 0108 民初 34638 号。

⑦ （2009）三民终字第 652 号。

⑧ （2009）三民终字第 652 号。

⑨ （2009）三民终字第 652 号。

⑩ （2017）桂 11 民终 576 号。

遗嘱人在遗嘱中未保留必留份并不影响遗嘱的效力。必留份权利人的权利主要是由遗产管理人在遗产债务清偿过程中得到实现——《民法典》第1159条规定："分割遗产，应当清偿被继承人依法应当缴纳的税款和债务；但是，应当为缺乏劳动能力又没有生活来源的继承人保留必要的遗产。"据此，必留份因其关乎缺乏劳动能力又没有生活来源的继承人的生存利益而在清偿顺位上具有优先性。具体内容，此处不作展开，将于相关条文评注中进行详细讨论。

在立法过程中，有学者主张采用大陆法系中更为普遍的"特留份"制度来代替必留份制度。与本条的必留份制度相比，特留份制度最大的特点在于其权利主体和份额预先确定。这样一来，特留份制度固然有相对明晰、易操作的优点，但同时也造就了更为严重的缺陷：一方面，当特留份份额不足以保障权利人基本生活条件时，特留份制度不能像本条一样提供足够的灵活调整空间以实现生存权益保障之目的；另一方面，当权利人生活无虞时，特留份制度对遗嘱人意思自治的限制又欠缺充分的正当性基础。事实上，特留份制度的生命力更多的是基于"同居共财"的家产制传统强大的历史惯性，而非基于其合理性。这一制度事实上已经与以核心家庭为基本单位的现代社会格格不入，即便是在采取特留份制度的国家中，对批判特留份制度的声音亦不绝于耳。因此，我国《民法典》作为21世纪的民法典，自然没有必要削足适履，放弃更为合理的必留份制度而采取特留份制度。

【相关案例】

沈某等与董某、何某甲继承纠纷案①

该案争论焦点为原告是否属于缺乏劳动能力又没有生活来源的继承人。原告沈某系被继承人胡某的母亲，沈某年老多病，除每月领取1000元养老金和经济合作社200元左右的股份分红外，无生活来源。被继承人胡某死亡时留下遗嘱，将其拥有的一套拆迁安置房赠予妻子董某。沈某向法院提起诉讼，诉请法院保留必要的份额。法院经审理后认为遗嘱应当对缺乏劳动能力又没有生活来源的继承人保留必要的遗产份额。继承人是否缺乏劳动能力又没有生活来源，应按遗嘱生效时该继承人的具体情况确定。胡某去世遗嘱生效时，沈某年老多病，腿脚不便，没有劳动能力，需要人照顾。每月股份分红等款项，不足以满足其日常生活的需要。遗嘱未对当时缺乏劳动能力，又无生活来源的沈某保留必要的遗产份额，该

① （2014）浙杭民终字第1244号。

部分无效。根据当时沈某的年龄及身体状况，结合房产协议等情况，酌定沈某拥有的份额为房产的22%，另53%为两被告所有。

【关联法条】

《民法典》第1159条、《继承法》第19条

（撰稿人：刘冲）

第一千一百四十二条　【遗嘱的撤回和变更】遗嘱人可以撤回、变更自己所立的遗嘱。

立遗嘱后，遗嘱人实施与遗嘱内容相反的民事法律行为的，视为对遗嘱相关内容的撤回。

立有数份遗嘱，内容相抵触的，以最后的遗嘱为准。

【释义】

本条是关于遗嘱撤回与变更的规定。本条修正了《继承法》第20条对“撤销”这一概念的错误适用，而使用“撤回”替代之。在法律行为理论中，撤销针对的是已经生效的意思表示，使其溯及既往地消灭；而撤回针对的是尚未生效的意思表示，使其不发生法律效力。遗嘱行为是死因民事法律行为，在遗嘱人死亡时才生效，因此遗嘱人对于其尚未生效之遗嘱仅可撤回，而不存在撤销的问题。本条用“撤回”取代“撤销”，使《民法典》的外部体系更加融洽。

遗嘱是遗嘱人对于自己的合法财产的处置，同时又是无相对人的单方法律行为，无论继承人还是受遗赠人对于遗产之取得均无值得保护的信赖利益，因此其遗嘱人原则上可以自由撤回、变更其遗嘱，而无须征得任何人的同意。遗嘱人可以通过明示、默示两种方式对遗嘱进行撤回和变更。

明示的遗嘱撤回是指通过内容明确的意思表示对遗嘱进行撤回，如遗嘱人在新的遗嘱中明确表示变更或撤回之前的遗嘱。由于遗嘱的设立本身就严格地遵循着相应的法定形式，为了确保遗嘱的撤回是基于遗嘱人的真实意思表示，遗嘱的撤回也应当符合遗嘱设立的形式要求。[①] 本条摒弃了《继承法》第20条所采取的

① 林秀雄：《继承法讲义》，元照公司出版社2017年版，第256页。

公证遗嘱效力优先的立场，故只要遗嘱的撤回符合形式要求，自书甚至口头等形式都可以有效撤回公证遗嘱。

与明示的遗嘱撤回、变更相比，司法实践中产生问题较多的是默示的遗嘱撤回与变更，后者指尽管遗嘱人未明确表示撤回或变更其所立遗嘱，但可从其行为中推知此意的情形。[①] 依《民法典》第 142 条第 2 款，对遗嘱这类无相对人的单方法律行为进行解释时应采取意思主义的立场，“不能完全拘泥于所使用的词句，而应当结合相关条款、行为的性质和目的、习惯以及诚信原则，确定行为人的真实意思”。实践中常有这样的情况发生，即虽然遗嘱人并未做出明确的意思表示撤回或变更其遗嘱，但其行为已经表明遗嘱人具有撤回或变更遗嘱的意思，此时应尊重遗嘱人的内心真意，承认遗嘱人具有撤回遗嘱的意思表示。本条后两款皆涉及默示的遗嘱撤回与变更，下文将分别详细阐述。

依本条第 2 款规定，遗嘱人实施与遗嘱内容相反的民事法律行为的，视为对遗嘱相关内容的撤回。该款是对遗嘱撤回的推定而非拟制，即倘若有证据证明尽管遗嘱人实施了相反行为但并没有撤回遗嘱的意思，则可以推翻本款的推定。因此，此处的“视为”应理解为“推定为”。《最高人民法院关于贯彻执行〈中华人民共和国继承法〉若干问题的意见》（以下简称继承法解释）第 39 条规定，遗嘱人生前的行为与遗嘱的意思表示相反，而使遗嘱处分的财产在继承开始前灭失、部分灭失或所有权转移、部分转移的，遗嘱视为被撤销或部分被撤销。本款是对该条的吸收，同时也做了一些改动。继承法解释第 39 条推定规则的适用要求满足“相反行为”和“遗嘱人丧失所有权”两项条件，这样并不妥当，因为遗嘱人丧失所有权可能由各种原因导致，并不必然意味着其具有撤回遗嘱的意思。司法实践中，当遗嘱人丧失所有权与遗嘱人的意思无关时，法官常常并不会认为遗嘱人撤回了其遗嘱。例如，遗赠人遗赠的房屋在继承开始前被拆迁，而在整个拆迁过程中，遗嘱人因患脑梗死卧病在床，因此未进行任何参与，故而法院认为“遗嘱中所涉及房屋发生形态变化非李绍明（遗嘱人）原因，故李绍明所立遗嘱仍然有效”。[②] 相反，即便不存在遗嘱人丧失所有权的情形，当遗嘱人的行为足以推断其撤回之意思时，法官也会承认其已经撤回了遗嘱。例如，即便遗嘱人仅仅与他人签订了买卖遗嘱所处分的财产的合同而尚未发生权属的变动，通常法院也会认定遗嘱被撤回。[③] 有些立法例甚至明确规定，离婚等并不会导致遗嘱所处分

① 朱庆育：《民法总论》，北京大学出版社 2016 年版，第 193 页。

② （2019）辽 1381 民初 2520 号。

③ （2017）京 01 民终 1380 号、（2017）鄂民 1942 号、（2017）京 01 民终 4158 号。

之财产权属变动的行为具有撤回使原配偶受益之遗嘱的推定力。① 因此，本款删去了“遗嘱人丧失所有权”这项条件殊值肯定。但同时需要注意的是，本款将继承法解释中的“相反行为”改成了“相反法律行为”，又使得其适用范围有失狭窄。此处重点在于是否可以从遗嘱人之行为中推知撤回遗嘱之意思，而不在于遗嘱人的行为是否属于法律行为。基于此，遗嘱人对于遗嘱所处分财产的加工、故意毁损等事实行为也可能产生撤回遗嘱的法律效果。基于同样的理由，无效的法律行为只要可以解释出遗嘱人否定先前遗嘱的意愿，同样可以产生撤回遗嘱的法律效果。有的立法例就明确规定，即便遗嘱人出卖遗嘱所处分之物的合同最终归于无效，仍应推定为对遗嘱的撤回。②

本条第 3 款是对数份遗嘱内容相抵触之情形的法律拟制，即直接以最后的遗嘱为准。当遗嘱人在后立的遗嘱中明确表示撤回或变更前遗嘱时，自然不产生问题，属于明示的遗嘱变更或撤回；而更多的情况下遗嘱人在后立的遗嘱中并未做出这种明确表示，此时如果先立与后立之遗嘱之间并不存在冲突，则二者皆可完整生效，而如果存在内容相抵触的情形，则须适用本款，对数份遗嘱进行解释，依其具体抵触的情形构成对先立的遗嘱的撤回或变更。此处的关键在于探寻数份遗嘱的内容是否存在抵触以及具体如何抵触，有时看起来构成抵触，但若继续探寻遗嘱人真意，会发现前后遗嘱反而可能相容。例如，前遗嘱以某房屋赠甲而后遗嘱又将其赠予乙，看起来相抵触，但遗嘱人的真实意思却是希望甲、乙共有该房屋。③

【相关案例】

李某 1 与杨某、李某 2 遗嘱继承纠纷案④

该案争论焦点为遗嘱人丧失所有权与遗嘱人的意思无关时，遗嘱是否视为被撤回。2009 年 8 月 21 日李某明立公证遗嘱将一套房产赠予原告李某 1，房屋在 2017 年拆迁，因拆迁置换而来房屋两户。上述两户房屋属于被告杨某、李某明所有。李某明于 2013 年 12 月被北票市中心医院诊断为脑梗死，其在此之后没有重新立遗嘱。原告李某 1 向法院提出诉请，要求继承李某明以上房产。法院认为，2009 年 8 月 21 日李某明所立遗嘱经公证处公证为有效遗嘱，遗嘱中所涉及房屋

① 《德国民法典》第 2077 条。
② 《法国民法典》第 1038 条。
③ 林秀雄：《继承法讲义》，元照公司出版社 2017 年版，第 256 页。
④ （2019）辽 1381 民初 2520 号。

发生形态变化非李某明原因，且之后没有重新立遗嘱，故李某明所立遗嘱仍然有效。现李某明死亡，上述两处房屋属于李某明的份额应由原告李某1继承。

【关联法条】

《民法典》第142条、《继承法》第20条、《最高人民法院关于贯彻执行〈中华人民共和国继承法〉若干问题的意见》第39条

（撰稿人：刘冲）

第一千一百四十三条　【遗嘱无效的情形】无民事行为能力人或者限制民事行为能力人所立的遗嘱无效。

遗嘱必须表示遗嘱人的真实意思，受欺诈、胁迫所立的遗嘱无效。

伪造的遗嘱无效。

遗嘱被篡改的，篡改的内容无效。

【释义】

本条是关于遗嘱无效的规定。总体而言，本条规定了“遗嘱人主体不适格”（第1款）和“遗嘱不是遗嘱人的真实意思表示”（第2款、第3款、第4款）两种遗嘱无效的类型。除了本条所规定的这两种类型之外，依《民法典》第153条，违反法律、行政法规的强制性规定或公序良俗时也会导致遗嘱无效。

本条第1款对无民事行为能力人和限制民事行为能力人订立遗嘱的资格均采取否定的态度。有的立法例并未完全以民事行为能力作为民事主体所立遗嘱是否有效的判断标准，如《德国民法典》中已满16周岁的未成年人尽管仍属于限制民事行为能力人，但是其已经具有立遗嘱的资格，只不过其立遗嘱只能通过公示和交付开启的文书这两种形式。① 司法实践中，对遗嘱人的年龄限制因较为明确，往往不产生问题，真正产生较多争议的是老年人在记忆障碍、认知错误甚至老年痴呆的情形下订立遗嘱的案件。当发生争议时，往往继承已经开始被继承人已经去世，此时再探究遗嘱人立遗嘱时是否具有完全民事行为能力往往只能依据其病

---

① 《德国民法典》第2233条。

史记录进行判断。[①] 主张遗嘱无效者，须证明遗嘱人在立遗嘱时无正常的理性能力。此时遗嘱人已经去世，很难完全准确地探知其立遗嘱时的精神状态，为了避免遗嘱人的意思自治受到肆意侵害，除非有十分明显的证据证明在立遗嘱时遗嘱人不具有完全行为能力，否则不应认定遗嘱无效。我国司法实践中也极少出现因已经成年的遗嘱人立遗嘱时不具备完全民事行为能力而导致遗嘱无效的案件。

第 2 款规定了受欺诈、受胁迫所立遗嘱无效这一规则。在受到欺诈、胁迫的情况下，即便遗嘱人是完全行为能力人，其所订立的遗嘱也未必是其自由意志的产物——在立遗嘱的过程中，遗嘱人会因受到欺诈而懵然做出决定，或因受到胁迫而违心做出决定。基于私法自治原则，为了保护行为人的自由意志不受不当干扰，《民法典》第 148 条、第 149 条和第 150 条分别规定了欺诈、第三方欺诈和胁迫情形下行为人的撤销权。由于遗嘱是无相对人的单方法律行为，在构造上无第三方欺诈的适用空间，故本款没有对其进行规定。此外，在遗嘱生效之前，遗嘱人可以自由地撤回其所立遗嘱而无本条的适用余地，而遗嘱的生效又是以遗嘱人死亡为条件——已经死亡的遗嘱人无法撤销其有瑕疵的意思表示，因此本款将受欺诈、胁迫所立的遗嘱评价为无效法律行为，而非像总则编中一样将其评价为可撤销法律行为。此外值得讨论的是，《民法典》第 147 条于此是否有适用空间——若遗嘱人所立遗嘱是基于重大误解，是否对遗嘱效力产生影响。笔者认为，本款仅仅对欺诈、胁迫两种情形进行规范而未涉及重大误解，并非立法者的疏漏，而是有意地沉默。其实质理由在于，意思表示错误规则的设置是为了调整表意人和相对方之间的利益关系，兼顾表意人的意思自治和对相对人的信赖保护，而遗嘱是无相对人的单方法律行为，不存在需要保护的信赖利益。因此，对遗嘱的解释以遗嘱人内心真意为准，如果确实可以证明遗嘱人的内心真意不同于遗嘱中所载内容，则直接按照遗嘱人内心真意发生效力。

第 3 款、第 4 款规定了伪造的遗嘱、被篡改的遗嘱内容无效。伪造与篡改的区别在于，对伪造的遗嘱而言，整个意思表示都是假的，因此遗嘱全部无效；而对于被篡改的遗嘱，由于遗嘱的内容可能是多方面的，并且各项内容之间可以是互相独立的，只是篡改的内容无效，不必然导致整个遗嘱无效，未被篡改的内容仍然有效。[②] 此外，依《民法典》第 1125 条规定，伪造、篡改遗嘱的行为人如果是继承人或受遗赠人，情节严重，则发生丧失继承权或受遗赠权的法律效果。

---

① （2013）沪二中民一（民）终字第 1723 号、（2014）铁民三终字第 00059 号、（2017）浙 11 民终 237 号。

② 黄薇主编：《中华人民共和国民法典继承编解读》，中国法制出版社 2020 年版，第 106 页。

【相关案例】

程丙等与潘某、程C遗嘱继承纠纷案①

该案争论焦点为被继承人立遗嘱时是否具有行为能力。被继承人程甲、陆某英系原配夫妻，生前生育子女六人，即程某英、程A、程B、程丙、程丁、程乙。程甲于1970年10月13日死亡，生前未留遗嘱。程乙于1987年1月5日去世，生前未婚未育无遗嘱。陆某英于2003年2月3日死亡。2012年5月21日，程某英诉至法院要求继承陆某英名下房屋进行依法析产继承。2012年12月28日，程某英病故，其配偶潘某、其子程C作为其法定继承人申请参加诉讼。1996年9月3日，陆某英在上海市普陀区公证处立公证遗嘱一份，声明属于陆某英所有的房屋产权份额（包括我从程甲遗产中可继承的份额），全部由长女程某英继承。原告潘某、程C诉称：房屋系程甲、陆某英夫妻共同财产。陆某英生前立公证遗嘱，言明亡故后其名下房产归女儿程某英所有。陆某英故世后、遗产分割时，程某英去世。程某英生前主张的陆某英名下房产按遗嘱继承，转由两原告继承。被告辩称，陆某英立遗嘱时无行为能力，遗嘱无效。一审法院经审理后认为被告提供陆某英的病史、证人证言等证据材料，难以证明其母亲立遗嘱时民事行为能力有问题。由于被告无确凿证据证明其所述事实，故依法认定陆某英立遗嘱时具有完全民事行为能力。被继承人陆某英生前立下公证遗嘱，指定死后其名下的光复里房屋所有的产权份额（包括从程甲遗产中可继承的份额），全部由长女程某英继承。陆某英的遗嘱为其真实意思表示，其生前未撤销遗嘱，遗嘱有效。陆某英名下房产应依照遗嘱继承处理。上诉人程丙、程丁、程B、程A不服原审法院判决，上诉。二审法院认为：根据陆某英公证遗嘱前后的病史记载，无法证明陆某英在立公证遗嘱时已丧失遗嘱能力。原审法院在审理中亦委托专门机构对陆某英当时的民事行为能力进行鉴定，根据已有的材料，难以认定陆某英立遗嘱时的精神状况。因此，在无法认定陆某英已丧失遗嘱能力的情况下，基于保护被继承人陆某英民事权益原则，原审法院认定被继承人陆某英所立公证遗嘱有效，并无不妥。二审法院认为，基于被继承人陆某英的文化程度和当时的公证条件等，上诉人认为陆某英所立公证遗嘱程序不合法，要求确认公证遗嘱无效，依据不充分。综上，原审法院所作判决并无不当，二审法院予以维持。

---

① （2013）沪二中民一（民）终字第1723号。

【关联法条】

《民法典》第 147 条、第 148 条、第 149 条、第 150 条、第 153 条，《继承法》第 22 条

（撰稿人：刘冲）

第一千一百四十四条　【附义务遗嘱】遗嘱继承或者遗赠附有义务的，继承人或者受遗赠人应当履行义务。没有正当理由不履行义务的，经利害关系人或者有关组织请求，人民法院可以取消其接受附义务部分遗产的权利。

【释义】

本条是关于附义务的遗嘱继承或遗赠（又称“遗托”）的规定。本条来源于《继承法》第 21 条，在“入典”过程中有两处修改。一是，将原本“经有关单位或者个人”修改为“经利害关系人或者有关组织”。二是，将“取消他接受遗产的权利”变为“取消其接受附义务部分遗产的权利”。

对本条包含以下几点理解：

本条前款规定，“遗嘱继承或者遗赠附有义务的，继承人或者受遗赠人应当履行义务”，确立了我国继承法上的遗托制度。其一，遗托以遗嘱作为载体。无论是遗嘱继承附有义务，还是遗赠附有义务的，遗嘱人或遗赠人均应通过遗嘱的方式为继承人或受遗赠人设定义务。其二，继承人或受遗赠人履行义务的前提是其接受遗托。反之，如果继承人或者受遗赠人选择放弃继承权或受遗赠权，那么他们无须受遗托的限制。需要强调的是，遗托并不以继承人或受遗赠人履行义务为生效条件。遗托与常规的遗嘱和遗赠协议的区别在于其继承人或受遗赠人并非完全获益，与附条件遗嘱的区别在于其效力状态具有确定性。其三，本款还隐含了一个条件是所附义务需要符合法律规定和善良风俗。如果遗嘱人在遗托中所附义务违反法律、行政法规的强制性规定、公序良俗，则其遗托无效，对应部分遗产按照法定继承规则处理。司法实务中常见的无效理由多为因遗赠人约束其配偶在其死后不得改嫁，法院多以该义务违反婚姻法相关规定而判决所附义务无效。

本条后款规定，“没有正当理由不履行义务的，经利害关系人或者有关组织

请求，人民法院可以取消其接受附义务部分遗产的权利”。其一，关于何为正当理由的判断标准，立法者并未言明。首先，遗嘱人的所托义务应具备客观上履行的可能性，如遗嘱人要求继承人或受遗赠人为其摘星星，则该义务不具备履行的可能性，构成正当理由。其次，不可抗力构成正当理由。例如，遗嘱人要求受遗赠人妥善管理某房屋，但该房屋因地震而被摧毁，则受遗赠人可依正当理由进行抗辩。最后，某些客观因素亦可构成正当理由。通常而言，遗托出现在生养死葬的场景下，即遗嘱人要求继承人或受遗赠人履行养老送终的义务。一般地，继承人或受遗赠人有履行所附义务的行为，但因履行义务受他人（继承人其他子女）阻拦、受他人拒绝或义务已被他人履行的场合，法院会认定继承人或受遗赠人构成正当理由。此外，如果所附义务严重超过遗产价值，则继承人或受遗赠人对于超出价值部分的不履行应当构成正当理由，以体现比例原则。

其二，立法者此次将“经有关单位或者个人”修订为“经利害关系人或者有关组织”。有人认为，该项修订的目的在于提升法条用语的规范性，与之前的条文并无实质性的差别。[①] 有关个人可以理解为利害关系人，是一个相对广泛的概念。有关组织可以是与遗嘱人有法律联系的组织，如基层群众自治组织或民政部门。需要注意的是，经利害关系或者有关组织构成受遗赠人失权的前置条件。也就是说，即便继承人或受遗赠人有不履行所附义务的行为，其也并不当然地失权，仍需利害关系人或相关组织向人民法院提出请求，再由人民法院依法裁判。如果法院裁判继承人或受遗赠人失权，则根据《最高人民法院关于贯彻执行〈中华人民共和国继承法〉若干问题的意见》第 43 条，人民法院经申请取消遗嘱权益人的权利后，由提出请求的继承人或受益人负责按照遗嘱人的意愿继续执行义务，并接受遗产。

其三，立法者此次将“取消他接受遗产的权利”改为“取消其接受附义务部分遗产的权利”。这一修改体现了现代继承法中越发尊重遗嘱人意思表示的趋势。遗嘱人有时会仅针对遗嘱的部分内容附义务，而剩余的部分则不附义务，此时如果因继承人或受遗赠人未履行义务而取消其全部权利，则不符合遗嘱人的真实意思，难言妥当。值得关注的是，立法者使用“可以”一词，实际上是赋予了家事法官在处理此类问题上的自由裁量权。换言之，取消继承人或受遗赠人接受附义务部分遗产的权利是法官的一种选择，除此之外，法官还可以根据案件实际情况以及遗嘱权益人履行义务的具体情况动态地调整附义务部分遗产的权利。

---

① 中国审判理论研究会、民事审判理论专业委员会编著：《民法典继承编条文理解与适用》，法律出版社 2020 年版，第 155 页。

【相关案例】

李某健、李某琦等与李某蔚继承纠纷案①

诉讼结论：法院可以依据遗嘱权益人对附义务遗嘱的实际履行情况，调整附义务部分的遗产权利。

基本案情：李某健、李某琦等与李某蔚是兄弟姐妹关系。遗嘱人李某行立下遗嘱，遗产继承人李某琦须承担他晚年的生活照料后，遗产才可由李某琦1人继承，构成附义务的遗嘱。但是，后李某琦由于丈夫生病仅照顾遗嘱人1年的时间，其余7年由李某健照顾5年，李某蔚照顾2年，现涉及对遗嘱权益人的权利地位的争议。

法院认为：李某行的晚年生活由李某蔚、李某琦、李某健三人照料，李某琦只履行了遗嘱所附的部分义务，其未能履行虽有客观原因，但未能全部履行遗嘱所附义务却是不争的事实，原一审法院既尊重遗嘱人的真实意愿，同时也秉承公平合理、家庭和睦的原则，将遗嘱所涉遗产平均分给履行遗嘱所附义务的李某蔚、李某琦、李某健三人继承，既符合法律规定，又兼顾情理，对此，本院予以认可。

【关联法条】

《最高人民法院关于贯彻执行〈中华人民共和国继承法〉若干问题的意见》第43条

（撰稿人：刘野）

① （2015）高法民抗字第00004号。

第四章　遗产的处理

【导读】

本章共19条，主要规定了遗产管理、转继承、遗赠扶养协议、遗产的分割、被继承人的债务清偿、无人继承的遗产的处理等内容。法定继承和遗嘱继承及遗赠主要解决取得遗产的主体资格问题，涉及继承的实体规范，而遗产处理主要涉及继承的程序性规范，将遗产处理置于法定继承和遗嘱继承之后，符合立法结构的逻辑设计。遗产的处理是平衡继承人利益、保护被继承人债权人的合法权益的关键环节。遗产处理过程中，势必会突破继承人内部关系，将债权人的利益纳入立法考量中，构建合理的遗产处理规则，使遗产处理与财产保护规则相融合，有利于形成完整的继承保障体系，维护家庭和睦，减少社会矛盾。

对本章的理解应当注意以下几个问题：

首先，继承开始后，遗产分割前，遗产的所有权状态为继承人共同共有。共同共有与按份共有区分的根本在于共有人之间是否存在共同关系，而不在于是否存在份额。共同共有人对物的共有基于一定的共同关系，这种共有关系的关键特征为外部人员不能随便加入。继承开始后，继承人内部之间已经形成一种外部人员不能轻易加入的团体。继承人可以是法定继承人，也可以是遗赠人，因此这种团体关系具有一定的亲属性，也涵盖了被继承人的意思表示。继承人之间基于共同继承的事实，无论是否有遗嘱对遗产的份额进行分配，均对遗产享有共同共有的所有权。根据《民法典》关于共有的约定，共有人按照约定管理共有的不动产或者动产；没有约定或者约定不明确的，各共有人都有管理的权利和义务。

其次，关于分割的效力。对分割效力主要有两种观点，其一为认定主义，又称宣言主义、溯及主义。[①] 该说认为共有物或遗产的分割实际上只是共有人或继承人既有权利的一种认定，因为共有人或继承人因分割而获得的部分本即自始属于各自所有，分割只是一种宣告而已。对遗产分割的效力溯及至共有关系成立时或继承开始时。其二为移转主义，该说认为，共有物或遗产的分割是共有人或继

① 《法国民法典》第883条，《意大利民法典》第757条，《日本民法典》第909条。

承人之间就分得部分所进行的相互移转，类似于互易或买卖，故共有人或继承人只能在分割后，才能就分得部分取得单独所有权。分割的效力应当和我国的物权变动模式保持一致。尽管继承人自继承开始时即取得遗产的所有权，但未经登记的，其处分不能发生物权变动的效力。这也说明，继承人若处分遗产，须完成登记，而该登记为继承登记，只能表明“共同继承”，不能进行普通共有的登记。在这种情况下，继承人分割遗产的，从登记角度看，其也只能认定为是继承人之间相互移转了各自所分得的部分遗产。采转移主义能够使遗产的分割适用善意取得制度和瑕疵担保责任制度。既有利于保障继承人的应得利益，也有利于维护交易安全。

最后，继承人对被继承人的债务以遗产为限承担连带责任。遗产分割前，继承人基于共有关系承担连带责任，并且均得拒绝以其在继承份额之外的财产清偿债务①；遗产分割后，在内部，各继承人只承担与其应继份相对应的部分债权。对债权人而言，继承人仍然承担连带责任，以其所继承的份额为限。

本章相较于《继承法》而言，具有以下特征：

1. 新增遗产管理人制度。我国采取的是概括继承和限定继承相结合的制度。概括继承使得遗产继承和债务清偿彼此相连。继承人概括继承了被继承人的积极财产和消极遗产，对被继承人依法所负的税款和债务承担清偿责任。但限定继承使得继承人无条件地对被继承人债务仅承担有限责任（除放弃继承或者自愿清偿），即使继承人存在隐匿、浪费遗产的问题，也不会对遗产债务承担无限责任。遗产管理人制度实现了遗产与继承人财产的相对分离，一方面能够促进遗产的有序清算和分割，协调各个继承人之间的利益；另一方面便于被继承人的债权人进行有效监督，及时实现债权。本章第 1145 ~ 1149 条，规定了遗产管理人的选任、职责、报酬以及责任，基本涵盖了遗产管理人制度的基本内容。

2. 明确了转继承制度。民法典颁布前，转继承的规定见于《最高人民法院关于贯彻执行〈中华人民共和国继承法〉若干问题的意见》第 52 条。本章第 1152 条规定，继承人在继承开始以后、遗产分割以前死亡，并且继承人没有丧失或放弃继承权的，发生转继承。通过条文表述明确了转继承的标的为被转继承人应当继承的遗产。

3. 完善了法定继承适用的范围。《继承法》第 27 条规定了继承人丧失继承权的按照法定继承处理，使得受遗赠人丧失遗赠权的情形只能通过法律解释的方法

---

① 王利明主编：《中国民法典学者建议稿及立法理由 · 人格权编、婚姻家庭编、继承编》，法律出版社 2005 年版，第 612 页。

适用法定继承。《民法典》第 1125 条和本章第 1154 条明确了受遗赠权丧失的具体行为和法律后果，符合基本民众的情感倾向，使法定继承的适用范围更加完整。

4. 扩大了遗赠扶养人的范围。本章第 1158 条规定，公民可以与继承人以外的组织和个人签订遗赠扶养协议，该“组织”不再限定为集体所有的组织，主要指社会养老机构、民间救助机构。随着社会各类福利机构的蓬勃发展，扩大遗赠扶养人的范围一方面有利于尊重老年人的意思自治，使其“老有善养”；另一方面有利于调动其他机构发挥养老作用，分担社会养老压力。

5. 限定了无人继承又无人受遗赠的遗产的具体用途。本章第 1160 条规定，无人继承人又无人受遗赠的遗产收归国有，须用于公益事业。

第一千一百四十五条　【遗产管理人的选任】继承开始后，遗嘱执行人为遗产管理人；没有遗嘱执行人的，继承人应当及时推选遗产管理人；继承人未推选的，由继承人共同担任遗产管理人；没有继承人或者继承人均放弃继承的，由被继承人生前住所地的民政部门或者村民委员会担任遗产管理人。

【释义】

本条是关于遗产管理人的选任的规定。

民法典颁布之前，我国尚未建立完整的、系统的遗产管理制度。虽然《继承法》第 16 条和第 24 条以及《最高人民法院关于贯彻执行〈中华人民共和国继承法〉若干问题的意见》第 44 条提及了遗产执行人和遗产保管的相关内容，但规定过于简单，不足以保证复杂的遗产管理有序进行。遗产管理制度围绕遗产管理人而展开，确立遗产管理制度具有重要意义：首先，有利于保全遗产。明确遗产的数量及范围，防止遗产遭受损害。同时还可以避免遗产出现无人管理的局面，有效地防止继承人和其他主体隐匿和转移遗产，保障遗产免遭损害或缺失的风险。其次，维护被继承人生前的利益。在遗产继承中，遗产管理人能贯彻被继承人的自由意志，追讨还未实现的遗产债权，不仅维护了被继承人生前的利益，也为继承关系中其他权利人合法利益的实现打下基础。再次，保护继承人利益。遗产管理人清算遗产，将遗产与继承人财产分离，可以保障继承人的权利不受侵害，使继承人免去因财产混同而需以自己财产负担遗产债务的义务，从而达到保护继承人利益的目的。最后，保护遗产债权人利益。通过遗产管理人制度，能实现对遗产的有效管理，保障遗产债权人公平受偿，维护遗产债权人的合法利益。

遗产管理人的选任应当遵循三个原则：第一，充分尊重被继承人意思。遗产处理的前提是按照被继承人意愿妥善安排遗产。第二，合理协调继承人之间的利益。遗产的妥善保管和合理分割是对继承人财产权益的维护，协调继承人之间的利益有利于促进家庭和睦，减少和防止因继承产生的纠纷。第三，保护其他遗产权利人的利益。被继承人死亡，由继承人对其债权债务进行概括继承，以遗产为限承担责任，被继承人的债权人的财产利益也及于遗产，应当得到合理的保障。关于遗产管理人的资格，本条虽然未作规定，但是根据遗产管理人的职责以及遗产管理的重要性，应当由具有完全民事行为能力的人担任，遗产管理人的人数不受限，可以是一人，也可以是数人；可以是自然人也可以是法人。根据《民法典》第1125条规定，丧失继承权的人，不能担任遗产管理人。其他继承人难以对实施某些不道德行为的继承人产生信任，由于其先前行为对遗产处理产生了巨大阻力作用，不认为其可以肩负完成被继承人意愿，合理分割遗产的重任。

1. 遗嘱执行人担任遗产管理人

根据《民法典》第1133条，自然人可以自立遗嘱，并指定遗嘱执行人。遗嘱执行人由遗嘱产生，负责执行遗嘱确定的相关事务，充分尊重了立遗嘱人的意思自治，只适用于遗嘱继承，不适用于法定继承。遗嘱执行人可以是法定继承人，也可以是法定继承人以外的其他民事主体。被继承人通过遗嘱指定遗嘱执行人，体现了对遗嘱执行人的信赖以及将其财产托付给遗嘱执行人进行管理的意愿。在遗嘱执行人确定的情形下，由其担任遗产管理人，一方面可以尊重被继承人的意愿，另一方面省去了再次推选遗产管理人的成本。需要特别注意的是，如果遗嘱只处理了部分遗产，遗嘱执行人能够管理的财产不限于遗嘱涉及的范围，但遗嘱另有约定的除外。被继承人在立遗嘱时未涵盖自己的全部财产主要有两种情形，其一，如果出于疏忽没有处理自己的全部财产，遗嘱执行人担任遗嘱管理人符合被继承人的意思；其二，有意只处理部分遗产，可以通过特别说明的方式限制遗嘱管理人的权限。如果被继承人在遗嘱中限制了遗嘱执行人的权利及范围，则应当根据遗嘱的约定处理；如果被继承人未对遗嘱执行人的权力和范围进行限制，则推定被继承人愿意将自己的遗产托付给其指定的人管理。虽然遗嘱没有涉及的遗产应当按照法定继承处理，但是在继承开始后更换遗产管理人，不利于遗产的统一管理和清算。由法定继承人再次推选从效率角度而言也不便利。遗产执行人可以是专门从事遗产处理的法定继承人以外的人，在遗产的清算、分割、债务的清偿等方面能够更公正公平，更具专业性。

2. 由继承人推选遗产管理人

出现以下情形时，视为没有遗嘱执行人：（1）被继承人没有遗嘱；（2）被继承人立有遗嘱，但是未指定遗嘱执行人；（3）被继承人指定了遗嘱执行人，遗嘱执行人丧失行为能力、死亡或者发生了其他不能履行职务的情况。被继承人死亡后，一般由其继承人料理身后之事，由继承人推选遗产管理人符合一般的现实习惯。推选遗产管理人既可以在继承人范围内推选，也可以选择继承人范围外的其他专业人士担任。在推选遗产管理人时，采取继承人一致同意的形式还是多数决的形式由继承人协商决定。当推选的遗产管理人为继承人时，继承人对遗产的所有状态与合伙人对合伙财产的所有状态一致，都为共同共有；遗产管理人的行为效果及于整个遗产与合伙中执行合伙事务的合伙人的行为效果一致，因此继承人之间的内部机制可类推合伙关系的内部机制。当推选的遗产管理人为继承人以外的人时，按照委托合同的相关规定处理。

3. 由继承人共同担任遗产管理人

如果继承人未及时推选遗产管理人，则由继承人共同担任遗产管理人。当继承人的人数较少时，继承人之间针对遗产的管理能够达成一致意见的，可以不推选遗产管理人，共同处理遗产的相关事务；当继承人针对遗产的处理无法达成一致意见时，由所有继承人共同担任遗产管理人实际上并未解决继承人之间的核心矛盾。在清算遗产、分割遗产等涉及遗产处理的重大问题时，仍然需要协商采取多数决还是一致同意的方式。当继承人共同担任遗产管理人时，继承人之间的关系与合伙的关系类似，对部分继承人管理遗产职责的限制不能对抗不知情的其他遗产权利人。若共同担任遗产管理人对其他遗产权利人确有损害的，其他遗产权利人可根据《民法典》第 1146 条申请法院指定遗产管理人。

4. 由民政部门或者村民委员会担任遗产管理人

没有继承人或者继承人均放弃继承的，由被继承人生前住所地的民政部门或者村民委员会担任遗产管理人。此处的没有继承人或者继承人均放弃继承的应当做扩大解释，理解为既没有继承人，也没有遗产执行人。没有继承人具体有三种情形：没有继承人；继承人放弃继承；继承人丧失继承权。没有遗产执行人具体有三种情形：没有指定遗嘱执行人；遗嘱执行人死亡；遗产执行人丧失行为能力或者其他不能担任遗嘱执行人的情形。如果被继承人有继承人或者遗嘱执行人，则不需要由民政部门或者村委会担任遗产管理人。对于无人继承的遗产，如果被继承人是集体所有制组织成员的，遗产归其生前所在的集体所有制组织所有；如果被继承人并非集体所有制组织成员的，则其遗产归国家所有并用于公益事业。因此，为了妥善保管并更好地处理被继承人的遗产，对于城镇的无人继承遗产由民政部门担任遗产管理人，对于农村居民无人继承的遗产由其所在的村民委员会管理。[①] 民政部门或村委会、居委会为我国制度上的创新，体现了遗产管理人制度与我国国情的融合。在我国其他有民政部门参与的私法事项中，比较典型的如《民法典》第32条：没有依法具有监护资格的人的，监护人由民政部门担任，也可以由具备履行监护职责条件的被监护人住所地的居民委员会、村民委员会担任。但是直到2015年，我国才有首例由民政部门担任监护人的案件。民政部门对于处理私权领域的效率和执行力都难以让人信服。[②]

【相关案例】

何某某与谢某1等民间借贷纠纷案[③]

本案的争议焦点为放弃继承的继承人是否可以作为遗产管理人。原告何某某要求谢某某等三被告在谢某的遗产范围内清偿借款。谢某1系谢某之女，谢某2系谢某之子，曾某系谢某母亲，三人均为谢某第一顺序继承人。曾某、谢某2明确表示放弃对谢某遗产的继承，并以此为由不同意原告的诉请。法院认为，继承人可以从实体上放弃接受被继承人的遗产，无须对被继承人的债权人承担责任。但继承人不能放弃对被继承人的遗产清算及管理，负有以遗产实际价值清偿被继承人生前债务的责任。为了充分保护债权人的合法权益，便于债权人诉讼，应当设定遗产管理人，由于《民法典》尚未颁布，根据本案的实际情况，将三被告设定为被继承人谢某的遗产管理人，在其管理遗产的实际价值范围内承担还款责任。

【关联法条】

《民法典》第1133条、第1146条

（撰稿人：李贝妮）

第一千一百四十六条　【法院指定遗产管理人】对遗产管理人的确定有争议的，利害关系人可以向人民法院申请指定遗产管理人。

---

① 曹守晔主编：《民法典继承编条文理解与适用》，法律出版社2020年版，第165页。

② 李燕：《论〈民法总则〉对未成年国家监护制度规定的不足及立法完善》，载《河北法学》2018年第8期。

③ （2018）渝0118民初5081号。

【释义】

本条是关于法院指定遗产管理人的规定。

在特定的情况下由法院指定遗产管理人是十分必要的。在继承关系中，如果没有及时地确定遗产管理人或者已有的管理人不尽职，不仅遗产价值可能会面临损害的危险，而且继承人、遗产债权人等利害关系人的利益也难以得到保障，因此在特定情况下，法院应当作为国家公权力机关对遗产管理人的选任进行干预。本条为民法典新增法条，完善了遗产管理人的选任，将法院指定作为确定遗产管理人的方式之一。

法院指定遗产管理人的前提为“对遗产管理人的确定有争议的”。应当对本条进行限缩解释为“遗产管理人无法确定的”。遗产的处理涉及各个继承人、遗产债权人、被继承人的债务人等多方利益，遗产管理人的选任势必会影响遗产处理的进程和结果。不同主体对于遗产的期待都是从自身角度出发的，在确定遗产管理人时难免会有不同的意见，甚至产生矛盾。对遗产管理人的确定有争议可谓在所难免，不进行限缩在任何分量的争议产生时允许利害关系人向人民法院申请指定，一方面会增加法院的负担，浪费司法资源；另一方面不利于遗产的及时处理，影响遗产权利人的其他利益。其他国家也将法院指定作为确定管理人的一种方式，《德国民法典》第 2038 条、第 2097 条规定，在以下三种情况下由法院指定遗产管理人：（1）限定继承人向法院申请；（2）利害关系人以财产受到不良侵害为由的申请；（3）遗产无人继承。《日本民法典》第 1006 条，第 1012 条规定：继承人不明、限定继承人、在法定期间内怠于管理遗产、遗产管理人选任出现争议、无人继承的情况下由法院指定遗产管理人。在我国，无人继承的情况下根据《民法典》第 1145 条，由被继承人生前住所地的民政部门或者村民委员会担任遗产管理人。“遗产管理人无法确定”主要表现为两种情形：其一，继承人未及时推选遗产管理人且不愿共同担任遗产管理人；其二，继承人共同担任遗产管理人怠于行使职责损害利害关系人利益。上述情形的共同点是由于无法确定遗产管理人，使遗产管理程序处于停滞状态，此时利害关系人可向法院申请，打破遗产处理的僵局。因此，本条的适用应当和第 1145 条紧密结合，作为确定遗产管理人的补充手段。

提起申请的主体为“利害关系人”。本条所指的利害关系人是指与遗产有关的利害关系人，主要包括：遗嘱执行人、继承人、被继承人的债权人、被继承人的债务人、被继承人生前住所地的民政部门或者村委会以及其他与遗产有利害关系的人。

受理的法院为被继承人死亡时住所地或者主要遗产所在地人民法院。根据《民事诉讼法》第33条第3项规定，因继承遗产纠纷提起的诉讼，由被继承人死亡时住所地或者主要遗产所在地人民法院专属管辖。关于遗产管理人确定的纠纷，也属于继承纠纷，被继承人死亡时的住所地或者主要遗产所在地与遗产存在密切联系，作为管辖法院便于案情的处理。被继承人死亡时的住所地，根据《民法典》第25条规定，自然人以户籍登记或者其他有效身份登记记载的居所为住所；经常居所与住所不一致的，经常居所视为住所。主要遗产所在地一般是指遗产中的不动产所在地。

人民法院指定遗产管理人的范围。根据第1145条的规定，能够担任遗产管理人的范围包括：遗嘱执行人、继承人、民政部门或者村民委员会。因此，人民法院能够指定的范围也应当限于上述主体。① 民法典第1145条确定的遗产管理人的范围一方面能够充分尊重被继承人的意愿，另一方面对于处理遗产十分便利。具体情形如下：（1）有多个遗嘱执行人而无法确定遗产管理人的，人民法院应当在其中选择一个或数个担任遗产管理人；（2）有多个继承人而无法确定遗产管理人的，人民法院应当在其中选择一个或数个担任遗产管理人；（3）如果是被继承人生前住所地的民政部门或者村民委员会之间因遗产管理人的确定发生纠纷，则需要在两者之间确定合适的机构担任遗产管理人。

人民法院确定遗产管理人应当结合被继承人的生活情况、生前所立遗嘱等有关文件，尊重被继承人的意愿为前提，同时综合考量候选人的品质、能力、公信力等。人民法院指定的遗产管理人作为被继承人的遗产管理人开始处理被继承人的遗产，履行遗产管理人的职责。法院指定遗产管理人后，遗产管理人应当与继承人就遗产处理的相关事宜进行协商。对于遗产管理人确有损害遗产权利人利益的，可以根据民法典第1148条承担责任。

【相关案例】

魏某、万某某民间借贷纠纷案②

本案的焦点为法院指定遗产管理人的范围及考量因素。万某某与邱某原系朋友关系，双方于2014年4月22日签订《最高额借款合同》一份，约定：“邱某

---

① 黄薇主编：《〈中华人民共和国民法典继承编〉解读》，中国法制出版社2020年版，第117页。

② （2019）津01民终1172号。

向万某某借款，最高金额为人民币伍佰万元，最终借款金额以借款人实际收到的银行转账金额为准。借期内每笔借款利率为月息3%，按月支付。借款期限自2014年3月10日至2016年5月30日。”2016年6月21日，邱某自杀身亡。至今尚欠万某某借款本金2252000元及相应利息未归还。邱某的母亲及女儿均以书面的形式放弃对邱某的遗产继承权，魏某作为邱某的妻子亦在原审答辩及重审答辩中声明放弃了对邱某的遗产继承权，并已记录在案。邱某已不存在任何继承人或受遗赠人，邱某的遗产属于无人继承的状态。法院认为，魏某与邱某为夫妻关系，且对涉案大部分遗产属于占有状态，便于对邱某遗产进行管理及处分，在法律没有其他明确规定的情形下，指定魏某为邱某的遗产管理人。魏某作为邱某的遗产管理人在邱某的遗产实际价值范围内向万某某承担借款清偿责任。

【关联法条】

《民事诉讼法》第33条、《民法典》第1145条

（撰稿人：李贝妮）

第一千一百四十七条　【遗产管理人的职责】遗产管理人应当履行下列职责：

（一）清理遗产并制作遗产清单；

（二）向继承人报告遗产情况；

（三）采取必要措施防止遗产毁损、灭失；

（四）处理被继承人的债权债务；

（五）按照遗嘱或者依照法律规定分割遗产；

（六）实施与管理遗产有关的其他必要行为。

【释义】

本条是关于遗产管理人职责的规定。

遗产管理人是处理被继承人遗产的主要负责人，应当对其职责进行确定。本条为《民法典》新增法条，明确了遗产管理人的主要职责，一方面有利于遗产管理人按职责处理遗产，另一方面有利于继承人或其他遗产权利人对遗产管理人进行监督。

一、清理遗产并制作遗产清单

清理遗产是指在继承开始后，遗产管理人应尽善良管理人的义务对遗产进行收集、盘点、归类、估价。编制遗产清册，是遗产管理人对遗产的净资产进行清点、估价后，在区分被继承人财产与其夫妻财产、家庭财产及其他人财产的基础上，查清遗产债权债务事实，然后制作出完整的遗产清册。[①] 通过清理遗产并编制遗产清册可以明确遗产的范围，知晓遗产的具体情况，以便于遗产管理人清偿遗产债务、分配剩余遗产等后续工作的顺利进行。同时也可以使遗产利害关系人，如债权人、受遗赠人、继承人，了解和掌握遗产的真实情况，对遗产有据可查，防止部分继承人、遗产管理人侵害其对遗产享有的合法权利。此外，编制遗产清册还有利于遗产权利主体对遗产管理人工作的有效评估与监督，促使遗产管理人妥善、忠实地履行遗产管理职责，避免其滥用管理职权。《德国民法典》除了规定遗产管理人编制遗产清册的义务，并且还对编制遗产清册的期限、专业性、内容以及遗产清册的提交与公示做了细致规定。[②] 我国台湾地区“民法”规定，遗产管理人有编制遗产清单并呈报法院的义务，且对遗产清单编制的期限作出了 3 个月的限制，如有必要，经遗产管理人申请，法院可批准延长。[③] 关于清单的内容，清单应逐一登记遗产标的和遗产债务的种类、数量、状况、制作日期，并经遗产管理人签名。遗产管理人记载其管理的积极遗产、已知的遗产债务即可。关于制作清单的期限，应当对制作遗产清单的期限进行限制，否则不利于债权人和继承人及时知晓遗产范围，影响遗产分割进程，提高了隐匿、侵占遗产的风险。限定遗产清单编制期限，不仅能防止有限继承人滥用权利，损害债权人合法权益，还能限制由于主体空缺对经营活动造成的不利影响，提高遗产管理的效率，同时减少因为遗产分配的时间过长而造成继承人权利长时间处于不确定状态的问题。[④] 编制的期限可以申请延长，但需要说明合理、必要的理由：如遗产数量较多，限定时间内无法完成清算。本条作为遗产管理人的基本职责，并未限定遗产管理人的资质，但是由专业人员制作遗产清单或向专业人员请教有利于准确、规范地制作遗产清单，对提高遗产清单的规范性、可信度和实效性具有积极意义。遗产清单应当进行合理的公示，允许相关利益人查阅、复制，同时遗产管理人应当妥善保管遗产清单，对查阅和复制的主体进行记录和审查，防止对遗产

---

① 付翠英：《遗产管理制度的设立基础和体系架构》，载《法学》2012 年第 8 期。

② 《德国民法典》第 1995 条、第 2001～2003 条、第 2010 条、第 2012 条。

③ 我国台湾地区“民法”第 1156 条、第 1179 条。

④ 陈苇、刘宇娇：《中国民法典继承编之遗产清单制度系统化构建研究》，载《现代法学》2019 年第 5 期。

内容的不良泄露。如此一来，既维护了遗产相关利益人的知情权，便于其对遗产管理人进行监督，另一方面也保障了遗产处理的有序进行。

二、向继承人报告遗产情况

继承开始后，继承人对遗产处于共同共有的状态，遗产的状况与继承人息息相关，因此遗产管理人应当及时地向继承人报告遗产的情况。首先，报告的时间和次数不限。虽然本款的规定在“清理遗产并制作遗产清单”之后，但是并不意味着报告遗产情况在制作遗产清单之后。一方面，“采取必要措施防止遗产毁损、灭失”规定在本款之后，但是遗产管理人该项职责贯穿了遗产处理的整个过程，可见职责的履行并不是根据法条的位置确定的；另一方面，遗产清算和制作遗产清单需要经过一定的时间，在此期间内继承人可以对遗产的情况进行了解。其次，报告的对象为全体继承人。本条所指报告的对象为“继承人”，应当解释为包括法定继承人、遗赠人在内的所有继承人。表示放弃继承的遗赠人和继承人或者丧失继承权的遗赠人或继承人不包括在内。再次，报告的形式不限。遗产管理人可以采用书面形式，如公示遗产清单进行报告，也可以进行口头报告。遗产管理人应当对报告的时间和次数进行记录。最后，报告的内容应当是与遗产有关的所有情况，包括但是不限于遗产的数量、使用状况、权利状态、被继承人的债权债务关系等。如果被继承人在遗嘱中特别说明某项遗产应当秘密归属于某个特定的继承人，则不宜向全体继承人公布。①

三、采取必要措施防止遗产毁损、灭失

采取必要措施防止遗产毁损指出于保护遗产价值的目的，通过必要的保存、利用、改良，或必要且适当的处分和变卖等行为实现对遗产的保全。② 例如，对于易腐、易变质的财产应及时地进行变卖处理。在具体操作中，尤其是对遗产进行处分、变卖时一定要注意行为的必要性。通过遗产清算和保全，可以使遗产免受侵害和损毁，以维持遗产的完整性和安全性。“必要措施”应仅限于以下三类措施，其中前两项为临时保全措施：（1）避免遗产贬值措施，即出卖易变质、易损毁的遗产。（2）偿还债务。仅限于紧急债务和不立即支付会导致债务加重的债务。其中，紧急债务包括：丧葬费用、被继承人最后患病支出费用及其他需要立即支付的债务；不立即支付会导致债务加重的债务包括：税款、租金等。（3）当遗产处于无人继承状态超过6个月时，遗产管理人应当出售虽不易变质，但保存代价过高的财产；经过人民法院允许，可以采取超出前两款必要措施的措施，但须出于保全、改良遗

① 黄薇主编：《中华人民共和国民法典继承编解读》，中国法制出版社2020年版，第120页。

② 石婷：《遗产管理制度研究》，群众出版社2016年版，第32页。

产的目的。对于法律上的毁损、灭失，如遗产中的部分动产遭受侵权威胁，或者被侵权人占有，甚至被犯罪分子盗窃等。遗产的完整权利受到威胁，此时遗产管理人也应当采取必要的法律措施，确保遗产不遭受非法侵害。如果没有特别约定，遗产管理人仅有防止遗产毁损、灭失的职责，没有确保遗产增值的义务。

四、处理被继承人的债权债务

保护被继承人债权人的利益也是遗产处理的目标之一。处理被继承人的债权债务，主要是追讨其债权、清偿其债务。遗产管理人在接管遗产后，得知被继承人尚存在债权的，应当进行及时的追讨，向债务人主张债权。被继承人的债务人不及时偿还债务的，可以赋予遗产管理人以自身名义进行诉讼的权利，直至遗产管理人向债务人追讨到债权为止。也可以由继承人委托遗产管理人为代理人以全体继承人的名义进行诉讼。诉讼的方式可以根据继承人和遗产管理人协商确定。遗产债务通常包括被继承人生前的各种债务及遗产管理期间支出的各种费用。通常情况下，遗产管理人应当首先公示催告债权人，期满后，拟订遗产清偿方案。民法典未规定遗产管理人公示催告的职责，遗产管理人可以根据现实情况选择公示催告的时间。公示催告的人应当包括继承人、遗赠人、被继承人的债权人、债务人。为保证遗产处理的有效进行，公示催告的期限不应当超过3个月。

五、按照遗嘱或者依照法律规定分割遗产

遗产分割指遗产管理人在清偿遗产费用、税款以及遗产债权后，遗产仍有剩余的情况下，应当依法或者依遗嘱规定将剩余遗产分配给继承人或遗产受益人。若遗产无人继承时，应将剩余遗产分配给有权获得遗产的受益人，没有相应的受益主体的，应将剩余财产上交国库或集体所有。关于遗产分割的时间，如果遗嘱中有约定的，应当按照遗嘱中的指示进行；遗嘱中没有约定的，由继承人协商确定遗产分割的时间。如果遗嘱中指定了遗产分割的时间，但与继承人协商确定的时间不同的，应当按照继承人协商的时间分割。继承开始后，遗嘱的分割指示不具有物权上的效力，继承人对遗产享有共同所有权，继承人对遗产的处理具有物权效力，因此应当以继承人协商确定的时间为准。若法律对遗产分割的时间设立其他限制的，继承人应当遵守，如德国、意大利、瑞士、俄罗斯规定，在胎儿出生前不得分割遗产；法国、俄罗斯规定，为特殊继承人之利益暂缓分割遗产；德国、意大利规定，承认身份关系确定前不得分割遗产；英国规定，在被继承人死亡之日起不到1年的，遗产代理人无义务分割遗产；英美法系国家和德国还要求遗产分割应在清偿债务后进行。[①] 关于分割的依据，有遗嘱的应当按照遗嘱的指

① 陈苇：《中国遗产处理制度系统化构建研究》，中国人民公安大学出版社2019年版，第287～345页。

示进行分割；没有遗嘱的或者遗嘱没有涉及的遗产应当按照法定继承进行分割。对于没有遗嘱或者遗嘱没有涉及的遗产，继承人可以就遗产分割达成分割协议。遗产管理人应当按照继承人一致同意的遗嘱分割协议分割遗产。如果继承人一致同意的分割协议与遗嘱指示的分割方式不同，应当按照继承人一致同意的分割协议进行分割。如果部分继承人达成分割协议与遗嘱分割指示不同的，遗产管理人应当首先按照遗嘱内容分割遗产，不能达成一致意见的部分可申请法院进行遗产继承份额的确定。若继承人通过诉讼的方式确定了应继份及分割方式，遗产管理人应当依照法院的判决执行。

六、实施与管理遗产有关的其他必要行为

实施与管理遗产有关的必要行为，主要要求遗产管理人尽善良管理人的义务，对遗产进行整理、保存、利用，为一定必要的行为，如办理产权登记、交付遗赠标的物、转移标的物的所有权。[①] 为了使得诸如公司股份等有持续性收益的遗产得以保值、增值，遗产管理人应对其进行经营管理。在实践中需要注意“必要”一词的含义，遗产管理人的行为不能超过“需要”的限度。以下行为视为不超过“需要”的限度：第一，管理遗产的银行账户，将现遗产中的现金或重要文件存入银行账户，或将重要文件存入银行或其他保管机构；第二，根据授权或遗嘱指示对遗产进行合理的投资；第三，在遗产是股份时，遗产管理人在管理期间应合理行使股东权。

首先，不管遗产管理人实施哪种行为，都应当尽职尽责，不得滥用管理权限。其次，遗产管理人在管理遗产时，不得违反法律，也不得违背公序良俗。不得违反法律就是应当遵守有关法律的规定，如被继承人生前欠有税款，遗产管理人就应当依法缴纳所欠税款，而不得违法偷税漏税。此外，如果遗产所在地对处理特定遗产有特殊的风俗习惯，遗产管理人也应当尊重这些习俗。

【相关案例】

方某 1 与方某 2、方某 3 法定继承纠纷案[②]

本案的焦点为遗产管理人是否履行了其法定职能。原、被告系姐弟与兄弟关系，被继承人李某淑系原、被告的母亲。2010 年 12 月 30 日，被继承人李某淑将自己书写的一份委托书交给已故丈夫的学生陈某林，委托其作为遗嘱见证人及执

---

① 张玉敏：《继承法律制度研究》，法律出版社 2004 年版，第 290 ~ 292 页。

② （2018）沪 0110 民初 4682 号。

行人，载明陈某林有权监督遗嘱的执行情况。2015 年 3 月 3 日与 3 月 4 日，李某淑在其家中先后写下“3 月 3 日遗嘱”与“3 月 4 日遗嘱”，并交于遗嘱见证人陈某林保管。“3 月 3 日遗嘱”载明李某淑名下房屋的出售与房款分割及存款处理方式，其中，涉及存款处理的内容为“定期存款的存单分别放在写有你们名字的信封里，为防止失窃存放于银行保险柜里，我去世后由方某 1 取回，收到后在大信封上签收。此外，我名下的存款如有结余，全部给方某 1”。“3 月 4 日遗嘱”对李某淑名下房屋进行分配，明确坐落于上海市杨浦区双阳北路×××弄×××号双阳北路房屋产权全部由原告方某 1 继承。2017 年 12 月 19 日，李某淑因病去世。原告从银行保险柜取回装有存款的大信封后，在同月 21 日，陈某林召集原、被告三人至第五干休所会议室，确认大信封密封完整，并由陈某林与原、被告三人签字确认“密封完好”后当场拆封。同月 22 日下午，原告方某 1 与被告方某 3 一起到中国银行上海市杨浦区包头路支行营业部取款。被告认为，原告作为其母亲遗产管理人未尽到妥善的注意义务，其母亲可能还有其他存单造成损失；另外，其在银行取款受限后并未找被告协商解决，故本案诉讼费应由其自行负担。本院认为，原告作为被继承人李某淑遗产管理人，在被继承人李某淑去世后，及时联系陈某林，及时处理遗嘱事务等，被告亦无证据证明有关遗产受到了损失，应认定其已尽到了妥善的注意与管理义务。

（撰稿人：李贝妮）

第一千一百四十八条　【遗产管理人的责任】遗产管理人应当依法履行职责，因故意或者重大过失造成继承人、受遗赠人、债权人损害的，应当承担民事责任。

【释义】

本条是关于遗产管理人责任的规定。

遗产管理人应当依法或者依约定履行职责，违反职责给继承人、受遗赠人或者债权人造成损害的，应当承担民事责任。本条为民法典新增法条，遗产管理人在故意或重大过失时承担责任，即承担过错责任。但是鉴于遗产管理人的责任承担与其报酬紧密相关，应当对有偿的遗产管理人和无偿的遗产管理人区别对待。

当遗产管理人为无偿时，不应当对其课以较高的义务，避免权利和义务不一致。遗产管理人的工作涉及对遗产的清算、制作遗产清单、向继承人汇报、分割遗产等多项内容，无论遗产的多寡，遗产处理都是十分复杂和漫长的，在此期间遗产管理人需要投入大量的精力和时间。在遗产管理人没有报酬的情况下，仍要求其保持较高的注意义务，势必会挫败遗产管理人履行职责的积极性。无偿的遗产管理人可以类推适用无偿的保管人的责任，在保管、维护、收益时，尽与维持自己财产同一之注意；在进行必要的经营和处分时，应尽善良管理人之注意。若仅因一般过失造成继承人、受遗赠人、债权人损害的，不需要承担赔偿责任。因故意或者重大过失造成继承人、受遗赠人、侵权人损害的，继承人、受遗赠人可以提起侵害继承权或者财产权的诉讼，债权人可以根据遗产管理人的行为提起相应的诉讼，要求遗产管理人承担责任。

当遗产管理人为有偿时，应当提高其注意义务。对遗产管理人的责任可以参照《企业破产法》对于破产管理人的责任要求，遗产管理人的职责为尽勤勉义务，即“善良管理人”之注意义务。所谓“善良管理人”之义务应当认为就遗产管理人而言，基于其拥有的执业资格和能力，以自身的专业性考虑为管理之必要范围。关于“善良”的实际要求须因遗产管理人具备的知识、经验、能力等具体判断，不应当对其设置一个同一的、固定的标准。例如，在由被继承人的某一远方亲戚作为遗产管理人时，其对于被继承人的相关信息了解程度不及与周围原本亲近之人，其对于遗产管理事务之注意义务几近于陌生人之要求，“善良”程度是很低的，接近于大众的基本道德要求。而若当遗产管理人由具备相当法律知识的近亲属担任时，此注意义务既应关涉失踪人信息掌握的便捷，亦应关涉个人于法律规范符合性的要求，此时的“善良”注意便要求相对较高。若遗产管理人为具有专业资质的律所或律师，对其处理遗产的专业程度要求则更高。

如果遗产管理人与继承人之间存在委托合同，双方可根据合同的约定追究遗产管理人的责任。遗产管理人故意或者因重大过失造成继承人损害的，继承人根据《民法典》第 186 条，既可以要求其承担违约责任，也可以要求其承担侵权责任。遗产管理人造成继承人、受遗赠人、债权人损害的情形包括：（1）未按照遗嘱或法律规定分割遗产的；（2）未妥善保管遗产，致使遗产毁损、灭失的；（3）未及时通知受遗赠人被继承人死亡的事实致使受遗赠人未获得遗产的；（4）故意侵吞、隐匿财产致使其他继承人无法获得遗产的；（5）故意转移、毁损遗产，致使遗产减少的；（6）其他损害继承人、受遗赠人、债权人的情形。

遗产管理人承担责任的方式，可根据《民法典》第 179 条，第 237 条、第 238 条、第 1184 条确定。应包括返还财产、恢复原状、赔偿损失等方式。对其他继承人或者债权人造成损失的，应当以其财产承担无限责任。遗产管理人在违反职责时承担无限责任，不违背继承人对所继承债务以遗产为限承担责任。首先，发生的根据不同。遗产管理人承担无限责任的原因是其未履行约定或者法定职责，造成遗产权利人损失；继承人承担有限责任的基础是被继承人死亡，继承人未放弃继承。遗产管理人与其他遗产权利人的法律关系由其先前的法律行为引起，而继承人与其他债务人的法律关系因被继承人死亡的事实引起。其次，法律关系不同。遗产管理人与其他继承人为委托关系，不直接与债权人发生法律关系。当其不履行职责时，可能对其他继承人构成违约或侵权；对债权人可能构成侵权。被继承人死亡后，继承人得概括继承其债务人的资格，与债权人具有基础法律关系。原合同当事人为被继承人和债权人，被继承人以其财产为限承担责任，此时继承人只需以其继承所得财产为限清偿债务。最后，适用的规范不同。遗产管理人承担责任时适用合同编或者侵权编的相关规范；继承人偿还被继承人的债务时适用被继承人与债权人之间的约定以及继承编的相关规范。

【相关案例】

王某某与工商银行古美路支行、李某某财产损害赔偿纠纷案①

本案的焦点为遗产管理人李某某的行为是否侵犯了继承人的继承权。原告王某某诉称，原告之子刘某生前在工商银行留有存款人民币310万元。2013年8月15日刘某因病死亡，后经原告查询得知，上述存款被被告李某某在古美路支行分多笔多次取走。原告系刘某唯一合法第一顺序继承人，两被告上述行为侵犯了原告的合法权益，故起诉要求两被告返还原告应得财产310万元。原告明确表示其提起本案诉讼的请求权基础为侵权损害赔偿，两被告未经过刘某继承人同意的情况下擅自将刘某名下钱款由李某柱取走，侵犯了原告的合法权益。被告李某某辩称，原告诉请之310万元中的200万元由其根据刘某的遗嘱于2013年9月12日在山东分配给原告及刘某的两个侄子，100万元系用于归还刘某生前向其所借款项，10万元用于刘某的丧葬费用。经审理查明，刘某所立遗嘱真实有效，其指定李某某为遗产管理人。从资金走向来看，李某某确实在履行其遗嘱执行人的职责。故李某某作为刘某遗嘱执行人提取刘某存款，且已将提取的刘某存款进行了分配，该行为符合刘某生前意思表示，并未侵犯原告的继承权。如果刘某家人认为李某柱作为遗嘱执行人分配刘某遗产过程中存在不妥之处，可另循合法途径寻求救济，但该诉与本案侵权损害赔偿之诉是两个不同的法律关系，不能通过本案侵权损害赔偿之诉予以解决。李某某转账取款具有正当性，原告并无实际损害后果。古美支行在转账业务中虽有过失，但该过失行为与原告的财产损失并无侵权法上的因果关系，因此驳回原告的诉讼请求。

---

① （2014）闵民四（商）初字第340号。

【关联法条】

《民法典》第179条、第237条、第238条、第1184条

第一千一百四十九条 【遗产管理人的报酬】遗产管理人可以依照法律规定或者按照约定获得报酬。

【释义】

本条是关于遗产管理人报酬的约定。

遗产管理人承担着清算遗产并制作清单、妥善保管遗产、处理被继承人债权债务、分割遗产等职责，在此过程中势必会花费遗产管理人的时间和精力。赋予遗产管理人报酬请求权一方面符合权利与义务相对等的原则，另一方面可以极大地调动遗产管理人的积极性。本条的表述主要参照了《德国民法典》第1987条的规定，通过一定的报酬促进遗产管理人更为积极地履行职责，从而保障继承人的利益。

遗产管理人获得报酬的方式主要有三种：遗嘱确定、继承人协商确定、法院指定。

1. 遗嘱确定。根据《民法典》第1145条，被继承人可以通过遗嘱指定遗嘱执行人，继承开始后，遗嘱执行人为遗产管理人。被继承人可以在遗嘱中确定遗产管理人的报酬。在遗嘱中已有分配报酬的情况下，遗产管理人不再享有要求更多报酬的权利。

2. 继承人协商确定。被继承人未在遗嘱中确定遗产管理人报酬的，继承人可以协商确定遗产管理人的报酬。在确定遗产管理人的报酬时，应当综合考量遗产的数量、遗产处理的进度、遗产管理人的工作量等。继承人与遗产管理人之间的关系应当类推适用委托合同的规定，对报酬的约定可作为合同的内容。遗产管理人可以请求报酬，也可以不请求报酬。当遗产管理人为继承人时，一定程度上系管理自己的事务，因此在报酬的确定时，遗产管理人和继承人之间存在较大的协商空间。

3. 法院指定。根据《民法典》第1146条，遗产管理人无法确定时，由法院指定遗产管理人。法院在指定遗产管理人时，可以同时确定遗产管理人的报酬。遗产管理人在处理被继承人的遗产时，与企业破产管理人的职责具有一定的相似

性，因此遗产管理人费用的确定可以参考破产管理人报酬的相关规定。根据《最高人民法院关于审理企业破产案件确定管理人报酬的规定》第9条："人民法院确定或者调整管理人报酬方案时，应当考虑以下因素：（一）破产案件的复杂性；（二）管理人的勤勉程度；（三）管理人为重整、和解工作做出的实际贡献；（四）管理人承担的风险和责任；（五）债务人住所地居民可支配收入及物价水平；（六）其他影响管理人报酬的情况。"人民法院确定或者调整管理人报酬方案时，应当将遗产的数额、遗产管理的工作量、勤勉程度、实际贡献、风险和责任、当地的收入与物价水平作为重要的考量因素。

如果遗嘱对遗产管理人的报酬进行了约定，被继承人去世后，遗产管理人的报酬作为遗产债务，由继承人承担。双方就报酬发生矛盾时，应当按照遗嘱的约定处理。如果遗嘱未指定遗产管理人，遗产管理人由继承人推选而产生，当遗产管理人为继承人以外的人时，遗产管理人与继承人之间的关系为委托合同关系，对于报酬的约定可以作为委托合同的条款。当事人双方因报酬发生矛盾，可根据委托合同的约定处理。如果遗产管理人为继承人，则继承人内部的关系类推适用合伙的关系，对报酬的处理应当按照继承人内部的约定处理。当法院指定遗产管理人并确定遗产管理人的费用时，应当从被继承人的遗产中支出遗产管理人的报酬。

遗产管理人既可以是有偿的，也可以是无偿的。当遗产管理人为无偿时，应当根据《民法典》第1148条，依法履行职责，因故意或者重大过失造成继承人、受遗赠人、债权人损害的，应承担民事责任；当遗产管理人为有偿时，由于其收取了报酬，注意义务应当高于无偿的遗产管理人，对于造成继承人、受遗赠人、债权人损害的，应当根据双方的约定承担民事责任，即承担无过错责任。

【相关案例】

向某琼等与张某霞等执行遗嘱代理合同纠纷案①

本案双方当事人的争议焦点是：遗产执行人与部分遗产继承人就执行遗产相关事宜签订的委托代理协议是否有效。1997年2月23日，原告向某琼之夫、熊某浩和熊某之父熊某武请当时任正达律师事务所律师的被告张某霞见证并代书了遗嘱，遗嘱对其所有的现金、企业、房产等财产向各法定继承人和其他人进行了分配，并聘请张某霞为终身法律顾问，指定张某霞为遗嘱执行人。该遗嘱一式7

① 载《中华人民共和国最高人民法院公报》2004年第1期。

份，全部由张某霞保管，继承开始由张某霞负责实施。1997年2月28日，熊某武去世。1997年3月1日和4月14日，张某霞分别与熊某、熊某浩签订协议书。协议根据熊某武的遗嘱主要约定以下事项：张某霞要遵照遗嘱的规定办好各种手续；熊某浩、熊某聘请张某霞担任法律顾问、财务顾问，维护熊某浩、熊某的合法权益，全权委托张某霞对继承的企业财产进行审计，保障熊某浩、熊某两人的权益得到充分兑现；律师应收遗嘱析产代理费按国家规定从遗产中扣除。原审法院认为，张某霞作为律师接受熊某武生前嘱托担任其遗产执行人，应视为与熊某武生前形成了委托代理关系，张某霞在执行遗嘱时从遗产中扣收代理费，不仅违背了立遗嘱人生前嘱托，使继承人财产受到损失，而且违反了律师法的禁止性规定。终审法院撤销了原审法院的判决，认为张某霞作为熊某武指定的遗嘱执行人，在熊某武没有明确其执行遗嘱应得到报酬的情况下，与继承人熊某浩、熊某等人就执行遗嘱的相关事项签订协议，并按照该协议的约定收取遗嘱执行费，不属于《律师法》第34条禁止的律师在同一案件中为双方当事人代理的情况。

【关联法条】

《最高人民法院关于审理企业破产案件确定管理人报酬的规定》第9条

（撰稿人：李贝妮）

第一千一百五十条　【继承开始的通知】继承开始后，知道被继承人死亡的继承人应当及时通知其他继承人和遗嘱执行人。继承人中无人知道被继承人死亡或者知道被继承人死亡而不能通知的，由被继承人生前所在单位或者住所地的居民委员会、村民委员会负责通知。

【释义】

本条是关于继承开始的通知的规定。

继承开始的通知也就是民间所说的“报丧”。报丧是广泛存在于中国社会的传统习俗，是人去世以后的第一种仪式，也是丧礼的开端。继承的开始意味着继承法律关系的发生，根据《民法典》第1121条，一般情况下，被继承人死亡时继承开始。自然人的死亡具有一定的隐蔽性，除与其生前有密切联系的人外，其他人需要通知才能知晓其死亡的事实。本条基本沿用了《继承法》第23条的表述。

继承开始的通知对与遗产相关的利害关系人而言十分重要：首先，继承人和受遗赠人只有在知晓被继承人死亡的事实后，才能做出接受或者放弃的意思表示。每一个继承人或遗赠人其对遗产接受或者放弃的表示都会影响整个遗产处理的进程。其次，继承开始意味着继承人的继承权从期待权性质转化为既得继承权①，因继承取得的物权自被继承人死亡时发生效力。对其死亡的知晓是对其自身财产权的确认。最后，对于遗嘱执行人而言，若未收到被继承人死亡的通知，则不能及时有效地对遗产进行管理和清算，保有遗产的人可能对遗产隐匿或者侵吞，不利于遗产的保护。

继承开始通知的义务人为知道被继承人死亡的继承人、生前所在单位或者住所地的居委会、村委会。知道被继承人死亡的继承人应当限于被继承人的法定继承人，即被继承人的配偶、父母、子女、兄弟姐妹、祖父母、外祖父母。一方面，被继承人的其他亲属、遗赠人和遗赠扶养协议的另一方不属于通知的义务主体，虽然从道义的角度而言，其他与被继承人有亲密关系的人当得知被继承人死亡时，都应当及时通知其继承人处理后事，但法定继承人对于被继承人的遗产具有最紧密的联系，因此应当承担此种义务。另一方面，在通知时法定继承人享有同样的义务。换言之，无论是第一顺位继承人还是第二顺位继承人，在继承开始的通知时应当背负同种义务。继承人中无人知道被继承人死亡或者知道被继承人死亡而不能通知的，应当由被继承人生前所在单位或者住所地的居委会、村委会通知。被继承人生前所在单位就是被继承人生前最后工作的单位，可能是被继承人尚在服务的单位，也可能是被继承人退休的单位。由于很多企业的人员退休后，养老都转入社保部门，与单位不再有联系，所以被继承人生前所在单位也未必知道其死亡的事实，在这种情况下，就由被继承人住所地的居民委员会或者村民委员会负责通知。

通知的对象为其他继承人和遗嘱执行人。其他继承人只有在知道被继承人死亡的情况下才能做出接受或者放弃继承的表示，因此知道被继承人死亡的继承人应当及时通知其他所有继承人。“其他继承人”包括受遗赠人，因为继承开始的通知是为了使继承顺利进行，继承人很有可能出于自身利益而不通知或者恶意延迟通知受遗赠人，所以受遗赠人的利益才是通知制度所迫切需要保护的。通知遗嘱执行人的主要目的是便于遗嘱执行人妥善处理遗产，尽快按照遗嘱的指示清算、分割遗产。“及时”是指以合理的方式最快地将被继承人的死讯传达出去。

① 蒋月主编：《婚姻家庭与继承法》，厦门大学出版社2014年版，第378页。

"通知"属于"准法律行为"，即不论通知人的"通知"中带有何种意思表示，不发生其意思所意欲发生的效果而是产生法律规定的后果，即对于被通知者开始起算其行为如放弃继承权利的时效等规定。

本条未明确不履行通知义务的法律后果，但是如果知道被继承人死亡的继承人不履行通知义务或故意迟延履行给他人造成损失的，应当承担相应的民事责任。通知义务的故意不履行或迟延履行造成损失的，可能侵犯了继承人继承权，也可能侵犯了继承人的财产权。一方面，继承开始后，继承人获得概括继承被继承人权利义务的资格，其继承权已经不再是期待权的性质。当有侵害继承权的行为发生时，继承人享有继承回复请求权以救济自己享有的继承权；另一方面，由于继承开始后，继承人对遗产处于共同共有的状态，如果确有侵害遗产行为的，继承人可以侵害财产权为由请求行为人承担侵权责任。

【相关案例】

王某1与王某2、西安医学院第二附属医院人格权纠纷案①

本案的焦点为，知道被继承人死亡的继承人或其他人未告知其他继承人的是否构成侵权。王某1与王某2为同父异母姐弟关系，西安医学院第二附属医院系原告王某1父亲的工作单位。原告诉请，原告父亲去世时，王某2与西安医学院第二附属医院应当第一时间通知申请人到场进行吊唁等活动，但二被告故意隐瞒，非法剥夺了申请人对父亲的遗体告别权、瞻仰权、吊唁权、知情权，给申请人造成了心理和精神的极大伤害。应依据《侵权责任法》及《最高人民法院关于确定民事侵权精神损害责任若干问题的解释》判令二被告承担侵权责任。法院认为，王某1与王某同系父女关系，王某同去世后，依公序良俗，王某1有权利也有义务对父亲遗体进行悼念，王某2作为王某1同父异母的弟弟，在其父亲去世后应及时告知王某1，但该告知义务并非法定的义务。王某1以王某2不告知为由，认为王某2构成民事侵权并要求承担侵权责任，无法律依据。西安医学院第二附属医院是王某同退休前的工作单位，且王某同去世后的有关悼念活动由家属进行安排、办理，西安医学院第二附属医院没有通知其他家属的义务，王某1认为西安医学院第二附属医院不告知行为构成侵权，亦无法律依据。《继承法》第23条是针对遗产处理的通知义务，不适用本案某1敏主张二被告侵犯其告别权、瞻仰权、吊唁权、知情权的情况。

---

① （2017）陕01民终2104号。

【关联法条】

《民法典》第1121条

（撰稿人：李贝妮）

第一千一百五十一条　【遗产的保管】存有遗产的人，应当妥善保管遗产，任何组织或者个人不得侵吞或者争抢。

【释义】

本条是关于遗产保管的规定。

遗产的处理是一个复杂而漫长的过程，从被继承人死亡开始，到继承人实际取得遗产，一般要经过一段时间。为了维护所有遗产权利人的利益，防止遗产被隐匿、盗窃，或者发生毁坏和灭失，有必要对遗产采取保护和管理措施。本条在《继承法》第24条的基础上对于不得侵吞或者争抢的主体，增加了“任何组织”，弥补了《继承法》第24条对于主体的漏洞，扩大了遗产保护的范围。

1. 妥善保管遗产

存有遗产的人，有义务妥善保管遗产。存有遗产，是指对遗产实际占有。存有遗产的人可以是继承人、受遗赠人、遗嘱执行人，也可以是其他个人或组织。如果存有遗产的继承人是无行为能力人或限制行为能力人，则由他们的法定代理人代为行使管理权。被继承人死亡后，其遗产的类型多样，涉及的保管主体也比较复杂：由他人承租的不动产，承租人应当妥善管理该不动产；由他人借用、使用的遗产，借用人、使用人应当尽善良管理义务；被继承人所投资的公司被其他股东控制的，其他股东不得有损害公司利益的行为……确保遗产不被损害、毁损或者灭失是一种消极性的义务，即维持遗产的正常状态即可。除被继承人和保管人有约定外，保管人没有义务确保遗产保值增值。比如，存有的遗产是有价证券，市场价值波动很大，保管人没有义务根据市场行情予以变现防止价值贬损。但是，如果存有的是易腐败的食品等遗产，保管人有义务予以变卖、拍卖，防止遗产腐败丧失价值。如果存有遗产的人对遗产进行了超出基本义务的管理，其与被继承人也没有合同或者其他法律关系，则应当按照无因管理来处理，无因管理的当事人为保管人和继承人。如果不愿意对遗产进行管理，应当在继承开始后将遗产移交给遗产管理人或者继承人。由于被继承人的财产可能被不同的主体实际占有，因此遗产保管人既可能是一人也可能是数人。在遗产保管人为数人的情况下，各保管人应当对存有的财产负妥善保管的义务，也可以协商确定主要遗产保管人。

2. 不得侵吞或者争抢

任何组织和个人都不得侵吞或者争抢遗产。存有遗产的人有妥善保管遗产的义务，其他人不得侵害遗产。侵吞，是指将存有的他人遗产据为己有。任何组织和个人存有他人遗产时，都应当如实告知遗产管理人或者被继承人的继承人。故意隐瞒存有的事实，或者在遗产管理人或继承人要求返还时拒不返还的，构成对遗产的侵吞。即便根据继承人所立遗嘱该遗产由其继承或者受遗赠，存有遗产的继承人或者受遗赠人也必须告知遗产管理人遗产由其存有，一方面有利于遗产管理人对遗产进行清算和统一管理，另一方面维护了其他继承人的知情权和财产权益。抢夺，是指非法夺取。根据《民法典》第 230 条和第 1121 条，被继承人死亡时视为继承开始，继承开始时，继承人即取得物权。在遗产分割前，遗产由继承人共同共有，由他人存有的遗产任何继承人不得抢夺。对遗产的取回应当按照约定或者法定的程序，否则应当承担相应的责任，不仅个人不得抢夺遗产，任何组织也不得抢夺遗产。如果遗产被依法征收、征用的，需要由享有法定权限的机关按照法定程序实施，必须依法给予补偿。

如果被继承人无继承人也未指定遗嘱执行人，法院尚未指定遗产管理人，被继承人生前所在单位、被继承人住所地或主要遗产所在地的基层组织或者公证机关，有权对遗产采取暂时性保管措施，可指定专人代为管理。[①] 任何人侵吞或者抢夺遗产，都需要依法承担责任。不仅可能需要承担相应的民事责任，甚至可能因为其实施的行为构成犯罪而需要承担刑事责任。根据《最高关于贯彻执行〈中华人民共和国继承法〉若干问题的意见》第 59 条，对于故意隐匿、侵吞或者争抢遗产的继承人，可以酌情减少其应继承的遗产。因保管遗产而花费的必要费用，应当从遗产中支付。

【相关案例】

张某与魏某债务清偿纠纷案[②]

本案的焦点是放弃继承权的继承人对被继承人生前债务是否负有清偿义务。

① 蒋月主编:《婚姻家庭与继承法》，厦门大学出版社 2014 年版，第 383 页。

② （2018）闽 06 民终 1927 号。

2016年4月20日，魏某的母亲胡某因需用资金向张某借款100000元，借款同时出具借条一张交由张某收执，该借条落款的下方还载明每月还3000元。2017年3月20日，胡某再次向张某借款30000元，同时出具借条一张交由张某收执，借条落款下方载明每月还900元。2017年8月27日，胡某再一次向张某借款50000元，同时出具借条一张交由张某收执，在借条上载明每月还1500元。2017年9月10日，胡某又一次向张某借款60000元，同时出具借条一张交由张某收执，借条上载明每月还1800元。上述借贷关系形成后，胡某均未向张某偿还借款及利息。2018年2月25日，胡某亡故。胡某的父母、丈夫均已去世多年，魏某系胡某唯一子女。2018年3月12日，胡某名下的房产地址在漳浦县。2018年4月12日，魏某出具声明，表示自愿放弃继承胡某的全部遗产。经查明，胡某名下的两套房屋的钥匙现由魏某保管。法院认为，魏某虽在本案诉讼中声明放弃继承，但胡某的遗产仍由魏某实际占有、管理和控制，魏某并未将遗产依法移交给有关国家机关或集体组织接管，故其作为遗产管理人，负有以遗产清偿债务的义务。

（撰稿人：李贝妮）

第一千一百五十二条　【转继承】继承开始后，继承人于遗产分割前死亡，并没有放弃继承的，该继承人应当继承的遗产转给其继承人，但是遗嘱另有安排的除外。

【释义】

本条是关于转继承的规定。

转继承是相对于本继承而言的，本继承是指继承人直接继承被继承人的财产，转继承是指继承人本人在继承开始后，遗产分割前死亡，由其继承人继承其应得份。在转继承中，被转位继承人称为被转继承人，实际继承人称为转继承人。我国《最高人民法院关于贯彻执行〈中华人民共和国继承法〉若干问题的意见》第52条确定了转继承制度，本次继承编的转继承在适用条件方面未作修改，但是更正了法条的表述。将转继承的标的由以前的“继承财产的权利”改为“应当继承的财产”。从性质上而言，继承开始后，继承人的继承权转化为对遗产所享有的所有权等权益①，继承权已经不是期待权性质的继承权，表述为“应当继承的遗产”更符合继承权在继承开始时的性质。从体系上而言，此次更改与《民

① 蒋月主编：《婚姻家庭与继承法》，厦门大学出版社，2014年版，第327页。

法典》第 230 条和第 1124 条更契合。

本条所作的修改解决了实践中转继承标的认定的难题。在转继承公证中，公证员在公证书中会有这样的表述："不论转继承转移的客体是遗产份额的所有权还是继承权，即不论该遗产份额是否会形成被转继承人与其配偶的夫妻共同财产，该遗产份额经各继承人协议均同意其由某人继承。"这样做主要是为了化解公证风险，避免将来各继承人因为不满当初的决定而在公证这一环节上找到瑕疵，从而追究公证处的责任。但这样得出的公证书并不是一份高质量的公证书，因为其对继承公证的法律依据模棱两可，公证结论没有坚实的法律基础，影响了公证的权威性和严谨性。通过此次立法，确认了转继承的标的为被转继承人应当继承的遗产份额。继承权与所有权之间并不是以如同能量转化形式一样地相互转化，继承权只是取得所有权的根据。[①] 继承开始后，继承人的继承权体现在其应继承的遗产上。转继承人直接参与被继承人的遗产分割，系对被转继承人遗产份额的继承。

根据本条规定，发生转继承的条件有四：1. 继承人在继承开始后，遗产分割前死亡。根据《民法典》第 1121 条，继承于被继承人死亡时开始。继承开始后，继承人得概括继承被继承人财产法上的权利义务。根据《民法典》第 230 条的规定，虽然继承开始后，继承人对遗产的继承即发生物权效力，但是在遗产分割前，所有继承人对遗产处于共同共有的状态。如果继承人在被继承人死亡之前死亡的，则发生代位继承的问题；如果继承人在遗产分割后死亡的，则属于对继承人遗产的继承，视为一个新的继承。2. 被转继承人未放弃继承。继承开始后，继承人放弃继承的，视为对继承财产的放弃，转继承就失去了继承的标的。3. 继承人没有丧失继承权。根据《民法典》第 1125 条丧失继承权的继承人，不能继承被继承人的财产，转继承没有继承的标的。其继承权的丧失具有溯及既往的效力，如转继承人继承了被转继承人的财产后，发现被转继承人确有《民法典》第 1125 条的行为，应当对其转继承的财产进行返还。4. 遗嘱无特殊的安排。遗嘱没有其他安排，主要是指遗嘱没有对遗产的用途进行特别指定。若遗嘱中说明遗产只能由继承人本人继承，或者根据遗产的性质不能继承的，则不能转继承给他人。

代位继承与转继承都是由继承人死亡的事实引起的，但是存在诸多不同：1. 性质不同。代位继承本质上只发生了一次继承，转继承本质上发生了两次继承。2. 继承人死亡的时间不同。代位继承中，继承人先于被继承人死亡；转继承中，继承

---

① 郭明瑞、房邵坤：《继承法》，法律出版社 2005 年版，第 126 页。

人在被继承人死亡后去世。3. 继承人的范围不同。代位继承人限于被继承人子女的直系晚辈血亲及被继承人兄弟姐妹的子女，转继承人可以是被转继承人的法定继承人。[①] 4. 适用范围不同。代位继承仅限于法定继承；转继承则既适用于法定继承，也适用于遗嘱继承。

【相关案例】

王某 1、王某 2、王某 3、郭某、陈某法定继承纠纷案[②]

本案的焦点为继承人的继子女是否享有转继承权。王某 1、王某 2 为王某的亲生兄弟，王某 3 为王某之子，郭某为王某之妻，陈某系郭某与王某结婚之前与他人所生子女。王某父亲死后，其遗产由王某、王某 1、王某 2 继承。遗产分割前，王某去世。王某 1、王某 2 认为陈某不能通过转继承获得王某应当继承的遗产。法院认为，根据《继承法》第 10 条规定："……本法所说的子女，包括婚生子女、非婚生子女、养子女和有扶养关系的继子女。本法所说的父母，包括生父母、养父母和有扶养关系的继父母……"即继父母和继子女之间存在抚养关系的，继父母与继子女之间享有继承权。王某之父去世后，王某有权继承遗产。王某死亡后，其遗产被分割前，王某的子女（含有抚养关系的继子女）有权继承王某应继承的遗产份额，即发生所谓的"转继承"。郭某与王某结婚时，陈某尚未成年，没有独立生活能力。在没有证据证明郭某与王某约定夫妻财产分别制的情况下，郭某与王某婚姻关系存续期间的各自收入应当认定为夫妻共同财产，且该共同财产为共同共有，在郭某与王某婚姻关系存续期间，夫妻共同财产无法也不能分割。郭某的收入为其与王某的共同财产，应认定王某承担了陈某的部分学习教育和生活费用开支，陈某是王某具有扶养关系的继子，陈某为王某的法定继承人。因此，陈某有权继承王某的财产，具有"转继承权"。

【关联法条】

《民法典》第 230 条、第 1124 条、第 1125 条

（撰稿人：李贝妮）

---

① 郭明瑞、房绍坤：《继承法》，法律出版社 2005 年版，第 128 页。

② （2019）鄂 05 民终 1537 号。

第一千一百五十三条　【遗产的认定】 夫妻共同所有的财产，除有约定的外，遗产分割时，应当先将共同所有的财产的一半分出为配偶所有，其余的为被继承人的遗产。

遗产在家庭共有财产之中的，遗产分割时，应当先分出他人的财产。

【释义】

本条是关于遗产的认定的规定。

在遗产分割时，应当准确划分被继承人的个人财产和夫妻共同财产的界限、个人财产与家庭财产的界限。其配偶或其他家庭成员对共有的财产仍然享有所有权，继承只在被继承人的个人财产范围内发生。本条基本沿用了《继承法》第26条的表述，未作修改。

一、个人财产和夫妻共同财产相分离

夫妻共同所有的财产，除有约定的外，遗产分割时，应当先将共同所有的财产的一半分出为配偶所有，其余的为被继承人的遗产。对于配偶尚在世的被继承人而言，共同生活致使夫妻双方财产混同的现象比较常见。因此，要根据夫妻财产制来判断如何对其财产进行区分：如果夫妻实行分别财产制，由于夫妻双方约定财产归各自所有，任意一方的财产都比较好确定；如果实行的是夫妻共同财产制，则需要根据财产的状况来判断属于共同财产还是个人财产。《民法典》第1063条规定了属于夫妻一方财产的情形，具体包括："……（一）一方的婚前财产；（二）一方因受到人身损害获得的赔偿或者补偿；（三）遗嘱或者赠与合同中确定只归一方的财产；（四）一方专用的生活用品；（五）其他应当归一方的财产。"上述财产可直接认定为被继承人的个人财产，属于遗产的范围。第1062条规定了夫妻共同财产的范围，该条规定："夫妻在婚姻关系存续期间所得的下列财产，为夫妻的共同财产，归夫妻共同所有：（一）工资、奖金、劳务报酬；（二）生产、经营、投资的收益；（三）知识产权的收益；（四）继承或者受赠的财产，但是本法第一千零六十三条第三项规定的除外；（五）其他应当归共同所有的财产。"对于上述财产，除夫妻双方有约定外，应当按照各分一半的原则进行分割。根据《民法典》第304条，对于不宜分割或者因分割会减损价值的，应当对折价或者拍卖、变卖取得的价款予以分割。

二、个人财产和家庭财产相分离

家庭共有财产，是指家庭成员在家庭共同生活关系存续期间共同劳动、共同所得的财产。每个家庭成员对共有财产平等地享有所有权，对家庭共有财产的使用和处分，必须取得全体共有人的同意。只有在分家析产或继承遗产时家庭共有财产才能具体分割。因此，在继承开始时，死者遗产在家庭共有财产之中的，应先分出属于他人的财产，其余的部分属于继承人继承的遗产范围。父母死亡时，应将属于未成年子女所有的财产同其父母的遗产加以区分。未成年子女的生活用品、通过创作而获得的报酬或奖励物品以及通过接受赠与、遗赠和继承等方式所获得的财产，其所有权属于该未成年子女，不能把父母为未成年子女代为管理的财产作为父母的遗产。[①] 对早已参加工作或劳动，并直接参与了家庭共有财产积累的子女，应当确认他们对家庭共有财产所享有的一定权利。在父母死亡并确定其遗产范围时，必须把直接参加了家庭共有财产积累的子女所拥有的财产份额从共同共有的家庭财产中划分出来，不能把全部家庭共有财产都作为父母的遗产。比如，承包土地的农户中有一个家庭成员死亡，由于土地承包经营以家庭为单位，在分割遗产时，就需要根据农村土地承包法的规定予以分割。《农村土地承包法》第 32 条第 1 款规定："承包人应得的承包收益，依照继承法的规定继承。"因此，可以继承的仅为被继承人应得的承包收益，即开展承包经营获得的部分收益。

另外，家庭成员之间的相互资助，应视为赠与。赠与物的所有权只能属于接受赠与的家庭成员，而不能视为家庭共有财产。在确定遗产范围时，对属于被继承人的，应作为遗产继承。

确定被继承人的遗产与家庭共有财产的区别时，还应将被继承人生前由于个人需要所欠下的个人债务与整个家庭为共同生活所欠下的共同债务相区分。以被继承人名义欠下的、纯系用于满足其个人需要的债务，属于被继承人生前的个人债务，应作为其遗产，以其遗产中的其他财产抵偿。如果以被继承人名义欠下的债务是用于全体家庭成员的共同需要，则属于家庭的共同债务，应当用家庭共有财产偿付。

① 郭明瑞、房绍坤：《继承法》，法律出版社 2005 年版，第 206 页。

【相关案例】

张××与于××、孙××继承纠纷案①

本案的焦点是如何实现个人财产与夫妻财产的分离。二原告系被继承人张某军之父母，被告系被继承人张某军之妻。被继承人张某军于2012年2月28日死亡。被继承人遗有天津市房屋一套，原、被告经协商认可该房屋的实际价值为650000元，原、被告均主张由其继承诉争房屋，并给对方继承房屋折价款。被继承人死亡后，其名下留有部分存款。法院认为，诉争房屋属于被继承人与被告的夫妻共同财产，其中50%的份额为被继承人张某军遗产，二原告与被告应按照法定继承分割。考虑被告孙××在诉争房屋中居住以及所占份额，则该诉争房屋由被告孙××继承为宜，该房屋原、被告认值为650000元，被告孙××分别给原告张××、于××继承折价款各108333.3元。对于被继承人的存款及利息，原告张××、于××各继承该款及孳息的六分之一，被告继承该款及孳息的三分之二。关于孙××名下的存款，其中50%作为遗产，由原、被告继承。由孙××分别给原告张××、于××各六分之一。对于被继承人张某军与他人共同投资注册成立的公司，其所占有的股份，应系夫妻共同财产。经析产后，张某军所占有的股份，其中50%的份额归被告孙××所有，其余50%的份额为遗产，应按上述原则确定各自继承份额。原告张××、于××各继承该份额的六分之一，被告继承该份额的三分之二。

【关联法条】

《民法典》第1062条、第1063条

（撰稿人：李贝妮）

第一千一百五十四条　【法定继承的适用范围】 有下列情形之一的，遗产中的有关部分按照法定继承办理：

（一）遗嘱继承人放弃继承或者受遗赠人放弃受遗赠；

（二）遗嘱继承人丧失继承权或者受遗赠人丧失受遗赠权；

① （2015）二中民一终字第0718号。

（三）遗嘱继承人、受遗赠人先于遗嘱人死亡或者终止；

（四）遗嘱无效部分所涉及的遗产；

（五）遗嘱未处分的遗产。

【释义】

本条是关于法定继承适用范围的规定。

法定继承是指继承人的范围、继承顺序、继承份额等均由法律规定。公民对自己的财产可以进行自由的处分，包括通过遗嘱的方式安排遗产的处理。根据《民法典》第1123条，遗嘱继承优先于法定继承，法定继承作为继承的补充方式。本条基本沿用了《继承法》第27条的适用范围，由于受遗赠人可以是自然人也可以是其他民事主体，因此在第3项中增加了受遗赠人先于遗嘱人终止的情形：

一、遗嘱继承人放弃继承或者受遗赠人放弃受遗赠。根据《民法典》第1124条的规定，继承开始后，继承人可以放弃继承，受遗赠人可以放弃受遗赠。遗嘱中指定的继承人或受遗赠人如果在继承开始后放弃继承的，其放弃继承权的行为视为对继承财产的放弃。此时遗嘱所涉及的财产应当按照法定继承处理。应当注意的是，如果遗嘱继承人放弃继承，在转为法定继承后，仍视为对继承的放弃，不需要其再次做出明确的放弃继承的表示，放弃继承的继承人亦不应当参与法定继承。如果部分遗嘱继承人放弃的，仅对其放弃的部分遗产按照法定继承处理，对于没有放弃继承的遗嘱继承人仍然按照遗嘱处理遗产。

二、遗嘱继承人丧失继承权或者受遗赠人丧失受遗赠权。本条的适用要点有三：其一，根据《民法典》第1125条的规定，遗嘱继承人或者受遗赠人确有法律规定的使其丧失继承权或受遗赠权的行为的。其二，遗嘱继承人实施了法律规定的会导致其丧失继承权的行为，且未得到被继承人的宽宥。根据《民法典》第1125条第5款的规定，继承人遗弃被继承人，或者虐待被继承人情节严重；伪造、篡改、隐匿或者销毁遗嘱，情节严重；以欺诈、胁迫手段迫使或者妨碍被继承人设立、变更或者撤回遗嘱，情节严重时，确有悔改表现的，被继承人对其的宽恕可以使其不丧失继承权。被继承人表示原谅继承人的行为，或者在遗嘱中仍然将其列为继承人的，仍然按照遗嘱进行继承。如果受遗赠人实施了第1125条第1款的规定，由于不存在被继承人宽恕的空间，因此只要受遗赠人确有故意杀害被继承人的行为的，其遗嘱中所涉及的遗产即按照法定继承处理。其三，遗嘱继承人丧失继承权或者受遗赠人丧失受遗赠权具有溯及既往的效力。如果尚未进行分割，则遗嘱涉及的财产按照法定继承分割；如果遗产已经按照遗嘱进行了分割，则其他法定继承人对涉及的遗产享有回复请求权，可以要求占有遗产的继承人返还遗产。

三、遗嘱继承人、受遗赠人先于遗嘱人死亡或者终止。遗嘱继承人或受遗赠人先于被继承人死亡的，意味着被继承人在遗嘱继承人死亡时仍然在世，继承尚未开始。遗嘱继承人或受遗赠人丧失民事主体资格，不能做出接受还是放弃的表示。在法定继承情况下，继承人先于被继承人死亡的，根据《民法典》第 1128 条，可能会发生代位继承，继承人的特定卑亲属将因代位继承而获得遗产。根据本条的规定，遗嘱继承人先于被继承人死亡的，不发生代位继承。虽然代位继承不直接发生在遗嘱继承中，但是若遗嘱继承人为被继承人的子女，当转化为法定继承时，仍然可以由其晚辈直系血亲代位继承。遗嘱继承中不发生代位继承的原因有三：第一，被继承人未死亡，遗嘱尚未生效，此时遗嘱继承人的继承权仅具有期待权性质，不能作为代位继承的标的。被继承人仍然可以对遗嘱进行修改。第二，受遗赠人死亡的，丧失民事主体资格，其晚辈直系血亲不能为其做出接受或者拒绝的意思表示。第三，遗赠人为法定继承人以外的人，在遗嘱继承中允许代位继承不利于将财产留于被继承人的家庭内部，亦有违被继承人的真实意思表示。

四、遗嘱无效部分所涉及的遗产。根据《民法典》第 1143 条的规定，无民事行为能力人或者限制行为能力人所立的遗嘱无效，受欺诈、胁迫所立的遗嘱无效、伪造的遗嘱无效、遗嘱被篡改的，篡改的内容无效。遗嘱部分无效时，无效的部分所涉及的遗产按照法定继承处理，有效的部分仍然按照遗嘱的指示执行；遗嘱全部无效的，所有遗产按照法定继承处理。遗嘱效力的认定还应当结合《民法典》总则编的规定，不得违反法律，不得违背公序良俗。

五、遗嘱未处分的遗产。被继承人所立遗嘱可能未涵盖其全部财产，对于遗嘱未处分的遗产，应当按照法定继承处理。

【相关案例】

曾某 2 与万某、曾某 1 法定继承纠纷案[①]

本案的争议焦点为曾某 2 与万某、曾某 1 是否有继承权。被继承人曾某友出生于 1917 年 3 月 6 日，无子女。曾某 1 随其母（姓康）嫁入曾某友家，系曾某友的继女；曾某 1 与万某结婚，婚后和曾某友居住在一起，直至曾某友去世。曾某

① （2016）鄂 03 民终 2400 号。

友收养堂弟次子曾某祥为养子。曾某祥与张某荣结婚，生育一女孩曾某2。1983年4月2日曾某友订立书面遗嘱一份，遗嘱确定将其房产一栋5间给女婿万某；另一栋两间半及其他全部财产给养子曾某祥，但曾某祥必须履行生前赡养、死后安葬的全部义务，否则曾某祥不能继承所有财产，以上所有房产契约（权属证件）由万某保管，并委托曾某友妹夫黄某清执行。该遗嘱由公证处进行了公证。1992年曾某祥被他人伤害致死。此后，曾某友的晚年生活由曾某1夫妇照料。2002年，曾某友去世后，诉争的房屋由曾某1与万某管理、使用、出租，曾某友的丧葬事宜亦由曾某1、万某负责办理。法院认为，曾某友因无子女而收养堂弟曾光荧的次子曾某祥，该收养事实发生在我国《收养法》公布实施之前，虽未办理正式收养手续，根据当时的政策和法律，应认定曾某友与曾某祥之间形成事实上的收养关系，曾某祥系曾某友的养子。曾某1自幼随其母嫁到曾某友家一起共同生活，并改姓曾，成年后仍然与曾某友共同生活居住在一起，在生活上扶助曾某友，并在其身故后为其办理安葬事宜，与曾某友形成有扶养关系的继子女。根据《继承法》第10条的规定，子女包括婚生子女、非婚生子女、养子女和有扶养关系的继子女。有扶养关系的继子女与继父母之间形成了法律上的拟制血亲关系，与继父母有扶养关系的继子女对继父母的遗产享有继承权，同婚生子女一样继承被继承人的遗产，成为被继承人的法定继承人。故此，曾某祥作为曾某友的养子，曾某1作为曾某友有扶养关系的继子女，均享有对曾某友遗产的继承权。万某系曾某1配偶，不享有继承曾某友遗产的权利。曾某祥先于曾某友死亡，属于遗嘱继承人先于遗嘱人死亡，遗嘱中涉及该继承人的遗产应按法定继承处理。根据《继承法》第11条规定，被继承人的子女先于被继承人死亡的，由被继承人的子女的晚辈直系血亲代位继承。代位继承人一般只能继承他的父亲或者母亲有权继承的遗产份额。曾某2系曾某祥之女，故曾某2名可代位继承曾某祥按照法定继承所继承的份额。

【关联法条】

《民法典》第1124条，第1125条

（撰稿人：李贝妮）

第一千一百五十五条　【保留胎儿应继份】遗产分割时，应当保留胎儿的继承份额。胎儿娩出时是死体的，保留的份额按照法定继承办理。

【释义】

本条来源于《继承法》第 28 条："遗产分割时，应当保留胎儿的继承份额。胎儿出生时是死体的，保留的份额按照法定继承办理。"但在用语上进行了细微的改变，将"出生时是死体的"改为"娩出时是死体"，用语上更加精确。

在继承法上，只有继承开始时生存之人才具有继承能力。这就是继承法上的"继续存在"或"同时存在"规则①，胎儿作为尚不完全的人，并不与被继承人"同时存在"，逻辑上讲不应享有继承权。但从继承制度存在的根据部分是由于死后扶养的思想，即在一定范围内的宗族和亲属，负有扶养义务之人，不独其生存中，于死后也应继续扶养②，对于胎儿来说，若仅仅因为其尚未出生而剥夺其所享有的被扶养的权利，则会造成实质上的不公，因此，在继承中也将胎儿视为具有继承资格的人同等对待。长期以来，《民法通则》中只对自然人的权利能力做出了规定，即从"出生至死亡具有民事权利能力"，未关注胎儿的特殊情况，只在继承法中使用了一个条文保障胎儿的继承权。这种立法模式虽能暂时解决胎儿利益保护的问题，但在逻辑上却并不融洽，如胎儿不享有权利能力，却享有继承权，可以继承遗产。《民法典》颁布后，吸收了《民法总则》的内容，第 16 条规定："涉及遗产继承、接受赠与等胎儿利益保护的，胎儿视为具有民事权利能力。但是，胎儿娩出时为死体的，其民事权利能力自始不存在。"对胎儿在继承、接受赠与等方面的权利能力予以承认，使得其在继承法中为胎儿保留继承份额也有了逻辑基础。

涉及胎儿利益时的遗产分割主要有两种方式，第一种为延期至胎儿出生时再进行分割，如《瑞士民法典》第 605 条规定："在继承时，如需考虑未出生子女的利益，遗产分割应延期至子女出生时。"《秘鲁民法典》第 856 条规定："因胚胎中之继承人的参与而中止。分割涉及胚胎中的继承人的权利时，分割应中止至其出生。"第二种则为我国目前采用的模式，即先行分割，保留胎儿应继份的模式，《最高人民法院关于贯彻执行〈中华人民共和国继承法〉若干问题的意见》第 45 条规定："应当为胎儿保留的遗产份额没有保留的应从继承人所继承的遗产中扣回。为胎儿保留的遗产份额，如胎儿出生后死亡的，由其继承人继承；如胎儿出生时就是死体的，由被继承人的继承人继承。"有学者曾建议我国可以

---

① 郭明瑞、房绍坤：《继承法（第 2 版）》法律出版社 2004 年版，第 52 页。
② 史尚宽：《继承法论》，中国政法大学出版社 2000 年版，第 5 页。

借鉴第一种立法模式，理由是若胎儿娩出后为死体，其应继份的再继承会变得较为困难[①]。两种继承模式各有优劣，延期分割模式可以防止因胎儿娩出时是死体或多胞胎而产生的再继承问题，但将遗产“冻结”至胎儿出生之时进行分割，不利于财产的充分利用；相反，先行分割模式虽然会在娩出时为死体后的再继承带来一定的麻烦，但其优势在于能够促进财产的快速流动。两者并无绝对的优劣之分，必须结合一定的社会现实情况加以判断，目前社会经济发展较快，财产种类较多，特别是股票、期货等财产，价格波动十分巨大，在自然人死亡后，此类财产若不能及时进行分割与继承，将给继承人带来巨大的损失，若因担心胎儿娩出为死体，而将所有遗产冻结，得不偿失，也不符合促使财产充分流动的价值取向，此外，随着医疗水平的进步，娩出时是死体的情况也越来越少，并且多胞胎也可以通过前期的医疗检查而提前准备，所以采取先分割模式可能带来的不利后果已大大被技术进步所降低，所以，我国在编纂《民法典》的过程中仍采用了先行分割模式。

对于胎儿的遗产份额，要注意以下几点：

第一，为胎儿保留继承份额，既包括在法定继承中，也包括在遗嘱继承中。在法定继承中，胎儿的继承份额一般与其他继承人的份额相同，或经协商同意，可以增加胎儿的份额，但不能减少其份额。在遗嘱继承中，根据《民法典》第1141条：“遗嘱应当为缺乏劳动能力又没有生活来源的继承人保留必要的遗产份额。”若未出生的胎儿没有其他生活来源，遗嘱也必须为胎儿保留必要的遗产份额，此份额可以高于、低于或等于法定继承的应继份。

第二，只要胎儿娩出时存活，其所享有的份额便成为个人财产，其具有完全民事行为能力之前，由法定代理人（一般为母亲）代为保管，即使其娩出后迅速死亡，该继承份额也不会收回，而按照胎儿的个人财产，由其法定继承人继承。

第三，若胎儿娩出时为死体，预留的遗产份额则按照法定继承或原有遗嘱继承重新分配。

【相关案例】

李某、郭某阳与郭某和、童某某继承纠纷案[②]

原告李某诉称：位于江苏省南京市某住宅小区的306室房屋，是其与被继承

---

① 房绍坤：《论继承导致的物权变动——兼论继承法相关制度的完善》，载《政法论丛》2018年第6期。

② 最高人民法院指导性案例第10批。

人郭某顺的夫妻共同财产。郭某顺因病死亡后，其儿子郭某阳出生。郭某顺的遗产，应当由妻子李某、儿子郭某阳与郭某顺的父母即被告郭某和、童某某等法定继承人共同继承。请求法院在析产继承时，考虑郭某和、童某某有自己的房产和退休工资，而李某无固定收入还要抚养幼子的情况，对李某和郭某阳给予照顾。

被告郭某和、童某某辩称：儿子郭某顺生前留下遗嘱，明确将306室赠予二被告，故对该房产不适用法定继承。李某所生的孩子与郭某顺不存在血缘关系，郭某顺在遗嘱中声明他不要这个人工授精生下的孩子，他在得知自己患癌症后，已向李某表示过不要这个孩子，是李某自己坚持要生下孩子。因此，应该由李某对孩子负责，不能将孩子列为郭某顺的继承人。

最高人民法院裁判称郭某顺在立遗嘱时，明知其妻子腹中的胎儿而没有在遗嘱中为胎儿保留必要的遗产份额，该部分遗嘱内容无效。《继承法》第28条规定："遗产分割时，应当保留胎儿的继承份额……"因此，在分割遗产时，应当为该胎儿保留继承份额。综上，在扣除应当归李某所有的财产和应当为胎儿保留的继承份额之后，郭某顺遗产的剩余部分才可以按遗嘱确定的分配原则处理。

从本案中可以看出，无论是法定继承或遗嘱继承，都要为胎儿保存应继份，即使是以人工授精产生的胎儿，也不可以不认可的方式剥夺其继承权。

【关联法条】

《民法典》第16条、第1141条

（撰稿人：黄帅）

第一千一百五十六条　【遗产分割】遗产分割应当有利于生产和生活需要，不损害遗产的效用。

不宜分割的遗产，可以采取折价、适当补偿或者共有等方法处理。

【释义】

本条来源于《继承法》第29条。从性质上来说，本条属于宣示性条款，是对于遗产分割方式的倡导性规定，不具有明确的法律后果，即使采取了某种损害遗产效用的分割方式，法律也不会使之无效。

遗产的分配本质上是对私人财产的处理，按照民法意思自治的基本原则，个人是自己利益的最佳判断者，因此理论上无须对遗产分配的原则做出特殊规定，但个人的最佳利益并不永远与社会利益相一致，在处理私人财产的同时不可避免会对社会经济情况产生影响，同时，在某些较为落后的地区，在遗产分割时也会出现不论物品的性质，一律“对半分”的事件，因此为宣扬民法所提倡的社会价值，本条规定了遗产分割之中的“物尽其用”的原则，保护财产的充分流转，增加社会财富。在保证正确估计遗产价值的前提下，根据继承人的职业、经济状况、经营需要等因素，合理分配遗产，以降低物品交易过程中所产生的交易成本，最大限度地发挥遗产的实际效益。

本条第 2 款规定了不宜分割的遗产的分配规则，即采用折价、适当补偿、共有等方法进行处理。不宜分割的遗产可以是动产、也可以是不动产，实践中最常见的不宜分割的遗产一般为房产，特别是在房价高企的今天，房产的分割常常会成为遗产争夺的焦点。本条只规定了遗产的分割方法，但并未规定遗产的所有权最终由谁取得，实际过程中，若双方都无得到房屋所有权的正当理由，则可类推适用婚姻中的共同财产的分割原则，《最高人民法院关于适用〈中华人民共和国婚姻法〉若干问题的解释（二）》第 20 条规定：“双方对夫妻共同财产中的房屋价值及归属无法达成协议时，人民法院按以下情形分别处理：（一）双方均主张房屋所有权并且同意竞价取得的，应当准许；（二）一方主张房屋所有权的，由评估机构按市场价格对房屋作出评估，取得房屋所有权的一方应当给予另一方相应的补偿；（三）双方均不主张房屋所有权的，根据当事人的申请拍卖房屋，就所得价款进行分割。”各继承人在对遗产的所有权归属达成一致的前提下，可由实际取得所有权的人对其他继承人进行现金补偿，在几方继承人均想独立获得所有权时可通过竞价的方式，由竞价最高者获得所有权。若不能达成一致，或者各继承人都无力对其他继承人进行补偿，则可以通过共有的方式来完成财产的继承，需要注意的是，此处的共有是继承已经完成，各方继承人进入了新的共有状态，而不是财产未分割状态的延续，新的共有状态属于按份共有，各方继承人有明确的继承比例，该比例或按法定继承比例确定，或按被继承人生前所立遗嘱确定，而不能是共同共有，若仍保持共同共有状态，相当于遗产并未进行分割，继承并未进行完毕。遗产分割完毕之后，各继承人之间内部不再是继承人之间的关系，而转变为普通的财产共有人的关系。

从体系解释上看，本条文位于第四章遗产的处理，无论是在法定继承或遗嘱继承中，本条都有适用空间，但本条的原则在部分情况下也会与遗嘱相抵触，如被继承人生前订立遗嘱将特定的财产指定分配给某一继承人或表明死后销毁全部遗嘱，如此的遗嘱安排便与本条所确立的原则相背离，此种情况下，不能适用本条规则而改变了遗嘱人的原意，换言之，本条规则只能在不与被继承人本意相违背的情况下适用，即使遗嘱人做出了损害遗产效用的分割安排，继承人也必须执行。

结合继承编其他法条，可概括遗产分割有以下原则：

第一，遗产的分割要坚持互谅互让，团结和睦原则。根据《民法典》第1132条规定："继承人应当本着互谅互让、和睦团结的精神，协商处理继承问题。遗产分割的时间、办法和份额，由继承人协商确定；协商不成的，可以由人民调解委员会调解或者向人民法院提起诉讼。"继承法与纯粹的财产法不同，其更重要的目的是维护家庭和谐，因此在遗产分割中，除纯粹的财产关系外，也要倡导和睦团结的价值追求。第二，一般情况下应均等，特殊情况下可以不均等。根据《民法典》第1130条第1款规定："同一顺序继承人继承遗产的份额，一般应当均等。"在继承人缺乏劳动能力、尽了主要扶养义务或者共同生活等特殊情况下，可以予以照顾，有扶养能力而未尽扶养义务的，应当不分或少分。通过遗产分配方面的激励，促使继承人尽到扶养义务。第三，适当分配原则。《民法典》第1131条规定："对继承人以外的依靠被继承人扶养的人，或者继承人以外的对被继承人扶养较多的人，可以分给适当的遗产。"第四，保留胎儿继承份额原则。《民法典》第1155条规定："遗产分割时，应当保留胎儿的继承份额。胎儿娩出时是死体的，保留的份额按照法定继承办理。"如果未为胎儿保留继承份额，应从其他继承人继承的遗产中进行回扣。

【相关案例】

俞某1等与俞某3、尹某继承纠纷案①

被继承人俞某翰生于××××年××月××日，与其妻尹某生育一子一女，儿子俞某1，女儿俞某3，俞某翰于2011年11月2日死亡。俞某翰生前与配偶尹某购有如下房产：位于昆山市店面（登记在俞某翰名下）。俞某1、俞某2向一审法院提出的诉讼请求为：1. 确认俞某1、俞某2享有昆山市玉山镇游方弄13-6号楼××室、昆山市玉山镇花园弄1号楼××店面及巴城镇烟雨新村二分之一所有权份额；2. 要求俞某3、尹某返还侵占的自2011年11月1日至判决之日的50%租金及被继承人俞某翰名下50%存款份额。

俞某1主张涉案房屋份额按份共有，而尹某明确表示双方关系恶化，不同意

① （2017）苏05民终6450号。

与俞某1共有，且尹某年事已高，故一、二审法院综合法律规定和本案情形，认定俞某翰生前与配偶尹某取得的房产系其夫妻共有财产，在夫妻双方未有约定份额的情况下，应当按照一人一半分割，其中一半属于尹某个人财产。因俞某翰生前未立遗嘱，在其死后的遗产应按照法定继承，依法确定遗产范围，并认定各继承人平均分割份额后判令昆山市玉山镇游方弄13－6号楼××室及昆山市玉山镇花园弄1号××店面归尹某所有，由尹某支付俞某1及俞某3房屋折价款。

本案中尹某年龄较大，其不愿意对房屋进行共有，法院结合当事人实际情况，将房屋的全部权利判决由尹某所有，体现了按照继承人的生活需要对遗产进行分割的原则。

【关联法条】

《民法典》第1130条、第1131条、第1132条、第1155条

（撰稿人：黄帅）

第一千一百五十七条　【再婚不影响遗产的处分权】夫妻一方死亡后另一方再婚的，有权处分所继承的财产，任何组织或者个人不得干涉。

【释义】

从立法沿革的角度讲，本条沿用了《继承法》第30条的规定。《民法典》第1127条："遗产按照下列顺序继承：（一）第一顺序：配偶、子女、父母……"夫妻一方死亡后，其配偶以第一顺位继承人的身份进行遗产的继承。根据《民法典》第230条："因继承取得物权的，自继承开始时发生效力。"第1121条："继承从被继承人死亡时开始。"即夫妻一方死亡后，其配偶便取得遗产。作为实际取得的物权，根据《民法典》第207条规定："国家、集体、私人的物权和其他权利人的物权受法律平等保护，任何组织或者个人不得侵犯。"通过以上规则，可以解释出本条所设立的规则，也就是说本条文并未设立新的规则，而是对原有规则的重申。

根据本条规定，夫妻一方死亡后，另一方作为配偶取得的遗产，无论其是否再婚，都可以自由处分，其他任何组织与个人都不能加以干涉。可以从以下几个角度进行理解：第一，夫妻一方死亡后另一方再婚，其中另一方既可以是丧夫的

妇女，也可以是丧妻的男子，但本条的规范目的主要是保护丧夫妇女对于继承丈夫遗产的自由处分。第二，夫妻一方死亡后另一方再婚，无论是在遗产分割前再婚或是在遗产分割后再婚，其继承与处分遗产的权利均不受影响。第三，根据《民法典》第 1153 条规定：“夫妻共同所有的财产，除有约定的外，遗产分割时，应当先将共同所有的财产的一半分出为配偶所有，其余的为被继承人的遗产。遗产在家庭共有财产之中的，遗产分割时，应当先分出他人的财产。”配偶在继承时应当先分出共同财产的一半，再对另一半财产进行继承。第四，有权处分所继承的财产，此处的处分不仅指对于财产所有权的处分，根据《民法典》第 240 条：“所有权人对自己的不动产或者动产，依法享有占有、使用、收益和处分的权利。”取得遗产的一方对遗产所享有的占有、使用、收益和处分的全方位的权利都不得被侵犯。当然，其在行使所有权的过程中也必须受到一些合法的限制，如不得违反法律规定，不得损害他人合法权益，保护环境，保护公共利益等。第五，任何组织与个人不得加以干涉，此处较为突出的一般为死者的家人，村委会等。

继承因身份关系而产生，继承一旦结束，继承人所拥有的权利便是纯粹的财产权利，不应再与原来的身份相联系，但在实践当中，尤其是一些受封建思想影响较深的偏远农村地区，仍然会将身份关系与财产关系相联系，尤其对于女性的压迫较为突出，认为女性的丈夫去世之后，寡妇虽然可以继承遗产，但不可以携带该遗产进行改嫁，或者改嫁后需要放弃该遗产。根据《民法典》第 1041 条：“……实行婚姻自由、一夫一妻、男女平等的婚姻制度。保护妇女、未成年人、老年人、残疾人的合法权益。”限制改嫁的行为侵犯了寡妇的婚姻自由，也构成了对其享有的继承权的侵犯，所以继承编专门用一个条文来对此种情况进行强调。

同时，需要注意的是，寡妇在取得自己继承份额进行改嫁时，也需要承担相应的义务。第一，在有子女的情况下，需尽到对于子女的扶养义务，子女应继承的遗产份额一般由法定代理人（此处一般为寡妇）代为保管，需保证该部分遗产份额为子女而支出，不得挪用；第二，若未成年子女由男方家庭抚养，女方应从其继承遗产份额中支付部分或全部教育、养育的费用。

【相关案例】

魏某川、魏某兰与张某某等合同纠纷案①

魏某川、魏某兰系郑某某和魏某安的亲生子女。魏某川、魏某兰之母郑某某

① （2017）粤 03 民终 12820 号。

去世后，魏某安与王某某结婚。张某某系王某某与案外人之子女。

涉案的位于深圳市罗湖区新园路××号大院（和兴纺织品公司商住楼）××号房产，房屋性质为住宅，于1993年4月22日登记在郑某某与魏某安名下，双方各占1/2份额。2002年4月29日，涉案房产以安居房换证为由从魏某安、郑某某名下转移登记至魏某安、王某某名下，魏某安、王某某各占1/2产权份额。2015年11月13日，涉案房产以转让为由从魏某安、王某某名下转移登记至张某某名下。

2000年2月15日，男方魏某安、女方王某某，双方签订《有关婚前财产的约定》1份，内容为："男方婚前与前妻拥有深圳市新园街道X号××房有限产权。上述房地产所有权为男方与前妻的夫妻共同财产。因男方前妻已去世故上述房地产的所有权为男方及男方与前妻婚生子女的共同财产。现男女双方确认，上述房地产所有权属于男方所有的份额，为男方的婚前财产。现经双方协商，约定如下：1. 女方于双方婚姻存续期间，对男方婚前财产不享有共有权；2. 男方同意双方婚姻存续期间的共同家庭生活费用由男方承担，若男方比女方先去世，女方的生活保障以男方遗嘱为准；3. 女方家人同意女方对男方的婚前财产不享有继承权；4. 男方祖遗于潮州市章厝巷12号的部分房产使用权保障女方终身使用"。该书面约定尾部有男方魏某安、女方王某某的签名，另外还有6名见证人的签名。

魏某安、王某某庭审中称，上述书面约定系受家族胁迫所签订，没有法律效力。魏某安、王某某将涉案房产过户登记至自己名下，继而过户登记至张某某名下，并未告知魏某川、魏某兰。另查，魏某安、王某某结婚后，与张某某一起生活。魏某安称多年来其生活一直由张某某照顾，魏某川、魏某兰并未尽到亲生子女的赡养义务。该房产由张某某作为抵押担保物向平安银行申请了银行贷款，目前贷款尚未还清，仍抵押在平安银行处。魏某川、魏某兰庭审中明确，其具有赎楼的经济能力。

一审法院认为，本案并无充分有效的证据证明魏某安与王某某是在受威胁逼迫的情况下签订了《有关婚前财产的约定》，故该份书面约定应认定为合法有效。而之后魏某安与王某某在未告知魏某川、魏某兰的情况下，就将涉案房产过户登记至自己名下，并继而将该房产全部份额过户登记至张某某名下，其中属于魏某川、魏某兰继承母亲郑某某的遗产份额即1/3，明显属于恶意串通，应认定为无效行为；其中属于魏某安自己所有和继承郑某某的遗产份额共计2/3，属于魏某安变更处分自己的房产份额为赠与给王某某、张某某，应认定为有效。综上，张某某、王某某、魏某安上述行为，应认定为部分无效。

二审法院认为，涉案房屋于1993年4月22日登记在郑某某与魏某安名下，该房屋属于郑某某与魏某安的共同财产。根据《继承法》第26条规定："夫妻在婚姻关系存续期间所得的共同所有的财产，除有约定的以外，如果分割遗产，应当先将共同所有的财产的一半分出为配偶所有，其余的为被继承人的遗产。"故涉案房屋二分之一的产权份额为郑某某的遗产。郑某某死亡后，其遗产应由魏某安及魏某川、魏某兰继承。同一顺序继承人继承遗产的份额，一般应当均等。因此，属于郑某某二分之一份额的房屋，按照魏某安及魏某川、魏某兰各占三分之一的份额分配，魏某川、魏某兰可分涉案房屋份额的三分之一。因此，魏某川与魏某兰上诉称应当将涉案房屋全部作为遗产进行平均分割，三人各占三分之一进行分配，魏某川与魏某兰应享有涉案房屋三分之二份额的上诉理由不能成立。根据《继承法》第30条规定："夫妻一方死亡后另一方再婚的，有权处分所继承的财产，任何人不得干涉。"故魏某安有权处分自己所有及继承的财产，魏某安将属于自己所有和继承郑某某的遗产份额共计三分之二，赠与王某某、张某某，该行为合法有效，魏某川与魏某兰无权干涉，魏某川、魏某兰上诉认为魏某安不应将属于其份额的财产进行处分的理由不能成立。

魏某安与王某某在未告知魏某川、魏某兰的情况下，就将涉案房产全部产权过户登记至自己名下，并继而将该房产全部份额过户登记至张某某名下，其中属于魏某川、魏某兰继承母亲郑某某的遗产份额即三分之一，明显属于恶意串通，上述转让行为无效。故魏某安上诉称其将该房产全部份额过户登记至张某某名下的行为合法有效的理由不能成立，本院不予支持。

本案为魏某安将从亡妻郑某某处继承的遗产份额赠送给王某某，引起子女魏某川、魏某兰的反对，二审法院依据《继承法》第30条："夫妻一方死亡后另一方再婚的，有权处分所继承的财产，任何人不得干涉。"认可了魏某安处理其份额房产的效力，驳回了原告的诉讼请求。

【关联法条】

《民法典》第240条、第1153条

（撰稿人：黄帅）

第一千一百五十八条　【遗赠扶养协议】 自然人可以与继承人以外的组织或者个人签订遗赠扶养协议。按照协议，该组织或者个人承担该自然人生养死葬的义务，享有受遗赠的权利。

【释义】

遗赠扶养协议指遗赠人与扶养人签订的，由扶养人对遗赠人负生养死葬的义务，遗赠人将自己财产的一部分或全部的在其死后转移给扶养人的协议。遗赠扶养制度是从农村的“五保”制度演化而来，是一项具有中国特色的继承法制度，在国外的民法典中并未规定遗赠扶养制度。从立法沿革上讲，本条来源于《继承法》第 31 条：“公民可以与扶养人签订遗赠扶养协议。按照协议，扶养人承担该公民生养死葬的义务，享有受遗赠的权利。公民可以与集体所有制组织签订遗赠扶养协议。按照协议，集体所有制组织承担该公民生养死葬的义务，享有受遗赠的权利。”本条规则在纳入《民法典》的过程中也对原条款进行了部分修正。第一，将“公民”一词改为了民事法律领域的“自然人”一词，公民作为政治生活中的用语，不符合民法的精神，所以改为了市民社会常用的自然人。第二，将“扶养人”的范围明确为“继承人以外的组织和个人”，继承人本身具有的扶养义务是法律所规定的，不能以该义务作为对价再与被继承人签订遗赠扶养协议。第三，将原条文中的“集体所有制组织”改为了其他组织，继承法颁布之时，遗赠扶养协议主要解决农村孤寡老人的养老问题，所以在个人之外，承认集体所有制组织可以作为扶养人对孤寡老人进行扶养，随着社会的发展，城市中的养老问题也逐渐凸显，一些商业性的社会养老机构也在蓬勃兴起，将其他组织纳入遗赠扶养协议的范围，为新型养老服务留下了空间。

遗赠扶养协议制度具有以下特征：第一，遗赠扶养协议是双方、双务、诺成、有偿、要式的民事法律行为。第二，遗赠扶养协议的扶养人不限于自然人，既可以是自然人，也可以是其他组织，但国家机关，国有企事业单位不能作为扶养人。第三，遗赠扶养协议是生前生效与死后生效相结合的法律行为。扶养人的扶养义务于被抚养人生前履行，而被抚养人死后才能将其遗产转移给扶养人。第四，遗赠扶养协议的效力具有最优先性，根据《民法典》第 1123 条：“继承开始后，按照法定继承办理；有遗嘱的，按照遗嘱继承或者遗赠办理；有遗赠扶养协议的，按照协议办理。”遗赠扶养协议的效力优先于遗嘱与遗赠。

关于遗赠扶养协议的性质，存在不同的理解，第一种理解为合同说，根据《民法典》第 464 条：“合同是民事主体之间设立、变更、终止民事法律关系的协议。”从形式上，遗赠扶养协议可理解为附条件的赠与合同，条件为扶养人履行扶养义务、受扶养人死亡。第二种理解为继承说，认为遗赠扶养协议是我国继承立法的一个创造，具有中国特色[①]，在国外立法上，没有遗赠扶养协议制度，但存在着类似的遗嘱契约制度，如《德国民法典》在第1941条中规定："被继承人可以以合同指定继承人以及指示遗赠和负担，订立合同的另一方和第三人都可以被指示为继承人或者受遗赠人。"《匈牙利民法典》第655条、第657条分别规定："被继承人可以订立继承合同，根据合同被继承人有义务指定订约人为自己的继承人，而后者则必须对被继承人进行扶养或支付终身定期金。""被继承人在订立继承合同之后，无权处分自己与合同有关的财产，既不能作生前处分，也不能做死后处分。与继承合同有关的不动产，禁止出让和负担。"第三种理解为折中说，认为遗赠扶养协议兼具合同与继承的特点。[②] 区分遗赠扶养协议的性质，目的是为了判断其适用的法律，《民法典》第464条规定："合同是民事主体之间设立、变更、终止民事法律关系的协议。婚姻、收养、监护等有关身份关系的协议，适用有关该身份关系的法律规定；没有规定的，可以根据其性质参照适用本编规定。"对于遗赠扶养协议，部分内容已在继承编中有规定，如主体、权利义务等，此时应优先适用继承编的规定，对于遗赠扶养协议的解除、变更等方面，继承编没有必要对其进行单独规定，此时类推适用合同编规定即可。可以说，遗赠扶养协议既有合同的一般性，又涉及继承的特殊性，应综合合同编与继承编的内容解决相关问题。

遗赠扶养协议一旦签订，会产生相应的法律效力，主要分为内部效力与外部效力。内部效力主要包括对签订双方的法律约束力，具体体现在以下方面：首先，扶养人对被扶养人产生生养死葬的义务，这是遗赠扶养协议的主要内容，该义务自协议签订后开始履行，持续至被扶养人死亡丧葬事宜办理完毕后结束。其次，扶养人产生获得遗赠财产的权利，该权利在被扶养人生前属于期待权，在被扶养人死后，扶养人才能实际取得财产。外部效力体现在遗赠扶养协议对扶养人与被扶养人之外的第三人的效力，一般为对被扶养人的遗嘱继承人与法定继承人的效力，遗赠扶养协议的效力高于遗嘱与遗赠，遗赠扶养协议已经处分的财产无法再进行遗嘱继承或法定继承。

遗赠扶养协议的内容具有高度的人身性质，必然与协议双方的互相信任相关。因此，无论是扶养人或被扶养人一方不再信任另一方时，双方的协议实质上已无法继续，当事人应享有任意解除权。关于遗赠扶养协议不履行的法律后果，根据《最高人民法院关于贯彻执行〈中华人民共和国继承法〉若干问题的意见》

---

① 刘春茂：《中国民法学·财产继承》，中国人民公安大学出版社1990年版，第290页。

② 郭明瑞等：《继承法研究》，中国人民大学出版社2003年版，第186页。

第 56 条："扶养人或集体组织与公民订有遗赠扶养协议，扶养人或集体组织无正当理由不履行，致协议解除的，不能享有受遗赠的权利，其支付的供养费用一般不予补偿；遗赠人无正当理由不履行，致协议解除的，则应偿还扶养人或集体组织已支付的供养费用。"在协议解除的损害赔偿上，采取了过错责任原则，但对被扶养人的责任有所减轻，若扶养人无正当理由不履行，其不仅无法取得遗赠财产，连所支出的供养费用也不得要求返还，但被扶养人无正当理由不履行，仅需返还扶养人支出的供养费用即可。

【相关案例】

李某 1、陈某遗赠扶养协议纠纷案①

原审原告为李某 2，劳某，原审被告为李某 1，陈某。李某 2、劳某共生育五个女儿，李某 1 系其次女。陈某入赘与李某 1 登记结婚。2010 年 4 月 12 日，李某 2、劳某与李某 1、陈某经多人见证签订了一份《遗赠扶养协议》，协议约定："一、乙方（指被告，下同）必须依法赡养和照顾甲方（指李某 2、劳某，下同）（包括生病治疗和安葬等），保障甲方吃饱、穿暖，生活供给按协议约定实行；二、乙方按协议履行扶养义务，依法享受甲方财产继承权；三、甲方田地和山场从 2010 年 5 月 1 日起由乙方负责耕种管理，除本组上面山菜园地和荒田的树甲方有权出卖外，其他地方山林竹木都由乙方管理使用和处理，甲方不得干涉；四、乙方全权负责甲方生活费用，自立协议后之 5 月 1 日起，乙方每年供给甲方 2000 斤稻，菜油、猪油各 10 斤，猪肉 20 斤，生活费 400 元，乙方给甲方的供给必须按上述约定，由组长监督实行；五、甲方因身体不适需寻医治疗，乙方必须尽力寻医治疗和抢救，治疗情况根据医嘱，甲、乙双方不得私自做主"等内容。当日，陈某出具《保证书》，主要内容为："我自 1995 年从定远县到太湖县晋熙镇观音村李某 2 家招亲，其间生活比较和睦，因本人性格不好，在与老人生活期间与老人发生过争吵，且有过激行为，为此我深刻认识到自己的行为不对之处，我现在向各级部门和二老保证：在今后的生活中，我会尽到自己的最大孝心来孝顺二老，尊重老人，让老人过的（得）舒心，若以后再次出现不敬重老人的行为，我自愿接受法律的处罚，并负担一切责任"等。此后两年，李某 1、陈某基本履行了协议约定。至后来，因与李某 2、劳某相处不够融洽等多种因素，李某 1、陈某基本上未再履行该协议义务。2016 年，在李某 2 生病及住院期间，李某 1、陈某未尽看护照顾义务，

---

① （2019）皖 08 民终 2060 号。

双方关系因而恶化。

一审法院认为，本案中，李某2、劳某与陈某签订的《遗赠扶养协议》是双方真实意思表示，不违反法律规定，合法有效；另一协议当事人李某1有法定赡养义务，虽无签订该协议之必要，但不违反农村习惯和情理，既不损害被继承人的利益，也符合其意愿，协议不因李某1签字而无效。当然，因为扶养除了物质的给付供养，尚有看望、照顾等情感慰藉投入，如果双方关系不佳，遗赠扶养协议履行难以为继，双方当事人均具有任意解除权从而解除协议。根据庭审查明的事实，李某1、陈某确实未完全履行《遗赠扶养协议》的义务，双方关系已趋恶化，李某2、劳某由此诉请解除《遗赠扶养协议》于法有据，予以支持。综上所述，依照《民法总则》第134条第1款，《继承法》第31条第1款，《最高人民法院关于贯彻执行〈中华人民共和国继承法〉若干问题的意见》第56条之规定，判决如下：解除原告李某2、劳某与被告李某1、陈某于2010年4月12日订立的《遗赠扶养协议》。

被告不服，提起上诉，二审法院认为，李某2、劳某与陈某签订《遗赠扶养协议》系双方真实意思表示，不违反法律规定，合法有效；李某1对李某2、劳某负有法定的赡养义务，但其签订协议不违农村习惯和情理，符合当事人意愿，协议不因李某1签字而无效。近年来，李某1、陈某未完全履行《遗赠扶养协议》约定义务，尤其是2016年李某2生病及住院期间，李某1、陈某未尽到看护照顾义务，导致双方关系恶化，故原判对李某2、劳某请求解除《遗赠扶养协议》予以支持，并无不当。

遗赠扶养协议的扶养人不得是法定继承人这一规定，是为了防止具有法定扶养义务的人以其扶养义务为对价换取被扶养人更多的遗产。本案中，李某1虽作为法定继承人签订了遗赠扶养协议，不符合遗赠扶养协议的主体要求，但签订该协议并未损害被继承人的利益，因此，法院并未直接认定该协议无效。同时，法院认可了在扶养的过程中不仅需有物质投入，尚需情感投入，否则被扶养者则产生任意解除权。最终，因李某2住院期间李某1、陈某未尽到看护照顾义务，导致双方关系恶化，法院支持了解除《遗赠扶养协议》的请求。

【关联法条】

《民法典》第464条、第1123条，《最高人民法院关于贯彻执行〈中华人民共和国继承法〉若干问题的意见》第45条

（撰稿人：黄帅）

第一千一百五十九条　【遗产债务清偿的原则】分割遗产，应当清偿被继承人依法应当缴纳的税款和债务；但是，应当为缺乏劳动能力又没有生活来源的继承人保留必要的遗产。

【释义】

遗产债务清偿顺序的确定与变更，事关理念、规范和技术诸多维度，限制遗产的个别强制执行而代之以集体清偿程序本身，就是一种社会化安排。生存利益的债务、税收债务、侵权债务等非常态问题带来的风险对政治、社会及经济秩序具有危害性，由此产生各种优先权。优先权意味着超越纯粹的债权人立场与法律考量，转而渗入更多的利益评估和国家公共政策，以权衡社会经济效果等“非经济目标”。鉴于公共政策的渗入往往难以准确评估绩效并容易产生不可预期的风险，对优先权的设置需要在整体考量经济、社会和法治情势基础上，寻求理念、规范和技术等维度的平衡。[①] 实际上，若协调得当，用以提高非经济目标的优先措施可以同时增加社会的总体福利。同时，限制既有优先权需以其他补偿性制度作为前提，防止过度牺牲弱势群体和公共利益。

债务清偿顺序本质上属于风险分配机制，变更须考虑对各方主体的预期及行动带来的影响。不少优先权在实践中并未产生期待的效果，相反给市场交易和融资带来了诸多不确定的风险，并且可能增加对被继承人及遗产管理人的监督成本。债权人之间对于遗产的博弈属于“零和游戏”，过多分配给优先权人必然意味着普通债权人可获份额的减少，若因优先权设置过多对交易安全秩序造成冲击，且没有分散担保物权及普通债权失效的补救或补偿机制，债权人与债务人之间会自发展开新一轮寻求债务秩序安全的博弈，为融资增添更多成本和壁垒。[②] 如果连附担保债权都靠不住，原本的普通债权人必然竞相责成债务人提供担保或提高担保条件，如要求高额财产抵押或人保与物保并存，催生出大量的担保欺诈和专业担保公司等“担保产业链”。可见，法律规则在特定问题上的功能越强大，在其他领域蕴含的风险可能就越多，不能期望凭借个别制度的修正而一劳永逸地解决问题。

清偿顺序的公平性和可操作性都很重要。必须充分认识到清偿顺序规则实际

---

① 冯辉：《破产债权受偿顺序的整体主义解释》，载《法学家》2013 年第 2 期。

② 邹海林、周泽新：《破产法学的新发展》，中国社会科学出版社 2013 年版，第 290 页。

效果的局限性，若遗产总额不足，复杂的清偿顺序客观上并无实益。需要避免的误区是创设过多的优先权。从历史发展上看，各国都经历了逐步削减优先债权的过程。新型优先权的构建立法成本高，需经过反复调研和论证。是否特殊对待，应参酌债权人收回债权的能力、获取信息的能力以及承受损失的能力等因素综合决定。①

<table>
<tr><th></th><th>清偿原则</th><th>债务或负担类型</th><th>限定条件</th></tr>
<tr><td rowspan="2">1</td><td rowspan="2">随时清偿</td><td>继承费用</td><td rowspan="3">先以担保物之外的其他遗产清偿</td></tr>
<tr><td>共益债务</td></tr>
<tr><td rowspan="2">2</td><td rowspan="2">生存权益优先</td><td>必留份、依靠被继承人扶养的遗产酌给份、人身损害赔偿之债</td></tr>
<tr><td>劳动报酬、社会保险费、补偿金</td><td>与担保物权冲突时，对劳动债务的范围、类别和额度严格限制</td></tr>
<tr><td>3</td><td>特定物担保优先</td><td>附担保债务</td><td>超出担保物价值部分作为普通债务</td></tr>
<tr><td>4</td><td>普通债务优于无偿性债务</td><td>税收债务、其他劳动债务、合同债务、财产侵权之债、无因管理和不当得利、遗赠扶养协议之债、对被继承人生前扶养较多的遗产酌给份</td><td>遗产财产不足以清偿同一顺序的所有债务的，同类债权人的受偿比例应相同</td></tr>
<tr><td rowspan="2">5</td><td rowspan="2">惩罚性债务劣后</td><td>惩罚性赔偿之债</td><td rowspan="2">私法上的惩罚性赔偿优先于公法上的罚款与罚金</td></tr>
<tr><td>行政罚款、刑事罚金</td></tr>
<tr><td rowspan="2">6</td><td rowspan="2">遗赠和继承负担兜底</td><td>遗赠、遗嘱继承</td><td>因清偿债务需要拍卖部分遗产的，遗赠或遗嘱继承的特定物应列于后位</td></tr>
<tr><td>法定继承</td><td>兜底，遗产有剩余时方适用</td></tr>
</table>

第一顺位为继承费用与共益债务，两者涉及全体继承人与遗产债权人的共同利益，也是遗产债务管理、清偿各程序能够顺利进行的先决条件，因此在清偿顺序中应当优先支付、随时清偿。若遗产不足以同时清偿继承费用和共益债务，继承费用优先受偿。

第二顺位为保障基本生存权益的债务及负担，包括必留份、依靠被继承人扶养的遗产酌给份、人身损害赔偿以及劳动报酬、社会保险费与经济补偿金。优先受偿范围严格控制在满足特定权利主体生存需求的标准之内。遗产不足以清偿该

① 汪洋：《遗产债务的类型与清偿顺序》，载《法学》2018 年第 12 期。

顺位债务的，依比例受偿。

本条最后一句涉及的必留份，针对缺乏劳动能力又没有生活来源的法定继承人，为生前应负担的法定扶养义务的延续，应予以特别保障。[①] 依靠被继承人扶养的遗产酌给份权利人同样缺乏劳动能力又没有生活来源，只是被继承人对其并无法定扶养义务。有学者基于此认为，若赋予该遗产酌给份优先于普通债务受偿，等于将本应由法定扶养人或国家承担的义务不合理地转嫁给债权人。[②] 但鉴于我国不少地区社会保障与慈善福利体系尚不健全，通过遗产延续被继承人的生前抚养行为，对特定受益人生存利益的维持更具紧迫性与现实意义。因此，该遗产酌给份与必留份处于同一清偿顺序，仅次于继承费用与共益债务。

第三顺位为附担保债务，涉及遗产中的特定物，受偿基础不同于其他遗产债务。担保物之外有其他遗产足以清偿继承费用、共益债务以及保障生存利益的债务时，不能以担保物清偿。若其他遗产不足以清偿，上述债务在满足基本生存需要的限度内优先清偿，并从类别、时间和总额度等方面严格限制劳动债务的优先受偿范围。

第四顺位为普通债务，包括以国家为债权人的税收债务、其他劳动债务、合同债务、财产侵权、无因管理和不当得利、遗赠扶养协议债务、对被继承人生前扶养较多的遗产酌给份等有偿性或回复性的债务与负担。为了减少债权确认和排序成本，以上类型的遗产债务之间不再区分清偿顺序。遗产不足以清偿该顺位债务的，依比例受偿。

第五顺位为惩罚性债务，包括侵权惩罚性赔偿、行政罚款与刑事罚金。民事惩罚性赔偿应当劣后于普通债务，但优先于行政罚款和刑事罚金得到清偿。

第六顺位为遗赠之债与遗嘱继承，劣后于普通债务。如果遗赠或遗嘱继承的客体为特定物，因清偿债务需要拍卖、变卖部分遗产的，其他遗产足以清偿时便不能拍卖变卖该特定物。若还剩余不属于遗嘱继承范围的其他遗产，适用法定继承。遗赠与遗嘱继承均是被继承人无偿给予他人财产上利益的行为。与普通债务相比，无偿性债务与负担若未得到给付，后果仅是权利人的财产没有获得预期增益，并未损及固有财产权益。据此，其顺位劣后于其他普通债务，具有实质正当性。[③]《最高人民法院关于贯彻执行〈中华人民共和国继承法〉若干问题的意见》

---

① 《民事诉讼法》第 243 条、第 244 条也规定，人民法院在强制执行时，应当保留被执行人及其所扶养家属的生活必需费用和生活必需品。

② 安宗林等：《继承法修订难点问题研究》，山东人民出版社 2017 年版，第 167 页。

③ 夏吟兰主编：《婚姻家庭继承法》（第二版），中国政法大学出版社 2017 年版，第 281 页；巫昌祯主编：《婚姻与继承法学》（第五版），中国政法大学出版社 2011 年版，第 343 页；张玉敏：《继承法律制度研究》（第二版），华中科技大学出版社 2016 年版，第 94 页。

第5条规定与遗赠扶养协议抵触的遗嘱全部或部分无效。继承人先行交付遗赠的，交付行为并非无效，若因此导致债权人受有损害的，应负赔偿之责任。受损害之债权人也可对受遗赠人请求返还其不当得利的数额。[①]

税收债务指作为税收债权人的国家得请求作为税收债务人的纳税人履行缴纳税款这一金钱给付的法律关系。税收债务也存在多种类型，除被继承人生前所欠税款外，还包括遗产清算中的新生税收，如遗产管理人继续履行未履行完毕的合同发生的税收、遗产管理人将遗产变卖、拍卖或处置产生的税收、被继承人的企业继续经营发生的税收。上述税收支出旨在保障遗产管理程序的顺利进行，等同于继承费用与共益债务而处于最优先清偿顺序。[②] 税收的滞纳金兼具损害赔偿与行政罚款的双重性质，超过基准利率部分为惩罚性滞纳金，类同惩罚性债务劣后受偿[③]，且参照附利息债务，自被继承人死亡之日起停止计算滞纳金。以下对被继承人生前所欠税收债务与涉及生存利益的债务、附担保债务以及普通债务的清偿顺位逐一界定。税收债务毋庸置疑劣后于涉及生存利益的债务，《税收征收管理法》第38条规定，个人及其所扶养家属维持生活必需的住房和用品，不在税收保全措施和强制执行措施的范围之内。《企业破产法》第113条第2项也对此进行了确认。[④]

税收债务与普通债务的清偿顺序争议极大。赞成税收债务优先的有三个基本理由，一是基于税收的公益性，税收是用以进行再分配的重要手段，税收所得主要用于公共用品的开发与建设。[⑤] 反对观点认为，虽然税款整体上具有社会公共福利的公益属性，但具体到每一笔税款的公益性未必突出，且过分强调税款的优先性会危害交易安全，增加交易风险。[⑥] 二是基于税收的风险性，税收是一种缺乏对待给付的无调节能力的非自愿债务，被继承人可在欠税后仍有足够财产时，于生前通过设定担保逃避税收债务。[⑦] 反对观点认为，税收的保障措施众多，税务机关可以进行税收保全、强制执行，可以强制纳税人提供担保，可以预先征

---

① 林秀雄：《继承法讲义》（修订七版），（台湾）元照出版有限公司2017年版，第167页。

② 熊伟、王宗涛：《中国税收优先权制度的存废之辩》，载《法学评论》2013年第2期。

③ 《税收征收管理法》第32条规定了按日加收滞纳税款万分之五的滞纳金，换为年利率约为18%，显然大大超过通常银行利率，具有惩罚性特征。但是最高人民法院2012年作出的《关于税务机关就破产企业欠缴税款产生的滞纳金提起的债权确认之诉应否受理问题的批复》中规定：“破产企业在破产案件受理前因欠缴税款产出的滞纳金属于普通破产债权。”并未区分损害赔偿部分与惩罚性罚款部分。

④ 汪洋：《遗产债务的类型与清偿顺序》，载《法学》2018年第12期。

⑤ 刘春茂主编：《中国民法学·财产继承》（修订版），人民法院出版社2008年版，第435页；陈苇：《我国遗产债务清偿顺序的立法构建》，载《法学》2012年第8期。

⑥ 熊伟、王宗涛：《中国税收优先权制度的存废之辩》，载《法学评论》2013年第2期。

⑦ 许德风：《破产法论》，北京大学出版社2015年版，第180页。

收，可以加收滞纳金，可以公告纳税人欠税情况，可以限制纳税人或其法定代表人出境，甚至还享有代位权和撤销权。这些措施是具有公法属性的保障措施，对于债务人的威慑效果更为显著，远非私法保障措施所能及，既然在破产程序外有强大的税款征收实现手段，税收机关消极怠于行使其权力，在破产程序中不应再给予特殊保护。[①] 三是基于税收的非合意性，税收并非政府主动选择特定债务人依照合约达成的结果。但恰恰税收的比率和数额是由政府一方确定的，在确定这些比率和数额时，政府有足够条件对相关债务所隐含的风险大小作出相对客观的评估预测，同时根据预测结果决定提高或降低相应税费比率。[②]

反对税收债务优先的理由还包括，国家不与普通债权人争利、欠缴税款的征收成本高昂且对国家财政能力不会造成过大影响、国家财政承受损失的能力远超没有国家强制力作为后盾的普通债权人。要整体上妥善解决逃税行为，不应采取将税收债务顺位提前到担保物权之前的简单手段。现代福利国家的税负急剧增加，若仍让其享有优先受偿地位，将极大地降低其他一般债权的受偿比例。[③] 鉴于此，虽然各国制定破产法时大多规定了税收债务的优先地位，但德国、澳大利亚、丹麦、挪威、瑞典等国近年来纷纷对税收债务优先受偿制度激进改革，将税收债务作为一般普通债务对待。[④] 基于上述分析，笔者认为税收债务应与普通债务处于同一清偿顺序。

【相关案例】

张某、徐某1与李某被继承人债务清偿纠纷案[⑤]

法院认为：涉案借条所确认债务的基础法律关系是案外人甲公司欠付被上诉人的货款，时任该公司法定代表人徐某山就该货款向被上诉人出具《借条》，借条中将涉案货款记载为借款，徐某山以借款人身份签字确认。民事主体可以通过意思表示设立、变更、终止民事法律关系，现被上诉人与徐某山以出具借条的形式将之前的货款转化为二者之间的借款，根据法律规定，当事人有权对债权债务进行变更，人民法院应尊重当事人的意思自治，故一审将案涉款项确定为徐某山的个人借款债务具有事实依据，判决被继承人徐某山欠原告李某87000元，被告

① 熊伟、王宗涛：《中国税收优先权制度的存废之辩》，载《法学评论》2013年第2期。

② 不过政府往往缺少防范风险的动力，因为税收债权的风险不是由政府承担，而是最终转嫁到其他纳税人身上。参见韩长印主编：《破产法学》（第二版），中国政法大学出版社2016年版，第306页。

③ 许德风：《破产法论》，北京大学出版社2015年版，第179页。

④ 张钦昱：《破产优先权之限制理论研究》，法律出版社2016年版，第215页。

⑤ （2019）辽02民终1261号。

徐某2、张某、徐某1在继承遗产范围内对上述债务承担清偿责任。虽然徐某山在出具借条时为甲公司的法定代表人，但涉案借条是由徐某山个人出具，并未加盖公司印章，且借条内容亦不能体现徐某山是以公司法定代表人的身份签字确认，故上诉人主张徐某山是以法定代表人身份出具借条欠缺事实依据，本院不予支持。依据《最高人民法院关于贯彻执行〈中华人民共和国继承法〉若干问题的意见》第61条关于继承人中有缺乏劳动能力又没有生活来源的人，即使遗产不足清偿债务，也应为其保留适当遗产的规定，本案现有证据并不能证明上诉人徐某1对于案涉被继承人债务的清偿存在前述法律规定的情形，但如存在上诉人徐某1继承的遗产不足清偿债务的情况，应当为其保留必要的维持正常生活的遗产份额。最终二审法院判决驳回上诉，维持原判。

【关联法条】

《民事诉讼法》第243条、第244条，《税收征收管理法》第38条、第39条，《企业破产法》第113条

（撰稿人：汪洋）

第一千一百六十条　【遗产无人继承】无人继承又无人受遗赠的遗产，归国家所有，用于公益事业；死者生前是集体所有制组织成员的，归所在集体所有制组织所有。

【释义】

从立法沿革上来看，本条基本承继了《继承法》第32条的规定："无人继承又无人受遗赠的遗产，归国家所有；死者生前是集体所有制组织成员的，归所在集体所有制组织所有。"不同的是在归国家所有后增加了"用于公益事业"的用语，将遗产取之于民，用之于民。

关于本条，可以从以下方面进行理解：

首先，形成无人继承又无人受遗赠的原因包括：没有法定继承人、遗嘱继承人与受遗赠人；法定继承人、遗嘱继承人放弃遗赠，受遗赠人放弃遗赠；法定继承人、遗嘱继承人丧失继承权，受遗赠人丧失受遗赠权。在此几类情况下，都会出现财产无人继承的情况。

其次，此处所称的遗产，仅指积极遗产，而不包括消极遗产。《民法典》编

纂过程中，新增了遗产管理人制度，第 1145 条规定：“继承开始后，遗嘱执行人为遗产管理人；没有遗嘱执行人的，继承人应当及时推选遗产管理人；继承人未推选的，由继承人共同担任遗产管理人；没有继承人或者继承人均放弃继承的，由被继承人生前住所地的民政部门或者村民委员会担任遗产管理人。”在无继承人或者继承人均放弃继承的情况下，应先由当地的民政部门或村民委员会担任遗产管理人，对被继承人生前的债务进行清偿，同时根据《最高人民法院关于贯彻执行〈中华人民共和国继承法〉若干问题的意见》第 57 条规定：“遗产因无人继承收归国家或集体组织所有时，按继承法第十四条规定可以分给遗产的人提出取得遗产的要求，人民法院应视情况适当分给遗产。”遗产管理人对依靠被继承人扶养的缺乏劳动能力又没有生活来源的人，或者继承人以外的对被继承人扶养较多的人，适当分配遗产。以上工作结束后，剩余的积极遗产才可以归国家或集体所有制组织所有。

再次，在无主遗产的归属问题上，许多国家都采取归国家所有的处理方式，但方式上不尽相同，部分国家采取法定继承权主义，将国家认为是该遗产的法定继承人，如《德国民法典》第 1936 条（国家的法定继承权）：“在继承开始时，不存在被继承人的任何血亲、配偶或同性生活伴侣的，遗产由被继承人在继承开始时的最后住所地州继承，或者，被继承人的最后住所不可予以确定的，由其最后惯常居所地州继承。除此以外，遗产由联邦继承。”有的国家采取先占取得的方式，认为国家有优先取得无人承受遗产的权利，如《法国民法典》第 768 条：“无继承人时，遗产由国家取得。”我国经济构成比较复杂，根据《宪法》第 6 条：“中华人民共和国的社会主义经济制度的基础是生产资料的社会主义公有制，即全民所有制和劳动群众集体所有制……”我国存在劳动群众集体所有制这一特殊的经济形式，因此采取了与世界各国略微不同的处理无主遗产的方法，即按照被继承人的身份进行分别处理，对于集体所有制的成员，其遗产归集体所有制组织所有，而对于其他被继承人，其遗产则由国家取得。

最后，无人继承的遗产与遗产无人继承不同，前者是指“公民死亡时，无法定继承人又无遗嘱继承人与受遗赠人，或者其全部继承人都表示放弃继承，受遗赠人表示不接受遗赠，则死者的遗产即属无人继承的遗产”[①]，后者指“被继承人死亡以后，不能确定是否有继承人，这种事实状态叫作遗产无人继承，又叫继承人旷缺，无人承认继承，继承人不存在。[②]”只有在前一种情况下，即确认该遗产

① 刘素萍主编：《继承法》，中国人民大学出版社 1988 年版，第 376 页。
② 张玉敏：《继承法律制度研究》，法律出版社 1999 年版，第 178 页。

无人继承之后才可以将财产归于国家。无人继承的遗产与无主财产也不同，无主财产是没有所有人或者原所有人情况不明的财产，而无人继承的遗产原所有人明确确定，只是因为原所有人死亡，无新的合法所有人，为解决该财产的归属问题，需由国家或集体所有制组织出面担任新的所有人。

【相关案例】

林某等与祝某等债务清偿纠纷案①

2015年2月6日，王某林向原告出具《借条》，内容为："本人王某林向祝某借人民币叁拾万元（¥300000.00元）。"同日，原告通过转账方式向王某林支付300000元。2015年4月24日，原告通过转账方式向王某林支付500000元。2015年4月25日，王某林向原告出具《借条》，内容为："本人王某林向祝某借人民币伍拾万元正（¥500000.00元）。"2015年7月24日，王某林向原告出具《借条》，内容为："本人王某林向祝某借人民币壹拾万元正（¥100000.00元）。借期十五天，20元/天计息。"同日，原告通过转账方式向王某林支付77000元。2016年2月14日，原告（出借人）与王某林（借款人）签订《抵押借款合同》，约定："本人因周转困难向祝某借款人民币玖拾万元整，¥900000元。该笔借款分三次转入王某林指定账户。（分别于1.2015年2月6日转账借款人民币叁拾万元整；2.2015年4月24日转账借款人民币伍拾万元整；3.2015年7月24日转账借款人民币柒万柒仟元整，另外当日借款支取现金人民币贰万叁仟元整，当日合计借款人民币壹拾万元整。总计借款人民币：玖拾万元整。借款截止日期至2016年2月14日止，现已欠息人民币1076933元。双方约定，每月月息为借款总金额的3%。经双方友好协商，现本人愿意将本人名下位于仓山区自建住宅抵押给祝某……"）另查，王某江（因死亡注销户籍）与其妻林某共生育三子：长子王某3、次子王某林（2017年8月25日因死亡注销户籍）、三子王某4。王某林与被告严某登记结婚。被告王某2、王某5、王某1系王某林的子女。本案在审理过程中，被告严某、王某5、王某2、王某1、林某、王某3、王某4均表示放弃对王某林遗产的继承权。

一审法院认为，王某林向原告借款900000元，有王某林出具的《借条》及《抵押借款合同》为证，结合原告提供的银行转账凭证，确认原告与王某林之间的债权债务关系成立。关于借款利息，王某林在《抵押借款合同》中确认月利率为3%以及截至2016年2月14日所欠利息为1076933元，现原告自愿将截至

---

① （2019）闽01民终8996号。

2016年2月14日所欠利息降低至176933元并要求之后的利息按月利率2%计算，符合《最高人民法院关于审理民间借贷案件适用法律若干问题的规定》第26条规定的利息标准，予以支持。现因王某林已死亡，七被告作为王某林的法定继承人，依法应在继承遗产范围内承担还款责任。虽然七被告均表示放弃对王某林遗产的继承权，但其并未根据《继承法》第32条“无人继承又无人受遗赠的遗产，归国家所有；死者生前是集体所有制组织成员的，归所在集体所有制组织所有”的规定，将遗产依法移交给有关国家机关或集体组织接管，且其放弃继承权的行为导致本案无承担债务的主体，债权人的利益无法得到保护，故七被告作为遗产管理人，仍负有以遗产清偿王某林上述债务的义务。原告要求各被告支付律师费20000元，但未提供证据证明其已实际支付该款项，故原告的该项诉请，不予支持。被告王某2、林某、王某3、王某4经合法传唤，无正当理由拒不到庭参加诉讼，依法缺席判决。依照《合同法》第205条、第206条、《继承法》第33条、《最高人民法院关于审理民间借贷案件适用法律若干问题的规定》第26条、《民事诉讼法》第64条、第144条之规定，判决：一、被告严某、王某5、王某2、王某1、林某、王某3、王某4应于本判决生效之日起十日内在继承王某林遗产范围内偿还原告祝某借款本金人民币900000元并支付利息（截至2016年2月14日的利息为176933元，2016年2月15日至款项还清之日止的利息按月利率2%计算）；二、驳回原告祝某的其他诉讼请求。

王某2、王某3、王某4、林某不服，提起上诉。二审法院认为，本案系被继承人债务清偿纠纷。根据业已生效的福州市仓山区（2018）闽0104民初2393号判决书，本案上诉人及被上诉人王某1均表示放弃对被继承人王某林遗产的继承，而被上诉人严某、王某5表示在继承王某林遗产的范围内清偿被继承人王某林生前债务，一审法院作出由严某、王某5在继承王某林遗产的范围内清偿王某林债务的判决。上诉人及被上诉人王某1在本案一审法院审理中再次表示放弃继承，严某、王某5在本案中却表示放弃继承。严某、王某5在相关案件中已表示在继承王某林遗产的范围内清偿被继承人王某林生前债务，根据民事诉讼不得为己利作出否定先前言词的禁止反言原则，严某、王某5在本案一审中表示放弃继承的意思表示无效，而上诉人及王某1在本案与相关案件中均表示放弃继承，并不违反该原则，其在本案中的意思表示应认定为有效。故严某、王某5应在继承王某林遗产的范围内清偿被继承人王某林生前所欠祝某的债务，上诉人及王某1不承担本案的清偿责任。一审法院判决上诉人及王某1承担本案清偿责任不当，予以纠正，上诉人的相关上诉理由予以采纳。

本案中一审法院援用了《继承法》第32条，以未将遗产依法移交给有关国家机关或集体组织接管为由，判决继承人放弃遗产的行为无效，属于对法条的误用，本条文目的是为了解决无主遗产的归属问题，而不是为放弃继承的继承人施加义务，继承权作为一种权利，有放弃的意思表示即可，无须因为遗产无主而必须将财产交由国家或集体所有制企业接管。

【关联法条】

《民法典》第1145条，《最高人民法院关于贯彻执行〈中华人民共和国继承法〉若干问题的意见》第57条

（撰稿人：黄帅）

第一千一百六十一条　【限定继承原则及其例外】 继承人以所得遗产实际价值为限清偿被继承人依法应当缴纳的税款和债务。超过遗产实际价值部分，继承人自愿偿还的不在此限。

继承人放弃继承的，对被继承人依法应当缴纳的税款和债务可以不负清偿责任。

【释义】

我国继承法的总体设计，可以概括为责任承担上的限定继承、遗产范围上的概括继承与遗产处理上的当然继承三大原则。“限定继承”指继承人仅以因继承所得遗产为限，偿还被继承人的债务；“当然继承”指被继承人死亡后立即发生继承效力，共同继承人团体自继承开始就取得遗产，不必另为意思表示或移转手续，放弃继承则须积极表示①；“概括继承”指继承人概括承受被继承人财产上的一切权利与义务，包括积极财产与消极财产，使遗产继承与债务清偿不可避免会彼此牵制。

现代继承法的立法目的是妥善处理死者遗留的财产关系，其中以继承权为中心的遗产继承是明线，以债权人利益保护为中心的遗产债务清偿是暗线，两者并行，

---

① 参见《继承法》第25条。但《最高人民法院关于贯彻执行〈中华人民共和国继承法〉若干问题的意见》第49条规定，“继承人在遗产分割前作出放弃继承的意思表示应当是继承权而不是所有权”。暗示继承开始后的继承人并没有立即取得遗产所有权，在遗产分割后才取得所有权。《最高人民法院关于贯彻执行〈中华人民共和国民法通则〉若干问题的意见（试行）》第177条把分割前的遗产归属状态定性为共同共有。

共同实现对继承人利益与遗产债权人利益的保护。《继承法》仅围绕死者与亲属之间的继承关系展开，对遗产清算问题规定得极为粗略，遗产债权债务的范围、共同继承人的清偿责任、债务清偿顺序等问题均缺乏明确规定。[①] 遗产管理人制度的缺失，使继承人在遗产清算过程中缺乏监管，极易侵害遗产债权人的正当权益。[②]

建立遗产管理人制度之后，激进的改革方案，是废除当然继承即直接继承原则，借鉴英国法中的剩余财产交付主义，被继承人死后遗产先归遗产管理人清算，清算期间遗产管理人对遗产享有管理权，遗产财团是一种没有所有权人的财产类型，具有民事权利能力。[③] 若遗产不足以清偿债务，遗产清算程序即告终结，效果与限定继承并无二致；若清偿后有剩余遗产，则分配给继承人与受遗赠人，由于此时债务已清偿完毕，分割的遗产只是积极财产，概括继承不再有存在意义。如此一来，经遗产管理人之手，先清偿债务、后分配遗产，各阶段的财产归属与权益实现都清晰有序。[④]

从《民法典》第 1161 条来看，我国并未放弃当然继承模式，因此，可行的改革方案，是继承开始后，由继承人与受遗赠人共同承受遗嘱人的全部遗产，在遗产上成立共同共有关系，由遗产管理人负责清理遗产并处理被继承人的债权债务。当遗产清算完毕后，遗产管理人再行按照遗嘱或依照法律规定，在所有继承人与受遗赠人之间分割剩余的积极遗产。

限定继承是基本原则，但本条作了例外规定，即对超过遗产实际价值部分的债务，继承人自愿偿还的不在此限。法律尊重当事人的自主选择。但这种选择必须是继承人自愿、自主作出的，债权人不可以强制要求继承人超出所获得遗产限度偿还被继承人生前所欠债务。

本条还规定，继承人放弃继承的，对被继承人依法应当缴纳的税款和债务可以不负清偿责任。继承权放弃，也叫继承权拒绝、继承权抛弃，是指继承人于继承开始后、遗产分割前作出的放弃其继承被继承人遗产权利的意思表示，无须征得任何人的同意。《民法典》第 1124 条明确规定，继承开始后，继承人放弃继承的，应当在遗产处理前，以书面形式作出放弃继承的表示。没有表示的，视为接

---

① 汪洋：《遗产债务的类型与清偿顺序》，载《法学》2018 年第 12 期。

② 遗嘱执行人与遗产保管人虽然在一定程度上可替代遗产管理人，但远远无法涵盖遗产管理人的职责，包括遗产清算、保全、编制遗产清册、整理并管理遗产、为保存遗产价值之必要处分、公示催告、确定遗产关系人范围、清偿遗产债务、分配剩余遗产、制作遗产管理报告等。遗产保管人仅是遗产的消极保管之人，没有管理、清算和处理遗产的权利；遗嘱执行人则不能适用于法定继承。参见《继承法》第 16 条与第 24 条。

③ 例如，《日本民法典》第 951 条接受了赋予遗产主体资格的做法。参见谭启平、冯乐坤：《遗产处理制度的反思与重构》，载《法学家》2013 年第 4 期。

④ 汪洋：《遗产债务的类型与清偿顺序》，载《法学》2018 年第 12 期。

受继承。放弃继承必须是继承人真实的意思表示，否则不能发生放弃继承的效力。这里的放弃继承是指既放弃了遗嘱继承，也放弃了法定继承。这是概括继承原则的要求，也是权利义务相一致原则的体现。如果继承人放弃了继承，并没有从被继承人的遗产中获得任何利益，要求其对被继承人的债务承担清偿责任，相当于将他人的民事责任强加于继承人，有违民法的意思自治原则。

【相关案例】

周某等与徐某等债务清偿纠纷案①

关于二审法院认定周某等三人应对刘某3的案涉债务承担连带责任并判决周某等三人共同返还800万元是否适当的问题。《继承法》第33条第1款规定，继承遗产应当清偿被继承人依法应当缴纳的税款和债务，缴纳税款和清偿债务以他的遗产实际价值为限。超过遗产实际价值部分，继承人自愿偿还的不在此限。根据上述法律规定，继承人以其继承遗产的实际价值为限对被继承人的债务各自承担有限清偿责任。超过遗产实际价值部分，继承人自愿偿还的不在此限。在刘某3遗产尚未分割的情况下，二审法院认定周某等三人应对刘某3的案涉债务承担连带责任，并判决周某等三人共同承担返还责任，没有事实和法律依据。

【关联法条】

《民法典》第1124条

（撰稿人：汪洋）

第一千一百六十二条　【遗赠和债务清偿顺序】执行遗赠不得妨碍清偿遗赠人依法应当缴纳的税款和债务。

【释义】

本条涉及的基础理论问题是对遗赠的定位。

遗赠指遗嘱人依遗嘱无偿给予受遗赠人财产上利益的行为。遗赠必依遗嘱为之，本质上仍为遗嘱或遗嘱中的部分内容。在法律行为理论框架中，遗赠为死因

---

① （2018）最高法民申4528号。

行为，虽在生前为之，待遗嘱人死亡时才发生效力；遗赠为单独行为，无须受遗赠人的任何表示，但发生效力之后，受遗赠人有是否承认的自由。① 比较法上，主要存在两种遗赠的立法模式。第一种模式以德国与瑞士为典型。② 以承受的遗产内容即是否承担遗产债务为标准，区分遗赠与遗嘱继承。继承人概括继承被继承人的全部遗产，同时也要对遗产债务承担责任；受遗赠人享有接受遗赠财产的权利，但不承担清偿遗产债务的责任。遗嘱继承人或者受遗赠人既可以是法定继承人，也可以是法定继承人以外的人，范围上没有特别要求。在这种模式中，遗赠不能导致物权变动，仅产生受遗赠人请求继承人交付遗赠物的债权效力。③ 在有限责任继承原则下，最终结果层面，该模式中遗嘱继承与遗赠两者并无多大实质性差别。④ 德瑞模式通常不承认概括遗赠，如果遗嘱人将全部或部分抽象的遗产份额赠与他人，被归入遗嘱继承而非遗赠；相反，取得特定遗赠的人为受遗赠人，而不能作为遗嘱继承人。⑤ 受遗赠人与被继承人之间不发生任何身份关系，亦不成立共同共有关系。⑥ 第二种模式以法国、意大利、日本等国为代表⑦，不区分遗赠与遗嘱继承，凡是遗嘱人以遗嘱方式将遗产分配给他人，无论是否在法定继承人范围内，也不论遗产内容为积极财产还是消极财产，均称为遗赠。这种模式中，遗赠又分为概括遗赠和特定遗赠。⑧ 概括遗赠又称为包括遗赠，指遗嘱人将遗产的全部或部分抽象份额概括地指定他人承受，遗产内容包括积极财产和消极财产即债务。特定遗赠指遗嘱人将特定而具体的遗产权利指定他人承受，受遗赠人不承受遗产债务。特定遗赠并不以特定物为限，以债权为标的或债务免除亦为特定遗赠。⑨ 可见，概括遗赠的受遗赠人与法定继承人的地位相同，概括遗赠与继承具有相同的效力，能直接导致物权变动。⑩

---

① 陈棋炎、黄宗乐、郭振恭：《民法继承新论》（修订十版），（台湾）三民书局 2017 年版，第 346～348 页。

② 《德国民法典》第 1939 条、第 1967 条，《瑞士民法典》第 484 条、第 562 条，《智利民法典》第 1097 条。

③ 房绍坤：《遗赠能够引起物权变动吗》，载《当代法学》2012 年第 6 期。

④ 郭明瑞、房绍坤：《继承法》，法律出版社 2004 年版，第 173 页。

⑤ 《德国民法典》第 2087 条第 2 款、《瑞士民法典》第 483 条第 2 款。

⑥ 我国台湾地区“民法”也没有概括遗赠的规定，学界亦认为，概括遗赠含有给予负担债务之意义，在本质上与我国台湾地区“民法”上遗赠概念尚有差异，不应予以承认。参见戴炎辉、戴东雄、戴瑀如：《继承法》，自版 2013 年修订，第 330 页；林秀雄：《继承法讲义》（修订七版），（台湾）元照出版有限公司 2017 年版，第 301 页。

⑦ 《法国民法典》第 871 条、第 2012 条、第 1002～1003 条、第 1010 条，《意大利民法典》第 588 条，《日本民法典》第 990 条，《韩国民法典》第 1078 条，《埃塞俄比亚民法典》第 915 条。

⑧ Massimo Bianca, *Diritto Civile*, *Le Successioni*, Milano, 2005, pp. 245.

⑨ 陈棋炎、黄宗乐、郭振恭：《民法继承新论》（修订十版），（台湾）三民书局 2017 年版，第 350 页。

⑩ 房绍坤：《遗赠能够引起物权变动吗》，载《当代法学》2012 年第 6 期。

《民法典》第1133条第2~3款规定，“自然人可以立遗嘱将个人财产指定由法定继承人中的一人或者数人继承。自然人可以立遗嘱将个人财产赠与国家、集体或者法定继承人以外的组织、个人”。除了部分术语稍加调整，内容源自《继承法》第16条，作为规范遗嘱继承与遗赠的基础性条款，仍以遗产承受人的身份“是否在法定继承人范围内”作为区分标准。

受遗赠权与遗嘱继承权的行使方式也不一样，《民法典》第1124条规定，“继承开始后，继承人放弃继承的，应当在遗产处理前，以书面形式作出放弃继承的表示；没有表示的，视为接受继承。受遗赠人应当在知道受遗赠后六十日内，作出接受或者放弃受遗赠的表示；到期没有表示的，视为放弃受遗赠”。内容源自《继承法》第25条，《民法典》对继承人放弃继承的表示增加了书面形式的要求。条文中两个“视为”均属于法律拟制，反映了立法者希冀将遗产保留给死者近亲属的价值取向。[①] 受遗赠人以及继承人与遗嘱人的关系不同，基于身份与血缘关系的联结，推定法定继承人会接受遗嘱人的遗产。因此，《民法典》第1124条（《继承法》第25条）顺应了《民法典》第1133条（《继承法》第16条）关于遗嘱继承与遗赠的区分标准，条文背后的法理逻辑是自洽的。当然，从立法论角度观察，为了实现对受遗赠人的保护，权利抛弃通常不能推定，受遗赠人无明确意思表示的情况下，应推定其接受遗赠更为妥当。[②]

遗赠不同于立法模式的实质区分标准，是遗产承受人是否需要承担遗产债务。从这一角度观察我国法，本条规定，“执行遗赠不得妨碍清偿遗赠人依法应当缴纳的税款和债务”。意味着受遗赠人的权利劣后于遗产债务及税款。紧接着，《民法典》第1163条同样表明将遗嘱继承与遗赠同等对待的态度，综上所述，我国法中并未从遗产债务清偿角度区分遗嘱继承与遗赠，两者的唯一区别，在于遗产承受人的身份是否在法定继承人范围之内。

对于《民法典》是否应当承认概括遗赠，笔者认为《民法典》中的遗赠涵盖了概括遗赠，理由如下：首先，从前引规范来看，《民法典》第1133条（《继承法》第16条）并未对遗赠标的进行限制，既可以是遗嘱人的全部财产和部分财产份额，也可以是特定财产；《民法典》第1163条并未将受遗赠人排除出清偿遗产债务的义务人范畴，因此认为受遗赠人只享有接受遗产的权利而不承担义务，不符合规范意旨。[③] 以上两个条文从一正一反两方面认可了概括遗赠。其次，从我国遗产继承实际情况来看，被继承人经常会指定法定继承人范围内的人继承

① 郭明瑞、房绍坤：《继承法》，法律出版社2004年版，第174页。
② 李昊：《民法典继承编草案的反思与重构》，载《当代法学》2019年第4期。
③ 刘春茂：《中国民法·财产继承》（修订版），人民法院出版社2008年版，第363~365页。

某项特定财产，性质相当于德国的遗赠或法国、意大利的特定遗赠；也普遍会指定法定继承人范围外的人概括承受遗嘱人的全部遗产或部分抽象的遗产份额，性质上相当于德国的遗嘱继承或法国、意大利的概括遗赠。将遗嘱继承人与受遗赠人同等对待符合我国的继承实际。[①] 究其实质，遗产承受人的身份"是否在法定继承人范围内"，作为一种纯粹形式意义上的区分标准，并不会对遗嘱人的具体财产安排造成实质导向性影响。最后，从遗嘱人的意思自治角度观察，若遗赠人在遗嘱中明确作出了概括遗赠的意思表示，或者某继承人仅继承特定财产的意思表示，只要不违反法律和公序良俗，有何理由阻碍其效力？[②] 何况在遗产债务清偿部分搭建起合理方案之后，概括遗赠与特定遗赠的区分意义仅仅在于，若遗产中特定遗赠物之外的其他部分足以清偿遗产债务，则无须动用特定遗赠的财产权益。清偿债务时若要拍卖部分遗产，遗赠的特定物应列于后位，仅此而已。

【相关案例】

潘某甲与董某某债务清偿纠纷案[③]

二审法院经审理认为：潘某乙所写的"郑重声明"，涉及其个人财产的处理问题，应按自书遗嘱对待，现无任何事实和法律依据证明该遗嘱无效。因此，在该遗嘱生效且董某某以自己的行动表明接受遗赠时，对潘某乙的遗产应按遗嘱内容处理，但应给潘某甲留下必要的份额，剩余的财产由董某某清偿潘某乙生前所欠债务后接受遗赠。因一审法院宣判后，潘某甲提出上诉后去世，其生前已以代书遗嘱的形式确定了其遗产的继承人、受赠人，故本院按照其遗嘱内容，对原判决部分条款予以变更，判决潘某甲所享有的必留份财产由潘某丙继承、孙某受赠，潘某甲在本案中应承担的义务，由潘某丙、孙某承担。

【关联法条】

《民法典》第 1133 条，《继承法》第 16 条

（撰稿人：汪洋）

---

① 张玉敏：《继承法律制度研究》（第 2 版），华中科技大学出版社 2016 年版，第 177 页。

② 彭诚信主编：《继承法》，吉林大学出版社 2007 年版，第 139 页。

③ （2004）沈民（1）合终字第 237 号。

第一千一百六十三条　【不同继承方式与遗产债务清偿顺序】 既有法定继承又有遗嘱继承、遗赠的，由法定继承人清偿被继承人依法应当缴纳的税款和债务；超过法定继承遗产实际价值部分，由遗嘱继承人和受遗赠人按比例以所得遗产清偿。

【释义】

《最高人民法院关于贯彻执行〈中华人民共和国继承法〉若干问题的意见》第62条涉及遗产已被分割而未清偿债务时，如何用已经分割的遗产清偿债务的问题，尤其涉及遗产债务在受遗赠人、遗嘱继承人、法定继承人之间分配清偿的顺序。规则是由法定继承人清偿被继承人依法应当缴纳的税款和债务。超过法定继承遗产实际价值部分，即法定继承人所获得遗产的实际价值不足以偿还被继承人的遗产债务，由遗嘱继承人和受遗赠人按照所获得遗产的实际价值的比例来清偿。如果只有遗嘱继承人，则由各遗嘱继承人按比例清偿；如果只有受遗赠人，则由各受遗赠人按比例清偿。

本条修改自《最高人民法院关于贯彻执行〈中华人民共和国继承法〉若干问题的意见》第62条，删除了“遗产已被分割而未清偿债务时”这一前提，意味着在遗产分割之前的共有阶段，于遗产范围内，受遗赠人也应承担同遗嘱继承人相同的清偿义务，只是具体的操作由遗产管理人进行。从遗产债务清偿层面观察，《最高人民法院关于贯彻执行〈中华人民共和国继承法〉若干问题的意见》第62条清楚表明了司法机关将遗嘱继承与遗赠同等对待的态度，《民法典》第1163条更是将司法解释中的这一立场，通过编纂民法典，在国家基本立法层面作了进一步确认。①

在新增遗产管理人制度后，还存在《最高人民法院关于贯彻执行〈中华人民共和国继承法〉若干问题的意见》第62条涉及的遗产已被分割而未清偿债务的情形吗？该问题涉及遗产管理人的职责与继承以及遗赠发生的物权变动模式。前者在《民法典》第1147条的释义中已经作了说明。对于继承以及遗赠发生的物权变动模式，导致物权变动的原因事实，包括遗嘱这一法律行为与遗嘱人死亡这一事件。鉴于原因事实构成上的复合性，有必要区分因遗赠发生的两个不同阶段的物权变动。第一阶段的物权变动因遗嘱人死亡引发，属于非基于法律行为的物

---

① 汪洋：《遗产债务的类型与清偿顺序》，载《法学》2018年第12期。

权变动，遗产由被继承人所有移转为遗产继受人共同体共有，共同体成员取决于遗嘱指定与法律规定。《物权法》第 29 条规定的“因继承或者受遗赠取得物权的，自继承或者受遗赠开始时发生效力”，指的便是第一阶段发生的物权变动。第一阶段与第二阶段之间，由遗产管理人主导进行遗产清算，遗产继受人共同体的成员可能因接受、放弃或丧失继承权或受遗赠权而发生变化，遗产的范围与形态也可能发生变化。当遗产清算完毕后，遗产管理人再行按照遗嘱或依照法律规定，在所有继承人与受遗赠人之间分割剩余的积极遗产。第二阶段的物权变动发生在遗产继受人之间，依法或依据遗嘱上的意思表示对遗产进行具体分配，适用移转主义模式。若采用裁判分割方式，属于基于法律文书发生的物权变动，无须登记或交付；若采用协议分割或遗嘱指定分割方式，属于意定的物权变动，自交付或登记时生效。分割后共同继承人及受遗赠人相互负瑕疵担保责任。[①]

法定继承和遗嘱继承、遗赠的区别在于：依据不同，法定继承是基于法律的规定，确定继承人、继承的份额、继承的顺序，是被继承人未立合法有效遗嘱时的继承方式，是对遗嘱继承的补充和限制。而遗嘱继承包括遗赠，是根据被继承人生前所立遗嘱确定被继承人或受遗赠人的范围，所继承和受遗赠的份额也是根据被继承人的意思决定。遗嘱继承的继承人可以是法定继承人的一人或数人，但不受法律规定的继承顺序的限制。而受遗赠人可以是国家、集体或者法定继承人以外的个人。就三种继承遗产的方式而言，遗赠和遗嘱继承的效力优于法定继承。本条采纳“先法定继承人、后遗嘱继承人和受遗赠人”的清偿顺序，既体现了“遗嘱继承和遗赠优先于法定继承”的原则，又体现了对被继承人意思自治的尊重，以及对遗嘱继承人和受遗赠人按照遗嘱取得遗产权利的尊重。

【相关案例】

关某与顾某被继承人债务清偿纠纷案[②]

法院认为：关某主动为关某军垫付救护车费用以及住院医疗费并没有借贷的意思表示，而是基于亲情的主动救助，只可能成立无因管理之债而不可能成立借贷之债。关某在审理中主张，关某军除 2007 年 5 月 14 日遗嘱中涉及的房产外，

① 汪洋：《中国法上基于遗赠发生的物权变动》，载《法学杂志》2020 年第 8 期。

② （2019）苏 06 民终 106 号。

还有存款、金首饰等其他遗产，并且自认没有要求关某军的法定继承人清偿本案的债务。虽顾某对此予以否认，但因关某军的法定继承人并非都系本案当事人，无法在本案中径行审查关某军其他遗产情况，现关某直接向遗嘱继承人顾某主张清偿债务不符合法律规定，对关某的主张不予支持。法院认为关某为关某军垫付的医疗费不能认定为借款，关某在未证明关某军法定继承人继承的遗产不足以清偿债务的前提下不能直接向遗嘱继承人主张清偿债务。

【关联法条】

《最高人民法院关于贯彻执行〈中华人民共和国继承法〉若干问题的意见》第62条

（撰稿人：汪洋）

图书在版编目（CIP）数据

中华人民共和国民法典婚姻家庭编与继承编释义 / 龙卫球主编．—北京：中国法制出版社，2020.8

（民法典权威解读丛书 / 龙卫球主编）

ISBN 978－7－5216－1242－4

Ⅰ．①中…　Ⅱ．①龙…　Ⅲ．①婚姻法－法律解释－中国②继承法－法律解释－中国　Ⅳ．①D923.905②D923.55

中国版本图书馆CIP数据核字（2020）第158966号

策划编辑　韩璐玮（hailuwei666@163.com）

责任编辑　韩璐玮　白天园　王紫晶　　　封面设计　李　宁

中华人民共和国民法典婚姻家庭编与继承编释义

ZHONGHUA RENMIN GONGHEGUO MINFADIAN HUNYIN JIATING BIAN YU JICHENG BIAN SHIYI

主编/龙卫球

经销/新华书店

印刷/三河市国英印务有限公司

开本/730毫米×1030毫米　16开　　　印张/26.25　字数/390千

版次/2020年8月第1版　　　2020年8月第1次印刷

中国法制出版社出版

书号 ISBN 978－7－5216－1242－4　　　定价：98.00元

北京西单横二条2号

邮政编码 100031　　　传真：010－66031119

网址：http://www.zgfzs.com　　　**编辑部电话：010－66070084**

市场营销部电话：010－66033393　　　**邮购部电话：010－66033288**

（如有印装质量问题，请与本社印务部联系调换。电话：010－66032926）